民商航天发射探索与实践

董学军　等　著

中国宇航出版社
·北京·

图书在版编目(CIP)数据

民商航天发射探索与实践 / 董学军等著. -- 北京 : 中国宇航出版社, 2019.8

ISBN 978-7-5159-1674-3

Ⅰ.①民… Ⅱ.①董… Ⅲ.①航天工业一工业发展一研究一中国 Ⅳ.①F426.5

中国版本图书馆 CIP 数据核字(2019)第 187412 号

责任编辑 马 航 **封面设计** 宇星文化 邓海琴

出版发行 中国宇航出版社

社 址 北京市阜成路 8 号 **邮 编** 100830

(010)60286808 (010)68768548

网 址 www.caphbook.com

经 销 新华书店

发行部 (010)60286888 (010)68371900

(010)60286887 (010)60286804(传真)

零售店 读者服务部 (010)68371105

承 印 天津画中画印刷有限公司

版 次 2019 年 8 月第 1 版

2019 年 8 月第 1 次印刷

规 格 787×1092

开 本 1/16

印 张 20

字 数 487 千字

书 号 ISBN 978-7-5159-1674-3

定 价 128.00 元

前　言

自 2014 年以来，我国制定了一系列航天产业发展规划和政策，将发展商业航天提上议程，使民营航天企业有望通过政策红利带来的门槛降低而步入军工配套产业。短短数年，科技、科工两大航天巨头开始了从航天设计、制造、发射到系统应用的全产业链商业实践，长光、天仪、欧比特、蓝箭、零壹和星际荣耀等民营航天公司相继成立。2018 年，国家航天局提出“鼓励、有序”的指导方针，力推商业航天发展；百度、腾讯和阿里等互联网巨头以不同方式渗入商业航天领域。中国商业航天正在迅速兴起、蓬勃发展。

2015 年，我们开始研究民商航天发射这一新事物的特点、规律，研究在引入市场机制后的民商航天发射许可要求、任务流程、组织指挥、航天器和运载器发射场工作的变化、发射场和测控通信服务模式的更改以及未来发展的可能路线等，我们期待通过对中国数十年航天发射积淀的知识、经验和教训的总结凝练，通过对国家航天发展战略和民商航天发射本质规律的准确把握，在不断探索与实践的迭代中，形成引领民商航天发射方向、指导民商航天发射实践的知识体系。

2017 年，国家航天发射场对民商航天发射开放，我们有幸成为这一伟大事业中的领跑者、组织者、探索者和实践者。“履不必同，期于适足；治不必同，期于利民。”国情有别，领先者美国的商业航天模式不适用于中国；“时变法亦变”，传统航天发射的模式需要进行颠覆性创新。为寻见科学高效的组织管理模式，为觅到充分适用的流程方法，我们砥砺前行，经过从实践到理论、又从理论到实践的多次反复迭代，凝练获得了民商航天发射理论和技术的一些体会和做法，主要体现在：

1）定义了民商航天发射概念、提出了组织原则和知识体系；

2）创立了民商航天发射流程设计方法，提出了开放式简约流程新模式；

3）研发了航天发射菜单式服务程序和技术；

4）形成了系统的民商航天发射组织指挥方式，运载器和航天器发射场总装测试、集成验证方法，质量安全保证模式。

此外，在吸收借鉴国外商业航天成果，归纳总结国内政策、民商航天现状和需求的基础上，给出了民商航天发射改进与创新的方向和路线。在分析发射失利原因和总结成功经验的基础上，给出了在国家、行业和发射场等层面的建议。

2018 年，我们开始组织本书的创作，分 10 章论述民商航天发射任务体系的管理、技术与方法。其中：

第 1 章民商航天发射概论。提出并论述了民商航天发射组织 5 项基本原则；定义了民商航天发射知识体系的组成和相互关系；诠释了项目管理、系统工程、质量工程在民商航天发射任务中的应用。

第 2 章民商航天发射许可。论述了与民商航天发射相关的法规，发射许可申请批准的程序，产品进场的放行条件和正在建设中的民商航天发射规范体系。

第 3 章民商航天发射流程设计。论述了技术工艺流程、技术安全流程、质量保证流程、工作计划流程的设计方法和上述四流融合技术，提出了开放式简约流程新模式的内涵。

第 4 章民商航天发射组织指挥。论述了民商航天发射组织设计与运行、组织指挥方法与工具、指挥决策、质量安全控制和任务现场管理。

第 5 章民商运载器发射场总装测试。讨论了民商运载器发射场工作的组织与计划、测试内容和方法、测发控技术和质量安全保证。

第 6 章民商航天器发射场集成验证。讨论了民商航天器发射场工作的组织与计划、电测、总装与操作、加注和质量安全保证。

第 7 章民商航天发射发射场服务。提出了发射场菜单式服务的理念、方法和程序，论述了服务方案设计和服务保证的方法。

第 8 章民商航天发射测控通信服务。提出了测控通信菜单式服务的理念、方法和程序，论述了测控通信服务的技术保障、服务保证和能力提升问题。

第 9 章民商航天发射改进与创新。论述了民商航天发射的发展趋势，讨论了技术和管理创新的方向和路线、商业航天未来发展的宏观模式。

第 10 章民商航天发射失利原因与成功启示。论述了民商火箭公司面临的困境和质量管理问题，提出了构建资源共享数据库、建立巡查和放行制度等建议。

张志芬主持民商航天发射探索与实践的研究工作，董学军、朱恒强、贾立德组织本书的创作，董学军撰写第 1、2、3、10 章，参加第 4、5、6、7、8 章的撰写；路建功撰写第 9 章，参加第 2 章撰写；孙稚权、熊杨、梁晓东、杜建洲、吕久明分别撰写第 4、5、6、7、8 章，王德宝参加第 1 章撰写，谢清超参加第 3 章撰写，董二奎参加第 4 章撰写，彭辉琼参加第 10 章撰写；邓海琴、彭辉琼编辑校对，邓海琴设计封面、版面，彭辉琼组织本书出版。

感谢航天系统部对民商航天发射探索与实践工作的大力支持，感谢酒泉卫星发射中心、太原卫星发射中心、西昌卫星发射中心、西安卫星测控中心、海上卫星测控部等单位在课题研究和本书创作过程中给予的巨大帮助。酒泉卫星发射中心技术部张海波主任、涂国勇研究员、樊忠泽研究员、张桂洪高工等在本书成稿过程中提出了宝贵意见，提供了重要数据和资料，谌廷政研究员、王国华副主任给予了大力支持，在此一并感谢！民商航天发射属新生事物，本书难免有不当和疏漏之处，敬请读者批评指正。

作　者

2019 年 7 月 28 日

目　录

第 1 章　民商航天发射概论

自 1957 年 10 月 4 日苏联将人类第一颗人造卫星送入太空以来，以美国为代表的国家主导的航天发射逐步陷入技术、管理和投入方面的困境，进而催生出民商航天发射这一行业。本章阐述民商航天发射兴起的原因和历史；讨论民商航天发射的概念、特点和中国民商航天发射组织实施的原则与内涵；构建民商航天任务体系结构，讨论体系各要素间的关系；研究凝练民商航天发射的基础理论，包括系统工程、项目管理和质量工程等；最后，对民商航天发射任务环境进行了简要论述。

1.1　商业航天起源

1.1.1　美苏太空竞赛

遨游太空是人类有史以来的愿望，为此，人类探索太空的征程从不曾止步。从古代火箭到牛顿三定律，从齐奥尔科夫斯基的多级火箭设想到冯·布劳恩的火箭研制，人类终于迎来航天新纪元。

(1) 人造地球卫星

1942 年 10 月，冯·布劳恩和他的火箭团队制造出了能载着炸弹长远飞行的 V-2 火箭。1944 年 9 月，第一枚 V-2 火箭落到伦敦，造成大量的平民伤亡和财产损失。1945 年德国战败，V-2 火箭的发明者冯·布劳恩和 400 余名火箭专家向美军投降，苏联也缴获了大量的 V-2 火箭成品和部件，并俘获了一些火箭专家。以此为起点，美国和苏联开始了史无前例的太空竞赛与对抗。

1957 年 10 月 4 日，苏联用弹道式导弹 SS-6 率先发射了人类第一颗人造地球卫星——斯普特尼克 1 号 (Sputnik-1)。一个月后，即 11 月 3 日，携带着小狗“莱卡”的苏联第二颗人造地球卫星进入太空，四天后“莱卡”在太空中死亡。

苏联发射人造地球卫星让以第一科技强国自居的美国人深感耻辱、备受打击。1957 年 12 月 6 日，美国海军草草点燃了推力只有苏联人造卫星运载火箭 3%的小火箭，随后就连同其携带的先锋 TV3 卫星（实际质量仅为 1.36 kg）一起爆炸。1958 年 1 月 31 日，美国陆军弹道导弹局（那里有 V-2 火箭的发明者冯·布劳恩和他的团队）成功发射了美国第一颗人造卫星——探险者 1 号。

(2) 载人绕地飞行

苏联的东方号载人飞船工程于 1957 年开始论证，1959 年春天完成设计。1960 年 5 月 15 日，苏联进行了无人驾驶飞船的首次发射试验，返回时因飞船调姿错误而飞向更远的太空，直到两年后才返回地球。此后，至 1961 年 3 月 9 日，苏联共进行了 3 次无人驾驶飞船试验，三次试验均获得圆满成功。1961 年 4 月 12 日上午 9 时 07 分，尤里·加加林乘坐东方 1 号宇宙飞船从位于哈萨克大草原上的拜科努尔发射场起航，在距地球最大高度 301 km 的轨道上绕地球飞行 1 圈，历时 108 min，于上午 10 时 55 分安全返回，完成了人类首次载人太空飞行。

距离尤里·加加林太空飞行不到 1 个月，即 1961 年 5 月 5 日，美国航天员阿兰·谢波德从佛罗里达州的卡纳维拉尔角乘坐自由 7 号飞船升空，进行了历史性的美国首次载人亚轨道飞行，历时 15 min。1962 年 2 月 20 日，美国航天员约翰·格伦乘坐友谊 7 号飞船在距地球 260 km 高的轨道上飞行了 3 圈，历时 4 h 55 min 23 s，真正实现了美国人载人航天的太空梦。

1965 年 3 月 18 日，苏联发射了载有别列亚耶夫和列昂诺夫的上升 2 号飞船，在轨飞行期间，列昂诺夫进行了人类第一次太空行走，在离飞船 5 m 处自由行走了 12 min。同年 6 月 3 日，美国的双子星座 4 号飞船航天员怀特在舱外太空中使用喷气装置机动飞行了 21 min。

(3) 月球上的一小步

美苏在互不知情的情况下，几乎是同时决定开展探月计划。1959 年 1 月，苏联发射了月球 1 号，两天后，它从距月球表面 5 995 km 的地方划过，虽未按计划“击中”月球，9 个月后却开始绕太阳公转，成为人类第一颗星际探测器。同年 9 月 12 日，苏联发射了月球 2 号，两天后飞抵月球，首次实现了从地球到另一个天体的飞行。1966 年 1 月，苏联发射的月球 9 号，经过 79 h 的长途飞行，在月球风暴洋附近着陆，这是世界上第一个在月球软着陆的探测器。

1964 年 7 月至 1965 年 3 月，美国先后发射了徘徊者 7 号、8 号和 9 号飞行器，均取得成功，分别近距离拍摄了 4 000 多张、7 000 多张和 5 800 多张月面照片。1966 年 8 月到 1967 年 8 月，美国共发射 5 颗绕月飞行卫星，拍摄了大量月球地形照片，为阿波罗飞船选好了着陆点。

1969 年 7 月 16 日，阿波罗 11 号点火升空，19 日进入月球轨道，20 日登月舱与指令舱分离，21 日 5 时 17 分登月舱载着两名航天员在月球着陆，11 时 56 分航天员阿姆斯特朗踏上月球表面，说出了他预先准备好的却注定会铭记历史的名言：“对一个人来说这是一小步，但是对人类来说这却是一大步。”

1969 年 11 月至 1972 年 12 月，美国又陆续发射了阿波罗 12 至 17 号飞船，其中除阿波罗 13 号因故障没有登月外（航天员安全返回地面），另 5 艘飞船均成功登月，阿波罗 15 至 17 号飞船的航天员还驾驶月球车在月面活动，采集岩石，测量了月球内部发出的热流。

(4) 空间站建设

20 世纪 60 年代末 70 年代初，当美国人忙于登月时，苏联人则正在设想建造一个能长时间停留在太空的航天器——空间站。1971 年 4 月，苏联用巨大的质子号运载火箭把世界上第一个空间站——礼炮 1 号发射上天。不幸的是，礼炮 1 号三位航天员在返回地球时，因联盟号飞船密封舱出现故障而牺牲，留在轨道上的礼炮 1 号也于当年 10 月坠毁。1977

年9 月 29 日，苏联发射了具有两个对接口的第一座实用性空间站——礼炮 6 号，后来苏联还专门开发了进步号货运飞船，一次可为空间站运送两吨的货物。1986 年 2 月 20 日，苏联人开始建造世界上第一个多模块组合式空间站——和平号空间站，并在轨运行了 15 年。

1967 年，作为阿波罗计划的一部分，美国国家航空航天局马歇尔太空飞行中心提出了一项空间站计划，后来演变成了天空实验室计划。1973 年 5 月，用阿波罗计划的剩余材料——土星 5 号火箭第三级的液氢贮舱改造成的天空实验室，由两级土星 5 号火箭将其发射到太空。天空实验室没有安装轨道机动系统，不能调整自己的轨道高度，因此，总共在太空运行了 2 249 天便陨落到南印度洋。

在国际空间站建成之前，已发射的 9 座空间站中有 8 座是苏联建造的，苏联拥有建造空间站的丰富经验和教训。因此，冷战结束后，1993 年 3 月中旬，美国国家航空航天局在倡导国际空间站时力邀苏联的继承者——俄罗斯参加。

（5）航天飞机

1969 年 4 月，美国国家航空航天局提出建造航天飞机的计划，希望它能集航空、火箭以及其他太空技术于一身，既能作为运载工具发射各类航天器，又能像卫星飞船一样绕地球飞行，然后像普通飞机一样着陆……其初衷就是希望航天飞机不要像一次性火箭那样用完就废。

1972 年 1 月，尼克松总统批准了航天飞机计划。1977 年 2 月，美国国家航空航天局终于迎来了第一架试验用航天飞机——企业号，在完成各种测试后，企业号被收藏到博物馆里。1981 年 4 月 12 日，苏联航天员加加林绕地球旅行 20 周年之日的 12 时，哥伦比亚号航天飞机——人类历史上又一个新型的航天器成功点火发射。航天飞机持续航行 2 天 6 小时 20 分钟后完成了处女航，降落在肯尼迪航天中心。此后，至 1992 年，美国共建造了 6 架航天飞机，即企业号、哥伦比亚号、挑战者号、发现号、亚特兰蒂斯号和奋进号，其中挑战者号和哥伦比亚号分别于 1986 年 1 月 28 日和 2003 年 2 月 1 日发生爆炸和解体，致使 14 名航天员遇难。2011 年 7 月 21 日 5 时 58 分，亚特兰蒂斯号成功降落到肯尼迪航天中心，结束其“谢幕之旅”，寓意着美国 30 年航天飞机时代的终结。

（6）美苏太空竞赛谢幕

1983 年，美国为在空间领域与苏联争夺军事优势，宣布实施《战略防御倡议（SDI）计划》，后来被人们称为“星球大战计划”，将美苏之间的太空竞赛、军备竞赛推向最高点。1991 年 12 月 25 日，苏联总统戈尔巴乔夫宣布辞职，苏联最高苏维埃于次日通过决议宣布苏联停止存在，苏联解体、苏共解散。苏联与美国的冷战在 1946 年拉开序幕，历时 45 年后以苏联解体而终，至此美苏太空竞赛终于谢幕。苏联解体的原因众多，但“星球大战计划”将苏美争霸推向高潮无疑成了“压死骆驼的最后一根稻草”。

伴随着美苏冷战结束、太空竞赛谢幕，航天发展进入转型期，航天领域国际合作得到迅速发展。1993 年 3 月中旬，美国向俄罗斯倡议美国的空间站计划与俄罗斯的和平 2 号计划合并，大家共同建造一个空间站。此事得到俄罗斯总统叶利钦的积极响应，3 个月后，俄罗斯航天局与美国国家航空航天局签订了正式协议，两国的工程师也很快设计出了今天的国际空间站。为了分担建造压力和风险，两国还同意接纳欧空局、日本、加拿大等。1998 年 1 月，15 个国家共同签署了建造国际空间站的协议，后来英国也加入了这一计划。按计划，整个国际空间站建设会持续到 2002 年 6 月，使用寿命至 2020 年。然而，由于预算远远超出美国国家航空航天局的预计，加之哥伦比亚号航天飞机失事和一些其他原因，直到 2011 年 12 月国际空间站才完成全部的组装任务。2015 年，美俄双方就使用期限达成一致，同意其工作到 2024 年。

1.1.2 传统航天的困境

从 1957 年 10 月苏联发射人类历史上第一颗人造卫星开始，到 1959 年 9 月实现从地球飞到另一天体——月球，科学家花费了不到 2 年的时间；到 1961 年 4 月尤里·加加林实现太空飞行花费了 3 年零 6 个月；到 1969 年 7 月实现人类登上月球用时近 12 年；到 1971 年 4 月第一个空间站——礼炮 1 号发射上天用时 13 年零 6 个月；到 1981 年 4 月发射哥伦比亚号航天飞机用时近 24 年。24 年中人类在航天领域创造了一个又一个奇迹。然而，20 世纪 80 年代，随着挑战者号航天飞机爆炸以及冷战的结束，人类航天事业逐渐陷入了低潮。美国泰勒·考恩在《大停滞?》一书中讲到当今世界技术发展缓慢的原因，并以航天技术为例论证了他的观点。事实上，在 1991 年苏联解体、冷战结束至今的 28 年里，人类探索太空的步伐明显减慢，传统航天发展遇到了技术、管理和投入产出等方面的瓶颈。

（1）技术方面的瓶颈

从进入和探索太空的能力看，现有航天运载火箭进入和到达更远目的地的能力、成本、运行效率和舒适性等方面几乎停滞不前，航天器的探测深度、精度和效率等明显不足。如：新型发动机技术，类似飞机运行方式的空天飞机技术，新能源技术，载人航天生命保障和环境控制技术，进入火星大气亟待解决的人员抗辐射和有效进入、减速及着陆技术等，尚没有明显的进展；航天器自主技术、深空通信技术、新型探测仪器技术、探测行星的探测车技术和效率更高的探测飞行器技术等，尚没有突破性进步。

从控制和利用空间的能力看，控制空间所需的态势感知技术尚没有取得革命性的变化，航天器模块化、空间自主装配、碎片清除等新技术，还停留在概念设计和构想阶段。开发空间太阳能和开发月球及其他星球资源的航天技术几乎没有进展。但是，也有一些技术发展展现出新的前景，如：微小卫星群、空间机器人、激光通信、量子通信、微缩阵列干涉成像、图像重构等技术的发展有望突破传统卫星功能限制；多用途卫星和星座，尤其是导航、遥感、通信一体化卫星的发展，有望进一步扩大卫星的应用领域；人工智能、大数据等前沿技术发展，有望为分析应用卫星数据展现更广阔的天地。

（2）管理方面的瓶颈

传统航天实施举国体制，主要由政府投资，旨在实现国家战略目的。以美国为例，1958 年 10 月 1 日成立了国家航空航天局（National Aeronautics and Space Administration，NASA）。60 年来，NASA 依靠举国体制，完成了包括阿波罗登月、航天飞机、国际空间站等重大航天任务，但在长期运营中，逐渐滋生了官僚主义和偏向保守的文化，尤其是美苏太空竞赛结束和两次航天飞机爆炸事故之后，NASA 的革新创造动力日趋不足，在太空探索中裹足不前、乏善可陈。

伴随着美国航天技术的发展和成熟，航天工业逐渐被大公司垄断，如波音公司、洛克希德·马丁公司等航天巨头顶着“高大上”的光环，垄断航天市场，分享政府订单。这种僵化的利益格局既不利于航天技术创新，又会产生监管缺失、浪费财力的问题。如 2013 年，在没有竞争对手的情况下，美国空军授予联合发射联盟公司（ULA）一份为期 5 年的价值 110 亿美元的“改进型一次性运载火箭”合同，即使用宇宙神-5 和德尔它-4 火箭独自完成 36 次火箭发射任务。事实上，ULA 是波音公司和洛克希德·马丁公司合资的一家企业，作为唯一经美国军方认证的发射服务供应商，形成了对美国军方发射市场的垄断，这种垄断直至 2014 年，SpaceX 公司的猎鹰-9 火箭获得了发射美国军方卫星的许可后才被打破。

（3）投入方面的瓶颈

传统航天受高投入、高风险、垄断和收益等多因素的影响，研制费用和发射费用长期居高不下。如阿波罗登月项目投入为 1 510 亿美元，美国航天飞机发射 135 次累计花费 1 960 亿美元，2006 年美国提出的重返月球的星座计划预计花费 900 亿元，后因费用太高而被取消。1991 年苏联解体，美国政府失去了太空争霸的对手，同时也失去了大量投资发展航天事业的动力；同时，航天领域的收益与巨额投资的不对称性，使美国民众感受到探索太空与自身福祉没有什么关联，进而失去了对太空项目的关注和兴趣，导致政府对航天活动的投入减少。巨额的投入，使举国体制的航天模式发展逐渐变得难以为继，图 1-1 是美国政府 9 年航天预算情况。

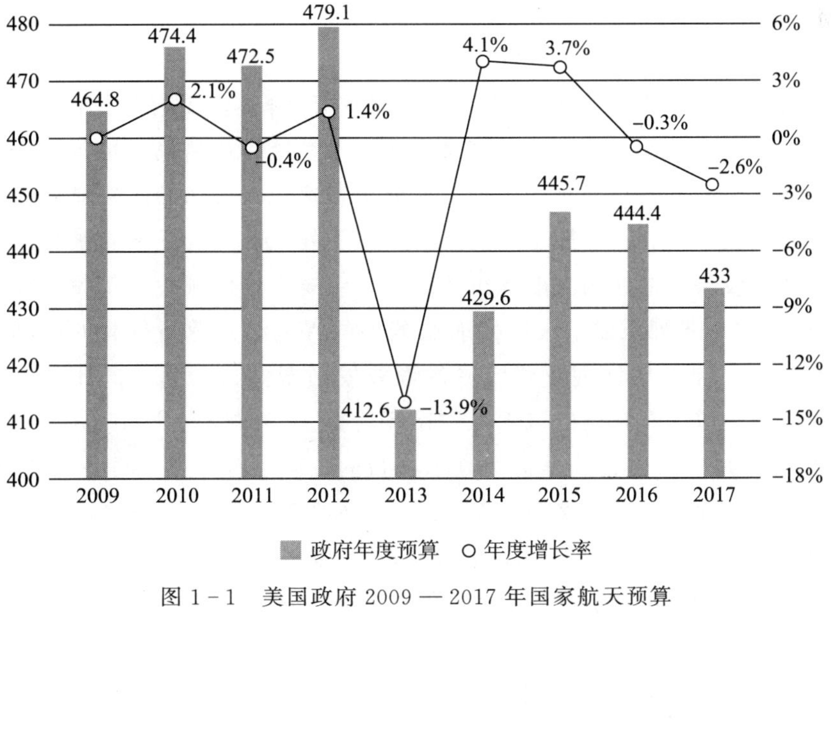

图 1-1　美国政府 2009 — 2017 年国家航天预算

1.1.3 商业航天兴起

从 1985 年到 1998 年，NASA 航天飞机的发射价格增加了 85%，单次发射费用飙升至 4.5 亿美元，这违背了设计制造航天飞机的初衷，即可回收技术是为了节省发射成本。不能放弃太空探索，又没有大量的资金用于航天科技投入，迫使 NASA 必须寻找其他途径实现太空探索。20 世纪 80 年代，美国国会通过法案允许成立民间航天企业，提供航天发射、卫星通信、卫星遥感等服务项目。哥伦比亚号航天飞机失事后，NASA 决定将近地轨道载人航天活动承包给企业，称之为商业轨道运输服务；2008 年，NASA 正式启动该项目，从此开启了美国的商业航天之路。

商业航天活动以盈利为目的，在运载火箭、人造卫星、载人航天、深空探测和空间站等领域，按市场规则配置技术、资金、人力和基础设施等资源。商业航天意图实现政府和市场的双轮驱动，找到一条低成本、低风险的航天之路，经过近 10 年的发展，已成为全球航天经济总量不断增长的主要因素。根据美国航天基金会发布的《航天报告 2018》，2017 年世界航天经济总量达 3 835 亿美元，其中商业航天收入 3 073 亿美元，占全球航天经济总量的 80.1%；2017 年全球共实施 91 次轨道发射任务、发射 443 个航天器，其中 26 次为商业发射（占比 28.6%），267 个为商业航天器（占比 60.3%）。

美国商业航天领先全球。美国一直是航天工业的巨头，拥有全球最尖端的技术产品、最完备的产业链以及经验丰富的人才队伍。在政府的大力支持下，大量新兴航天企业涌现并快速占领航天产业链中的各个环节，目前各环节已形成多家私营企业良性竞争的局面。美国的商业航天发展基本已涉足全部航天产业，业务范围正从传统的商业卫星发射、商业卫星应用向新兴领域拓展，如深空探测、太空旅游等。

欧洲正在积极追赶。总体上，欧洲商业航天的立法体系、私营企业的创新能力、国际竞争力都明显弱于美国。为扩大航天资源在全球的高效配置，欧洲对外积极寻求国际合作，对内强调航天一体化发展，推进伽利略导航卫星系统和哥白尼对地观测两大项目建设以及新一代运载火箭发展，积极响应美国商业航天快速抢占市场的严峻形势。

俄罗斯努力突破困局。俄罗斯由于受制于微电子技术的发展，一直被排除在空间通信和卫星平台、航天设备制造这两大航天市场之外，主要市场份额由火箭发射服务贡献。但随着 SpaceX 公司等一系列低成本火箭发射服务商的兴起，俄罗斯仅有的市场竞争力也在逐渐降低。2017 年，俄罗斯计划组建统一的商业发射服务运营商，拟针对不同的客户施行灵活的营销政策，以提高自己的航天发射市场份额。2018 年 4 月 17 日俄罗斯能源火箭航天公司宣称，向私营 S7 集团出售海上发射项目的各项政府和企业间手续已全部完成。

日本积极投身商业航天。自 21 世纪以来，日本持续推进航天政策改革，并将增加商业发射频率及扩展商业航天市场份额提升到影响区域领导地位的高度。2015 年，日本国产火箭 H－2A 首次执行并成功完成商业航天发射，但成本不占优势。目前，日本正积极寻求进一步降低成本的技术，以提升国际竞争力。2018 年 11 月 15 日，日本出台了《宇宙活动法》，助推私营企业使用运载火箭发射人造卫星。

印度商业发射高歌猛进。印度在 2007 年首次涉足商业发射市场，将 1 颗意大利卫星送入太空。此后为降低发射成本，潜心研制一箭多星技术，于 2018 年 2 月成功实施 1 箭 104 星发射，创下人类单次发射卫星数量纪录。依靠低成本发射优势、“一条龙”发射保障，印度目前在全球商业航天发射市场上占据主动地位。

我国商业航天潜力逐渐释放。自 2014 年以来，我国制定了一系列政策对航天产业进行长期规划，并将发展商业航天提上议程，使民营航天企业有望通过政策红利带来的门槛降低而步入配套产业。短短数年，科技、科工两大航天巨头开始了从航天设计、制造、发射到系统应用的全产业链商业实践，长光、天仪、信威、翎客、零壹、蓝箭和星际荣耀等私营航天公司相继成立。2018 年，国家航天局提出“鼓励、有序”的指导方针，力推商业航天发展；百度、腾讯、阿里等互联网巨头以不同方式渗入商业航天领域。2018 年，中国在商业卫星发射领域，发射卫星 34 颗，同比增长 278%；商业卫星种类更加丰富，涵盖通信、遥感、导航增强、科试实验、技术验证、教育娱乐等；卫星新技术涌现，全球首颗专业夜光遥感卫星珞珈一号发射成功；重大星座的技术验证星开始发射，航天科工集团虹云工程技术验证星和航天科技集团鸿雁星座首颗试验卫星成功发射。在商业火箭发射领域，火箭发射 12 次，长征和快舟系列成功率达 100%，朱雀一号开启首次中国民营运载火箭发射卫星的试验。中国商业航天正在迅速兴起、蓬勃发展。

1.2　民商航天发射

1.2.1　概念

商业航天是指以营利为目的，按市场规则配置技术、资金、人力和基础设施等资源要素的航天活动，主要包括运载火箭、人造卫星、载人航天、深空探测以及空间站等领域。相对于举国体制的传统航天而言，定义商业航天的目的在于划清政府项目和民营项目的界限，激发市场力量使探索太空的征程具有可持续发展的动力。纯粹的商业航天活动完全在民营企业内部进行，民营企业利用民间资本进行这项伟大的开拓。另一方面，纯粹的公共和军事项目，是政府投资开发太空项目。而大部分的商业航天项目则是同时利用来自政府和民间资金，执行政府任务和进行商业活动。目前大量存在的商业航天项目则是混合模式，毕竟除了向政府出售服务外，在太空项目中赚取利润是非常困难的。

航天发射是指综合利用测试发射、测控通信等技术，将航天器送入预定轨道以及对航天产品进行回收的过程。商业航天发射是以营利为目的，按市场规则实施的航天发射活动，包括纯粹由民营企业投资和由政府和民营企业联合投资的航天发射项目。商业航天发射与举国体制的传统航天发射的最大区别在于引入了市场机制，将营利作为商业航天发射的根本目的。

民商航天发射则是指商业航天发射项目中由民营企业投资并组织实施的活动。具体讲，在一次商业航天发射活动中，如果运载器在发射场的工作是由民营企业来组织实施的，那么运载器在发射场的装配集成、测试发射活动就称为民商运载器航天发射；如果航天器在发射场的工作是由民营企业来组织实施的，那么航天器在发射场的装配集成、测试发射活动就称为民商航天器航天发射；如果运载器和航天器在发射场的工作均是由民营企业来组织实施的，则该次商业航天发射就称为纯民商航天发射。由于在我国没有专用的商业航天发射场，一个运载器可能同时搭载多种航天器，或者一个航天器可能同时具有多种用途，因此，有时很难将民商航天发射与其他类航天发射区分开来。

1.2.2 特点

首先，民商航天发射作为航天发射的一种，具有航天发射本身固有的性质，如高投入、高风险。其次，市场运作的基本规律，赋予了民商航天发射不同于非商业航天发射的独特内容。归纳总结民商航天产生背景、发展历程、最终目的和内在特性，梳理凝练民商航天发射的内在特点和规律，可以看到民商航天发射呈现出如下典型特点：追逐性价比最大化，投入大、风险高，新技术含量高、系统复杂，一次性、独特性与不可修复性。

（1）追逐性价比最大化

如果寻找民商航天发射与国家主导的航天发射的最大区别的答案，这就是利润或性价比的不同。数据资料显示，现阶段由国家主导的航天工程成果无法完全回馈巨额投资。出于战略目的，包括更长远的发展和生存空间的考虑，非商业目的的航天工程，包括航天发射工程，不顾或很少关注投入后的经济回报。但民商航天发射不同，对性价比或利润最大化的追逐是民商航天发射的根本目的和持续发展的动力。

对于一个民营航天企业，在产品性能和价格上不思进取，那么就会被用脚投票的消费者所抛弃。为了获取更大的利润，并在残酷的商业竞争中生存下来，民营航天公司必须为用户提供更多的价值，而不仅仅是生产产品或提供服务的价值。商业航天发射模式显著降低了进入太空的成本，使航天发射的性价比大为提高。SpaceX 公司于 2016 年 5 月 2 日对外公布猎鹰-9 火箭和猎鹰重型火箭的发射价格，其中猎鹰-9 的发射报价为 5 400 万美元，约为美国同类运载火箭发射费用的三分之一；猎鹰重型火箭的发射费用约为 9 000 万美元，同级别的德尔它-4 重型火箭的发射价格为 3.5 亿美元。在研发费用上，NASA 发布的报告称，猎鹰-9 若由 NASA 研发，至少需要 13 亿美元，而 SpaceX 公司仅花了 4 亿美元。随着猎鹰-9 火箭成功实现可重复性使用，发射成本可进一步降低。SpaceX 公司凭借低廉的发射费用获得了市场青睐，2017 年猎鹰-9 发射 18 次，2018 年发射 16 次（回收成功 14 次）。

（2）投入大、风险高

航天发射是太空探索的最大成本之一，也是最高的风险之一，即使现在，进入太空仍然是商业航天的最大障碍之一。尽管地球轨道的航天工程技术和运行模式日趋成熟，小卫星和微纳卫星方兴未艾，但每次航天发射无论是运载器、航天器还是有效载荷，其成本投入仍十分惊人。如国内商业微纳卫星动辄单颗花费数百万至上千万元人民币，小卫星数千万至上亿元人民币，小型商业运载火箭单次 4～5 千万元人民币；俄罗斯联盟号的“船票”从 2008 年的 2 100 万美元一路涨到 2018 年的 8 100 万美元左右。日本天体学家加来道雄在接受采访时说过，将 1 kg 物品送入地球轨道需要 1 万美元，送一个人到空间站游览 1 天大概需要 2 000 万美元，把一个人送到月球需要 5 亿美元。除去为探索未知和拓展能力必须付出的代价外，不能失败和失败不起仍是航天发射乃至民商航天发射最本质的特性之一。

纵观商业航天发展史，它发展出了许多令人侧目的技术和商业创新，闪烁着成功之光，同时也伴随着许多的戏剧性和大量的失败。以目前全球最成功的民营商业航天公司 SpaceX 公司为例，2002 年 6 月，马斯克创办一家研制和发射火箭的 SpaceX 公司，经过四年的努力并获得美国国防部（DARPA）猎鹰计划的资助后，2006 年 3 月 24 日，SpaceX 公司终于点燃了自己的第一枚火箭猎鹰 - 1，但火箭升空后不久就掉了下来。同年，SpaceX 公司却获得了 NASA 的空间站商业运输服务的研究资金，用于研究运载能力更大的猎鹰 - 9 火箭。2007 年 3 月 21 日，第二枚猎鹰 - 1 发射失败；2008 年 8 月 3 日，第三枚猎鹰 - 1 发射再次失败。2008 年 8 月 3 日，这也许是马斯克人生中最黑暗的一天，之后，马斯克只剩下再发射一次的资金了。幸运的是，2008 年 9 月 28 日，第四枚“猎鹰 1”发射成功了。2008 年 12 月 23 日，SpaceX 公司击败众多实力强大的对手，被 NASA 授予一份 16 亿美元的 COTS（Commercial Orbital Transportation Services）合同，此时，距离 SpaceX 公司员工工资发放的最后期限只有几个小时的时间。

（3）简约但仍很复杂

为了获取更大的利润，并在残酷的商业竞争中生存下来，民营航天发射公司会积极研究开发并应用具有颠覆性的航天技术，如绿色推进剂、太阳能电推进技术、深空原子钟、太空机器人等，进而使商业航天一直处于高新技术领域。航天领域的颠覆性技术创新可能会给航天发射系统设计和组织管理带来重大变革，但是，人类进入太空的模式在可预见的将来不会发生颠覆性的变化。从系统构成的角度看，航天发射一段时期内仍由航天员系统、有效载荷系统、航天器系统、运载器系统、发射场系统、测控通信系统、着陆场系统、搜救回收系统等构成，即便是最简单的航天发射也离不开航天器系统、运载器系统、发射场系统、测控通信系统的有机结合，各系统之间依存度高，彼此相互作用、相互影响，共同构成一个复杂的大系统，给航天发射系统建设和有效运行带来巨大的难度。因此，由民商公司主导航天发射项目无论如何优化组织管理模式和进行颠覆性技术创新，在可预见的一段时期内都不可能改变航天发射系统复杂的本质特性。

为了追求资源的最优配置和降低商业成本，民营航天发射组织可能会简化民商航天发射在发射场的工作流程、项目和规模，将更多的工作放在本部或生产现场来完成，如卫星会整星带翼运输到发射场、运载火箭进入发射场前尽可能完成单机装箭等，进而使航天发射变得日益简约（只做必不可少的事情）。但是，航天发射系统的工作原理和机制决定了，在可预见的时间范围内，单次民商航天发射仍然是一项复杂的系统工程。上述情况客观上要求民商航天发射组织实施应采用系统工程方法，主要包括：1）确定飞行大纲，明确成功准则和最低发射条件；2）建立各级各类组织，明确职责和协同工作办法；3）协调各方要求，确定任务范围，明确接口关系，提供满足要求的基础设施、人员、信息、文书、工作环境和监视测量设备；4）建立工作分解结构、明确工作内容、计划、质保和安全流程；5）确定质量安全控制点，明确产品、过程的放行准则；6）依据各类计划、流程和规范，推进各项工作；7）按照准则、方案、预案进行控制和应急响应。

（4）一次性、独特性与不可修复性

每次民商航天发射都是为了完成某一特定的任务而实施的，具有明确的开始和结束时间，且任务内容具有独一无二性。这种一次性和独特性决定了民商航天发射具有明显的项目特性，这也是民商航天发射组织实施基本上都采用项目管理方法的原因之一。

运载器点火起飞后，所有过程都具有不可逆性，几乎所有故障都无法排除，不管预案多么完善和充分。飞行过程不可逆、故障不可修复是包括民商航天发射在内的所有航天发射都不能回避的重要特点，决定了民商航天发射必须实施严格的过程质量控制。

1.2.3 组织原则

中国民商航天发射实践时间较短，尚没有形成与本国国情相一致的为各方认可的组织实施原则。我们总结中国航天60年尤其是近10年航天发射组织实施的经验教训，深入分析商业航天发射规律和组织实施特点，结合我国近几年民商航天发射工程实践情况，借鉴国外尤其是美国商业航天发射经验教训，提出我国民商航天发射组织实施的五项基本原则：确保成功、提高效益、创新驱动、安全决策和无边界合作。

（1）确保成功（做完增值工作）

确保成功原则强调，在进行进度、质量、经费和技术指标权衡时，必须突出确保成功的理念，为了成功，安全必须保证、质量必须从严、进度可以延期、指标可以调整、经费必须保障，且不可存在侥幸心理。

民商航天项目进入到发射实施阶段后，所有航天产品均已完成设计开发、生产制造。发射是航天产品离开地球前的最后一道工序，且一旦离开地球，几乎所有故障都无法排除。同时，航天发射投资巨大，航天产品离开地球后一旦发生故障，前期的巨大投入均可能付之东流。航天发射的上述特性决定了其无论是否具有商业特性，组织实施工作的第一要义都是确保成功。

非商业航天发射为了确保成功，在发射场条件允许的情况下，对航天产品（包括航天器、运载器、有效载荷等相关的设施设备）全覆盖性地开展测试检查、关键和强制检验点控制、状态确认和阶段评审、“四查双想两比”“九新”“五交集”等活动，对发现的质量问题实施严格归零，将质量控制工作推到“极致”，即只要条件允许、只要对确保成功没有害处，就要做一切可以做的工作，目的是使各相关方对质量保证工作“无话可说、无可挑剔”。民商航天发射由于受市场规律的约束，航天产品研制部门除了需要评估产品装配、系统集成和加注等必要的工作外，还要在发射场条件允许的情况下，评估哪些工作对恢复和保持航天产品功能性能具有增值作用，哪些活动是无效的或对航天产品质量保证不能产生增值作用或增值作用是可以忽略的。在这种背景下，航天产品研制部门做足且只做对航天产品质量保证具有增值作用的工作，其目的是保证将航天产品在发射场恢复到或保持在最佳状态。总之，非商业航天发射为确保成功“做完一切无害的工作”，让所有相关方都“无话可说”；民商航天发射为确保成功“做完一切有增值作用的工作”，让航天产品恢复和保持在最佳水平。二者的手段和方法不同，但目的都是为了确保成功。

对照挑战者号与哥伦比亚号两起相差 17 年的灾难性事故发现，引起事故的原因居然是如此相似。两起灾难的调查报告指出：如果 NASA 管理层判断分析正确，应有的担心得到重视，对相关数据进行研究，一些重要信息不被忽略，那么，这两起事故也许都不会发生。事实表明，航天飞机的发射时间表过于紧密，以至于完成这一时间表的压力很大。为了赶进度，NASA 不惜一次又一次地冒险，正是因为存在这种一次又一次的“侥幸心理”，挑战者号与哥伦比亚号的 14 名航天员的英灵永远留在了蓝天之上。

2014 年 10 月 28 日，美国轨道科学公司的安塔瑞斯运载火箭点火 6 s 后发生爆炸。2014 年 10 月 31 日，英国维珍银河公司的太空船 2 号在飞行过程中因事故导致副驾驶员牺牲、驾驶员重伤。2015 年 6 月 28 日，SpaceX 公司的猎鹰-9 遭遇发射失利，火箭连同送往国际空间站的货运飞船全部在高空解体。2016 年 9 月 1 日，SpaceX 公司的猎鹰-9 火箭在卡纳维拉尔角发射场发生爆炸，火箭、卫星和发射台悉数被毁。2017 年 7 月 2 日，中国的 CZ-5Y2 火箭搭载实践-18 卫星发射升空后，火箭飞行出现异常，发射任务失利。2018 年 10 月 11 日，携带联盟 MS-10 载人飞船的联盟-FG 运载火箭发射失败，但逃逸系统及时启动并带着俄美航天员脱离危险区。航天发射不论由谁来主导，也不区分其是否具有商业性质，持续不断的航天发射事故，一直在诠释着确保成功是航天发射组织原则的第一要义。

（2）提高效益

民商航天发射必须遵守商业运作的基本规律，即降低成本、提高效益。资本的答案是利润，“无利即无商”。因此，必须用商业的眼光审视民商航天发射组织实施原则、方法、措施和手段。民商航天发射的最大魅力之一就在于极大地降低了航天发射费用、提高了航天发射的效率。民商航天公司普遍使用项目团队、扁平化组织结构等方式简化管理机构，优化工艺和质量保证流程，缩短管理链条，使研发、生产和发射服务的联系更为紧密，相比于国家主导的航天发射效率更高。

目前，民商航天发射相较于非商业航天发射的效益优势主要有两大看点，即发射成本低和履约周期短。

看点一，发射成本低。不失一般性，以中国民商小卫星在发射场工作的成本为例。某民商小卫星质量为 410 kg，采购价格为 1.0 亿元。卫星在发射场工作流程若与非商业卫星相同，其在发射场的工作流程时间为 35 天，成本为 172.8 万元，占卫星总价格的比例为 1.72%。事实上，该商业小卫星通过采用动态的测试发射流程，在发射场实际工作时间为 13 天，人员也缩减到只有非商业航天发射人数的一半，成本降到了 32.4 万元，占卫星总价格的比例为 0.32%，从而使小卫星发射场工作的成本与卫星价格相比几乎可以忽略。SpaceX 公司在众多实力强大的竞争对手中屡屡胜出，与其发射费用低廉不无关系。位于华盛顿的布莱斯太空与技术公司创始人兼执行官里萨·克里斯滕森表示：“自 2010 年以来，火箭发射成本已经下降了10%～15%，这在一定程度上得益于SpaceX公司所带来的影响。”他还指出，SpaceX公司已经将自己的火箭发射价格降低了约25%。SpaceX公司凭借低廉的发射费用获得了航天发射市场的青睐，有数据显示，2017年SpaceX公司的全球商业航天发射市场占有率达到了35%。

看点二，履约周期短。目前民营航天公司缩短履约周期的主要办法有三种：一是火箭重复使用技术。大型载荷航天发射任务遵循定制模式，火箭重复使用可以大幅缩短运载火箭的生产周期。2017年3月，SpaceX公司发射了一枚于12个月前回收的“二手火箭”，并再次完成回收。2017年6月，又成功发射了5个月前回收的“二手火箭”，并再次回收，且48 h后又同样完成另一项发射和回收任务，创造48 h进行两次发射的纪录。从12个月到5个月，火箭重复使用技术正逐步缩短火箭研制发射周期。二是“三化”设计实现批产。民商火箭制造公司遵循标准化、通用化、模块化的设计原则，使火箭分系统、零部件实现提前备产及批产，可大幅压缩发射成本及履约周期。三是小型运载器采用固体发动机。商业航天发射市场通常利用固体运载火箭发射较小的载荷，利用固体推进剂可长时间贮存的优势，压缩履约周期，实现快速响应。

(3) 创新驱动

民商航天的灵魂是创新，与非商业航天相比，其优势在于能够充分发挥企业家的创新精神。

纵观人类航天史，从1957年10月4日苏联率先发射人类第一颗人造地球卫星以来，人类实现了载人航天、阿波罗登月、航天飞机天地运输、国际空间站建立、太阳系无人探测等壮举，以及通信、导航、气象、观测、勘探等航天器的广泛应用；从人类第一位殉职的航天员弗拉迪米尔·科马洛夫，到挑战者号和哥伦比亚号等悲剧，以及近年来持续不断的航天灾难，60多年的航天史可谓令人眼花缭乱，同时也令人扼腕叹息。事实上，每次航天发射工程技术的重大突破和航天灾难的发生，都会伴随着航天发射项目管理方式、方法、工具、模式的创新发展。反之，每次航天发射项目管理方式、方法、工具、模式的创新发展，都会为航天发射项目的成功提供更好的保证，同时又助推着航天发射工程技术的进步。

以群雄逐鹿的商业航天运载火箭为例，马斯克创立的SpaceX公司成功研制了猎鹰-9和猎鹰重型火箭，并开发了一级火箭回收技术，这不仅大大降低了商业火箭的发射成本，而且为开发探索月球和火星的运输系统提供了技术准备。与此同时，由杰夫·贝佐斯创立的蓝色起源公司针对太空旅游市场而开发的新谢波德火箭和配套的飞船，经过15年的努力终于完成了试验任务，计划在2019年将首批游客送入太空。2016年9月，杰夫·贝佐斯宣布蓝色起源公司将研制把人和载荷送入轨道的新火箭——新格伦（NewGlenn），这枚火箭的运载能力将超过猎鹰重型火箭和德尔它-4重型火箭。这两家商业公司的成功，迫使传统的火箭发射服务公司联合发射联盟（ULA）在2015年4月对外宣布研究新的火神运载火箭，也迫使欧空局于2015年启动阿里安-6火箭的研制。

(4) 安全决策

安全决策的原则强调，民商航天发射必须坚持“安全第一”的理念，在事关人身安全的情况下，任何决策都必须以确保人员安全为前提，绝不允许因为对商业利益的过度追逐而采取激进冒险的行动，而将“侥幸”披上科学的外衣。

航天发射事故原因统计显示，23 名航天员在载人航天事故中牺牲，18 名航天员在训练中牺牲，因航天事故导致的科技人员、军人和平民死亡的人数或超过 150 人。导致上述人员死亡的事故原因绝大多数都与计划不合理、试验不充分、“冒险”决策的人为因素有关。事实上，受市场、客户需求、媒体、社会舆论以及发射窗口等方面的影响，商业航天发射尤其是重大的商业航天发射都会有明确的时间节点限制，经费也会约束在预算之内，加之航天发射系统构成复杂和多单位协同，尤其是新型航天发射组织流程不成熟，不安全决策的问题较易发生，因此，民商航天发射组织实施原则必须坚持安全有序。

(5) 无边界合作

协同是航天发射的灵魂。商业航天发射质量保证需要围绕“发射成功”打破组织边界，实现合作共赢。

自 20 世纪初“科学管理”诞生以来，随着职能结构和技能的专业化发展，组织关注的是“我们的业绩”，管理者坚守的是“我们的职能”，员工的注意力集中在“我的任务”。因此，打破组织职能壁垒的努力似乎从来没有中断过，如组织重组、结构重构、管理团队、流程再造等。但是，民商航天进入到发射阶段所呈现出的独特个性——一切为了成功，使得所有参与者的利益瞬时趋同。这是因为，从运载器点火到航天器入轨的短短十多分钟，决定了上亿元乃至数十亿元投入的成败，如果发射失败，所有投入、所有贡献全部清零，所有参与此项目的组织和个人都是输家。为此，在成功这一“至高无上”的目标感召下，所有参加航天发射任务的组织和个人，无论其目的和目标如何，都不得不放弃自己坚守的“我们的业绩”“我们的职能”和“我的任务”，投入到真正的无边界合作之中。

在民商航天发射中，每个商业组织和个人都在追逐自身利益最大化，因此，无边界合作仅仅停留在理念和热情上是远远不够的，很多航天发射灾难都发生在组织界面之间就是很好的例证。无边界合作需要建立参与各方共同遵守的原则，如中国航天的“有困难共同克服，有问题共同商量，有余量共同掌握，有风险共同承担”的协同原则；需要成立由参与各方共同参加的实施统一指挥的联合组织，如世界航天发射普遍采用的强矩阵组织结构；需要制定由参与各方共同执行的严格而又严谨的协同工作流程和不同组织间相互认可的技术流程、产保流程、安全流程和工作标准、接口规范等。总之，无边界合作的理念需要在参与各方共同支持下，以高度集中统一的联合组织指挥机构为基础，以“周到细致”的计划、方案、流程、程序、标准、规范为保证，以“严肃认真”的态度，“严、慎、细、实”的作风为支撑，通过“过程控制、节点把关、里程碑考核”的质量控制模式来落地生根。

1.2.4 知识体系

基于我国商业航天发射长远规划和当前环境与状况，总结凝练我国在航天领域形成的理论、技术、工具和方法，借鉴美国商业航天发展的经验教训，我们探索并提出我国民商航天发射任务知识体系框架，如图 1-2 所示，该体系框架已应用于我国的民商航天发射活动并得到检验。体系由民商航天发射理论基础、民商航天发射内外部环境和民商航天发射组织实施知识（含航天发射专业技术）三部分构成。

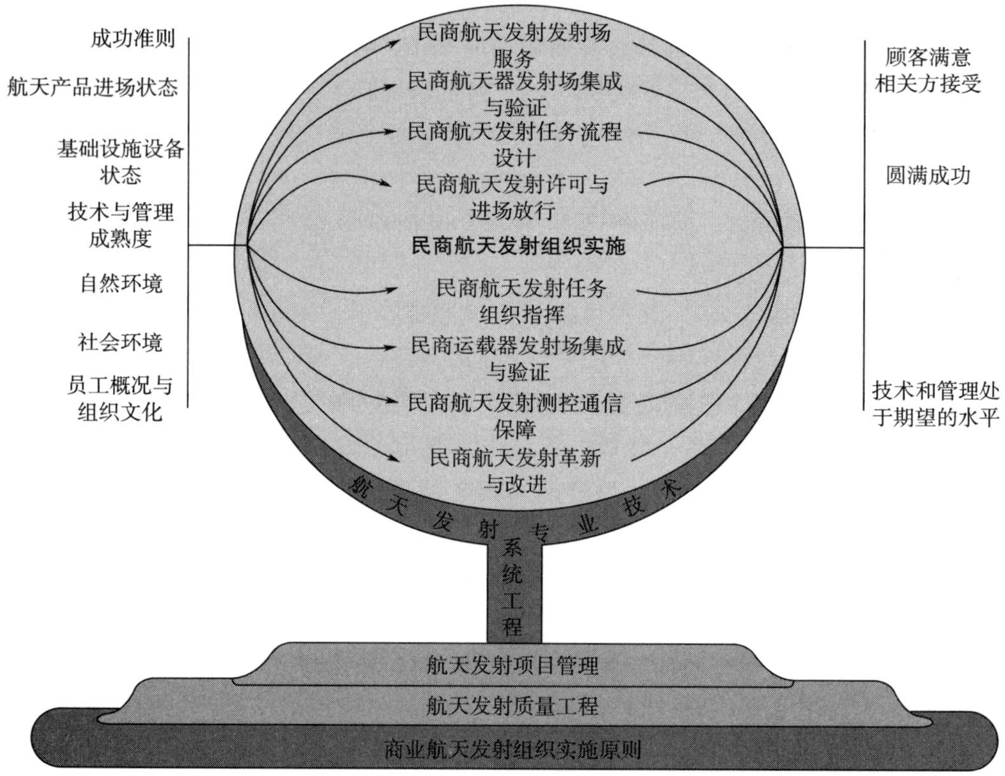

图 1-2 民商航天发射任务体系框架示意

图 1-2 中，成功准则、航天产品进场状态、基础设施设备状态、自然环境、社会环境、技术与管理成熟度、组织文化、员工概况等构成某次或某批次民商航天发射任务的输入，是某次或某批次民商航天发射任务组织实施的基本依据。圆满成功、顾客满意和相关方可以接受、技术和管理处于参与各方期望的水平是民商航天发射任务体系所期望的输出，也是民商航天发射组织实施的主要目的。

图 1-2 中，民商航天发射组织实施原则、质量工程、项目管理、系统工程共同构成民商航天发射项目组织实施的基础。民商航天发射组织实施原则，即确保成功、提高效益、创新驱动、安全决策和无边界合作是民商航天发射组织实施的基础，应落实到民商航天发射组织实施的全组织、全人员和全过程中。

由于民商航天发射组织实施的实质是一项系统工程，因此，相关的系统工程理论、工具和方法为民商航天发射组织实施提供了理论基础，尤其是我们研究提出的有关民商航天发射系统工程中关于系统设计、产品实现和技术管理的内容为民商航天发射策划、设计和技术管理提供了指导方法。

一次或批次民商航天发射的组织管理在全球范围内几乎均采用项目管理的方式，因此，有关项目管理的技术、方法和工具被大量地应用于民商航天发射之中。尤其是我们结合中国国情研究提出的民商航天发射项目管理知识，包括策划管理、过程管理、组织管理、范围管理、资源管理、进度管理、质量管理、风险管理、技术管理、软件管理和综合管理等内容，为民商航天发射组织管理提供了实用的技术方法和工具，可直接用于具体工作。

中国航天发射质量工程是结合我国航天发射工程实践开发研制出的一套系统地用于质量策划、控制、保证和改进的理论方法，我们针对民商航天发射的特点，对其进行了创新和改进，包括质量工程模式、任务准备零疏忽控制、过程控制零遗漏管理、设施设备零故障实现、任务软件零贻误保障、技术操作零差错保证、航天产品零疑点管控等内容，为民商航天发射质量和风险控制提供了系统全面的工程实践知识。

图 1－2 中，民商航天发射专业技术是民商航天发射组织实施的技术支撑，对民商航天发射组织实施的技术实现和工作管理起支撑作用。这部分中的工程知识融入到了民商航天发射许可与进场放行、任务流程设计、组织指挥、航天器和运载器发射场集成与验证、发射场服务保障、测控通信保障、革新与改进等工作之中，而相关的基本物理规律、材料科学等基础学科的内容，未在本书中体现，请读者参阅相关文献。

图 1－2 中，民商航天发射组织实施中的许可与进场放行、任务流程设计、任务组织指挥、航天器和运载器发射场集成与验证、发射场服务保障、测控通信保障、革新与改进等是民商航天发射任务体系的主要内容，自第 2 章起，本书将陆续论述相关内容。

1.2.5　任务环境

民商航天发射任务环境是实施商业航天发射的前提条件，任务环境识别是确保民商航天发射各类计划具备可行性和科学性的重要保证，对任务的组织实施至关重要。民商航天发射任务环境通常包括项目成功准则、技术和管理成熟度、基础设施设备状态、自然环境、社会环境、组织文化、员工概况等。

成功准则。民商航天发射成功准则是判断任务最终成功与否的依据，是任务组织实施的起点和最终目的。不同相关方给出的成功准则通常会不同，顾客给出的成功准则通常包括航天发射时间要求、航天器入轨参数范围、航天器返回地、航天员健康状况、有效载荷正常工作等。任务指挥部给出的准则除项目满足使用要求外，通常还包括民商航天发射实施过程中确保人员、航天产品和地面设施设备安全的要求。其他利益相关方的期望可能还会包括环境保护、新闻宣传、生活保障、信息服务、技术保密等方面。

技术和管理成熟度。航天产品（包括航天员生命生活保证设备、飞船/空间实验室、运载器、有效载荷等）技术成熟度直接影响到民商航天发射的工作范围、流程和质量保证措施等定义与选择。管理成熟度也直接影响到任务组织的效率，发现解决问题的能力，组织决策的及时性与正确性等，需要在民商航天发射组织实施流程、可靠性评估、风险决策、质量安全控制等方面给予关注。

基础设施设备状态。基础设施设备除航天产品外，还包括支持民商航天发射的各类保障性设施设备，如发射场、测控通信设备、着陆场、搜救设备和后勤保障用设施设备等，它们的状态与民商航天发射中的资源提供、质量安全控制等方面的组织实施方式方法的选择直接相关，并直接影响民商航天发射组织计划的编制和实施过程中的指挥调度。

自然环境。自然环境包括民商航天发射组织实施时的地理位置、地形地貌和任务实施期间的气候气象因素等。地理位置因素主要是发射场纬度值决定了该发射场能直接发射的航天器最小轨道倾角，同时对民商航天发射组织实施过程中的资源保证有重要影响。气候气象因素对商业航天发射的组织管理影响非常明显，如温度、湿度、大风、气压、沙尘、盐雾、霉菌等。地形地貌是指发射场周围的地势和视野，对民商航天发射的跟踪测量有较大影响。随着环境保护在我国越来越得到重视，相关法律日趋严格，民商航天发射组织实施过程中必须确保不会对自然环境造成法律不允许的破坏。

社会环境。社会环境包括国际国内政治、经济形势，相关法律、法规要求，当地居民生活水平、文化素质，社会和谐稳定，项目实施期间的生活保证、物资供给等。社会环境因素对民商航天发射组织实施计划和具体工作执行有明显影响。尤其是当前我国民商航天发射均安排在酒泉卫星发射中心，而该中心地处戈壁荒漠边缘，社会保障条件相对不足，如餐饮住宿、交通运输、购物通信等方面均有诸多不便，需要民商航天发射组织在策划各类计划时给予充分考虑。

组织文化。民商航天发射的各类管理计划只有与组织文化相适应才具有更好的操作性，才能保证其有效实施。同时，由于每个细小的差错都可能导致民商航天发射的失败，因此，组织文化与民商航天发射的成功具有很强的关联性。组织文化的内容非常丰富，与民商航天发射组织管理具有直接关系的有精神文化、使命文化、质量安全文化、创新文化和团队文化等。

员工概况。员工概况包括参加民商航天发射任务人员的教育水平、工作经验、操作技能，也包括参加民商航天发射任务人员的关键需求、期望以及特殊作业的条件和职业健康安全要求等。关键决策和技术操作人员的能力素质通常会对民商航天发射效率乃至成败产生较大影响。

1.3 基础理论

概览中国航天发射 60 多年的成果，结合中国民商航天发射国情，我们凝练并获取了包括系统工程理论、项目管理理论、质量工程理论和相关专业的民商航天发射基础理论成果，期待为研究、探索、实施民商航天发射提供理论依据和工作指导。这里结合民商航天发射特点和所需知识，简要介绍民商航天发射系统工程、项目管理和质量工程方面的理论成果，相关专业知识技术在后续章节中作深入研究。

1.3.1　系统工程

系统工程是用于系统任务策划流程、任务实施流程和技术管理流程的方法论，是在确定的使用环境下和规划的寿命周期内达成利益相关者需求的技术途径，是组织进行技术决策时查看系统“全貌”的工具。

（1）系统工程引擎

基于系统工程方法，在系统总结中国航天发射工程实践成功模式后，结合民商航天发射特点，提出民商航天发射系统工程引擎模型，包括任务策划、任务实施和技术管理三类技术流程，其相互联系和数据流如图 1－3 所示。

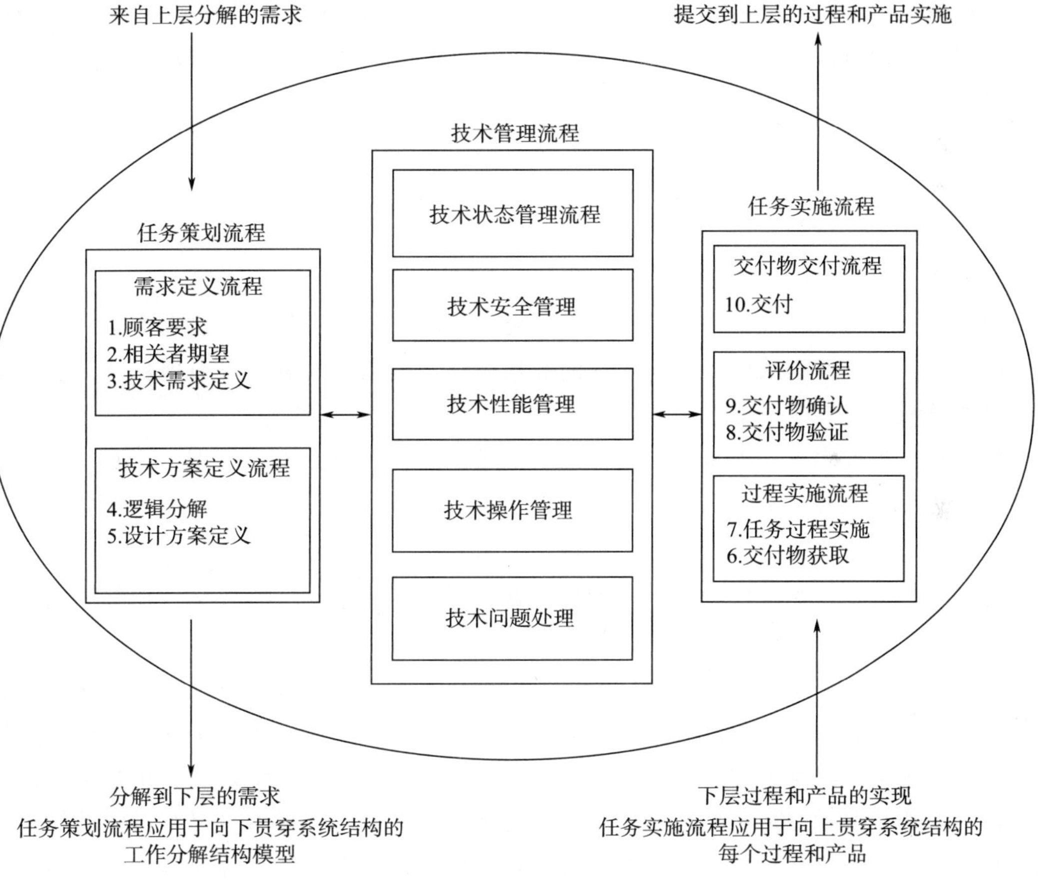

图 1－3　民商航天发射系统工程引擎

民商航天发射可分为任务准备、任务实施和任务总结三个阶段，任务准备阶段从发射时间计划确定到航天产品进场；任务实施阶段从航天产品进场到航天器入轨，必要时，包括航天器回收；任务总结阶段从航天器入轨到技术总结和工作总结完成。系统工程引擎的策划流程主要应用于任务准备阶段，以完成各种技术方案和测试发射工艺流程的开发；实施流程主要应用于任务实施阶段，以保证可交付物满足成功准则和各利益相关者期望；技术管理流程贯穿于任务准备、任务实施和任务总结的全过程，以保证民商航天发射任务的顺利实施。

(2) 任务策划流程

任务策划流程包括以下四个步骤：

第一步，明确民商航天发射顾客要求、相关法律法规要求、利益相关者期望和任务环境。

第二步，结合民商航天发射任务实施环境，将各类要求、期望转化为技术需求、标准和任务工作范围。

第三步，使用项目过程分解结构（Process Break Structure，PBS）对任务实施过程进行逻辑分解，分解可自顶向下直至可实现或可控制的底层过程。

第四步，依据过程分解结构，将民商航天发射任务圆满成功的标准、工作范围和技术标准转换成民商航天发射任务管理计划和各类技术方案、预案，并通过评审、验证和确认等活动确定任务管理计划和技术方案能够达到预期目的。

上述四个步骤须反复迭代使用，最终获得满足要求的民商航天发射项目管理计划和技术方案。

(3) 任务实施流程

任务实施流程包括以下五个步骤：

第一步，交付物获取。即获取本过程实施所需的工作管理计划、技术方案和前一过程输出的结果等。交付物获取是过程实施的前提条件，也是民商航天发射项目从策划推进到实施的关键活动。

第二步，过程实施。即依据工作计划、技术方案、放行或成功准则等，有效利用各种资源开展相关活动并获取预期结果。

第三步，交付物验证。即证实过程输出的结果满足技术方案和相关规范的要求，目的是获得必要的证据以保证任务过程结构中从底层到顶层的过程结果或交付物都满足特定的要求。

交付物验证的主要类型有分析、演示、检查和试验。分析是基于计算数据或项目过程结构中低层次目标交付物验证时获得的数据，应用数学模型与分析技术评估目标交付物的适用性。分析通常将建模和仿真作为工具，模型是客观对象的数学描述，仿真是对模型进行的运行操作。演示是证实目标交付物性能的基本方式，用来显示目标交付物的使用是否达到特定要求。检查是对目标交付物进行的表观检查，用来验证目标交付物的物理设计特性。试验用于获得目标交付物性能的详细数据，或为进一步分析提供必要的信息。

第四步，交付物确认。即证实过程结果或交付物在其使用环境中能按照客户的期望或规定的标准工作。当条件允许时，交付物验证和确认可以同时进行。

第五步，交付。交付流程是将经验证和确认后的交付物提交到任务过程结构较高层次或下一过程。主要活动包括准备交付场所和预交付物、交付物防护和交付实施。

对于向任务过程结构更高层次交付时，交付输出包括经验证和确认后的目标交付物及其控制基线，反映目标交付物验证和确认已完成的证据。对于向最终用户交付时，交付输出除包括经验证和确认后的目标交付物及其控制基线、反映目标交付物验证和确认已完成的证据外，还应包括与交付物使用相关的文档。

（4）技术管理流程

技术管理流程用于建立和变更民商航天发射项目的技术计划，管理系统跨界面的交流，控制任务的技术实施，根据计划和需求对任务进展进行评估以及为任务决策提供技术支持。技术管理流程是任务管理与技术开发团队之间的纽带，尽管不是每个技术团队的成员都直接参与技术管理的流程，但他们都依赖于技术状态管理、技术安全管理、技术性能管理、技术操作管理和技术问题处理等流程来实现任务目标。没有这些相互关联的流程，单个成员和任务就不可能在资源、进度和费用约束条件下，有效集成到任务实施过程中。

民商航天发射技术状态管理是指一组工程实践，是对设计文件以及依据这些文件生产出的航天产品及发射设施设备的管理过程，是对航天产品和发射设施设备技术状态更改加以控制、评价、协调和审批的过程。包括对运载器、航天器、发射场设施设备和测控通信等的技术文件以及物理特性和功能特性进行的全面审核和检测。因此，民商航天发射技术状态管理是严格执行技术文件，对其技术状态更改进行全程跟踪，严加控制、评价、协调、审批，并对更改信息进行全程记录的过程。

民商航天发射技术安全管理是围绕提高和改进安全技术，综合应用各种安全措施，确保民商航天发射过程和活动安全所开展的一系列活动。管理的主要内容包括人员安全管理、航天产品安全管理、现场操作安全管理、测试与试验项目安全管理、预防措施和应急预案等。主要任务是分析各种事故原因、研究预防事故办法，通过改进设施设备、作业环境和操作方法，变危险作业为安全作业、笨重劳动为轻便劳动、手工操作为机械操作，达到民商航天发射过程和活动安全的目的。

民商航天发射技术性能管理是为保证发射任务实施过程中航天产品、系统间接口和发射场设施设备技术性能满足任务要求，依照任务纲要、总体技术方案、测试细则、接口控制文件和放行准则等技术文件要求所开展的一系列检查、测试、审核、判断等活动。管理的对象主要包括航天产品、发射场设施设备和系统间接口等。

民商航天发射技术操作是指在航天发射活动中，如航天产品运输、卸车、转载转运，航天产品装配、吊装、测试、加注，各系统内、系统间联调联试、应急演练等，一系列技术性较强的程序化的手工工艺活动。技术操作管理是对上述一系列技术操作活动的策划、实施、控制和改进的过程。民商航天发射技术操作是技术性较强的工艺活动，包括正常技术操作管理和异常技术操作管理。

民商航天发射技术问题是指在项目实施过程中，发生的技术问题包括：1）航天产品和地面设施设备所发生的功能丧失、性能下降、指标超差；2）所使用的技术方法错误或不满足要求；3）约束性文件不满足要求；4）未落实约束性文件（如规范、规程、计划）的要求，包括未按任务文书的要求组织活动、操作设备、设置状态、报告记录等。民商航天发射技术问题管理包括技术问题检查报告管理、技术问题处置管理和技术问题让步接收管理。对民商航天发射技术问题处理要求是“定位准确、机理清楚、措施有效”。

民商航天发射系统工程理论声明，系统工程引擎中的流程以反复迭代递归的方式应用，直至满意或满足要求。迭代是指应用于同一个任务过程，纠正发现的差异或其他需求偏差的过程。递归是指流程反复应用于任务周期下一阶段中系统结构的同一流程，以完善系统定义并满足阶段成功准则。

1.3.2 项目管理

民商航天发射项目管理专业技术包括策划管理、过程管理、组织管理、范围管理、资源管理、进度管理、质量管理、风险管理、技术管理、成本管理和综合管理等内容。

（1）策划管理

民商航天发射项目策划是在项目实施前，依据输入要求，建立项目目标、明确项目范围、谋划项目实施途径和控制措施的过程，内容包括项目实施条件、项目要求定义、项目任务分析和项目实施策划等方面的内容。策划的输入主要有项目要求定义和任务分析的输出，历史数据、经验和教训，项目前期工作的结果等。策划的输出包括各类计划、标准、方案、预案和规范。

（2）过程管理

民商航天发射项目过程管理技术包括过程方法，项目准备、实施和总结过程的管理，过程实施控制常用工具方法等。民商航天发射过程方法包括过程定义、过程结构分解、过程网络构建、PDCA 环的使用等。项目准备、实施和总结过程的管理主要是针对民商航天发射要求和特点，给出了一套较为成熟的管理模式和方法，用于指导项目管理者成立组织指挥机构，明确过程输入、输出、工作内容和标准，建立过程实施的程序和途径。常用工具主要有测试发射工艺流程、协同指挥程序、测试细则与规程、放行准则和方案、预案等。

（3）组织管理

民商航天发射项目组织管理包括项目组织设计、组织运行、组织案例等方面的内容。民商航天发射项目组织设计是定义项目组织的基本职能，包括计划、配置、指挥、控制和指导等。民商航天发射项目组织运行工作主要有明确项目决策层、执行层和作业层等各层级组织的人员配备；定义项目组织的工作流程和方法；指出项目组织的功能障碍及其应对措施；给出项目组织内部沟通的方法、工具，确定民商航天发射实现实时信息共享和调度指挥的具体措施。民商航天发射项目组织案例是以民商航天发射项目实际运行的组织为背景，研究民商航天发射组织机构设置，阐述民商航天发射项目组织的典型工作制度。

（4）范围管理

民商航天发射项目范围是指为达成项目目标所必须完成的全部工作，通常区分产品范围和工作范围。民商航天发射项目产品范围包括相关方期望项目最终产品或服务所包含功能和特征的总和，通常表现为成功准则。民商航天发射项目工作范围指为交付满足成功准则要求的产品和服务所必须完成的全部工作总和。民商航天发射项目范围管理主要内容包括项目范围计划编制、核实、变更控制、工作分解结构和范围计划实例等。民商航天发射项目工作结构分解是项目范围管理的最重要工具之一，包括基于可交付成果的分解和基于任务过程的分解两种方法。民商航天发射项目范围计划实例是通过具体工作实例来研究如何有效表述民商航天发射项目范围，包括飞行任务纲要、任务通知、任务指示和总体技术方案等反映项目范围的任务文书结构等。

（5）资源管理

民商航天发射项目资源包括人力、基础设施、环境和信息等。项目资源管理是把为保证项目实施所需资源按正确的时间、正确的数量和质量供应到正确的地点而对项目所需资源的数量和质量进行识别、确认和准备，并依据项目计划和实际进度对项目所需资源进行科学有效的配置和使用的过程。其中，人力资源管理是项目组织和单位为保证项目有效实施而进行的岗位设置、人员培训和绩效激励的过程；基础设施管理是为商业航天发射项目实施提供满足要求的设施设备，主要工作包括基本设施提供、任务装备采购、设施设备维护保养和设施设备检修等；环境管理包括对工作环境、自然环境、社会环境和任务氛围等方面的管理；信息管理是指对文件、记录和数据进行收集、传递、处理、使用和贮存的过程，这包括信息需求内容的确定、信息管理的要求、信息沟通的方式和程序、信息集成管理系统建设等。

（6）进度管理

民商航天发射项目进度管理是为确保项目能够在规定的时间内实现预期目标而对进度及日程安排所进行的管理过程。主要内容包括项目进度计划编制、执行和项目进度分析与控制等。民商航天发射常用进度计划包括总体进度计划、系统进度计划、阶段进度计划、周计划和日计划等。进度计划编制的主要工作是界定项目工作或活动、对项目工作或活动进行排序、对工作或活动开展所需资源和持续时间进行估计、对影响项目工作或活动的因素进行分析，然后确定并编制相应的进度计划。

民商航天发射项目进度计划执行涉及资源供给、组织指挥和技术操作等。资源供给是按计划及时为项目工作和活动提供满足要求的人员、基础设施、信息和环境等，是民商航天发射项目进度保证的基本条件。组织指挥是按照进度计划，为各项工作的有效实施制定工作流程，调配所需资源，并协同控制参与各方密切配合来完成相应任务，是民商航天发射项目进度保证的基本手段。正确无误的技术操作是民商航天发射项目进度保证的基本措施，主要措施有岗位训练考核和操作过程控制等。民商航天发射进度分析与控制的主要任务是尽力减少不确定性因素和意外情况对项目实施的干扰，严格控制进度计划的变更，确保项目按计划完成。主要工作包括进度监测、进度分析、进度评价、进度纠偏和进度计划变更等。

（7）质量管理

民商航天发射项目质量管理是为策划、控制、保证和改进航天发射活动的质量，将民商航天发射质量管理技术与民商航天发射专业技术相结合而开展的系统性活动，目的是在民商航天发射项目实施过程中实现航天产品零疑点、设施设备零故障、技术操作零差错。这部分内容在 1.3.3 节中有进一步的论述。

（8）风险管理

民商航天发射项目管理须进行风险识别、评估和控制。具体讲，就是应从达成项目目的、保证目标实现的角度思考项目实施中可能存在的风险，从每项工作实施的环境和条件考虑可能发生的问题，针对存在的风险和可能发生的问题思考能够采取的措施和可供选择的方案，进一步确定应对风险和问题的措施，完善相关的计划、方案和预案，并将其落实到民商航天发射项目实施的具体工作和活动中。

民商航天发射项目风险识别是在全面收集数据资料和调查研究的基础上，运用各种方法，发现、确认和描述风险的过程；风险识别的任务是选择风险识别方法，动态识别、确认风险事件，最常用的方法是风险等级全息建模技术。民商航天发射项目风险评估包括可靠性分析和风险评价两种类别；可靠性分析程序可概括为收集整理资料、定义可靠性框图、分析故障模式、估算任务可靠度、确定关键部位和薄弱环节并制定相应措施；风险评价的程序可概括为收集整理资料、进行危害性分析和可能性分析、绘制风险矩阵、过滤风险。民商航天发射项目风险控制的目的在于将风险控制在组织可接受的程度，主要工作包括风险控制策划、风险控制措施确定、风险跟踪、风险控制执行和剩余风险管理等。

（9）技术管理

民商航天发射项目技术管理是指综合运用专业技术和项目管理手段与工具，针对航天产品在发射场的技术状态、技术安全、技术性能、技术操作和技术问题处理等所进行的系统性的策划、实施、监测和控制活动。包括航天产品进入发射场后，利用发射场设施设备对其进行的装配、检查、测试、充填气液介质、注入发射参数等技术准备，以及转运、起竖对接、加注推进剂、瞄准、射前检查、点火发射等全过程的技术管理工作。民商航天发射技术管理的对象主要包括技术状态、技术安全、技术性能、技术操作和技术问题处理等。

（10）成本管理

民商航天发射项目管理与传统航天发射项目管理主要不同点之一就在于对成本的控制。传统航天发射成功准则主要瞄准技术层面，如航天器准确入轨并正常工作、航天员安全返回等，主要原因在于国家给予的研发费用充足；而民商航天发射成功准则除去技术层面外，还必须瞄准赢利，主要原因在于其必须按照市场规律来运营。

民商航天发射项目成本管理与通用的项目成本管理没有本质的区别，都包含资源计划、成本估算、成本预算和成本控制四个方面。但由于民商航天发射需要航天器方、运载器方、发射中心、航天测控通信系统和搜索救援系统等多家单位、企业和组织协同才能实施，成本管理中须考虑各种风险并兼顾不确定性。同时，由于中国民商航天发射处于起步和快速成长阶段，市场尚未成型，成本管理必须关注竞争性制约因素，包括组织形象/声誉、项目范围、质量、时间、风险等因素。

（11）综合管理

民商航天发射项目综合管理又称集成管理，是从全局出发，整合航天员、航天器、有效载荷、运载器、发射场、测控通信、着陆场等系统，综合平衡质量、进度、风险和资源等要素间的关系，实施科学有效的决策、计划和控制，以实现商业航天发射圆满成功的系统性、全局性的管理工作，包括民商航天发射任务指挥决策、民商航天发射单项目综合管理和民商航天发射多项目并行管理等内容。

1.3.3　质量工程

航天发射质量工程专业技术包括质量工程模式、任务准备零疏忽控制、过程控制零遗漏管理、设施设备零故障实现、任务软件零贻误保障、技术操作零差错保证、航天产品零疑点管控。遵循民商航天发射组织原则，提出民商航天发射质量工程专业技术的内涵，包括质量工程运行与改进模式、成功管理、资源管理、产品实现和持续改进，这里简要论述质量工程运行与改进模式和产品实现中的任务准备、过程控制、设备管理、软件控制、技术操作和航天产品质量控制等。

(1) 运行与改进模式

以过程为基础的民商航天发射质量工程运行与改进模式如图 1-4 所示。图中展示了民商航天发射质量工程的内容及其相互关系。

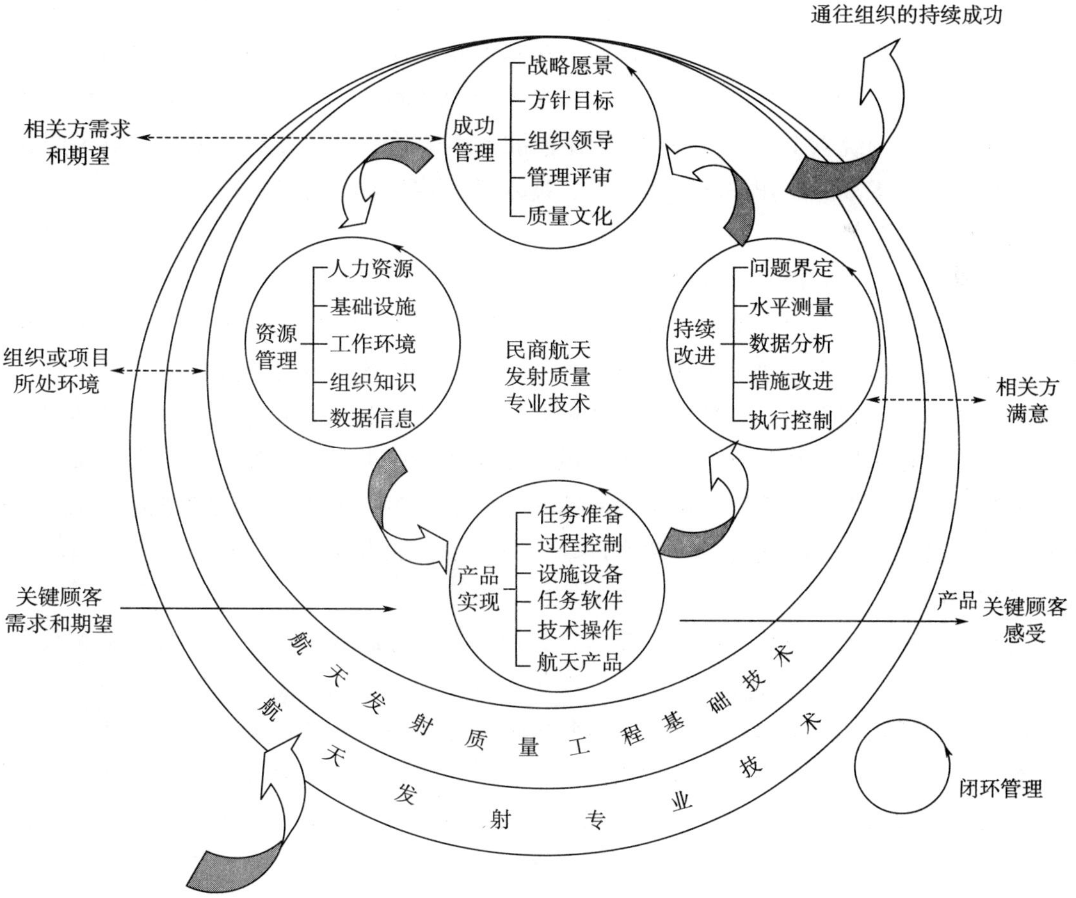

图 1-4　民商航天发射质量工程运行与改进模式

图 1-4 表明在向组织提供输入要求方面，利益相关方和组织生存环境起重要作用。对利益相关方满意程度的监视应表明利益相关方需求和期望已得到满足的程度，并作为组织持续改进的动力之一。

图 1-4 中的理论基础包括质量原则、系统工程、项目管理和精细化管理等。其中民商航天发射质量工程原则为民商航天发射质量工作提供了基本遵循依据；民商航天发射系统工程中关于任务策划、任务实施和技术管理的内容为民商航天发射质量工程提供了技术管理的理论基础；民商航天发射项目管理中关于组织、范围、计划管理的方法为民商航天发射质量工程提供了策划层面的理论基础；民商航天发射精细化管理中关于环境、流程、界面和问题的管理为民商航天发射质量工程提供了方法层面的理论基础。

图 1-4 中的航天发射专业技术是民商航天发射质量工程的技术依托，对民商航天发射质量技术的选择、实施和改进起到支撑作用。事实上，航天发射质量技术与管理的重大突破，几乎都是航天发射专业技术获得突破进展的结果。

图 1-4 中的航天发射质量工程基础技术包括统计分析、可靠性技术、风险防控技术、过程改进技术和质量管理体系技术等，它们是民商航天发射质量工程中的通用技术。

图 1-4 中的民商航天发射质量专业技术针对的是民商航天发射工程中的任务实施过程所涉及的质量管理技术及其关系的展示，包括成功管理、资源管理、产品实现和持续改进的内容。产品实现过程是民商航天发射质量工程的核心过程，在组织、资源和持续改进工作的支持下，围绕六个为“零缺陷”（任务准备零疏忽、过程控制零遗漏、航天产品零疑点、设施设备零故障、任务软件零贻误、技术操作零差错）的目标而展开。

（2）任务准备

民商航天发射任务准备的目的是为任务的顺利实施建立科学的组织机制，提供合格的人员、设备和环境，明示完整的工作项目和正确的流程、方法，并以文字的方式呈现出来。因此，这里的“零疏忽”包含三方面含义：一是从任务准备充分性的角度讲，任务策划、航天产品、设施设备、人员岗位、技术状态、任务文书等要素的数量、质量必须满足任务要求；二是从任务准备有效性的角度讲，要为“保证工程实施过程及结果的质量和安全，控制重大人因差错和重要设施设备故障发生的水平”提供科学有效的措施和充分适用的资源；三是从任务准备适宜性的角度讲，任务准备应能有效解决工程实施中的薄弱环节所存在的问题。

为确保民商航天发射任务准备零疏忽，我们在系统总结数十年工程实践经验和教训的基础上，提出的航天发射任务准备“五个全面覆盖”＋“四项重点工作”＋“一个薄弱环节”的模式也适用于民商航天发射。“五个全面覆盖”是任务策划覆盖所有活动过程及结果，测试检查覆盖所有产品、设备和能源，人员考查覆盖所有重要岗位人员及技能，状态确认覆盖所有技术状态基线，任务文书覆盖所有工作内容及标准；“四项重点工作”是单点故障设备清理与防范，难测及不可测状态确认，操作差错分析与预防措施制定，质量安全控制措施细化与完善；“一个薄弱环节”是指存在较多不确定性因素、实施结果波动较大且可能影响任务顺利实施的活动或工作项目，应针对薄弱环节完善方案和预案、加严过程实施的监测与控制。

（3）过程控制

民商航天发射过程控制的目的是确保任务实施按照预定的途径达成期望的结果。因此，过程控制应确保对关键状态、重要活动、主要交付成果的控制零遗漏，这包含三层含义：一是从工作范围看，所有过程及其输出标准均得到识别并分解到合适层次；二是从工作路径看，主要活动的实施途径均得到明确并有充分的资源保证；三是从工作结果看，所有关键状态和主要交付结果的质量特性均处于可控范围内。图 1－5 是遵守过程控制原理，对民商航天发射过程控制机理进行的简要描述。

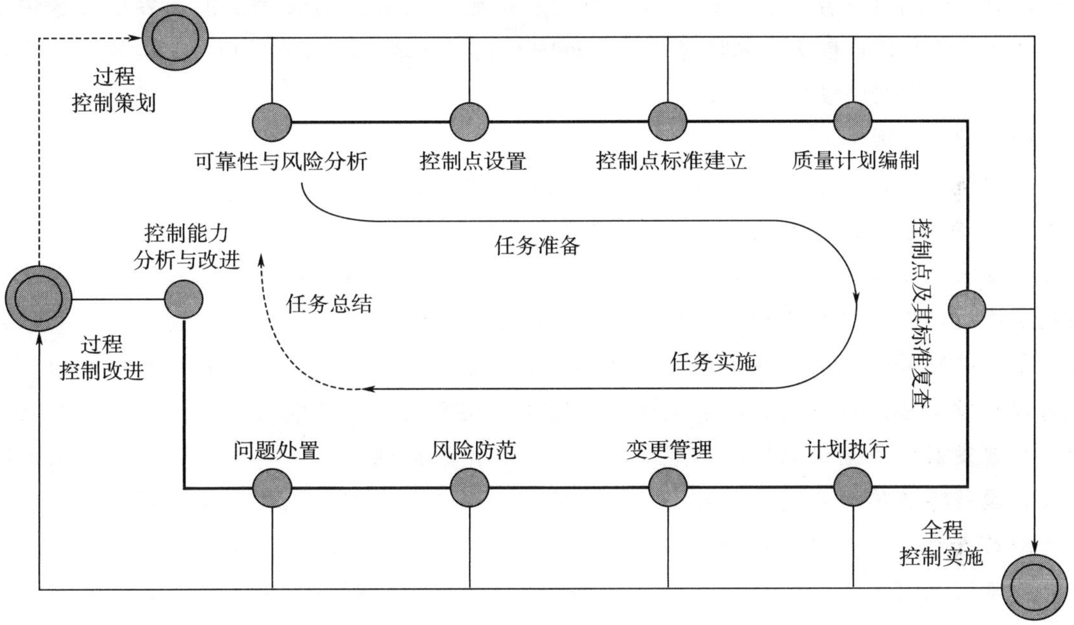

图 1－5　民商航天发射过程控制机理

与商业航天发射任务阶段划分相一致，过程控制零遗漏模型包括过程控制策划、全程控制实施和过程控制改进三个子过程。

图 1－5 显示，过程控制策划包括可靠性与风险分析、控制点设置、控制点标准建立和质量计划编制等内容，一般在任务准备阶段完成。通过可靠性分析识别薄弱环节，制定确认质量控制措施。通过风险分析辨识危险源、评估风险等级，制定风险控制措施。控制点设置与标准建立是针对产品和过程的质量特性，依据过程识别和设计的结果，对照质量和风险控制措施的内容，在民商航天发射工艺流程或工作程序中，设置质量和风险控制点，建立质量和风险控制标准，明确质量和风险控制措施、责任单位或人员。

图 1－5 显示，全程控制实施是确保质量和风险控制措施有效落实的过程。全程控制实施前应对质量控制点的设置及其标准进行复查，确保控制点设置科学合理，标准正确无误。同时在全程控制实施前，进行控制点设置和标准复查能达到沟通意图、统一行动的目的。全程控制实施的内容主要包括计划执行、变更管理、风险防范和问题处置等。

计划执行是保证任务按策划路径实施并达成预期结果；变更管理是保证任务进度、状态和标准的变更处于可控和可接受范围内；风险防范是保证任务实施中人员、航天产品和地面设施设备处于安全状态；问题处置是保证异常情况能够得到及时妥善处理、不会影响任务质量。“过程控制、节点把关、里程碑考核”通常是中国航天发射领域全程控制实施的典型方法。

图 1-5 显示，按照 PDCA 方法，过程控制改进是通过对过程控制策划、实施进行回顾总结，对出现的问题进行分析研究，提出改进和提高过程控制能力的具体方向和措施，如控制点设置的合理性、质量监督的有效性、放行准则的科学性等都需要不断改进。过程控制改进一般结合任务总结进行，改进方向和措施一般会在后续民商航天发射任务中落实。任务总结是民商航天发射任务持续改进的基础，总结阶段的质量控制工作也是整个任务质量控制工作的一项重要内容。

（4）设备管理

民商航天发射设施设备零故障是一个与航天发射实施进度和质量直接相关的概念。首先，从要素层面说，即便某设施设备在任务过程中运行良好，但因其功能和性能不满足任务要求而使系统未完成规定的任务，此时也不能认为该设施设备零故障。其次，从系统层面看，即便是某单台/套设施设备发生了故障甚至是“致命性”故障，但由于系统冗余或结构补偿等措施的采用，系统仍圆满完成了规定的任务，此时从系统层面仍判定为设施设备零故障。最后，从工程实施效果的层面讲，民商航天发射的终极目的是成功，只要发射任务结果满足圆满成功的标准，无论地面或天上发生了什么问题，都可认为设施设备零故障。总之，设施设备零故障是一个基于工程不同层面和工程实施效果而定义的特殊概念，不同层面的组织和个人对零故障的关注角度及其所采取的措施也会不同。要素层面的人，如单台设备的操作手，关心的是设施设备功能和性能是否满足要求；系统层面的人，如系统工程师，关心的重点是系统中设施设备的布局、结构及系统整体的功能和性能；工程层面的人，如工程总设计师，重点关心的是关键过程、关键设备、关键时刻是否能有效完成规定的任务。图 1-6 简要说明了设施设备零故障保证的途径与方法。

按照统计学原理，设施设备问题或故障可简单划分为系统故障和随机故障。系统故障是指设施设备因设计制造、使用时间、环境条件等原因而产生的故障，此类故障一般可通过检测来发现。随机故障是指设施设备在某种无法预知的条件下发生的故障，一般无法预先检测到。对于设施设备系统故障的解决办法是科学维护保养、正确贮存防护、加强设施设备寿命期管理和任务前全面检查测试、筛选修理等。对于设施设备的随机故障，主要应对措施是快速故障诊断和应急处理，以期望将随机故障发生时的负面影响降到最低。因此，民商航天发射设施设备零故障保证的途径主要是在非任务期做好维护保养并确保贮存环境满足要求，在任务准备期做好设施设备的检修和筛选，以尽可能消除设施设备在运行过程中可能发生的系统故障。在任务实施期，尤其是设施设备正在使用过程之中，应针对随机故障，尽可能及早发现并进行应急处理。

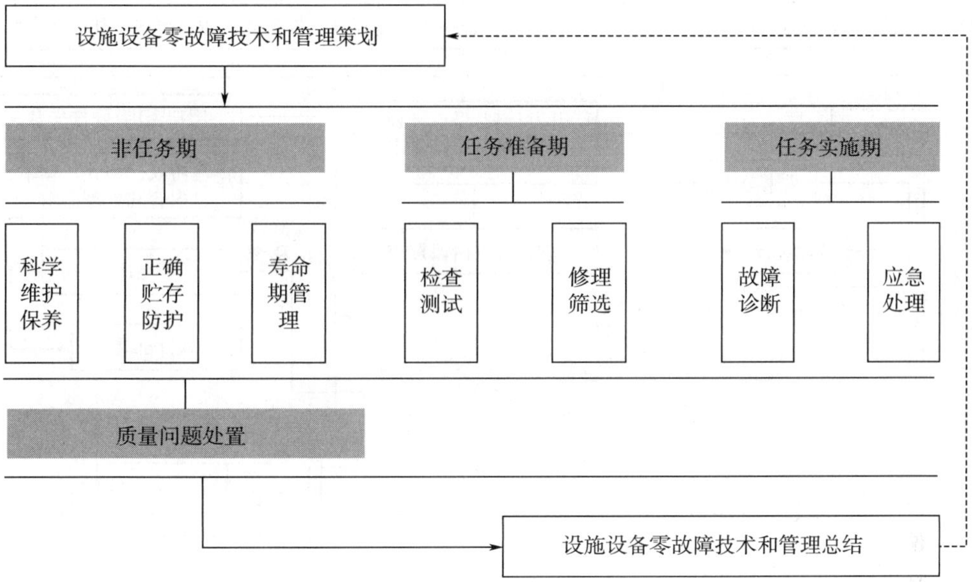

图 1-6　设施设备零故障保证途径

（5）软件控制

任务软件零贻误是指在民商航天发射任务实施过程中不发生因任务软件故障而影响进程和质量的问题。具体讲，零贻误就是在任务准备时期，软件的研制开发工作能够保证按时交付满足要求的软件产品；在任务实施阶段，软件的运行使用不发生影响任务按计划实施的问题或因其缺陷、故障而导致的不可接受损失。

民商航天发射任务软件零贻误保障体系是为保证任务软件零贻误目标的实现，对任务软件研制开发过程和运行使用过程进行体系化管理的模式，涉及软件研发质量保证、组织管理质量保证和软件使用质量保证等内容，对应的工程实现手段和方法分别是软件工程化、质量监督和任务状态控制，图 1-7 简要给出了任务软件零贻误保障体系的基本框架和流程。

任务软件零贻误保障体系是在传统软件研发质量控制的基础上，增加了对软件使用环节的质量控制，并通过统一的组织管理使二者有机地衔接起来。体系分别围绕研发层面的软件工程化、组织层面的质量监督和操作使用层面的任务状态控制三个相对独立的组织结构和过程展开，每一单元都具有相对独立性而又彼此相互关联和支撑，将软件开发与软件使用这两个看似相互独立的环节紧密地连接在一起，共同保证任务软件零贻误目标的实现。

（6）技术操作

民商航天发射技术操作零差错是指在任务实施过程中，不发生影响工程进度和质量的技术操作差错。它包含三层含义：1）从工程层面讲，不发生导致工程延误、失败和重大损失的计划和决策错误；2）从系统层面讲，不发生因工作程序、任务放行、组织计划等方面的错误而致使工程延期、任务失败、人员设备受到较大损害的事故；3）从

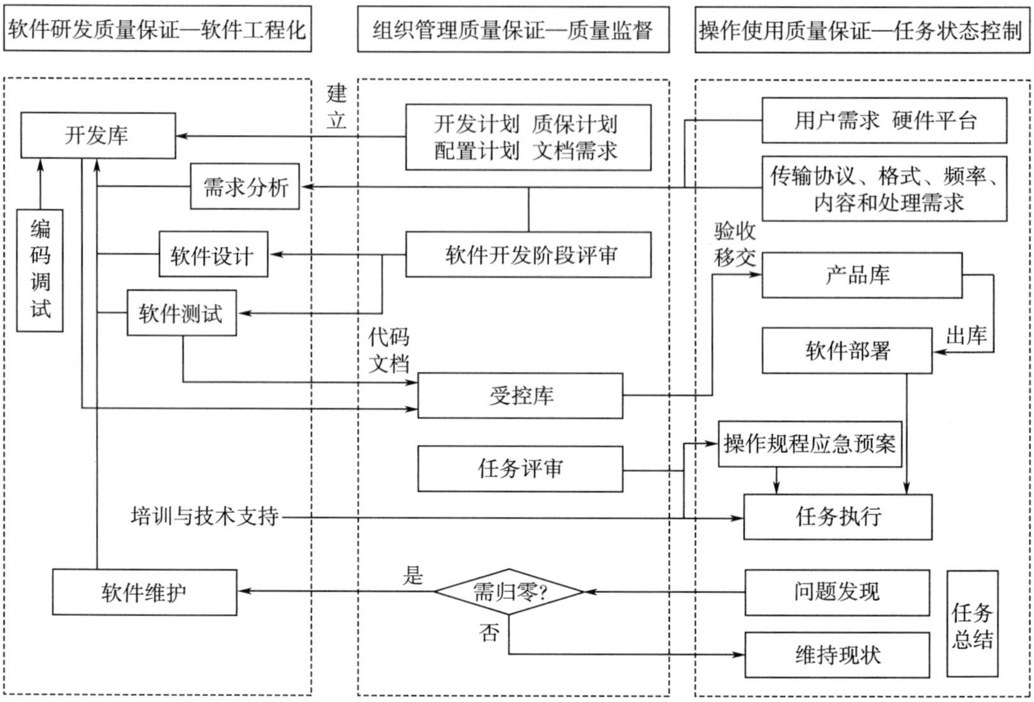

图 1-7　任务软件零贻误保障体系的基本框架和流程

岗位或工作组（一组相互关联、相互影响的岗位）层面讲，不发生因设施设备操作和数据判读错误而影响任务进度和工程质量的问题。本节讨论的重点是岗位或工作组层面的零差错保证。

民商航天发射技术操作零差错理论研究和工程应用的重点不是对差错的度量，而是完整地辨识差错，有效地寻找差错诱因，系统地梳理并制定预防差错的针对性措施，即将事后差错的度量与评价转到事前的差错预防上来。民商航天发射零差错保证体系是基于操作差错防控模型，对照零差错事前和事后标准构建的为达成零差错目的的闭环管理过程。图 1-8 简要描述了零差错保证体系的运行模式。

图 1-8 围绕零差错事前和事后两个标准而展开，通过事前标准的有效实施达到防止操作差错发生的目的，是零差错保证的根本；通过事后标准的有效贯彻达到持续改进组织预防操作差错水平的目的，是零差错保证体系持续改进的根本。二者相辅相成、相得益彰，共同保证民商航天发射零差错保证体系的有效性。

图 1-8 中技术操作差错分析是贯彻零差错事前标准的前提，通过技术操作差错分析来识别民商航天发射任务实施中可能存在的技术操作差错，然后对照零差错的事前标准明确组织和关键岗位可能存在的问题，针对问题制定并落实相应的差错预防措施。即便是组织完全满足了零差错的事前标准，也同样存在针对可能发生操作差错的环节制定并落实操作差错预防措施的工作。图 1-8 中对照零差错事后标准进行任务后的检查和分析是非常重要的，目的是对组织的零差错保证体系进行全面的梳理，分析检查存在的问题和隐患，

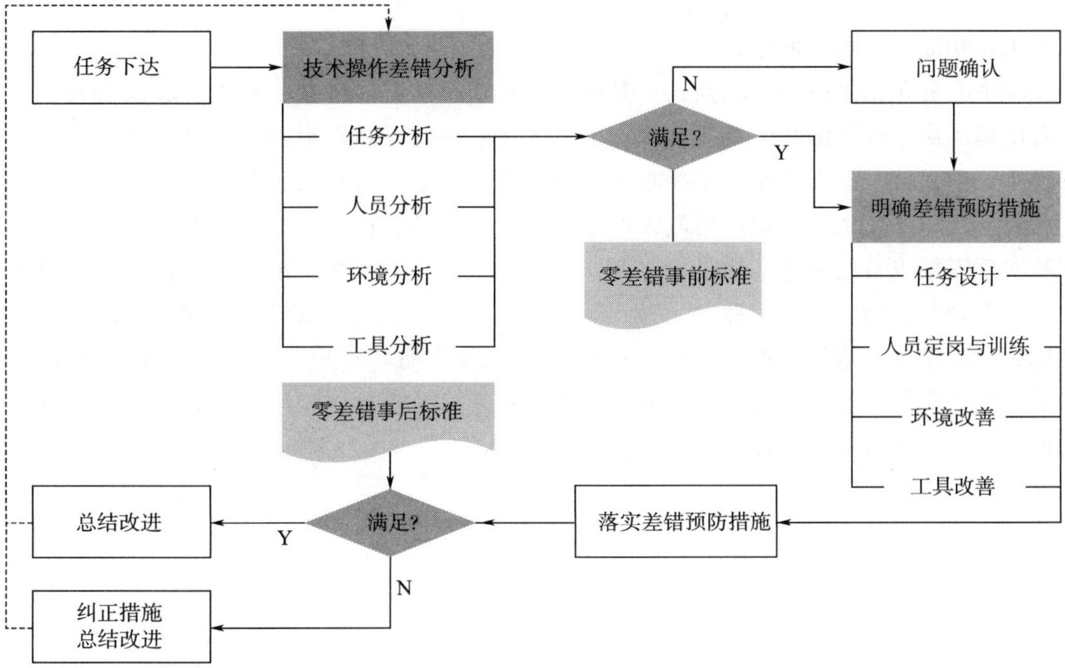

图 1-8　零差错保证机理

总结提高成功的经验，然后通过采取有效的纠正和预防措施达到持续改进组织技术操作零差错保证体系水平的目的。

（7）航天产品

疑点就是在航天产品测试发射过程中发现的不放心的现象、数据或问题。零疑点就是通过一定的分析手段和方法，明确这些现象、数据或问题是正常工作现象还是有待处理的质量问题。民商航天产品零疑点的基本要求可以归纳总结为：状态正确、功能正常、指标合格、接口匹配和验证充分。

状态正确是指航天产品及地面设施设备技术状态（包括性能参数、接口关系、生产批次、生产阶段、适用范围、软件版本等）与正在开展的活动相一致且满足任务要求。近年来，中国航天发射除确保航天产品检查测试结果在规定的范围内之外，通常进行“两比”（纵向与历史数据比对，横向与其他型号数据比对）来确认状态的稳定性。

功能正常是对航天产品检测结果的定性判断，即航天产品是否满足定性的功能要求。常见功能有供配电、供配气、控制、反馈、显示、记录、计时、变换、传输、信息交换、安全保护等条件和功能。功能不正常的航天产品不能参加发射任务。

指标合格是对航天产品检测结果的定量判断，即测得的性能参数量值（包括电量、质量、温度、压力、漏率等）是否在相应的技术文件规定的合格范围之内。是则为合格，否则为不合格。

接口（包括机械、电气、软件、系统约定等）匹配是从全系统的角度来考核系统、各组成分系统或单机设备之间相互协调、配合工作的定性功能判断。如单机设备、分系统设备甚至系统设备，在自身检测时均合格，但在一起工作时，某一单机或某一分系统或某一系统出现功能不正常，则意味着出现匹配故障。

验证充分包括以下三个方面：一是按计划完成了所有的检查、评审、验证和确认工作且有明确的满足要求的结论；二是所有的航天产品在转场和发射前都经过了评审且满足放行准则要求；三是航天产品满足要求的结论均有相关组织出具的证明或证据。

及时发现并确认各类疑点是航天产品零疑点管控的前提和关键，科学、准确的检查测试是实现零疑点目的的基本途径，也是航天产品零疑点最直接、最有效的保证。针对测试检查中发现的问题，严格按照“定位准确、机理清楚、措施有效”的标准进行彻底处理，是航天产品零疑点管控的根本方法。适时开展航天产品“双想”（向后回想、向前预想）和质量复查是航天产品零疑点管控方法的重要补充。检查测试、问题处置和质量复查共同构成了航天产品零疑点管控的基本内容。

参考文献

[1] 陆晋荣，董学军．航天发射质量工程［M］．北京：国防工业出版社，2015.

[2] Project Management Institute. A guide to the project management body of knowledge (pmbok guide)［M］．北京：电子工业出版社，2015.

[3] 哈罗德·科兹纳．项目管理（第11版）［M］．杨爱华，王丽珍，等，译．北京：电子工业出版社，2015.

[4] 中国现代项目管理发展报告（2016）［M］．北京：中国电力出版社，2017.

[5] NASA. NASA Systems Engineering Handbook［M］．朱一凡，等，译．北京：电子工业出版社，2012.

[6] 张浩．管理科学研究模型与方法［M］．北京：清华大学出版社，2016.

[7] 中国航天科技集团公司．产品保证［M］．北京：中国宇航出版社，2017.

[8] 罗云．风险分析与安全评估（第三版）［M］．北京：化学工业出版社，2016.

[9] 刘纪原．中国航天事业发展的哲学思想［M］．北京：北京大学出版社，2013.

[10] 肯·G·史密斯．管理学中的伟大思想［M］．徐飞，路琳，等，译．北京：北京大学出版社，2016.

[11] 中国质量协会，卓越国际质量科学研究院．卓越绩效评价准则实务（第二版）［M］. 北京：中国标准出版社，2012.

[12] Mark Frence . Aerospace Applications［M］. Springer International Publishing，2018.

[13] 任猛，黄年全，徐国良，等．基于状态的测控设备维护决策方法［J］．电讯技术，2013，53（8）：1088－1093.

[14] 王安生．软件工程化［M］．北京：清华大学出版社，2014.

[15] 李学仁．军用软件质量管理学［M］．北京：国防工业出版社，2012.

[16] 闻新，成奕东，秦钰琦，等．航空航天知识与技术（第2版）［M］．北京：国防工业出版社，2015.

[17] 范唯唯．俄罗斯《2025年前ROSCOSMOS发展战略》［J］．空间科学学报．2017，37（4）：374－375.

[18] 曹梦，蓝天翼．对我国商业航天发射服务的思考和建议（第2版）［J］．卫星应用．2019（2）：17－19.

[19] 黄志澄．美国商业航天发展的经验教训［J］．国际太空．2019（1）：36－41.

[20] 网站：www. nasa. gov（美国国家航空航天局 National Aeronautics and Space Administration）.

[21] 网站：www. federalspace. ru（俄罗斯联邦航天局 Russian Federal Space Agency）.

[22] 网站：www. esa. int（欧空局 European Space Agency）.

第 2 章　民商航天发射许可

空间资源非常丰富且是人类共同财富，但是，和平开发利用太空资源存在诸多问题，如卫星频率和轨道冲突、太空碎片威胁、国家空间安全等。为保证太空资源开发利用的有序进行，国际、国家和行业先后出台了一系列国际和国家法规、航天行业规范等。本章主要阐述与民商航天发射相关的国际和国家法规制定情况，讲述我国民商航天发射许可程序，讨论民商航天发射进场放行准则和办法，论述我国民商航天行业发射规范体系建设情况。

2.1　空间资源

2.1.1　资源矛盾

（1）空间主要资源

空间中可利用的资源很多。就太阳系来讲，在月球、火星和小行星等天体上有丰富的矿产资源，在木星和彗星上有丰富的氢能资源；在星际空间中有真空、辐射和大温差资源，在那里的光能利用效率要比在地球上高得多。同时，利用航天器飞行还可派生出轨道资源和微重力资源等。

在 200～500 km 的低轨道上，空间真空度为 10^{-4} Pa，而在 35 800 km 的地球同步轨道上则为 10^{-11} Pa。空间真空不仅纯净、无污染且体积巨大，是地面人为真空条件所无法比拟的。地球轨道上的太阳辐射密度为 1 369 W/m^2，是地面上的两倍，其宇宙辐射强度也比地面大得多，并且是全谱的。特别是宇宙高能重粒子，受大气阻尼和吸收的影响很难到达地面。在空间环境中，由于高真空绝热，被太阳直射的物体表面，可达到 100 ℃以上高温，而背阴面则可保持－100 ℃以下的低温。两者之间形成大的温差且非常稳定。

航天器问世后，人们首先想到的就是利用空间的轨道资源。地球空间轨道远离地表，高于大气层，在那里能以不同高度、不同角度俯视地球，特别是与地球同步、与太阳同步的轨道具有特殊意义。为此，旨在开发空间轨道资源的形形色色的航天器竞相诞生。如可以把无线电中继站建到卫星上，从而大大增大信号的覆盖面积和传输距离，提高通信质量和抗破坏性，使通信技术发生质的飞跃。通过遥感卫星观察地球具有观测范围广、时效性强、连续性好等优点，对气象预报、陆地资源勘探、海洋资源开发起到巨大的推动作用。导航卫星设在太空的基准点能克服地面无线电导航台存在的信号传播距离有限的缺点，成为目前应用最广泛的技术之一。在空间“制高点”上不仅可以观地，还能望天，在那里进行天文观测不受大气层影响，使全波段天文观测变得轻而易举。天文卫星、空间站就是理想的天文台。

航天器问世后，人们想到的第二个可利用的空间资源是微重力（重力加速度小于 $10^{-4}g$）。利用这种资源可以进行地面上难以开展的科学试验、新材料加工和药物制取等。

一方面，微重力环境内，冶炼金属可以不使用容器，即采用悬浮冶炼，因而冶炼温度不受容器耐温能力的限制。另一方面，在微重力条件下，气体和熔体的热对流消失，不同比重物质的分层和沉积消失，对生产极纯的化学物质、生物制剂、特效药品以及均匀的金属基质复合材料、玻璃和陶瓷等也很有用。

（2）卫星频率资源

任何卫星系统的信息感知、传输以及测控单元都需要使用电磁频谱，卫星频率是指无线电频谱用于空间无线电业务的部分。收发无线电信号的装置安装在人造地球卫星上，无线电信号在太空与地面之间传播过程中存在大气层传播损耗。不同频段的传播损耗不同，其中在 0.3～10 GHz 频段间损耗最小，被称为“无线电窗口”；在 30 GHz 附近频段损耗相对较小，通常被称为“半透明无线电窗口”。选择卫星通信频段常需考虑这些“窗口”，如 1～10 GHz 最为适宜。在此“窗口”中的 C 频段（4～8 GHz）就是开发应用较早的卫星通信频段，对于 4～6 GHz 频段，因频率较低，降雨损耗不严重，在系统设计时通常留 5～6 dB 的功率损耗余量。与 C 频段相比，Ku 频段（12～18 GHz）的电波传播易受暴雨、浓云、密雾的影响，对 11～14 GHz 频段，由于降雨损耗较大，一般要有 10 dB 左右的功率损耗余量，但 Ku 频段由于具有不需要与地面微波通信协调、卫星 EIRP 基本不受限制、同等工作条件下天线口径较小及天线波束窄等优点，也得到了较广泛的应用。在 Ka 频段（18～40 GHz），降雨的影响也比较严重，但它包含了一个“半透明无线电窗口”，因而得到了越来越多的研究和开发，此外，Ka 频段作为星际链路频率也已开始应用。

国际电联（ITU）发布的《无线电规则》中关于频率划分在其所分的世界三个区域内是基本一致的，其中关于中国所在的第三区划分标准见表 2－1。

表 2－1　国际无线电规则第三区卫星用频率划分标准

非规划频段		
卫星固定业务	空对地	地对空
S 频段/MHz	2 500～2 535	2 655～2 690
C 频段/MHz	3 400～3 700＋3 700～4 200	5 850～5 925＋5 925～6 425＋6 425～6 725
X 频段/MHz	7 250～7 750	7 900～8 400
Ku 频段/GHz	10.95～11.2＋11.45～11.7＋12.2～12.75	13.75～14＋14～14.5
Ka 频段/GHz	17.7～21.2	27.5～31
规划频段		
卫星广播业务/GHz	空对地	地对空
	11.7～12.2	14.5～14.8＋17.3～18.1
卫星固定业务	空对地	地对空
C 频段/MHz	4 500～4 800	6 725～7 025
Ku 频段/GHz	10.7～10.95＋11.2～11.45	12.75～13.25

（3）卫星轨道资源

卫星在运行过程中必须使用外层空间的某个轨道位置。卫星运行的轨道位置有位于赤道上空、距地面高度为 35 786 km 的地球静止轨道，也有距地面几百到 1 000 km 的低轨道位置和距地面 10 000 km 左右的中轨道位置。不管是地球静止轨道位置还是其他轨道位置，资源都是有限的。

2.1.2 太空垃圾

太空垃圾是指在绕地球轨道运行，但不具备任何用途的各种人造物体，包括运载火箭和航天器在发射过程中产生的碎片，火箭和航天器爆炸、碰撞过程中产生的碎片，报废的航天器，航天器表面材料的脱落，航天器逸漏出的固体、液体材料等。太空垃圾产生的渠道有三种：一是有意或无意的运载器、航天器爆炸产生的残骸。有意的如 2019 年 3 月 27 日，印度的一次反卫星试验产生了 400 块碎片；无意的如 1986 年，欧洲发射的阿里安火箭刚进入轨道就发生爆炸产生大量碎片，大于 10 cm 的有 564 块，小于 10 cm 的有2 300 多块。二是航天员的过失，如一只被美国航天员丢失的手套，在太空中飘荡了 20 多年。三是运载器和卫星残骸。如失效的卫星（2018 年约有 2 600 多颗）、运载火箭末级残骸、散落的发动机、各种衔接部件等。

据估计，截至 2018 年 1 月，地球轨道和周围大约有 7 600 t 太空垃圾，凌乱地散布着超过 50 万枚弹球大小的碎片和 2 万多枚板球大小的碎片。由于绕地球高速运行，太空垃圾在高 300～450 km 的近地轨道上速度高达 7～8 km/s，在 36 000 km 的地球静止轨道上速度高达 3 km/s，根据轨道倾角推算，碰撞时的相对速度甚至高达 10 km/s 以上，因此，太空垃圾若与运行中的卫星、飞船或其他航天器相撞，会危及设备的安全和航天员的生命。北京时间 2009 年 2 月 11 日 0 时 55 分，美国和俄罗斯的两颗通信卫星在太空相撞并产生大量太空垃圾，这可能会对国际空间站构成威胁。2014 年 4 月 3 日，美国国家航空航天局的声明说，过去几天，飞行控制人员一直跟踪一块阿里安 5 型火箭残骸，发现其有可能从国际空间站旁约 300 m 处飞过，因此决定调整国际空间站的轨道。

2.1.3 使用冲突

地球静止轨道卫星频率/轨道资源紧缺。一颗地球静止轨道卫星可以覆盖地球表面约 40%的区域，且地球站天线容易跟踪，信号稳定，因此，大多数通信卫星、广播卫星、气象卫星都选用静止轨道。但受天线接收能力限制，同一频段、覆盖区域相同或部分重叠的地球静止卫星只有间隔一定的距离，即从地面看要间隔一定的角度，地球站才能区分开不同卫星的信号并实现正常工作。因此，两颗卫星之间的经度间隔不小于 2 度，这样，在整个地球静止轨道上的同频段卫星数量通常不会超过 150 个，这个数量目前已远不能满足世界各国的需求。

常用的非地球静止轨道卫星频率/轨道资源也是有限的。2017 年 11 月 17 日，太空探索技术（SpaceX）公司向美国联邦通讯委员会（FCC）递交了发射 4 425 颗互联网卫星的申请，其将用于为全球用户提供 1 Gbit/s 的高速上网服务。美国忧思科学家联盟（UCS）发布的数据显示，SpaceX 公司申请时在轨活动卫星共有 1 419 颗，此外还有 2 600 多颗卫星已经不再服役，仅仅飘浮在太空之中。SpaceX 公司不是唯一有这样计划的公司，此前，波音公司也向 FCC 提交了发射 2 956 颗卫星的申请，而由空中客车支持的 OneWeb 公司亦正在计划一个类似的项目。

卫星频率/轨道是人类共有的财富，随着经济和军事发展，这种资源正日益成为各国抢占的对象。一些国家和组织出于自身利益的考虑，先占领轨道位置及频率而后发射卫星，从而导致许多卫星仅仅是做了书面登记，成为“纸面卫星”。就国际电联（International Telecommunication Union，ITU）登记情况来看，地球静止轨道上 C 频段通信卫星已近饱和，Ku 频段通信卫星也很拥挤。近年来，包括日本、印度、韩国、马来西亚在内的亚太地区的一些国家，纷纷自行或联合制造通信卫星，抢占轨道资源，各国卫星之间出现“撞车”和需要协调的情况时有发生。抢占卫星频率/轨道资源，争夺太空优势，已成为当今世界卫星发展领域的热点之一。

2.2　基本法规

2.2.1　国际航天基本法规

航天法律体系包括国际空间法和国家航天法。其中，国际空间法根据航天活动中逐渐形成的原则而制定，对各缔约国的行为进行规范，目前主要有联合国主持缔结的 5 个条约、联合国大会通过的一系列与空间活动相关的决议、国际组织和区域组织制定的双边或多边协议，见表 2－2。

表 2－2　国际空间法概况

序号	类别	时间	内容	备注
01	条约	1967 年	关于各国探索和利用外层空间包括月球与其他天体活动所应遵循原则的条约，简称外空条约	美国、苏联（俄罗斯）、中国等绝大多数航天国家和非航天国家签署和加入
02	协定	1968 年	营救航天员、送回航天员和归还射入外层空间的物体的协定，简称营救协定	
03		1979 年	指导各国在月球和其他天体上活动的协定	
04	公约	1972 年	空间物体所造成损害的国际责任公约，简称责任公约	
05		1976 年	关于登记射入外层空间物体的公约，简称登记公约	
06	宣言	1963 年	各国探索和利用外层空间活动的法律原则宣言	联合国大会讨论通过的决议
07		1996 年	关于开展探索和利用外层空间的国际合作，促进所有国家的福利和利益，并特别要考虑到发展中国家的需要的宣言	
08		1999 年	空间千年：关于空间和人的发展的维也纳宣言	
09	原则	1982 年	各国利用人造地球卫星进行国际通信广播应遵守的原则	
10		1986 年	关于从外层空间遥感地球的原则	
11		1992 年	关于在外层空间使用核动力源的原则	
12	决议	2004 年	适用“发射国”概念	

续表

序号	类别	时间	内容	备注
13	公约	2006 年	亚太空间合作组织公约	地区性公约
14		1989 年	国际电信联盟章程和公约	
15	宪章	1999 年	重大自然或技术灾害中协调利用空间设施的合作宪章，简称空间与重大灾害国际宪章	我国 2007 年加入
16	协定书	2012 年	移动设备国际利益公约关于空间资产特定问题的协定书，简称空间资产协定书	国际统一司法协会起草

2.2.2 美国商业航天基本法规

美国商业航天立法体系发展最早、也最为成熟，经过近半个世纪的发展与完善，制订和颁布了一系列相关的法律、法规和政策（见表 2-3），在商业发射、卫星导航、通信、遥感等领域均有明确的法律规定，为航天商业化提供了行为准则以及有力的法律和政策支持，非常值得关注和借鉴。

表 2-3 美国政府对商业航天发射的法律支持

主要领域	时间	具体政策	目的
商业发射	1984	商业太空发射法案	规范、鼓励、促进私营企业参与商业航天发射活动
	1988	商业航天发射法修正案	
	1990	发射服务购买法案	
	1994	商业遥感法案	
	1998	商业空间法	
	2004	商业航天发射法修正案	
	2010	美国国家航天政策	
	2010	《美国法典》第 51 编，“国家航天和商业航天项目”专编	作为集各种涉及国家航天和商业航天的单行法于一身的法律汇编，已经取代此前颁布的相关单行法
	2015	2015 年提升私营航天竞争力及促进创业法 2015 年外空资源探索和利用法	涵盖商业航天发射、商业遥感、商业航天管理机构的名称变更及职能强化、外空资源探索和利用等内容，对《美国法典》第 51 编相关内容进行实质修改
	2016	美国航天复兴法案	除了鼓励商业航天创新发展外，也对相关监管机构的组织结构等进行了调整，以促进其高效性、协调性和明确性
	2018	第 2 号航天政策指令（SPD-2）	支持商业航天发展的一系列监管改革措施
卫星通信	1962	通信卫星法案	鼓励商业卫星通信产业发展
	1996	电信法案	
	2000	轨道法案	

续表

主要领域	时间	具体政策	目的
卫星导航	1996	全球定位系统政策	为卫星导航系统建设及应用等活动提供政策指导和执行指南
	2004	美国天基定位、导航和授时政策	
卫星遥感	1984	陆地遥感商业化法	逐步放宽政府对高分辨率卫星遥感数据的管控权限，允许私营企业涉足高分辨率商业遥感卫星的发射和运营
	1992	陆地遥感政策法案	
	1994	商业遥感政策	
载人航天	2010	国家航天政策	鼓励私营企业参与载人航天与货运运输竞争
	2013	国家航天运输政策	
	2017	美国航天局过渡授权法案	
深空探测	2015	商业航天发射竞争法案	鼓励创新，降低近地轨道和深空探测成本

国家通过法律条文，明确了市场主体的进入条件、行为准则、法律责任与权利，并在实施过程中，注重与时俱进，不断地完善政策、法律法规，以促进商业航天能力的提升。如在商业遥感领域，美国先后 4 次修正商业遥感政策及法案，允许商业公司向市场销售的光学卫星图像分辨率由 1 m 提高到 0.5 m，现在又提高到了 0.25 m，雷达遥感卫星图像的分辨率由 3 m 提高到 1 m，显著增强了美国商业遥感卫星在世界遥感市场的竞争力。特别是，2015 年美国众议院表决通过了《2015 年关于促进私营航天竞争力、推进创业的法案》和《商业航天发射竞争法案》，为商业资本参与航天活动提供了更多的机会和保障，对商业航天发展起到了巨大的推动作用。以商业遥感为例，目前美国已有 8 家商业遥感公司从事商业遥感卫星的开发和遥感数据的分发销售，商业遥感卫星已实现了亚米级的分辨率，在军民两用任务中发挥了重要作用。

制约航天产业商业发展的主要因素是过高的产业进入壁垒限制了竞争。产业进入壁垒是指妨碍新的企业进入某一产业，并使原有企业因此能持续获得超额垄断利润的各种因素，主要包括政府政策、规模经济、产品差异化、资金需求、成本劣势、经销渠道等，它们直接影响到产业竞争程度和绩效。美国政府通过法律法规放松管制、促进商业航天发展主要表现在降低市场准入、克服技术障碍、放松投资管制、扩大市场容量、鼓励有效竞争等方面。

降低市场准入。美国为引导私营企业进入商业航天市场，在政策上给予了极大的支持。通过制定新航天政策来鼓励商业航天的发展：一是要求政府在市场上存在商业航天能力的情况下最大限度地采购和使用此等能力；二是对航天产业竞争性业务进行剥离，明确政府部门与私营企业是合作关系，将近地轨道载人和货物运输任务交由私营企业进行商业化运营，使 NASA 将更多的精力放在深空探索能力的发展上；三是在技术方面为私营企业快速进入航天领域提供了便利。为尽可能地降低军用技术与民用技术之间转化的难度，美国军方设计了一整套军民通用的产品规范，逐步推行以“去型号化”为核心的货架式生产管理模式；通过打造货架式产品及实施产品批量生产和集中采购，美国航天形成了一套完整的货架式产品体系，既为私营企业快速进入航天领域提供了便利，又方便了政府和军方直接使用企业的成熟产品和发展成果。

克服技术障碍。航天产品的高技术性决定了进入航天产业的技术壁垒很高，而航天技术往往涉及国家安全，因此航天技术的转让往往受到国家的严格控制。美国从 20 世纪 60 年代开始对航天工业投以巨资，长期的积累造就了美国航天超级大国的地位，这不仅体现在其拥有世界上最尖端的技术和最完备的产业链，更为重要的是培养了一大批经验丰富的航天工程人员。在强大的工业基础和人才储备支持下，航天产业的技术扩散使美国私营公司进入商业航天市场时在各方面均优于其他国家的竞争对手。在 SpaceX 公司的创业过程中，NASA 不仅将发射任务委派给 SpaceX 公司，还将人才、技术等向 SpaceX 公司转移，使其免于重复进行先期的技术研发。

放松投资管制。航天产业的技术特征决定了航天产业的最小有效规模是非常大的。航天产业具有人力资本和物质资本投入高度密集的特点，这决定了航天产业经济活动的高投入性，一般的企业难以承受航天工业所需的大额资金。为降低航天产业投资风险，鼓励民营资本进入，美国航天政策提出，涉及私营公司提供的航天产品、服务和活动，政府将承担一定的投资风险，并对私营公司的活动负责。2006 年至 2008 年，猎鹰 1 号火箭三次试射全部爆炸，SpaceX 公司濒临破产，NASA 雪中送炭，投资 2.8 亿美元研发墨林发动机和猎鹰 9 号。此外，针对因航天活动失败导致的第三方损失，美国政府设置了三级保障机制，明确了政府和私营部门在航天发射活动中导致第三方损失中的责任，从而为航天私营企业安全运营提供了保障。

扩大市场容量。市场容量的大小是影响产业进入壁垒的重要因素，而航天产业存在规模经济，且全球航天产业市场容量有限。一方面，美国以政府采购为引导，预先安排足够订单、留足利润空间，扶持私营企业成长，同时，私营航天企业若早期能获得大量的政府采购合同，会为私营企业占有市场容量、争取生存空间提供重要帮助。以 SpaceX 公司为例，2008 年 12 月，SpaceX 公司从 NASA 获得了高达 16 亿美元，并且根据情况可最多增加到 31 亿美元的商业补给服务（CRS）合同，利用龙飞船分 12 次为国际空间站运输货物补给。另一方面，美国积极提高国际竞争力，放松对盟国的航天产品出口管制，为本国航天企业拓展海外市场助力。2013 年，美国商务部产业安全局和国务院国防贸易管制局各自发布了修改《出口管制条例》和《武器国际贸易条例》的最终规则，对美国现行出口管制制度进行了修改，由美国总统决定在符合美国国家安全利益的前提下，将卫星及相关产品从军品清单转移到商业控制清单（但这些被转移到商业控制清单的卫星和相关产品仍不能被出口、再出口到中国、朝鲜等国家或在这些国家发射，除非总统决定符合美国国家利益）。

鼓励有效竞争。促进有效竞争是美国政府放松航天管制后优化市场结构的重要环节。美国政府通过改变采购方式，实现商业航天有效竞争。其在航天领域的商业采购采用空间项目协议（SAA）代替联邦采购规则（FAR），与传统的成本加合同采购方式不同，现行采购方式明确规定只为希望用于 NASA 项目的具体技术投资，合同采用固定价格方式，即只为里程碑的性能付费，其他技术开发均由商业承包者自行投资，使承包公司进入竞赛状态。该采购策略已经通过商业轨道运输服务计划和商业乘员发展计划进行了成功的验证。商业乘员发展计划是一个多阶段的空间技术发展计划，主要目的是鼓励低轨载人航天飞行器的私营化发展，支持有能力的商业实体研究系统方案、突破关键技术，最终实现商业化载人运输系统。美国政府自 2010 年起通过该计划从 22 家竞争者中选定 5 家，加速私营公司对载人商业航天的研发，并通过技术规制逐年减少支持公司的数量，现阶段继续参与商业乘员发展计划的公司只剩 3 家，最终将至少选择两家公司向国际空间站运送人员。美国政府通过采购制度的设计，防止商业航天发展过程中出现垄断现象，形成了有效的市场竞争结构。

2.2.3　我国商业航天基本法规

我国最早的商业航天活动起步于 20 世纪 80 年代初，此后以国际商业发射为突破口，曾一度占据了全球 7%～9%的商业航天发射市场份额。近年来，又陆续在整星出口方面取得了一系列标志性的成绩。但总体而言，我国的商业航天活动主要面向国际客户，国内商业航天产业发展严重滞后。在此背景下，我国的商业航天立法也基本处于空白状态，仅零星颁布了一些部门规章，包括：2001 年国防科工委与外交部联合发布的《空间物体登记管理办法》，2002 年国防科工委发布的《民用航天发射项目许可证管理暂行办法》，2009 年国防科工局发布的《空间碎片减缓与防护管理暂行办法》（2015 年进行了修订）。2016 年，国防科工局发布《民用卫星工程管理暂行办法》，其中第四十二条明确“商业卫星工程原则上参照本办法执行”，这是商业航天首度在我国法律规范性文件中出现。此外，一些行政法规或部门规章对商业航天也发挥着间接的调整作用，包括：《中华人民共和国电信条例》《卫星电视广播地面接收设施管理规定》《中华人民共和国植物新品种保护条例》等。

总体而言，我国目前航天领域与商业航天相关的立法，仍然呈现有点（多零碎性的规定）无面（缺乏体系性构建）、有低（部门规章层级）无高（法律层级）、有原则（多宏观性的规定）无规则（无具体可清晰适用的明确规则）的特点，还远未建立商业航天发展所需要的物权法律制度、合同法律制度、侵权法律制度、商事法律制度和行政法律制度，商业航天的法律架构仍处于研究起步阶段。

近年来，在多方呼吁和努力下，在行业主管部门有识之士的组织和推动下，我国开始逐渐重视航天领域的相关立法工作，相关政策见表 2 - 4。2013 年 10 月，国家航天立法正式纳入全国人大常委会立法规划，目前正处于论证起草阶段。《2016 中国的航天》白皮书首次提出建立航天法制，并透露《空间数据与应用管理条例》《宇航产品与技术出口管理条例》等法规的研究制定工作已纳入计划；《空间物体登记管理办法》《民用航天发射项目许可证管理暂行办法》未来也有望修订完善。可以预见，未来五年，我国对航天领域立法的动力与愿望将显著增强，并有望取得重大进展。

表 2-4　近年来我国商业航天政策梳理

商业航天政策	主要内容
2014 年 11 月，国务院关于创新重点领域投资融资机制鼓励社会投资的指导意见	鼓励民间资本研制、发射和运营商业遥感卫星
2015 年 10 月，关于民用空间基础设施中长期规划（2015—2025 年）	支持民间资本开展增值产品开发、运营服务和产业化推广
2016 年 5 月，关于实施制造业升级改造重大工程包	重点工程之一即为商业航天产品发展工程，包括商业遥感卫星、通信卫星及运载火箭研制生产线
2016 年 12 月，《2016 中国的航天》白皮书	鼓励引导民间资本和社会力量有序参与航天科研生产、空间基础设施建设、空间信息产品服务、卫星运营等航天活动，大力发展商业航天
2016 年 12 月，民用卫星工程管理暂行办法	规范民用卫星工程管理，加强航天行业监管，充分发挥卫星工程的投资和应用效益。商业卫星、国际合作卫星工程参照执行
2018 年 1 月，民用航天发射项目许可	规范民用航天发射项目许可审批和办理，适用于民商航天发射项目
2018 年 4 月，商业航天发展指导方针	鼓励商业航天快速发展，同时，营造有利于商业航天的政策环境，引导其“有序”发展

目前，中国航天业内规定民营企业从事运行在大气层外的航天器和入轨发射的运载器的科研生产必须按照国家有关部门和《国防科工委关于非公有制经济参与国防科技工业建设的指导意见》（2007 年 2 月原国防科工委颁布）的要求，取得装备科研生产许可证（简称生产许可证认证）和进入《装备承制单位名录》（简称名录认证），取得装备科研生产许可证的前提条件是通过 GJB 9001C-2017《质量管理体系要求》的认证和科研生产单位保密资质认证（简称保密认证）。

2.3　发射许可

2.3.1　卫星资源管理

卫星资源管理法规是协调、分配和使用卫星资源的基本依据和准则，包括国际法规和国家法规，遵循这些法规是合理有序管理卫星资源的必要前提。

（1）主要法规

国际卫星资源管理法规主要有：《外层空间宣言》《外层空间条约》《国际电信联盟组织法》《国际电信联盟公约》及 ITU《无线电规则》《程序规则》《建议书》等。根据国际规则：1）各国拥有和平探索和利用太空资源的权利；2）无线电频率和卫星轨道是有限的自然资源，必须平等、合理、经济、有效地使用；3）应采用有效的干扰控制机制以充分利用频率和轨道资源。

中国卫星资源管理法规主要有:《中华人民共和国无线电管理条例》《中华人民共和国无线电频率划分规定》《卫星网络空间电台管理规定》《建立卫星通信网和设置使用地球站管理规定》等。其中《中华人民共和国无线电频率划分规定》遵循 ITU《无线电规则》,对各种无线电业务使用的频段作了划分规定,是我国频率管理的基础性政策文件。与民商航天发射直接相关的法规有《国务院对确需保留的行政审批项目设定行政许可的决定》(国务院令第 412 号)、《民用卫星工程管理暂行办法》《民用航天发射项目许可证管理暂行办法》和《民用航天发射项目许可》。

(2) 国际卫星资源分配方法

由于卫星频率/轨道资源是国际资源,各国都可以依据国际规则开发利用。为尽量避免各国拟实施的卫星网络产生相互干扰,落实 ITU《国际电信联盟组织法》第 196 款中"经济、有效地使用无线电和卫星轨道资源"的要求,在美、俄等航天强国的推动下确定并建立了相应的国际规则。根据 ITU《无线电规则》,卫星频率/轨道分配方法主要有规划法和协调法两类。

规划法。为落实 ITU《国际电信联盟组织法》第 196 款中"在考虑发展中国家和具有特定地理位置国家的特殊需要的同时,使各国和各国家集团可以公平地使用无线电频率和地球静止卫星轨道"的原则精神,防止少数发达国家借助其技术和经济实力抢占所有的卫星频率和轨道资源,应大多数发展中国家的强烈要求,《无线电规则》通过"公平"规划的手段,在一些频段上,为世界各国相对公平地分配了一定数量的卫星频率和轨道资源。规划的实质是为发展中国家预留卫星频率和轨道资源,保障发展中国家在将来有能力时,有最低限度的卫星频率和轨道资源可用。

协调法。它是针对卫星非规划频率/轨道资源采用"先申报就可优先使用"的抢占方式。此过程可分成三个阶段:申请、协调和登记。

1) 申请阶段(简称 A 阶段)。《无线电规则》规定卫星频率/轨道资源申报需要用 ITU 规定的专用软件,提前向 ITU 无线电通信局(BR)报送关于卫星网络或卫星系统的一般性说明资料(即 API 资料)。申报的基本内容包括轨道、波束、频段、极化、业务类别、发射类别(带宽、信号强度)、应用类别、要求的保护比[如载干比(C/I)、信噪比(S/I)]等。ITU 通过国际频率信息通函(简称 IFIC)将接收到的 API 资料向全世界公布。API 资料报送应不早于卫星网络或卫星系统规划启用日期前 5 年,不迟于前 2 年。

2) 协调阶段(简称 C 阶段)。《无线电规则》规定申请国必须在 API 资料被接收后的 2 年内,按《无线电规则》要求提交详细的卫星网络或卫星系统资料(即 C 资料)。ITU 对于不同种类卫星网络的 C 资料,根据《无线电规则》中不同的规则要求,对 C 资料进行技术和规则审查。审查合格后,BR 将在 IFIC 特节中公布 C 资料。各国在规定的时间期限内(C 资料公布之后 4 个月内),正式判断新申报的卫星网络是否可能对自己已经申报的卫星网络或地面业务产生不可接受的干扰,并在规定的时限内将判断结果和技术依据通知 ITU 和相应主管部门,否则就视为同意。

3）登记阶段（简称N阶段）。经卫星网络国际频率干扰协调，消除卫星网络之间可能存在的潜在干扰后，申请国使用ITU规定的软件，向ITU申报卫星网络简要实际使用的通知登记信息（简称N资料）。所有通知登记信息将由BR做进一步的技术和规则验证。经审查合格后，该频率指配才可以记录在国际频率登记总表（MIFR）内。此后新建的卫星网络不得对其产生有害干扰，即使受到它的干扰也不得提出申诉。

据统计，代表中国政府无线电管理的主管部门（原国家无线电管理委员会办公室和信息产业部无线电管理局）向ITU申报了各类卫星网络资料数百份，答复各类国际电函数千封。从公开资料看，我国在ITU中登记有效的卫星网络资料有212组（同一轨位以相同名称申报的为一组），涉及62个地球静止轨道位置和多种非地球静止轨道，涵盖ITU已划分给各类卫星应用的所有频段。这些申报是我国各类卫星得以顺利发射及运营的重要基础。

2.3.2 民用卫星许可

《民用卫星工程管理暂行办法》对民用卫星工程管理从论证到卫星退役全过程管理，包括综合论证、工程立项、总体设计、系统协调、研制生产、发射测控、在轨测试、交付运行、总结评价、离轨处置等，做出了统一规定，商业卫星工程原则上参照执行。

民用卫星工程应按照国际电信联盟无线电规则及国内无线电管理相关规定，通过工业和信息化部向国际电信联盟申报卫星频率/轨道资源。在工程项目立项论证阶段，同步开展卫星频率和轨道资源可用性论证，分析拟使用资源的可行性，评估潜在风险，提出风险控制方案。频率轨道申请者负责频率/轨道资源申报协调和运行维护，在申请发射许可前向国家有关部委申请并获得卫星网络空间电台执照。

民用航天发射项目实行许可证管理制度。卫星最终所有者或工程项目总承包方按照行政许可规定，在预定发射月的9个月之前，向国家航天局提交发射项目许可申请，获得航天发射项目许可证后方可实施发射。搭载发射的民用、商用航天器也须办理发射许可。

国家实行空间物体登记制度。在我国境内发射的所有空间物体，以及我国在境外发射的空间物体，由空间物体的最终所有者或实际使用、控制者按照《空间物体登记管理办法》进行国内登记。

国家航天局监督管理民用航天器、运载器空间碎片减缓与安全防护工作，组织制定相关管理办法和标准。在工程研制、发射和在轨运行过程中，有关单位应按《空间碎片减缓与防护管理办法》要求，履行空间碎片减缓责任。

国家航天局负责卫星工程对外交流与合作、国际公约和协定的谈判及履约等有关工作，代表中国政府签署政府间、部门间合作协议，牵头组织开展技术研发、工程研制、系统运行、应用推广等多种形式的国际合作。

利用运载火箭富余运载能力开展卫星搭载发射，对于符合搭载条件的项目，在项目可行性研究报告阶段，由搭载发射申请单位提出并纳入工程论证，经工程大总体审查通过后，按民用航天工程搭载发射相关规定执行。

卫星、运载火箭研制建设部门会同主用户部门于星箭出厂前一个月报送出厂请示。依据《卫星与运载火箭出厂审定程序》，国家航天局会同相关部门组织卫星、运载火箭出厂审定。

航天系统部负责发射场系统和测控系统任务准备、卫星发射、工程测控组织实施。

研制建设部门、用户部门严格执行重大质量问题和事故报告制度。工程研制、发射及卫星在轨运行中出现重大质量问题和应急事故，相关部门按预案妥善处置，同时须在12 h内报国家航天局。

卫星、地面、应用、测控系统协同配合，加强在轨卫星全寿命期技术支持保障，开展卫星状态监测，做好空间物体危险碰撞预警、规避和应急保障，实现卫星既定功能与任务。

遥感卫星运行管理按照相关管理办法和数据政策组织开展。通信卫星和商业卫星原则上按商业化模式运行保障。发生突发事件等紧急情况时，国家航天局会同相关部门统筹组织在轨卫星应急处置和管理。

卫星丧失主要业务功能和性能或丧失主动离轨能力前，由主用户部门牵头向国家航天局申请卫星退役。国家航天局按程序核准退役并会同有关部门统筹安排卫星拓展应用、离轨处置等工作。

2.3.3　发射许可批准

2019 年 6 月 10 日，国家国防科技工业局网站发布《国家国防科技工业局关于促进商业运载火箭规范有序发展的通知》（科工一司［2019］647 号），通知要求：1）从事航天发射活动的商业火箭企业，按照《民用航天发射项目许可证管理暂行办法》编制申报材料，经省级国防科技工业管理部门向国防科工局申请办理发射许可；按照有关规定编制相关材料，报主管机关进行专项审查。获得发射许可和通过专项审查后，方可按程序执行发射试验活动。2）发射许可和专项审查材料中商业火箭企业需对轨道频率登记和协调、减缓空间碎片、采取的安全防控措施方案以及第三方责任保险、相关商业保险购买生效情况等进行重点说明。相关发射活动不得对国家安全和公共利益造成危害。3）凡实施航天器入轨的发射任务须在国家认可的航天发射场实施发射。在发射许可申报前，商业火箭企业需完成与发射场等方面的技术协调、制定发射飞行大纲，火箭进场后，严格遵守发射场安全监管等有关规定。4）发射场或试验场按照发射试验有关规定，负责协调发射试验等任务的安全管控，明确各方责任分工，确保发射场区、飞行航区以及落区或回收场区陆域、空域、海域安全。

我国航天活动有关配套相关法律法规文件清单：

1）《中华人民共和国国家安全法》

2）《中华人民共和国国家生产法》

3）《中华人民共和国军品出口管理条例》

4）《中华人民共和国导弹及相关物项和技术出口管理条例》

5)《中华人民共和国技术进出口管理条例》

6)《国务院关于国家重大科研基础设施和大型科研仪器向社会开放的意见》

7)《危险化学品安全管理条例》

8)《民用爆炸物品安全管理条例》

9)《武器装备科研生产许可管理条例》

10)《武器装备科研生产许可实施办法》

11)《企业经营范围登记管理规定》

12)《民用航天发射项目许可证管理暂行办法》

13)《军工危险化学品安全管理暂行办法》

14)《国防科工局　财政部关于推进军工重大试验设施和大型科研仪器向社会开放的通知》

15)《空间碎片减缓与防护管理办法》

16)《国际空间条例》

17)《赔偿责任公约》

《国务院对确需保留的行政审批项目设定行政许可的决定》(2016)第29项:民用航天发射项目许可实施机关为国防科工委(现为国家航天局)。《民用航天发射项目许可》(2018)规定:1)民用航天发射项目实行许可证管理制度;2)凡从事民用航天发射项目的自然人、法人或其他组织,应当依照本办法的规定申请审查批准,经审查合格取得民用航天发射项目许可证(以下简称许可证)后,方可从事民用航天发射项目;3)国家航天局对民用航天发射项目实行统一规划和管理,负责审查、批准和监督民用航天发射项目。因此,实施航天发射的民营组织需要向国家航天局提出申请并获得许可证。由于我国航天发射场全部掌握在国家手中,民营组织实施航天发射还需向国家提出申请,列入航天发射计划后才能到发射场开展相关工作。

(1)民用航天发射项目许可证申请条件

1)遵守国家法律、法规,保守国家秘密;

2)申请的项目不危害国家安全,不损害国家利益,不违反国家的外交政策和已签署并发生效力的国际公约;

3)申请的项目不会因重大过失或故意行为对公众的健康、安全和财产构成无法补偿的危害;

4)具有国家有关部门发放的从事所申请项目的相关许可文件;

5)具备从事所申请项目的技术力量、经济实力及完善的技术资料;

6)法律、法规、规章规定的其他条件。

有如下情形之一的,不予批准:

1)申报项目含违反国家有关法律、法规以及国家间的保密协定禁止的内容;

2)项目申报单位一年内发生过重大泄密事件的;

3)项目申报单位两年内存在吊销民用航天发射许可证的;

4）项目申报单位与主管单位拒不执行国家航天局做出的处理决定，在彻底整改前，国家航天局将不再受理其民用航天发射许可申报；

5）项目申报未申请取得该项目《中华人民共和国无线电台执照》的；

6）项目申报单位未按照国家有关规定购买发射空间物体的第三方责任保险和其他相关保险的。

（2）民用航天发射项目许可证申请材料

申请人可通过机要渠道或现场向国家航天局提交申请材料。申请材料清单见表 2－5。

表 2－5　民用航天发射项目许可证申请材料清单

序号	提交材料名称	原件/副本	份数	纸质/电子	要求	备注
1	民用航天发射项目许可证申请书及许可证申请人资料审查材料	原件	2	纸质		
2	证明该项目符合国家环境保护法律、法规的有关材料	原件	2	纸质		
3	国内执行发射场工作阶段的项目，需提供项目预定发射时间，卫星、运载火箭、发射和测控通信系统之间的技术要求，运载火箭详细轨道参数及落区或回收场区的勘察报告，卫星详细轨道参数、频率资源使用情况的文件	原件	2	纸质		
4	国外执行发射场工作阶段的项目，需提供运载火箭、卫星轨道参数等具有法律效力的文件副本，以及有关使用频率资源的许可文件副本	副本	2	纸质		
5	《中华人民共和国无线电台执照》	副本		纸质		
6	与项目相关的安全设计报告及保障公共安全的材料，关键安全系统的可靠性、运载火箭发射过程中正常及故障状态对发射场附近及发射轨道范围内的财产及人身安全构成的影响、如何避免污染和空间碎片问题以及其他有关安全的补充材料	原件	2	纸质		
7	涉外项目，需提交政策性评估和保密安全性评估材料	原件	2	纸质		
8	该项目已生效的第三方责任险保单及相关文件，以及相关已生效保险保单副本	副本	3	纸质		

变更时，需要提交变更申请纸质原件 2 份。

（3）民用航天发射项目许可证申请审批流程

许可证申请办理以及许可证变更申请办理的流程如图 2－1 所示。

（4）审批时限

在 30 个工作日内办结，对于事项受理后依法需要公示、听证、鉴定、专家评审等的，不计入时限。

审批通过后发放发射许可证。

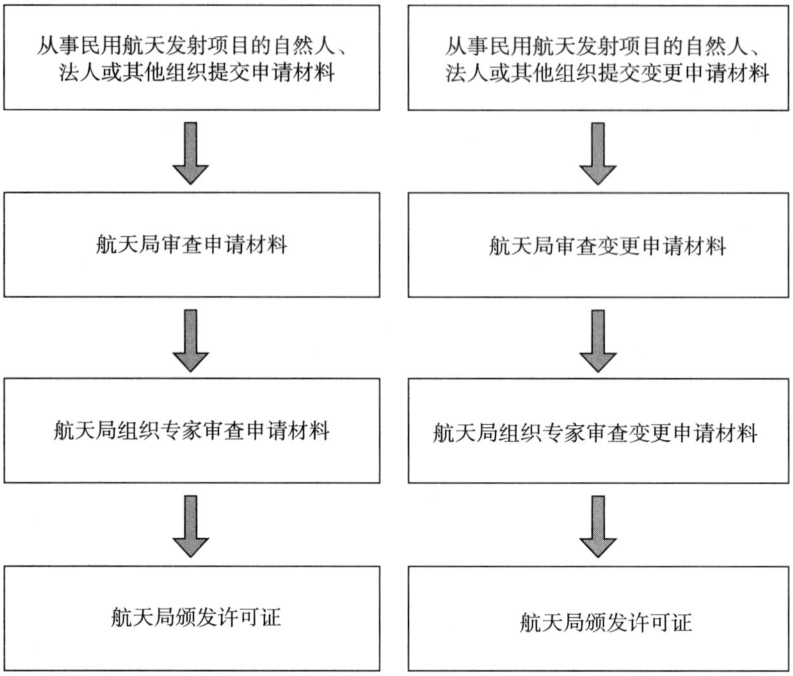

(1) 申请与审批　　(2) 变更与批准

图 2－1　许可证办理及许可证变更申请办理流程图

（5）军方许可

从事民用航天发射项目的自然人、法人或其他组织在向国家航天局申请获得发射许可证的同时，可向国家申请取得发射许可，申请条件和须提供的材料与国家航天局的要求一致。

（6）搭载发射许可

利用运载火箭富余运载能力开展卫星搭载发射，对于符合搭载条件的项目，在项目可行性研究报告阶段，由搭载发射申请单位提出并纳入工程论证，经工程大总体审查通过后，按民用航天工程搭载发射相关规定执行。

2.4　产品进场放行

目前，我国关于民营航天产品进入发射场的条件尚无系统性的法规要求。但是，对于民营组织来讲，一方面，航天产品在发射场的工作是异地进行的，相比于在本地（组织所在地）开展同样工作的成本要高；另一方面，我国民营商业航天发射资源紧缺（目前，民商航天发射只限于在酒泉卫星发射中心进行），民营组织在发射场的工作时间、可用资源受限。因此，为了保证商业利益，民营航天产品承研承制组织应严控航天产品进入发射场前的质量，减少航天产品进入发射场后的不确定性因素，减少质量问题发生，同时，确保航天产品进入发射场前，所有相关工作均已准备到位（如发射场满足航天产品测试发射工作要求，各系统间接口经确认协调匹配等）。基于上述原因，我国民商航天发射正在就航天产品进场放行准则达成共识，可望在 2019 年形成相关规范。

2.4.1　基本准则

针对我国民商航天发射特点和民商航天发射场资源紧缺的现状，经历 2018 年民商航天发射工程的探索与实践，我们总结、凝练提出民商航天产品（主要是航天器、运载器及其相配套的设施设备）进入发射场的放行准则如下：

1）技术状态严格受控，出厂产品技术状态符合要求；

2）选用的元器件、原材料、火工品等外购器材经验证或其他活动确认质量符合要求；

3）软件研制和管理贯彻了软件工程化要求；

4）有贮存期、效验期要求的参试产品，其贮存期、效验期符合要求，对于超期的地面设备办理了超期使用审批手续；

5）有使用寿命要求的产品，其寿命（或剩余寿命）满足任务全过程的使用寿命要求；

6）按设计文件、工艺文件要求完成了型号的总装、测试、试验，结果符合要求，并有明确结论；

7）完成了测试验证覆盖性检查、评审，不可测项目经确认满足要求；

8）对成败型、灾难型故障模式进行了分析，并有应对措施；

9）完成了飞行安全和其他技术安全性检查、评审，相关工作准备完毕，满足飞行任务的需要；

10）对所有质量问题做到了“定位准确、机理清楚、措施有效”，或有明确的不影响飞行任务主要目的达成的结论；

11）与相关系统的接口经验证确认正确，规定的工作环境经确认满足要求；

12）完成了与飞行任务相关的各系统、各单位之间的协调，有明确的不影响产品进场后按计划开展工作的结论；

13）产品配套件及备附件配套齐全，质量合格，符合设计文件及有关文件的规定；

14）飞行试验（任务）大纲、发射预案和最低发射条件已按规定审查批准；

15）产品证明书、产品质量履历书填写签署完整，配套齐全；

16）发射场使用文件的签署完整，配套、分发满足要求；

17）进发射场的产品包装、安全运输等各项工作准备就绪，符合要求；

18）飞行任务工作队组建完毕，各岗位人员职责明确，进场技术岗位人员的技能满足岗位职责要求；

19）有国家航天局颁发的发射项目许可证，且经主管机关批准可以按计划实施发射；

20）完成了航天产品进场条件评审，有同意进场的结论，评审中提出的问题已处理完毕。

2.4.2 节至 2.4.6 节中，我们以火箭系统为例，重点从产品技术状态审定、总装与全箭综合集成试验情况复查、可靠性安全性和测试覆盖性复核、产品保证大纲执行情况复核、最终状态符合性确认与质量问题处置情况等方面，论述落实运载火箭发射场放行准则的方法与工程实践情况。航天器系统落实进场放行准则的方法和工程实践情况与运载器系统相似。

2.4.2 状态审定

产品技术状态审定是民商航天产品进场放行的核心内容之一，主要依据合同及系统间签署的接口控制文件、保障条件协议等有效性成文信息的要求，对航天产品技术指标完成情况进行审定，确认满足要求或经相关各方一致同意让步接收后才能放行。产品技术状态审定的内容主要包括技术要求、技术状态基线和变更、总体和分系统技术参数完成情况等方面的审定。

（1）技术要求、技术状态基线和变更

技术要求是产品技术状态审定的主要输入，依据合同和技术协议要求建立并确认，表 2-6 是主要技术参数示意，表 2-7 是主要技术参数复核情况示意。

表 2-6 卫星对运载器要求的主要技术参数简要示意（表中参数非实际工作数据）

<table>
<tr><th>卫星
指标</th><th>××-××卫星</th><th>搭载星 A</th><th>搭载星 B</th></tr>
<tr><td>卫星质量</td><td>905±25 kg</td><td>(33)3±1 kg</td><td>(34)5±1 kg</td></tr>
<tr><td>平均轨道</td><td>半长轴:6 312 km,偏心率:0,轨道倾角:58.201 2°</td><td colspan="2">服从主星</td></tr>
<tr><td>入轨精度要求（3σ）</td><td>半长轴偏差:≤5 km,轨道倾角偏差:≤0.08°,偏心率偏差:≤0.003</td><td colspan="2">无要求</td></tr>
<tr><td>降交点地方时</td><td>9:10 AM</td><td colspan="2">服从主星</td></tr>
<tr><td>入轨段测量时间</td><td>≥120 s</td><td>≥60 s</td><td>无要求</td></tr>
<tr><td>星箭分离形式</td><td>反推火箭分离</td><td colspan="2">弹簧分离</td></tr>
<tr><td>星箭分离速度</td><td>1.1～2.0 m/s</td><td>0.9±0.1 m/s</td><td>0.5～0.8 m/s</td></tr>
<tr><td>分离姿态</td><td>分离时刻当地俯仰角:0°</td><td colspan="2">无要求</td></tr>
<tr><td rowspan="3">分离姿态精度（绝对值）</td><td>俯仰、偏航、滚动姿态角偏差:≤2.0°</td><td rowspan="3" colspan="2">运载火箭相对轨道的姿态精度同主星要求；
分离机构也将引起卫星相对箭体坐标系的姿态偏差</td></tr>
<tr><td>俯仰、偏航姿态角速度偏差:≤1.0 (°)/s</td></tr>
<tr><td>滚动姿态角速度偏差:≤0.8 (°)/s</td></tr>
<tr><td>机械接口</td><td>××型包带和适配器连接</td><td colspan="2">卫星分离机构与支承舱搭载支架连接</td></tr>
<tr><td>电接口</td><td>卫星脱插射前－40 min 自动脱落,飞行过程中无电气接口</td><td colspan="2">火箭控制系统为卫星分离机构提供分离信号,并提供遥测分离信号</td></tr>
</table>

表 2－7　卫星主要技术参数复核情况示意（表中参数非实际工作数据）

项目名称		指标要求	研制结果	符合情况
运载能力		≥999.8 kg	1 100 kg	符合
入轨精度	轨道半长轴偏差	≤5 km；	1.847 km	符合
	偏心率偏差	≤0.003	0.000 352	符合
	倾角偏差	≤0.08°	0.014 9°	符合
分离姿态（火箭轨道坐标系）	俯仰角偏差	≤2.0°	1.03°	符合
	偏航角偏差	≤2.0°	1.03°	符合
	滚动角偏差	≤ 2.0°	0.40°	符合
	俯仰角速度偏差	≤1.0 (°)/s	0.80 (°)/s	符合
	偏航角速度偏差	≤1.0 (°)/s	0.80 (°)/s	符合
	滚动角速度偏差	≤0.8 (°)/s	0.27 (°)/s	符合
星箭分离相对速度		1.1～2.0 m/s	1.276 m/s	符合
卫星整流罩分离高度要求		＞120 km	138 km	符合
卫星入轨段测量时间	主星××-5A	≥120 s	170 s	符合
	搭载星 A	≥60 s	105 s	符合
	搭载星 B	无要求	—	符合

技术状态审定主要是检查复核技术状态基线和更改控制是否满足要求。

某运载火箭出厂时对技术状态进行审定的记录（摘要）：

火箭全箭和各分系统技术状态设计基线符合接口控制文件要求。以成熟状态为总体控制基线、以最新且经飞行试验考核过的状态为单机产品基线满足各系统对运载火箭的要求。火箭研制过程中发生的 2 项技术状态更改（激光惯组接口芯片及工艺等方面的更改、外安系统配套 XY29－3 状态双频连续波应答机代替 XY29－2 双频连续波应答机）为相关各方认可，审批程序完备。

（2）总体技术参数完成情况

总体技术参数包括运载能力、发射轨道、分离系统、入轨精度等方面的内容。审定内容主要是复核确认上述技术参数完成情况以及是否满足技术基线要求、安全和可靠性要求。

某运载火箭出厂时对发射轨道技术参数及其完成情况进行复核的记录（摘要）：

火箭从酒泉卫星发射中心××工位起飞，瞄准方位角××°。火箭垂直起飞后××秒程序转弯，同时空中滚转约××°实施定向，××秒一、二级分离；分离后二级飞行约××秒主机关机，其后游机单独工作约××秒关机，游机关机后××秒时××-××卫星与火箭分离，之后搭载星依次分离，时间间隔为××秒、××秒。火箭航区境内经过内蒙古、甘肃、青海、四川，从西藏出境，境外经过缅甸，在印度洋上空入轨。

火箭一子级理论落点约为东经××.×××°、北纬××.×××°；卫星整流罩理论落点约为东经××.×××°、北纬××.×××°。一子级和卫星整流罩落区均为火箭传统落区，可以满足安全性要求。

火箭主要飞行时序（略）。

一子级及卫星整流罩理论落点（略）。

星箭分离点主要参数（略）。

特征点主要弹道参数（略）。

火箭飞行任务剖面示意（略）。

根据计算结果，火箭发射窗口前沿为北京时间×时××分，卫星要求窗口宽度为× min，瞄准窗口前沿发射。

（3）分系统技术参数及完成情况

分系统技术参数一般包括箭体结构系统、动力系统、控制系统、遥测系统、外测安全系统和附加系统等。审定内容主要是复核确认上述技术参数完成情况以及是否满足技术基线要求、安全和可靠性要求。

某运载火箭出厂时对外测安全分系统技术参数及其完成情况进行复核的记录（摘要）：

本发火箭外测安全系统主要用于配合地面雷达站完成火箭发射轨道的测量，并获取满足精度要求的外弹道数据；必要时接收地面遥控指令，实施火箭安控区间内的安全控制；接收箭上控制系统发出的火箭姿态失稳信号，自主完成火箭安控区间内的姿态失稳引爆。

外测安全系统由双频连续波应答机、脉冲相参应答机、GNSS接收机、安全指令接收机、控制器、引爆器、爆炸器和天馈系统等组成。相对基线，主要技术状态变化为：双频连续波应答机采用数字化设计方案，产品代号XY20－3代替原XY20－2，设备安装适应产品外形更改进行调整。

外测安全系统单机共23台件，不含高、低频电缆。系统技术状态正确，装箭和备份产品通过了各项交付试验，产品质量受控，性能指标满足要求。

××年×月，完成了外测安全分系统综合试验，试验中产品工作正常，测试数据稳定，箭上产品与地面设备工作协调。

外测安全系统测试数据（略）。

外测安全系统研制及质量情况（略）。

外测安全系统综合试验总结情况（略）。

2.4.3 集成试验复查

总装与全箭综合集成试验情况复查是民商航天产品进场放行的核心内容之一，主要依据产品研制计划、质量保证策划、技术要求和基线、设计和工艺文件要求等，对航天产品技术指标完成情况进行审定，确认满足要求或经相关各方一致同意让步接收后才能放行。

（1）总装复核

总装复核是审查全箭在总装过程中是否落实了设计和工艺文件要求，总装过程中质量控制是否充分、有效。

某运载火箭出厂时对总装过程进行复核的记录（摘要）：

总装过程中实施了全面质量控制，每道总装工序的配套、操作、试验和检验均有规范化的原始记录。关键工序执行双岗制、采取有效措施控制多余物。

各系统装箭单机均通过了质量评审，有明确的可以交付总装的结论。对箭体结构、动力系统导管的焊缝 X 光底片均进行了交叉复评，无错评、漏评。总装前对各系统以及总装所用的非金属材料和非金属产品复查，均在有效期内。

导管装配过程严格按图纸和技术条件进行，导管安装对中良好；高压管路、贮箱及供气、供液管路等气密试验均符合技术要求；装箭各种阀门的气密检查和性能测试由专人负责，设计、工艺现场监督，均符合技术要求。

全箭紧固件均有防松要求，在总装过程中按图纸、技术文件及相应的工艺要求对紧固件实施了防松措施；全箭电缆敷设走向正确，绑扎牢固，电缆的弯曲半径符合图纸、技术文件要求；插头（座）插接前检查无多余物，插针和插孔无变形，插接正确；箭上仪器设备就位正确，紧固措施、导通、绝缘等经检查符合要求；总装后对一、二子级结构质量进行了称重，满足总体要求。

根据总体防热技术要求，总装过程中对二级贮箱后底及后短壳设备电缆进行了防热包扎工作，经检查均符合要求。

总装过程中的测试数据（略）。

（2）全箭综合集成试验复核

全箭综合集成试验复核是审查全箭综合集成试验情况，确认试验条件和结果是否满足要求。

某运载火箭出厂时对全箭综合集成试验进行复核的记录（摘要）：

××××年×月××日～××××年×月××日，进行了全箭集成综合试验。集成综合试验采用地面一体化测发设备，控制系统采用组合导航冗余控制方案。集成综合试验完成了大纲所规定的试验项目，验证了系统间的匹配情况；各系统测试数据均满足技术指标要求，数据稳定，一致性好。

火箭集成综合试验关机精度（略）。

组合导航精度（略）。

2.4.4　“三性”复核

可靠性、安全性和测试覆盖性复核是民商航天产品进场放行的主要内容之一，复核依据承研承制单位提供的报告和数据，审查承研承制单位评价结果的可信性和符合性。复核的内容包括可靠性评估复核、单点失效产品分析及控制复核、安全性分析及风险控制措施复核和系统测试覆盖性复核。

（1）可靠性评估复核

可靠性评估复核的内容是审查运载火箭可靠性评估方法的正确性、评估数据的可信性和评估结果是否满足要求。

某运载火箭出厂时对可靠性评估进行复核的记录（摘要）：

本发火箭采用金字塔综合评估方法，从单机到分系统至全箭进行了可靠性评估，全箭可靠性评估值0.974 6，满足全箭指标要求，所有分系统可靠性评估结果均满足指标分配要求。

各分系统和全箭可靠性指标分配与评估结果（略）。

（2）单点失效产品分析及控制复核

单点失效产品分析及控制复核是，审查运载火箭研制过程中单点失效产品识别的充分性和相关控制措施的有效性是否满足相关要求。

某运载火箭出厂时对单点失效产品分析及控制进行复核的记录（摘要）：

本发火箭在研制过程中均建立了全箭可靠性模型，全箭各系统采用故障模式、影响及危害性分析（FMEA）方法，从设计、生产、管理等方面采取有效纠正或补偿措施，在产品验收及出厂评审等重大节点，对型号各级产品单点故障模式识别的充分性、准确性及强制检验点设置的合理性和控制的有效性进行复查和确认。××××年×月，再次对故障模式全面性进行识别，单机、系统、总体对单点失效模式进行了再确认。

系统级单点故障分析与控制报告（略）。

单机和元器件级单点故障分析与控制报告（略）。

（3）安全性分析及风险控制措施复核

安全性分析复查是审查运载火箭安全性分析情况，确认运载火箭在发射场工作和点火飞行过程中存在的风险及其相关控制措施的有效性，确认是否满足发射场工作和飞行安全的要求。

某运载火箭出厂时对安全性分析及风险控制措施进行复核的记录（摘要）：

根据运载火箭可靠性、安全性、环境适应性保证大纲要求，开展了本发火箭的安全性设计和分析工作。通过对火箭或人身安全构成潜在或可能造成危害的因素的分析，确定了安全性关键项目；通过对故障可能引发的后果进行分析，制订了相关对策，采取了有效的控制和预防措施。

本发火箭安全性分析表明，贮箱、管路破裂导致推进剂泄漏、火工品误点火、高压气瓶爆炸等都可能造成意外灾难性后果，危险严重性等级为Ⅰ级，采取相应安全性措施后，故障发生的概率控制在可接受范围。

本发火箭对一般危险源和影响全箭和人员安全的关键项目均采取了有效的控制和预防保障措施，措施覆盖发射场测试及火箭飞行试验各阶段。对涉及火箭安全的安全系统产品（二级控制器、安全指令接收机）在设计上采取了冗余容错措施。对推进剂浓度进行监测，一旦有意外可及时发现并采取措施保护火箭和人员的安全。

为预防子级残骸落地后被非专业人员获取而引起爆炸或中毒事件，给当地居民带来人身或财产损失，本发火箭对子级残骸的高危零部件，诸如推进剂贮箱、爆炸器和引爆器、伺服机构蓄压器等均设置了警示标志，采用中英文对照。

安全性分析及风险控制措施报告（略）。

（4）系统测试覆盖性复查

系统测试覆盖性复查是确认出厂前测试情况、出厂前测试不能覆盖发射场测试的试验状态、测试不能覆盖上天飞行的试验状态。

某运载火箭出厂时对系统测试覆盖性进行复核的记录（摘要）：

本发火箭动力系统、控制系统、推进剂利用系统、遥测系统、外测安全系统等均按研制流程及测试大纲要求，完成了各系统单元测试、分系统综合测试、匹配试验以及集成综合试验。测试项目完整、状态正确。各系统对试验中的各项测试参数进行了判读和一致性比对，确认测试参数合格，一致性好，满足技术指标要求。各研制单位、系统均开展了测试覆盖性的检查工作，重点检查了火箭出厂前各项测试项目对发射场测试的覆盖情况以及地面测试对飞行试验覆盖情况等内容。

本发火箭各系统出厂前测试不能覆盖发射场测试的试验状态共计 21 项，均有相应的保障措施（略）。

各系统地面测试不能覆盖上天飞行的试验状态共计 18 项，均有相应的保障措施（略）。

2.4.5　产品保证大纲执行复核

产品保证大纲执行情况复核是依据评审批准的运载火箭产品保证大纲，检查确认相关产品质量控制策划和控制措施落实情况，确认产品质量保证工作满足要求。复核的内容主要包括产品保证管理、质量保证、电气与电子及机电（EEE）元器件保证、材料与机械零件及工艺保证、软件产品保证和验收项目完整性、有效性检查确认等 6 个要素。

（1）产品保证管理

产品保证管理复核的重点包括外包产品的管理控制、关键件和关键项目管理、产品数据包完整性和有效性管理等。复核分别依据相关规定确认产品质量保证管理是否有效落实了相关要求。

某运载火箭出厂时对产品数据包完整性和有效性管理进行复核的记录（摘要）：

各单位结合产品自身特点，建立以质量与可靠性为核心的单机产品数据包，涵盖产品在设计、制造、组装、调试、试验、检验、返工、返修等工作环节中形成的文档和记录、相关质量与可靠性信息，同时各系统在此基础上形成了系统级数据包清单。

对涉及Ⅰ、Ⅱ类单点失效环节的关键参数、重要操作过程和产品最终状态，以及系统、单位间的接口界面，保持可追溯的过程记录。

各系统均编制单机及系统级声像记录要求，对研制、生产、试验阶段各系统重要、关键节点及后续无法检测项目提出数字化图像记录要求，以提供真实、直观的记录供设计人员分析、汇报以及事后查阅使用。

经复查确认，本发火箭记录质量与可靠性数据信息 4 325 项，声像记录项目 6 758 项，涵盖了火箭研制过程中各项测试数据、文档和声像记录，数据完整、有效，具有可追溯性。

进场后，还将对火箭（产品）的测试、检验进行数据判读和比对，对数据偏离和差异的机理进行分析、对让步使用的超差项进行影响分析和确认、对数据临界项进行变化趋势及风险分析；开展安装、连接、拧紧、绑扎、固定、走向、防护、开关、测试等环节的状态与文件、图纸一致性的量化分析和确认；同时对关键通用产品发射场阶段的关键特性数据进行分析。

（2）质量保证及复查情况

对质量保证及复查情况进行复核的形式和内容没有固定的做法，工程实践表明，以下内容应在进场放行中引起关注：

1）关键特性分析确认及再复查；

2）强制检验点设置；

3）全箭极性复查情况；

4）多余物防控情况复查；

5）单点失效产品不可检不可测项目控制复查情况；

6）电子装联质量控制复查情况；

7）新批次产品复查；

8）防差错设计与易错项目识别情况；

9）试验充分性复查情况；

10）测试方法有效性复查情况；

11）火箭底部防热质量确认；

12）火工品质量控制情况；

13）焊缝质量控制、复查情况。

某运载火箭出厂时对易错项目及控制情况进行复核的记录（摘要）：

针对Ⅰ、Ⅱ类单点故障模式涉及操作易错项目，进行了易错项目、难操作项目识别，重点复查对象为有流向要求的产品以及临近相邻安装位置的同类型电连接器，其中涉及Ⅰ、Ⅱ类单点模式的易错项目共16项，统计汇总见表2-8。经复查确认，全箭防差错设计及其控制措施合理、有效，已识别出的易错项目的防差错措施有效，可确保火箭状态正确。

（3）电气与电子及机电（EEE）元器件保证

对电气与电子及机电（EEE）元器件质量保证进行复核的一般性做法是依据产品保证大纲策划的安排，对相关活动的实施情况进行确认，进而确定电气与电子及机电（EEE）元器件保证是否满足要求，必要时，对电气与电子及机电（EEE）元器件保证方法和计划进行再复核。

表 2-8　Ⅰ、Ⅱ单点故障的易错项目及控制情况（表中非实际工作数据）

序号	产品代号	产品名称	操作环节	易错原因	项目类别	质量保证措施	落实情况	备注
1	D0310-00 D0320-00	姿控发动机电缆	二级燃料箱后底	电缆对接	易错	1)电缆插头、阀门和推力室身部有编号区分； 2)对接前后均进行多媒体记录； 3)装配结束后极性检查(强制检验点)； 4)出厂测试后由总体进行大回路极性测试(强制检验点)； 5)7、9 分机电缆插头刻字颜色为蓝色，其余为白色	1)声像记录 12 张； 2)姿控发动机系统喷气法极性测试记录正确； 3)总体进行大回路极性测试记录正确	Ⅱ类单点故障，地面测试可发现
…	…	…	…	…	…	…	…	…

某运载火箭出厂时对电气与电子及机电（EEE）元器件保证进行复核的记录（摘要）：

本发火箭箭上元器件严格按照《运载火箭元器件保证大纲》《运载型号电子元器件选用目录》和《元器件选用管理要求》进行选用和质量控制。

各配套单位对所有装箭元器件进行了全面的复查，包括箭上元器件的选用控制情况、目录外元器件审批情况、监制验收和补充筛选情况、关键元器件和低等级元器件的质量控制情况、DPA（Destructive Physical Analysis）情况、超期复验的控制管理及其他型号相关质量问题在本发火箭上举一反三情况等。

本发箭上元器件一致，涉及 16 大类别，共计 21 300 只，其中国产×××××只，进口××××只，目录外元器件 498 只。该 498 只目录外元器件均经过批准后使用。本发火箭没有使用低于规定质量等级的关键元器件。

本发火箭无免做 DPA、C 类超期等不一致审批。未经下厂监制的元器件，进行加倍抽样检验后使用，结果合格。

元器件贮存及超期复验按《元器件有效贮存期和超期复验要求》执行。本发火箭共计使用 8 项，187 只超期元器件，均进行了超期复验，复验结论合格。复验结果及处理情况（略）。

本发火箭各系统按要求进行了降额设计，元器件降额使用按《元器件降额准则》执行，控制系统所属单机按“元器件降额准则”的要求进行了降额设计，均已达到Ⅰ级降额设计要求。

对于国产和进口的非实芯封装的半导体器件以及独石电容分别按《半导体器件破坏性物理分析（DPA）方法和程序》《电子元器件破坏性物理分析方法》进行了 DPA 试验。本发火箭装机元器件无 DPA 不合格问题。

（4）材料与机械零件及工艺保证

对材料与机械零件及工艺保证进行复核的一般性做法是依据产品保证大纲策划的安

排，对相关活动的实施情况进行确认，进而确定材料与机械零件及工艺保证是否满足，必要时，对材料与机械零件及工艺保证方法和计划进行再复核。

某运载火箭出厂时对材料与机械零件及工艺保证进行复核的记录（摘要）：

本发火箭生产过程中严格按照《产品保证大纲》《运载火箭工艺保证大纲》及《运载火箭工艺保证大纲实施细则》的要求进行工艺质量控制。经复查，关键件、重要件特性在相应的工艺文件中均已落实；紧固件都按设计要求采取了防松的工艺措施。

根据《禁限用工艺目录及使用控制要求》复查，全箭产品无禁、限用工艺。

对本发火箭各系统产品的工艺控制情况进行了复查分析，详见《××火箭工艺技术状态复查报告》（略）。

（5）软件保证及复查情况

对软件保证及复查情况进行审查的一般性做法是，依据火箭软件产品保证大纲策划的安排，对软件和 FPGA 产品的工程化管理工作进行确认，进而确定软件和 FPGA 产品的工程化管理工作是否满足要求，必要时，对软件保证及复查工作方法和计划进行再复核。

某运载火箭出厂时对控制系统 A、B 软件保证及复查进行审查的记录（摘要）：

控制系统 A、B 类软件共有 12 项，其中飞行控制软件研制类别为Ⅲ类，五大系统发射软件、推力飞行控制软件和装定数据转换软件研制类别为Ⅱ类，其余 9 项软件研制类别均为Ⅰ类。无新研软件，飞行控制软件进行适应性更改，其他软件均为沿用软件。

本发火箭飞行控制软件运行于控制系统箭载计算机，软件关键等级为 A 级，研制类别为Ⅲ类。本发火箭飞行控制软件在火箭箭机飞行软件（2.01 版本）基础上更改，主要对箭机飞行软件、飞行代码进行升级。变更后的飞行软件已经过配置项测试及验收，版本为 2.03。更改后的飞行控制软件通过开发方回归测试，第三方回归测试和集成综合试验，并通过上级设计师确认及型号批准。

（6）验收项目完整性、有效性检查确认情况

依据火箭验收工作计划的安排，对验收项目完整性、有效性检查确认情况进行审查，评价验收项目完整性、有效性检查确认工作是否满足要求。

某运载火箭出厂时对验收项目完整性、有效性检查确认情况进行审查的记录（摘要）：

本发火箭产品的交付验收遵循“逐级验收、规范验收、全面验收”的原则。研制全过程严格执行了验收评审制度，根据型号研制技术流程，设计师系统通过各级评审严格控制设计、生产和试验中的质量。按照《火箭产品质量评审和交付验收实施办法》和《航天型号产品检查确认》文件的要求，分阶段、逐级进行了分系统对单机产品、总体对分系统的评审、验收工作。对于验收评审会后的遗留问题和待办事项均已跟踪落实。

总体按相关要求对本发火箭各分系统进行了验收，验收的重点包括系统设计指标符合情况、技术状态更改、质量问题处理、测试覆盖性、声像记录要求执行情况以及关键件、重要件质量控制等。完成了各系统质量与可靠性数据包、单点故障强制检验点以及风险分析与控制的审查工作。

经过对各系统验收、评审，各系统产品技术状态正确，技术状态更改合理，各项性能指标满足任务书或技术文件要求，与外系统接口协调匹配；在设计、生产、试验过程中质量受控，经分系统综合试验考核，单机产品、配套软件均工作正常、性能稳定；按要求开展了质量与可靠性数据包编写工作，提交了单机及系统可靠性数据包清单。

各分系统验收情况（略）。

2.4.6　最终状态符合性确认与质量问题处置情况

质量问题处置审查是针对运载火箭在研制过程中发生的质量问题，审查确认质量问题发生的原因、处理方法、过程和结果，确认质量问题处置是否满足“定位准确、机理清楚、措施有效”的标准或有不影响主要目的达成的明确结论。

与国家主导的传统航天质量问题归零要求的不同点在于，民商航天发射质量问题处置审查不要求“问题复现”和“举一反三”。不要求“问题复现”的原因在于，一些问题处置实现“问题复现”需要高昂的成本，与“商业精神”不符。不要求“举一反三”是在民商航天发射中，关于质量问题的信息共享受限，不同民营组织之间、民营组织与国有组织之间一定时期内不太可能互通质量问题的发生和处置情况。

最终状态符合性确认情况审查是针对运载火箭出厂状态满足要求的确认情况、产品出厂状态与发射状态或交付状态一致性的确认情况所进行的审核评价，包括总体、箭体结构系统、增压输送系统、发动机系统、控制系统、推进剂利用系统、遥测系统、外测安全系统、一体化测发系统、地面机械设备系统等。

某运载火箭出厂时对最终状态符合性确认情况进行审查的记录（摘要）：

目前，本发火箭总体及各分系统已完成进场前准备工作，部分产品交付总装后还需开展防热包覆、装箭安装、进场前操作等，与交付时状态存在一定差异，属常规工作项目；其余产品出厂状态与分系统交付状态一致，均经型号审批，并经本型号或其他型号试验考核。

状态复查符合要求（见表 2-9）。

表 2-9　产品最终状态确认情况示意（表中内容非实际工作数据）

序号	系统	产品最终状态确认
1	总体	按照《运载火箭产品质量评审和交付验收实施办法》和《航天型号产品检查确认》文件的要求，分阶段、逐级进行了分系统对单机产品、总体对分系统的评审、验收工作。对于验收评审会后的遗留问题和待办事项均已跟踪落实，管理闭环。总体按相关要求对火箭各分系统进行了验收，验收的重点包括系统设计指标符合情况、技术状态更改、质量问题归零、测试覆盖性以及三类关键特性的量化控制情况等。按照精细化质量管理要求，完成了各系统质量与可靠性数据包、关键特性参数包络分析，以及风险分析与控制的审查工作
2	箭体结构	…
3	增压输送	…
4	一二级发动机	…
5	姿控发动机	…

续表

序号	系统	产品最终状态确认
6	控制系统	…
7	推进剂利用	…
8	遥测系统	…
9	外测安全系统	…
10	一体化测发	…
11	地面机械设备	…

2.4.7 教训与启示

截至 2019 年 5 月，就民商航天发射尤其是民商运载火箭进场放行的准则尚未达成共识。坚持鼓励民商航天发射的一方认为，民商航天发射属市场行为，发射成败得失均由民商航天企业自负，只要不涉及发射场和航落区安全，相关各方均应采取宽容和包容的态度，允许民商航天产品进场发射。坚持民商航天发射应规范有序的一方认为，民商航天发射相关方众多，发射成败不能简单地依靠市场来裁判，事关各方利益乃至国家层面的行为，必须建立严格的进场放行准则。2018 年 10 月 27 日，中国第一枚纯民营性质的航天运载火箭朱雀一号发射失利，5 个月后的同一天，民商航天运载火箭 OS－M Y1 也发射失利，而这两次航天运载火箭进场放行准则均是“严审安全不审质量”，有关这两次航天发射失败原因与启示我们在第 10 章讨论。

2.5 规范体系建立

民商航天发射规范体系是指由行政机关发布的用于规范参与民商航天发射活动的组织和个人行为的一系列准则和标准。由于我国的民商航天日益兴盛，关于建立健全民商航天发射规范的需求日渐凸显。2018 年 8 月，由酒泉卫星发射中心发起，众多民营航天组织参与，着手制定民商航天发射系列规范，有望在 2019 年发布实施。

2.5.1 基本要求

经过长期工程探索与实践，我国传统航天发射已经形成了系统性、系列化的规范体系，包括组织指挥、质量管理、安全控制、现场管理、资源勤务保障等，从而保证了航天发射活动规范有序、科学高效地实施。这些来源于实践而又用于指导实践的规范体系是民商航天发射建立各类规范的基础，但是，由于民商航天发射的特殊要求，如投入产出比最优，导致这些规范不能完全适用，需要有针对性地进行修订、补充和完善。

（1）民商航天发射规范体系的重要性

民商航天发射的有序程度与规范体系建设密切相关，科学有效的规范体系可使参加民商航天发射的各类组织按照共同准则行事，有效减少随意性、随机性活动带来的无序状态。

民商航天发射的工作效率与规范体系建设联系紧密，完整适用的规范体系可使组织职责、分工和接口，以及工作程序和标准清晰明确，避免推诿、扯皮和不符合项目闯关等负面事件的发生。

民商航天发射的资源配置效率与规范体系建设关联性明显，先进实用的规范体系为资源保障的充分性提供了基本保证，可有效减少资源保证不按时、不到位等不利事件的发生。

规范体系的健全程度显示出民商航天发射组织管理的成熟度，规范体系的科学程度反映了民商航天发射组织水平的高低。

(2) 民商航天发射规范体系的特殊性

民商航天发射在责任主体与组织指挥、系统规模与联试联调、资源投入与风险、检查测试与任务流程等方面与传统航天发射活动有很大的不同。责任主体方面，民商航天发射的责任主体是民营企业，组织机构设置与传统发射有所区别，更加讲究精干高效。系统规模方面，民商航天发射系统规模一般相对较小，测发与测控指挥一体化，自动化程度高，联调联试的次数少甚至不需要联调联试。项目风险方面，民商航天发射资金一般来源于民营企业，与国家主导的动辄数亿元、数十亿元的航天发射项目相比，资金总量较少，且购买了第三方责任险，因此，风险相比于国家主导的航天发射项目要小。民商航天发射检查测试项目基于测试覆盖性和应力分析来确定，与国家主导的航天发射项目相比，流程更为简单高效。此外，民商航天发射在工作环境、运输卸车、测量控制、数据处理、安全保卫和宣传报道等方面都明显有别于国家主导的航天发射。上述情况，在制定民商航天发射规范体系时需重点考虑。

(3) 需要重点解决的问题

在民商航天发射规范体系策划和制定过程中，需要重点解决好最佳实践与创新发展、确保成功与商业机遇、强制要求与适用有效之间的关系问题。

最佳实践与创新发展。我国航天发射在组织实施、质量安全、资源保证等方面积累了大量的经验，形成了众多的最佳实践模式，如“双五条”归零标准、技术状态更改“五条”标准、“四查、双想、两比”等等，但是，这种在国家主导的航天发射项目实践中凝练形成的最佳模式，已不能完全适应民商航天发射项目的新要求，需要在规范体系策划和制定过程中对其进行“扬弃”。

确保成功与商业机遇。相比于其他航天大国，我国航天发射的成功率较高，这得益于我国航天发射积累形成的一套系统的为确保质量而牺牲进度和效率的零缺陷组织管理技术和方法。“以追逐利润为目的”的民商航天发射，必须在可靠性保证与质量成本之间进行平衡，而不能一味地强调“确保成功”。

强制要求与适用有效。规范的要求一般是强制性的，因此，要求必须考虑其适用的条件。规范策划和编制应梳理清楚任务剖面，强调要求成立时的条件。尤其是在我国大力推进民商航天发展的大背景下，要考虑要求是否利于民商航天发射的顺利实施，是否利于实现成本、资源和质量的综合最优。

2.5.2 规范体系构成

（1）体系设计原则

建立健全民商航天发射规范体系的根本目的在于科学有效地规范参与民商航天发射活动的组织和个人的行为，以提高工作效率、保证发射工作顺利有序地推进。为此，民商航天发射规范体系结构的设计应遵循系统完整、赓续创新和先进实用的原则。

系统完整。民商航天发射规范体系设计应针对航天发射的共性和民商航天发射的特殊性，从任务目标和特性入手，梳理工作策略、确认各方要求、建立工作责任、强化安全质量和效益保证、确立工作方法等一系列工作入手，将看起来零散的、无序的、随机的工作，通过规范体系变成系统的、完整的、有计划的工作。

赓续创新。航天发射工程在我国经历过 60 多年的实践，其间凝练形成了系统完整的规范体系，取得了众多成熟的方法措施，民商航天发射规范体系应充分借鉴和吸收。但是，民商航天发射在我国属于新生事物，已有的在国家主导下“不计成本”式的管理模式，有很多不适应的地方，需要在尊重“商业规律”的前提下进行创新发展，并广泛征询各方意见，使其更加切合实际。

先进实用。技术先进的规范体系不仅能有效保证民商航天发射高效有序，而且利于发挥企业家的创新精神，推动民商航天发射技术与管理的进步。因此，民商航天发射规范体系设计，应积极借鉴国外先进经验和方法，吸收国内外民商航天发射先进的研究成果，提高规范的技术含量和前瞻性，使规范成为民商航天发射探索和实践的桥梁。要处理好先进与实用的关系，不能将超前的技术管理要求机械地、强制地应用于工程实践之中，必须在坚持适用的前提下再去追求技术与管理的先进性。

（2）体系设计路线

系统完整、先进适用的民商航天发射规范体系具有全域性、全员性和全时性。全域性是指规范应包括参与民商航天发射的所有系统、所有工作；全员性是指参与民商航天发射的所有组织、所有人员均应在规范体系所覆盖的范围之内；全时性是指规范体系应对任务实施的所有阶段进行约束，并有重点地开展具体工作。基于全域性、全员性和全时性的特性，图 2－2 简要示意了民商航天发射体系设计的路线图。

第一步，为确保参与民商航天发射的组织和人员之间能有效沟通交流，应为民商航天发射项目定义相关术语，建立参与各方共同遵循的基本原则，为此，民商航天发射规范体系应首先制定发布《民商航天发射总则》和《民商航天发射术语》。

第二步，从民商航天发射的时间域看，项目应在办理发射许可证后才开始就发射实施工作展开沟通协调，确定各方责任、工作界面、保障条件等，再之后，航天产品才能进入发射场，民商航天发射任务正式展开。因此，民商航天发射规范体系建设的第二步是制定发布《民商航天发射准入规范》和《民商航天发射协调规范》。

第三步，民商航天发射在进入实施阶段前，就应针对组织机构、工作程序、工作项目安排等达成一致意见，因此，规范体系需要制定《民商航天发射组织计划规范》。

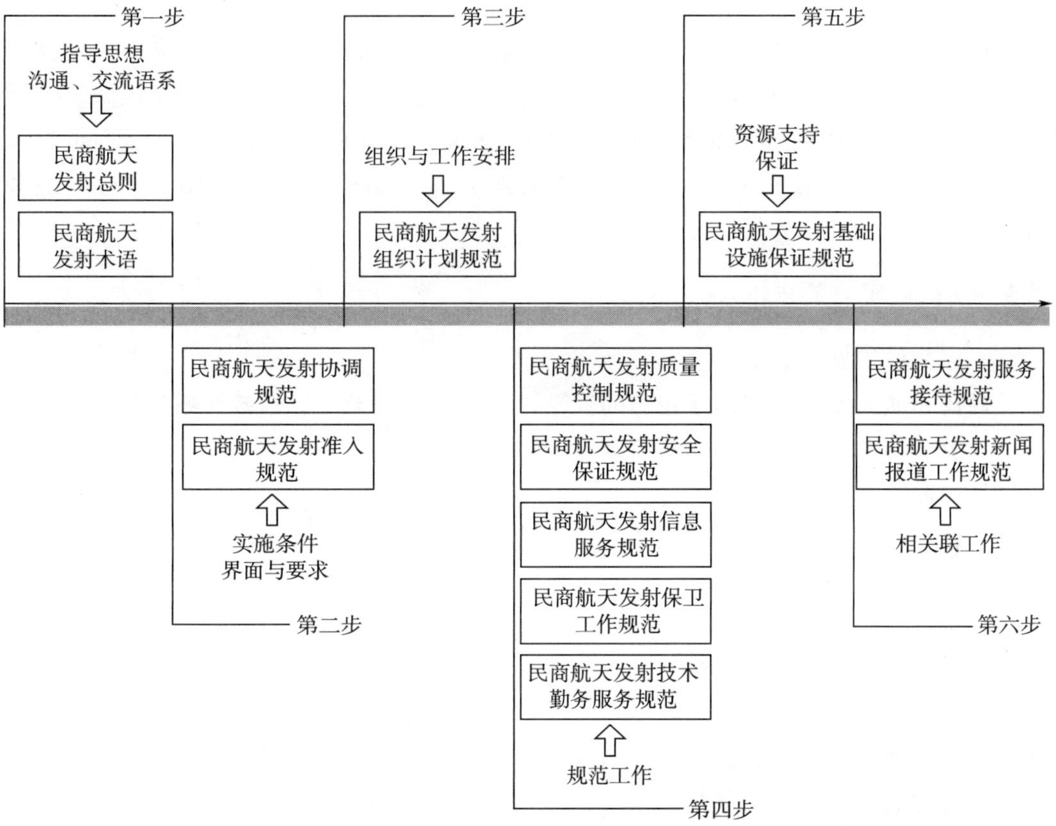

图 2-2　民商航天发射体系设计的路线图

第四步，民商航天发射开始实施后，需要依据民商航天发射工艺和计划流程，同时开展质量控制、安全保证、信息服务、保卫警卫、技术勤务（如气象预报、特燃特气化验与提供）等工作。因此，需要建立上述工作的规范，即民商航天发射规范体系建设的第四步是制定发布《民商航天发射质量控制规范》《民商航天发射安全保证规范》《民商航天发射信息服务规范》《民商航天发射保卫工作规范》和《民商航天发射技术勤务服务规范》。

第五步，民商航天发射的顺利实施离不开基础设施的提供与保证，为此还需制定发布《民商航天发射基础设施保证规范》。

第六步，目前，我国民商航天发射在酒泉卫星发射中心实施，那里有很多涉密信息不便公开报道，因此，必须就民商航天发射中记者活动范围、采访对象和新闻报道工作做出规定。同时，民商航天发射可能会与国家主导的大型航天发射项目以及一些国际合作的航天发射项目并行，还需对各种接待工作做出规定。所以，第六步是制定发布《民商航天发射新闻报道工作规范》和《民商航天发射服务接待规范》。

（3）规范体系实施

民商航天发射规范体系是为适应当前和今后一个时期内民商航天发射任务需要而设计制定的，同时，也是对便捷、快速、高效的航天发射组织模式所进行的探索与尝试，需要在使用过程中不断地发现和解决问题，以达到持续完善的目的。

民商航天发射规范体系需要有个试运行期，在此期内，一方面通过规范体系规范民商航天发射组织和个人的行为；另一方面，通过民商航天发射活动全面检验规范体系的有效性、科学性和可操作性。实施民商航天发射规范体系需要建立信息反馈渠道，适时收集在规范体系实施过程中发现的问题，以便在试运行结束后，尽可能地全面解决民商航天发射规范体系中存在的问题，保证民商航天发射相关规范的适宜性、有效性和充分性。

2.5.3 规范内容与要求

（1）民商航天发射总则

明确民商航天发射规范体系建立的背景，确定民商航天发射规范体系的构成，提出民商航天发射实施的基本方法和基本原则。

（2）民商航天发射术语

针对民商航天发射的内涵和外延，定义相关的术语，明确常用缩略词的含义，主要包括与组织计划、质量安全、技术管理、设施设备、信息保密、宣传保卫等方面有关的术语。

（3）民商航天发射准入规范

依据相关法律法规的要求，进一步明确民商航天发射许可申请和批准的条件、程序。

定义民商航天产品进场的条件，明确审查确认程序和办法。

（4）民商航天发射协调规范

主要规范以下几方面的工作：

1）组织职责协调，包括：单位职责与分工，联合机构及其成员，主要工作程序等；

2）任务内容与流程确定，包括：任务范围，主要工作及其流程，准则与标准，接口协调；

3）沟通与交流，包括：单位内沟通与交流，发射场区内沟通与交流，对外沟通与交流。

（5）民商航天发射组织计划规范

主要规范以下几方面的工作：

1）组织职责，包括：在任务组织实施过程中发射中心职责，运载器总承方职责，航天器总承方职责，联合组织指挥机构职责和指挥关系；

2）任务准备，包括：任务策划，资源准备，航天产品进场；

3）技术区工作，包括：航天产品装配测试，航天产品对接，技术勤务服务保障；

4）转场发射，包括：航天产品转场，联合检查，任务发射；

5）测控通信与资源保障，包括：联调联试，安控对接，跟踪测量，数据处理；

6）搜救回收与撤场；

7）紧急情况处置。

（6）民商航天发射质量控制规范

主要规范以下几方面的工作：

1）质量策划，包括：必须满足的要求，质量控制范围、目标，检查测试项目及其评判标准，不可测项目及其旁证方法，成文信息需求；

2）组织机构、职责与沟通，包括：质量控制组织及其职责，组织成员职责，内外部沟通的内容、时机、方式等；

3）资源管理，包括：人员、设施设备、监视测量装置、任务软件、工作环境等方面的要求与控制措施；

4）任务过程控制，包括：任务过程受控条件，技术状态管理，试验项目调整，任务阶段放行，质量问题处理等；

5）质量复查，包括：检验点复查，问题处置复查，技术状态复查，风险复查等。

6）发射后活动，包括：发射后活动规定，成文信息收集与数据分析等。

（7）民商航天发射安全保证规范

主要规范以下几方面的工作：

1）组织职责，包括：酒泉卫星发射中心，运载器总承方，航天器总承方，质量安全组，其他相关方等单位和临时性组织在安全保证方面的职责；

2）风险分析与评估要求；

3）事故预防，包括：安全措施策划，安全措施评价与落实，安全检查；

4）应急准备与响应，包括：应急预案管理，应急演练，人员疏散，紧急处置；

5）事故处置，包括：事故报告、调查和处理。

（8）民商航天发射保卫工作规范

主要规范以下几方面的工作：

1）组织与人员职责，包括：场地管理单位，现场组织单位，现场活动参与者和其他相关方等单位与人员在现场管理方面的职责；

2）场地出入管理，包括：门岗警卫，工作间进出，航天产品舱段进出；

3）现场秩序，包括：工作区域规划，操作制度，工作秩序维持；

4）应急通道保持。

（9）民商航天发射信息服务规范

主要规范以下几方面的工作：

1）组织职责，包括：发射中心，航天器总承单位，运载器总承单位，其他相关方等在信息服务方面的职责；

2）工作协调信息提供，包括：发射场服务单，航天产品基本信息，接口协调；

3）实时信息收集与处理，包括：航天产品装配测试，航天产品飞行，接口联调联试；

4）事后信息收集与处理，包括：信息收集，数据处理，处理结果交付。

（10）民商航天发射技术勤务服务规范

主要规范以下几方面的工作：

1）组织与人员职责，包括：勤务服务提供方，勤务服务接受方，其他相关方；

2）气象预报与监测，包括：中长期气象预报，短期气象预报，实时气象监测；

3）电磁环境监控，包括：电磁频谱申请与批复，无线设备开机申请与批复，电磁环境监测；

4）特燃特气化验与提供，包括：燃料与气体化验，燃料与气体泄漏监测，特种燃料提供，特种气体制备，废弃燃料处置；

5）铁路运输与装卸，包括：铁路接运，铁路运输装车，铁路运输卸车；

6）公路运输与装卸，包括：公路接运，公路运输装车，公路运输卸车。

（11）民商航天发射基础设施保证规范

主要规范以下几方面的工作：

1）组织职责，包括：设施设备提供方，设施设备保障方，设施设备贮存方和其他相关方在设施设备保证方面的职责；

2）设施设备准备，包括：设施设备需求，设施设备检查，设施设备维修；

3）设施设备提供，包括：设施设备验证，设施设备交接；

4）设施设备使用，包括：工作环境要求，操作差错预防。

（12）民商航天发射服务接待规范

主要规范以下几方面的工作：

1）组织职责，包括：发射中心，航天器总承方，运载器总承方和其他相关方在保卫保密方面的职责；

2）人员管理，包括：人员政审，证件管理，媒体人管理，社会层面管理；

3）场地管理，包括：保密场所，重要设施，发射区域；

4）重要活动，包括：发射，重要领导人出席等。

（13）民商航天发射新闻报道工作规范

主要规范以下几方面的工作：

1）组织职责，包括：航天发射中心，航天器总承方，运载器总承方和其他相关方在宣传报道方面的职责；

2）媒体人管理，包括：资质审查，活动内容和范围审查，证件管理；

3）媒体采访，包括：申请报批，资源保障，工作协调，新闻发布内容和范围审查；

4）新闻发布，包括：方案报批，内容审查。

参 考 文 献

[1] 国防科工局．民用卫星工程管理暂行办法［Z］．2016.

[2] 国防科工局．民用航天发射项目许可［Z］．2018.

[3] NASA. NASA Systems Engineering Handbook［M］．朱一凡，等，译．北京：电子工业出版社，2012.

[4] 张浩．管理科学研究模型与方法［M］．北京：清华大学出版社，2016.

[5] 中国航天科技集团公司．产品保证［M］．北京：中国宇航出版社，2017.

[6] 中国航天科技集团公司．通用质量特性［M］．北京：中国宇航出版社，2017.

[7] Mark Frence．Aerospace Applications［M］．Springer International Publishing，2018.

[8] 美国国防大学国家战略研究所．天权理论［M］．李智，范丽，管清波，译．北京：国防工业出版社，2014.

[9] 黄志澄．美国商业航天发展的经验教训［J］．国际太空．2019（1）：36－41.

[10] 栾恩杰．航天系统工程运行［M］．北京：中国宇航出版社，2010.

[11] 网站：www. cmse. gov. cn（中国载人航天 CHINA MANNED SPACE）.

[12] 网站：www. sastind. gov. cn（国家国防科技工业局 State Administration of Science. Technology and Industry for National Defence. PRC）.

[13] 网站：www. nasa. gov（美国国家航空航天局 National Aeronautics and Space Administration）.

[14] 网站：www. federalspace. ru（俄罗斯联邦航天局 Russian Federal Space Agency）.

[15] 网站：www. esa. int（欧空局 European Space Agency）.

第3章 民商航天发射流程设计

流程设计事关任务成败、运行成本、资源利用和工作效率等，是民商航天发射组织实施过程中的关键工作。本章从流程定义、发射任务分析、发射流程研发、发射流程创新四个方面论述了民商航天发射流程设计的内容。流程定义部分介绍了流程概念与特点、流程设计特点和流程设计原则。发射任务分析部分阐述了WBS的开发流程和研制方法，提出WBS论证与审查的技术——技术性审核、应力分析、覆盖性分析和可行性分析，简要说明了如何完善WBS的需求和任务分析成果的输出形式。发射流程研发部分分别从技术工艺、技术安全、质量保证和工作计划四个方面提出并论证了流程设计的技术与方法、四类流程融合的程序和技术。发射流程创新部分论述了防止意外事件和规避超负荷工作的技术，探索提出并论证了开放式简约流程设计的程序和技术。

3.1 概述

3.1.1 流程概念与特点

民商航天发射中，一组按照规划的路径使用资源并将规定的输入转化为预期输出的活动称之为流程。民商航天发射中，流程与过程通常互换使用。图3-1是流程定义示意图。

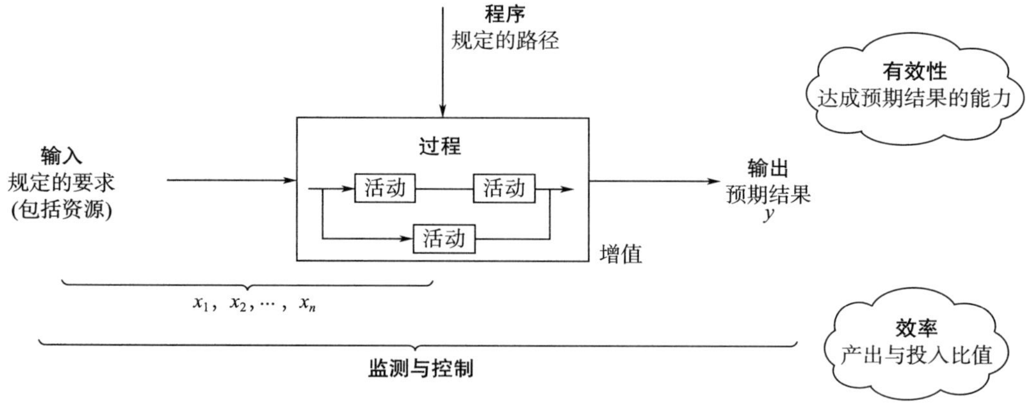

图3-1 流程定义示意图

输入通常包括基础设施、人力资源、环境条件、航天产品、物资器材、决策结果和信息等，也可能包括前序过程的输出结果。输入可能是可控因素，也可能是不可控因素，如天气、设备随机故障等。流程概念的数学模型可简单表示为：y 是 x 的函数，即

$$y = f(x_1, x_2, \cdots, x_n) \tag{3-1}$$

式（3－1）表明通过改变输入变量 x_i 的值，能够改变输出变量 y 的值，其中关键输入变量和关键输出变量分别称为 KPIV（key process input variables），KPOV（key process output variables）。

流程的任务是将规定的输入转化成预期的输出，输入、输出以及流程的特点应是可测量或可评价的。评价流程的优劣主要是看流程的有效性和效率。有效性指通过流程实施达成预期结果的可能性或概率，效率是流程产出与投入的比值。

（1）流程的共性

1）伸展性。一个流程通常可分解成多个模块或更小的子流程，多个模块或小流程可构成一个较大的流程。

2）可控性。程序可保证流程稳定地实施，并按规定的路径达成预期的目的。

（2）航天发射流程的共性

与其他行业的流程相比，航天发射流程具有以下典型特点：

1）运载器点火发射至航天器入轨及其跟踪测量控制具有不可逆性；

2）运载器和航天器加注、吊装对接等流程逆转困难。

（3）民商航天发射流程的特点

除具有航天发射流程的共性外，民商航天发射流程还具有以下特点：

1）以商业利益最大化为导向，追求快速、便捷；

2）在确保达成主要目的的前提下，追求成本最低。

3.1.2　流程设计特点

民商航天发射流程设计是在给定的约束条件下，包括资源、时间、成本、环境和可交付物等，在输入与输出之间规划出一条或多条可行路线，并为保证路线上各活动的有效实施策划出资源配置方案。受航天发射系统特点和民商运作固有特性的双重影响，民商航天发射流程设计呈现出如下特点：受制约和影响的因素多、工作项目多且关系复杂、以商业利润为核心的多目标优化。

（1）受制约和影响的因素多

影响民商航天发射流程设计的因素主要有系统间的依赖关系，发射场基础设施，工期、成本和质量约束，发射窗口等。

1）系统间的依赖关系。民商航天发射系统之间相互依赖和制约，如星箭联合检查需要卫星、火箭、发射场等系统均完成了相应的工作之后才能进行，因此，民商航天发射流程设计通常会设置里程碑，要求在里程碑处各系统必须完成相关的工作，以保证整个民商航天发射工作按计划推进。

2）发射场基础设施。民商航天发射工作能否有效开展、持续时间的长短以及能否并行实施，与发射场能够提供的基础设施直接相关。一方面，发射场的基础设施有限，不一定能够满足民商航天发射所有可并行工作项目的需要；另一方面，可能有多个航天发射项目在同一发射场同时实施，存在多个航天发射项目间资源共享乃至资源竞争问题。因此，民商航天发射项目流程设计必须基于发射场按约定提供给本项目的基础设施的数量和质量来设计。

3）工期、成本和质量约束。民商航天发射的组织实施明显受制于工期、成本和质量，民商航天发射流程设计的最终结果应能达到：保证可交付物质量；保证在工期内完成相关工作；科学利用资源，保证成本最低。

4）发射窗口。从一个发射地点发射航天器到预定轨道，须等到发射地点处于航天器轨道平面下方，只有在这个点才有正确的几何关系并能找到合适的角度来发射，这个点对应的时刻减去运载器将航天器送入轨道所需的时间就是航天器的发射时刻。发射时刻和允许推迟发射的时间长度一起合称为发射窗口。由于发射窗口的选择受天体运行轨道条件、航天器运行轨道条件、航天器在轨工作条件和其他需要考虑的因素限制，发射窗口有明确的时间范围和固定的周期，如向火星发射航天器，2 年内才有一段时间的发射窗口；地球轨道的对地观测航天器一天可能只有 1 次发射机会。因此，民商航天发射流程设计必须考虑发射窗口的制约，特殊情况还须为此留有时间余量。

5）其他情况。民商航天发射工作需要到发射场组织实施，因此，发射场当地的自然环境、作息制度、社会保障和文化等因素都会对民商航天发射项目的顺利实施造成影响，流程设计应综合考虑上述因素。

（2）工作项目多且关系复杂

民商航天发射工作项目众多，据统计，一般性卫星发射工作项目达 5 300 多项，各项目间相互影响、互为约束，需要自顶向下逐步梳理，建立完整的工作项目清单。

就航天器、运载器、发射场和测控通信等系统内部而言，工作项目间存在内在的先后逻辑关系。一般性工作顺序为单元测试——分系统装配——分系统测试——系统总装——系统总检查；各单元测试项之间、各分系统装配与测试之间通常可并行工作；系统总装工作项目间虽存在不受先后逻辑约束的项目，但因受航天器、运载器空间限制常常不能并行工作。

就航天器、运载器、发射场和测控通信之间的联合工作而言，需要相应系统完成相关的准备工作之后才能进行。因此，航天发射项目通常都会在器箭对接处设置关键节点，要求航天器、运载器和发射场完成相关工作；在固体运载器转发射场、液体运载器加注处设置里程碑，要求所有系统满足发射条件要求。

（3）多目标优化

民商航天发射流程设计的目标是在满足质量、安全和工期等约束项的条件下，综合考虑人员成本、非人力资源投入、工作持续时间等因素，从可供选择的多方案中寻找成本最低的任务流程方案。

事实上，民商航天发射中的每个工作项目都会受这样或那样的条件约束。如发射窗口、工作空间、场地和设备的使用时间、可用资源、发射场自然和人文环境等。好的流程设计方案是在成本控制处于较理想的状态下，能够保证各项工作的顺利实施，而非片面追求工期最短、成本最低等。

3.1.3　流程设计原则

民商航天发射流程设计原则是流程设计者在进行流程设计与优化时需要遵循的基本准则。中国民商航天发射实践时间较短，流程设计原则尚处于探索之中，考虑到民商航天发射流程设计的特点和商业活动的本质特性，结合传统航天发射流程设计的成熟经验，我们研究认为民商航天发射流程设计的原则为：实用、经济、简约和完备。

（1）实用

实用，即民商航天发射流程切实可行，并有一定的柔性。在实用性与经济性、可信性等非硬性指标发生冲突时，应优先考虑实用性。

一方面，在涉及多系统合作时，尤其在资源、时间发生冲突时，组织之间的协同工作会面临很多困难；因此，流程中涉及多单位协作时，首先要强调实用，即在规定的资源保障条件下，各项工作的计划时间必须够用，在涉及多系统工作取齐的节点处，时间上必须留有余量。另一方面，民商航天发射实施过程中，航天器、运载器等航天产品研制、生产部门人员都须离开本部到发射场去开展工作，一旦发生计划外突发事件，问题的处置会因人员远离本部而使难度增大；为此，系统内部的流程设计应兼顾到不可控因素，需要将实用性置于经济性之上。此外，为了增加质量安全工作的可信程度，在传统航天发射中常常会增加一些无增值作用的检查测试、数据比对复查等工作项目，这类工作在民商航天发射流程设计中应尽量避免。

（2）经济

经济，即民商航天发射流程应在保证质量安全的前提下，在约束条件允许的情况下尽可能使成本最低。

经济性是所有商业活动最本质的特性之一，民商航天发射与传统的国家主导的航天发射最本质的差别在于对成本的控制。流程是航天发射组织实施的具体途径，是各项工作有序开展的基本保证，在技术实现途径已定的情况下，流程对航天发射的成本具有决定性影响。因此，流程设计在保证切实可行的情况下，应评估各种可供选择的相关方案的经济性，从中选择出最经济的流程方案。

（3）简约

简约，即强调民商航天发射流程设计应通过最有效、最直接的方式达成预期的效果，消除形式上和技术上的所有“赘肉”。

简约式流程设计的本质是做且只做一切必不可少的工作，这与国家主导的航天发射流程设计“做完一切无害的工作，让所有相关方都在质量保证方面无话可说”的方式完全不同。因此，民商航天发射流程设计者应学习研究更加高效的工作方法，突破由部件、单机、分系统、系统到全系统逐步剔除缺陷的惯性思维，通过聚焦核心过程，优化工作项目，使用智能化、自动化技术，采用科学先进的作业调度模式，达到民商航天发射高效、廉价的目的。

（4）完备

完备，即民商航天发射流程应包括所有主要活动，有效避免非计划的活动，保证任务实施过程的稳定性。

一方面，将所有应做的工作放入流程之中，可以有效避免任务实施中因疏忽、遗忘甚至有意等原因而漏掉或省去某一工作项目，也可避免因个人或领导意志而临时增加工作，进而保证流程实施过程中的稳定性。另一方面，流程应尽可能考虑不确定因素而导致的工作，给流程预留一定的自由时间，可以增加流程的健壮性，以有效应对流程实施过程中发生的突发事件。

3.2 发射任务分析

民商航天发射任务分析也称工作分析，目的是揭示任务本质，为资源配置、成本控制和流程设计奠定基础，主要工作是开发出一个完整的任务分解结构并形成相应的工作字典。

3.2.1 WBS的开发流程

任务分解结构又称为工作分解结构（Work Breakdown Structure，WBS），是基于可交付成果，对完成任务所需开展工作的层次分解，是民商航天发射工作范围识别、界定和核实，任务流程设计等最常用工具之一。

开发一个成功的民商航天发射项目 WBS，可能需要在任务周期内有若干次反复迭代，因为全部可能的工作在开始时并不总是清晰的。在开发 WBS 之前，首先应确定工作分解结构的系统框架，虽然每次民商航天发射都是独特的，但大多数民商航天发射项目彼此之间存在一定的继承性和相关性，所以 WBS 经常被“重复使用”。基于 WBS 的系统框架，系统工程师可以添加适当的可交付产品以及服务、管理和一体化后勤保障等活动，并为较低层次的 WBS 提供草图。基于较低层次的 WBS 草图，下级单位和组织可以在此基础上进一步完善并建立自身的 WBS。这个流程循环反复直到开发出期望的可操作的 WBS。图 3－2 简要示意了民商航天发射工作分解结构开发流程。

民商航天发射项目 WBS 制定的好坏主要依赖于制定者的知识、经历、经验和技能，因此，应为 WBS 制定选择熟知民商航天发射组织流程、掌握民商航天发射法规标准、具有丰富工作经验的人员。同时，民商航天发射项目 WBS 的开发应基于全息化和等级化的思想方法，为保证 WBS 包含所有可交付产品和须开展的活动，建议那些负责较低层次工作分解结构单元的人员也参与到上一层级的 WBS 开发中。

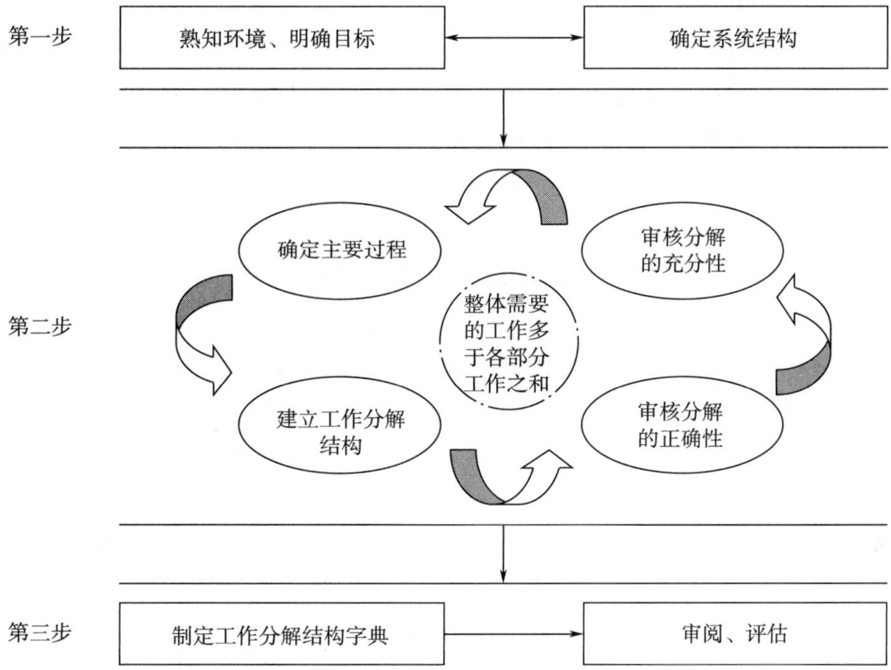

图 3-2　民商航天发射工作分解结构开发流程示意

3.2.2　WBS 的研制方法

在编制民商航天发射项目 WBS 之前，应再次评估任务所处环境，确认任务目标与子目标，确定可以使用的资源，熟知任务技术需求、功能特性、管理要求以及其他特殊要求。WBS 制定人员应借鉴成熟的 WBS、汲取类似工作发生过的教训，为待开发的民商航天发射项目 WBS 确定良好的系统框架。

良好的 WBS 系统框架应具有以下特征：

1）对可交付成果来讲是完整的，即可以将所有可交付成果添加到框架中；

2）对后续工作分解是适宜的，即为下级工作分解提供科学便利的草图；

3）对任务的主要相关方来讲是清晰的，即为主要相关方理解任务、确定可交付成果和服务、建立工作程序和标准提供清晰明了的工作框架。

不同于现代项目管理实践中常采用的按生命周期、专业分工、系统构成和产品结构的分解方法，中国民商航天发射工程实践中采用可交付成果和任务过程相结合的方法来开发 WBS，这是在总结中国航天数十年工作经验和教训的基础上，结合民商航天发射特点，凝练出的融合各类工作结构分解方法优势的成果，主要包括以下两个方面：

1）基于可交付成果确定主要过程。民商航天发射任务应根据成功准则、飞行大纲、任务指示和相关方要求等信息进一步明确任务的可交付成果，确定任务可交付成果的原则是：对于任务指挥部，所有可交付成果的完成标志着任务成功；对于某一组织，所有可交付成果的完成标志着组织圆满完成了所承担的任务。然后，以可交付成果作为过程的输出，由此确定民商航天发射任务必须实施的过程，这些必须实施的过程就构成了民商航天发射项目工作分解结构的第一层。这样做的原因是可以保证任务工作和过程是围绕可交付成果展开的，使任务在实施过程中具有很强的目的性，即只做对可交付成果的完成有效的工作或有增值作用的工作，进而使民商航天发射任务流程、工作计划和任务实施变得更加稳定和高效。

2）基于过程分解构建工作分解结构。民商航天发射任务的组织实施采用过程方法，一般不区分工作分解结构和过程分解结构，即工作结构的分解方法等同于过程结构的分解方法。需要强调的是，任务组织在制定 WBS 时通常使用类比法借鉴同类和相关项目的经验和成果，然后，使用自上而下法对任务工作进行系统分解，使用自下而上法对 WBS 中可能遗漏的工作进行补充。实际工作中，类比借鉴、自上而下、自下而上的方法常常交替使用，将水平比较思维、自上而下的演绎思维和自下而上的归纳思维结合在一起，保证民商航天发射项目 WBS 的全息性和完整性。

WBS 每细分一个层次表示对任务工作更细致的描述，并确保为完成上一层次任务的所有工作都包含在下一层次中。工作分解结构的底层是任务工作所要求的一个特定的、可确定的、可交付的、独立的工作单元，为任务控制提供充分而合适的管理信息。并非 WBS 中所有分支都必须分解到同一水平，属任务管理和控制的重点工作或者实施起来存在较大风险的工作，分解得越细越好，反之就可以粗一些。工作结构分解的详略程度还应兼顾管理跨度问题，避免工作计划和执行陷入无穷无尽的细节之中。总之，WBS 的详略程度以满足任务组织能进行有效和精确控制为原则。

3.2.3 工作持续时间估算

工作持续时间是指在一定的条件下，直接完成该工作所需时间与必要停歇时间之和，它是任务分析的重要内容，也是流程设计中计算其他网络参数和确定任务工期的基础。民商航天发射工作持续时间估算是以 WBS 列出的工作清单和工作描述为基础，综合考虑约束条件与假设、资源需求与供给、历史信息和风险等因素后，对每项工作或活动所需时间的估算。

（1）影响因素

正确估算工作持续时间须认真分析影响工作所需时间的因素，包括工作量、工作效率、意外事件、技术难度、工艺要求、工作条件和资源供给等。

工作量和工作效率。工作量和工作效率是工作持续时间估算最基本的两个因素。在一定的劳动定额下，工作量越大，完成工作所需的时间越长；作业人员业务越熟练、效率越高，完成工作所需的时间越短。民商航天发射项目工作量的确定通常由流程设计人员和工作实施人员共同商定，经确认后作为流程编制的重要依据；工作效率则通过充分适宜的资源供给和科学有效的组织保障来实现。

技术难度和工艺要求。一般来说，技术难度越大、工艺要求越高，完成工作所需的时间越长。如航天器、运载器的重大技术状态变化，在研制生产阶段未对接过的接口和检查测试未覆盖的环节，新技术、新工艺、新设备、新人员等带来的不确定因素，都是工作持续时间估算需要重点考虑的内容。

工作条件。工作条件不满足要求或条件差，必然会导致工作难度加大、工作效率降低，使工作持续时间延长。民商航天发射任务主要工作条件包括：稳定可靠的供电与接地，电磁兼容环境，适宜的温湿度和洁净度，防静电、防辐射装置，确保人员、航天产品和关键基础设施安全的防护措施，开放环境的气象条件等。

资源供给。任务实施过程中，工作或活动所需资源的供给不适宜、不充分，如组织指挥不合理或技术操作不熟练，基础设施可靠性低或能力不足，任务所需物资器材保障不到位等，可能会导致相应工作持续时间延长，因此，工作持续时间估算应考虑相关单位和部门的资源供给和保障能力。

(2) 估算方法

民商航天发射任务常用工作持续时间估算方法有定量计算法、资料统计法、专家调查法、类比估算法、三时估计法等。

定量计算法。定量计算法是在确定工作量的基础上，依据作业人员工作效率或人员数量确定工作持续时间的方法。该方法比较准确可靠，前提是能准确地确定工作量和工作效率。由于多数民商航天发射任务工艺流程相对稳定，且有相似工作与活动的历史数据可供参考，定量计算法是民商航天发射项目工作持续时间估算最常用的方法之一。

资料统计法。资料统计法是使用民商航天发射项目历史数据资料，估算相同和相似工作或活动的持续时间。历史资料主要来源于两个方面：一是经多年经验总结提炼形成的标准和规范；二是曾实施过的相同或相似工作所耗时间的数据统计。

专家调查法。专家调查法是指使用信息融合技术，将不同专家关于同一工作项目或活动所需持续时间的估算集成为一个值，然后以此为基础，根据具体情况进行调整确定工作持续时间估算值。由于该方法具有一定的不确定性和风险，常用于没有现成经验和数值资料可供借鉴的工作或活动的持续时间估算。

类比估算法。类比估算法又称经验比较法，即参照以前的经验、类似工作或活动的资料，推测估算当前工作或活动的持续时间。如果单位或部门曾实施过类似的工作或活动，且所用资源和实施条件具有可比性时，这是一种比较有效的方法。

三时估计法。该方法要求对工作或活动持续时间做三类估计，即乐观的、悲观的和最可能的。乐观时间是假定在各种制约条件形成最有利的组合时完成工作或活动所需的时间。悲观时间是假定在各种制约条件形成最不利的组合时完成工作或活动所需的时间。最可能时间是指在正常情况下完成某项工作最可能的时间，即在分配的资源、对外界的依赖性以及可能的中断都已给定的情况下，估算出来的工作持续时间。

$$\text{工作持续时间估算值}=(\text{乐观时间}+4\times\text{最可能时间}+\text{悲观时间})/6$$

三时估计法对于工作量大、涉及面广、不确定因素多的工作或活动持续时间估算比较有效。在民商航天发射项目中，多应用于无经验或无数值参考、系统间关联复杂、影响因素多和不确定性大的工作或活动的持续时间估算。

（3）估算输出

民商航天发射项目工作持续时间估算一般会有两个输出。一是工作持续时间的估算表，二是对工作清单的更新。工作持续时间估算表通常包含工作或活动的持续时间量值、范围和置信水平等要素。如某项工作或活动的持续时间估算范围为 3 天、置信水平为 95%，表明该工作或活动有 95%的可能性在 3 天内完成。

工作持续时间估算有结果后，应对工作清单进行完善，将工作持续时间估算结果在工作清单中作为工作属性体现出来。

3.2.4 工作项目论证与审查

工作项目论证与审查的目的是确保已开发出的 WBS 是正确充分的。论证审查的方法包括技术性审核、应力分析、覆盖性分析、经济可行性分析等。

（1）技术性审核

民商航天发射项目 WBS 的技术性审核是从 WBS 技术要求的角度，审核确认 WBS 的正确性和充分性，是 WBS 论证与审核的基础性工作。

正确性审核。正确性审核是确定民商航天发射项目 WBS 是否符合以下要求：

1）各项工作（或过程）是否有清晰的定义；

2）子工作（或过程）界面是否清晰；

3）进度能否得到有效跟踪和控制；

4）质量是否得到有效跟踪和控制；

5）能否识别出任务中的关键工作（或过程）；

6）能否识别出任务中的里程碑事件（或过程）；

7）能否识别出任务的危险源，对风险能否进行有效的跟踪和控制；

8）能否支持任务中的外包和采购任务；

9）各项工作能否得到有效管理控制；

10）能否支持定义任务组织中的人员职责。

充分性审核。民商航天发射项目 WBS 应明确任务实施须完成的所有工作，未列入工作分解结构中的工作都是多余的，因此，应严格审核民商航天发射项目 WBS 的充分性，这包括：

1）是否包含了任务的所有可交付成果；

2）下一层所有工作的完成能否实现上一层的任务；

3）为完成上一层任务的工作是不是全部而且仅仅是这些工作都包含在下一层的任务中。

民商航天发射项目工作分解结构应送达任务主要相关方并得到他们的认可，这样可以尽量避免任务主要相关方与任务组织对任务主要可交付成果及要开展的工作产生理解上的不一致，争取获得任务主要相关方对任务工作开展的支持。

(2) 应力分析

民商航天发射任务应力分析是收集航天产品从出厂到发射场拆箱就位和在发射场从技术区转移到发射区期间所经受的环境应力信息，针对航天产品所经历的环境应力，分析确认航天产品功能性能是否保持在航天产品出厂时的状态或检查测试后的状态，这关系到航天产品部门是否需要重复进行相应的检查测试和功能性能确认。如果通过应力分析能确认某航天产品进入发射场后仍保持在出场检查测试的合格状态，那么，在发射场就没有必要重复进行相应的检查测试；如果通过应力分析能确认某航天产品转入发射区后仍保持在技术区检查测试的合格状态，那么，在发射区就没有必要重复进行相应的检查测试。否则，就需要对该产品进行相应的检查测试，以确认该产品是否处于合格状态。

应力分析示例：

星上仪器 YZ－1（关键件）搬运过程中的条件和搬运过程中的极限情况见表 3－1。

表 3－1　星上仪器 YZ－1（关键件）的搬运条件和极限情况

不会导致功能性能改变的搬运条件	实际搬运过程中的极限情况
包装箱内压力<3 kPa	最大为 2.2 kPa
包装箱内温度 20±5 ℃	最低为 18 ℃，最高为 23 ℃
包装箱内相对湿度 30%～60%	最低为 35%，最高为 50%
X 向冲击加速度<2 g	X 向冲击加速度最大为 1.2 g
Y 向冲击加速度<2 g	Y 向冲击加速度最大为 0.7 g
Z 向冲击加速度<2 g	Z 向冲击加速度最大为 0.9 g
经历极限环境的时间要求（略）	经历极限环境的时间（略）

应力分析情况显示，星上仪器 YZ－1 在搬运过程中不会导致设备功能性能变化，因此，在发射场不必对该设备单独进行电测或其他试验。

鉴于该设备属关键件，可对设备搬运过程中的箱内温湿度环境、振动环境进行监测，以确认它们是否会对星上仪器 YZ－1 的状态产生影响。

(3) 覆盖性分析

工作项目覆盖性分析是收集航天产品在发射场的所有检查测试工作，确认航天产品在发射场未检查测试到的项目；对未检查测试项目，分析确认是否存在隐患，然后根据分析结果确定是否采取措施。图 3－3 是覆盖性分析流程简要示意。

某星座 ZHZ－01 组航天器发射场检查测试覆盖性分析简要示例：

一、需要检查测试的项目集 A_1 与发射场开展的检查测试项目集 A_2，两项目集比较的结果见表 3－2。

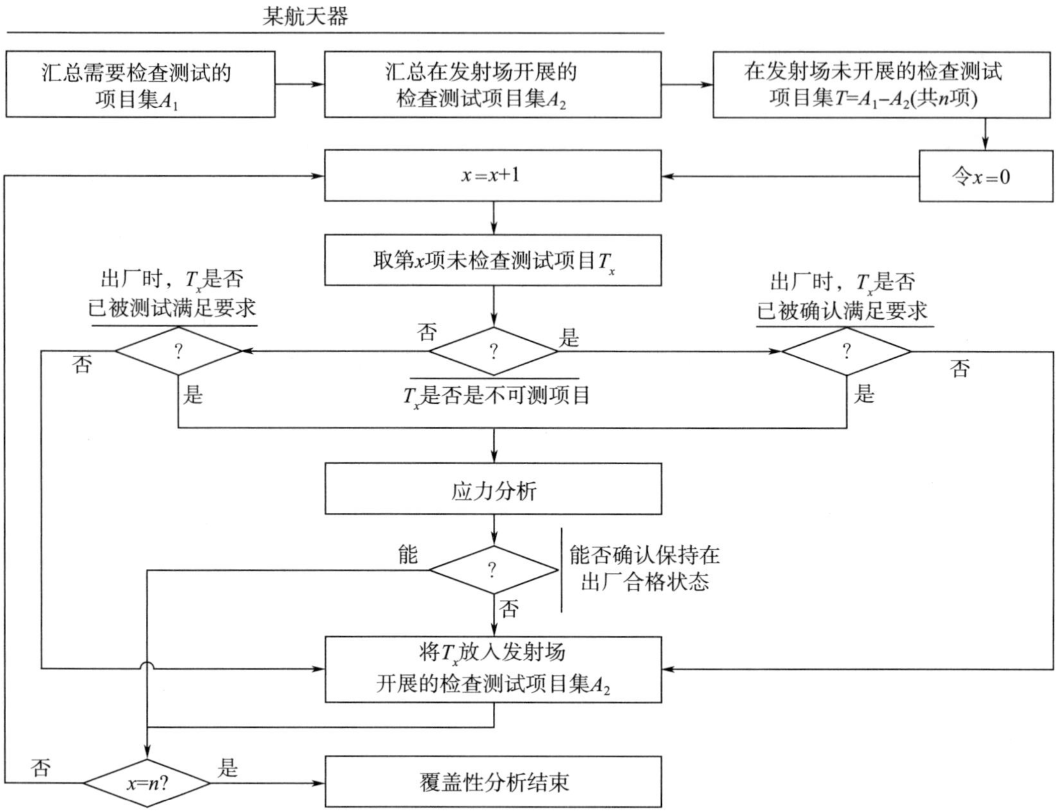

图 3-3 民商航天发射测试覆盖性分析流程简要示意

表 3-2 项目集比较示例

需要检查测试的项目集 A_1	发射场开展的检查测试项目集 A_2
测试准备工作检查(9 项)	测试准备工作检查(9 项)
部件连接状态检查(21 项)	部件连接状态检查(21 项)
CAN 总线监视及检查(3 项)	CAN 总线监视及检查(3 项)
无线通路测试(7 项)	无线通路测试(7 项)
指令遥测及部件检查(8 项)	指令遥测及部件检查(8 项)
星上单机备份状态检查(5 项)	星上单机备份状态检查(5 项)
相机专项检查(5 项)	相机专项检查(5 项)
整星任务检查(6 项)	整星任务检查(6 项)
太阳帆板安装检查测试(5 项)	太阳帆板安装检查测试(5 项)
天线连接检查测试(17 项)	天线连接检查测试(17 项)
推进剂加注检查(13 项)	推进剂加注检查(13 项)
成像性能测试(2 项)	未检查测试

续表

需要检查测试的项目集 A_1	发射场开展的检查测试项目集 A_2
对地定向姿态控制验证(3 项)	未检查测试
胀断器检查(1 项)	未检查测试
发动机真空推力和比冲验证	未检查测试
堵头密封性检查(3 项)	未检查测试
在轨工作时间验证	未检查测试
星座可靠性验证	未检查测试

二、发射场未开展的检查测试项目集 A_3

包括：成像性能测试（2 项）、对地定向姿态控制验证（3 项）、胀断器检查（1 项）、发动机真空推力和比冲验证、堵头密封性检查（3 项）、在轨工作时间验证、星座可靠性验证。

三、应力分析

（一）成像性能测试（2 项）。该项目在出厂前已进行仿真分析计算和评审确认，搬运过程不会导致状态改变，且发射场不具备检查测试条件。结论：发射场不进行该项目的检查测试。

（二）对地定向姿态控制验证（3 项）。该项目在出厂前已通过地面控制系统闭环仿真验证和评审确认，搬运过程不会导致状态改变，且发射场不具备检查测试条件。结论：发射场不进行该项目的检查测试。

（三）胀断器检查（1 项）。该项目在出厂前测试了阻值、通路；同型号产品进行过起爆试验；已经有飞行经历，搬运过程不会导致状态改变，且发射场不具备检查测试条件。结论：发射场不进行该项目的检查测试。

（四）发动机真空推力和比冲验证。加工过程受控，进行过批抽检试车合格，每个发动机头部均进行过液流试验，搬运过程不会导致状态改变，且发射场不具备检查测试条件。结论：发射场不进行该项目的检查测试，在在轨飞行阶段进行验证。

（五）堵头密封性检查（3 项）。装配过程受控，设计分析计算满足要求，搬运过程不会导致状态改变，且发射场不具备检查测试条件。结论：发射场不进行该项目的检查测试。

（六）在轨工作时间和星座可靠性验证。在出厂前已进行设计和仿真分析计算，评审确认在轨工作时间和星座可靠性满足要求。结论：发射场不进行该项目的检查测试。

（4）可行性分析

任务分析阶段可行性分析的工作重点是确认主要工作项目在发射场是否具备实施的条件以及实施的经济性。考虑到同一项目在发射场开展的成本要高于在研制厂所，因此，只要研制厂所具备条件进行应力分析，且显示航天产品到达发射场后状态不会发生改变，那么，该项工作就可以不在发射场开展。如应力分析显示卫星可以带翼运输（卫星与安装好的太阳翼一起装箱运输），那么，卫星安装太阳翼的工作就可以从发射场工作项目中省去，放到研制厂所实施。出厂前可行性分析的一般性流程如图 3－4 所示。

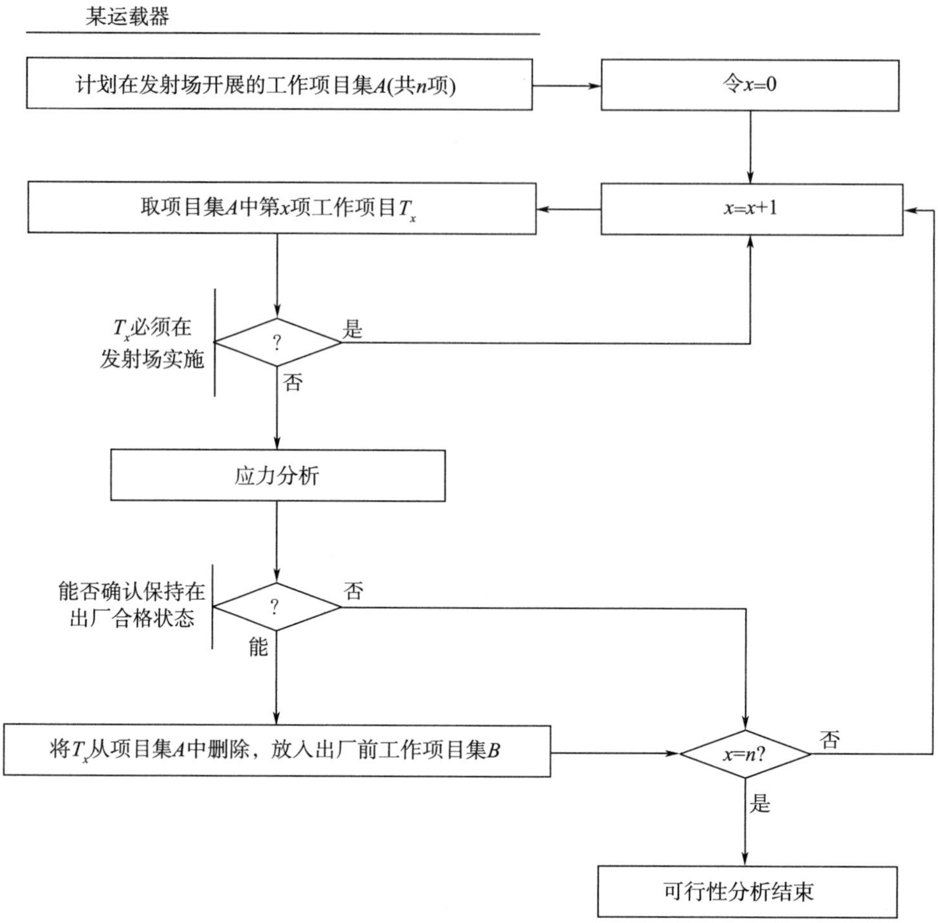

图 3－4　出厂前可行性分析的一般性流程

航天产品研制单位应与发射场进行充分的沟通。针对在发射场实施的主要工作项目，逐项确认资源保障、工作环境以及相关的可用时间，保证主要工作项目能够按计划实施。

经济性是商业航天发射任务分析需要重点考虑的内容。同样的工作，在出厂前实施的成本一般会低于在发射场实施，在技术区实施的成本一般会低于在发射区实施的成本。因此，在基于应力分析的基础上，只要能放在出厂前实施的工作项目，尽量避免在发射场实施。如卫星尽可能整星运输到发射场，避免在发射场实施单机测试和装星。

3.2.5　工作分解结构的完善

民商航天发射项目工作分解结构不是制定出来后就一成不变，随着任务的开展、工作范围的变更、风险的变化和对可交付成果的进一步认识，可能会导致工作项目的增加或减少，从而造成对工作分解结构的修订。为保证工作分解结构的稳定性，任何工作范围的变更应经过批准，并尽可能使不利影响降到最低。

民商航天发射项目工作结构通常会因规模大、头绪多无法一次分解到位，这种情况下只能采用逐步分解的方式，先将已经明确纳入实施计划的工作进行分解，再待其他工作逐步明确后进行分解。对于首次实施的或状态变化大的民商航天发射任务，可能直到任务后期才能将工作分解结构健全。

通常，民商航天发射任务组织在任务后期不太注意对工作分解结构内容的完善，因为此时对于整个任务来说，完善工作分解结构已没必要。但是，任务组织应该在航天发射任务结束时提交一个完整的工作分解结构，这样做一方面可以帮助以后的民商航天发射任务组织在开展类似任务时有系统完整的经验可以借鉴，同时，也有利于组织管理成熟度的不断提升。

3.2.6　任务分析成果

民商航天发射任务分析的可交付成果通常表现为工作分解结构图表和工作分解结构字典。

（1）工作分解结构图表

工作分解结构图表是以树图或表格的形式对工作分解结构进行的描述，规定了任务的工作范围。民商航天发射任务工作分解结构图表是将任务按其内在结构或实施流程进行逐层分解而形成的结构示意图和项目列表，它们是任务实施所必须进行的全部活动或过程清单，也是民商航天发射任务制定进度、资源、质量、风险和综合管理等计划的基础。民商航天发射任务工作分解结构的树图和列表示例分别见图 3－5 和表 3－3。

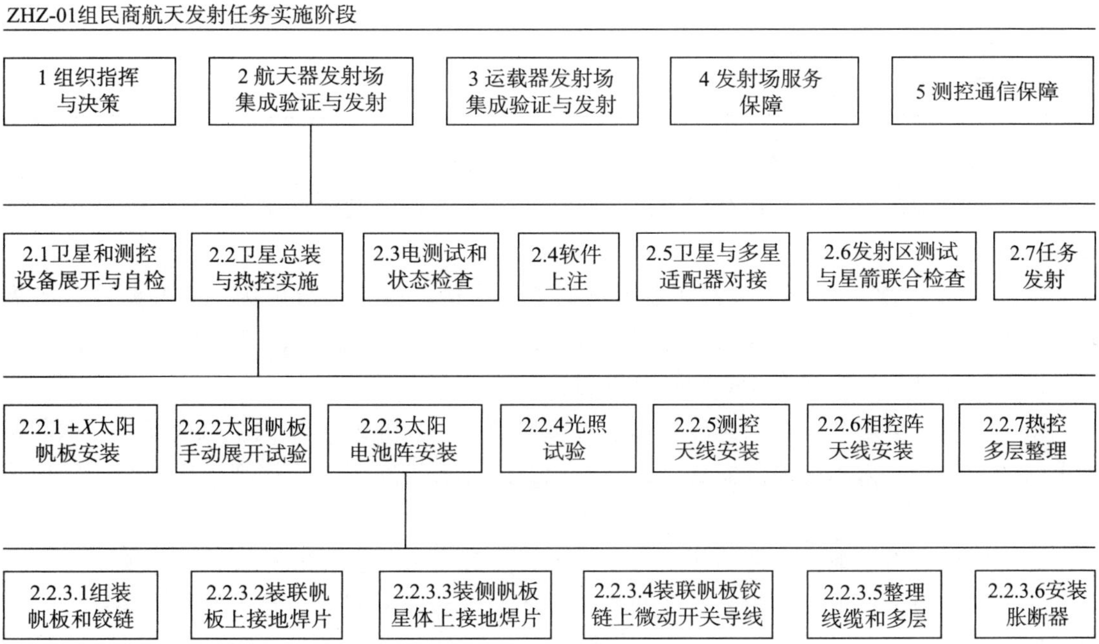

图 3－5　WBS 树图示例

表 3－3 WBS 列表示例

<table>
<tr><td rowspan="22">ZHZ－01 组民商航天发射任务实施阶段</td><td colspan="4">1 组织指挥与决策</td></tr>
<tr><td rowspan="18">2 航天器发射场集成验证与发射</td><td colspan="3">2.1 卫星和测控设备展开与自检</td></tr>
<tr><td rowspan="12">2.2 卫星总装及热控实施</td><td colspan="2">2.2.1 ±X 太阳帆板安装</td></tr>
<tr><td colspan="2">2.2.2 太阳帆板手动展开试验</td></tr>
<tr><td rowspan="6">2.2.3 太阳电池阵安装</td><td>2.2.3.1 组装帆板和铰链</td></tr>
<tr><td>2.2.3.2 装联帆板上接地焊片</td></tr>
<tr><td>2.2.3.3 装侧帆板星体上接地焊片</td></tr>
<tr><td>2.2.3.4 装联帆板铰链上微动开关导线</td></tr>
<tr><td>2.2.3.5 整理线缆和多层</td></tr>
<tr><td>2.2.3.6 安装胀断器</td></tr>
<tr><td colspan="2">2.2.4 光照试验</td></tr>
<tr><td colspan="2">2.2.5 测控天线安装</td></tr>
<tr><td colspan="2">2.2.6 相控阵天线安装</td></tr>
<tr><td colspan="2">2.2.7 热控多层整理</td></tr>
<tr><td colspan="3">2.3 电测试和状态检查</td></tr>
<tr><td colspan="3">2.4 软件上注</td></tr>
<tr><td colspan="3">2.5 卫星与多星适配器对接</td></tr>
<tr><td colspan="3">2.6 发射区测试与星箭联合检查</td></tr>
<tr><td colspan="3">2.7 任务发射</td></tr>
<tr><td colspan="4">3 运载器发射场集成验证与发射</td></tr>
<tr><td colspan="4">4 发射场服务保障</td></tr>
<tr><td colspan="4">5 测控通信保障</td></tr>
</table>

第一层依据 ZHZ－01 组民商航天发射任务系统构成将其分为组织指挥与决策、航天器发射场集成验证与发射、运载器发射场集成验证与发射、发射场服务保障、测控通信保障五个系统。

第二层以 ZHZ－01 组航天器在发射场的工作为例，将工作分解为卫星和测控设备展开与自检、卫星总装及热控实施、电测试和状态检查、软件上注、卫星与多星适配器对接、发射区测试与星箭联合检查和任务发射。

第三层以卫星总装及热控实施为例，将工作进一步分解为±*X* 太阳帆板安装、太阳帆板手动展开试验、太阳电池阵安装、光照试验、测控天线安装、相控阵天线安装、热控多层整理。

第四层以太阳电池阵安装为例，将工作最终分解为组装帆板和铰链、装联帆板上接地焊片、装侧帆板星体上接地焊片、装联帆板铰链上微动开关导线、整理线缆和多层、安装胀断器。

（2）工作分解结构字典

民商航天发射任务工作分解结构字典是对工作分解结构中每项工作的详细描述，内容一般包括：

1）每项工作的名称与标识号；

2）归口单位和责任人；

3）协同关系，明确工作单元实施时参与单位、组织和人员间的相互关系；

4）输入；

5）信息传递，定义工作单元实施时信息获知的方式、内容、载体和传递渠道等；

6）约束条件，工作单元得以实施的前提条件；

7）工作内容；

8）工作程序，工作单元实施时的工作流程；

9）操作规程，指明工作中所需的操作规程和方案预案；

10）资源配置，工作单元实施时所需投入的人力、物力和时间等；

11）工作环境，工作单元实施时对环境的要求；

12）风险等级；

13）历史问题记录，工作单元在以往同类或类似项目中曾发生过的问题；

14）可交付物；

15）判定工作完成和结果满足要求的标准；

16）其他需要说明的内容。

上述内容在工作分解结构字典中不是每项都必须出现，可根据工作特点适当取舍。

3.3　发射流程研发

民商航天发射工作流程设计包括技术工艺流程、技术安全流程、质量保证流程和工作计划流程等四个方面的流程设计。

技术工艺流程反映技术工艺活动之间的内在联系和相互制约关系，如运载器单元测试一定是在总装之前完成，是民商航天发射工作的基础工作之一。技术安全流程是为保证技术工艺流程安全实施应开展的工作，如航天产品首次加电前应对供电品质、接插头连接关系等进行检查确认，因此，技术安全流程依附于技术工艺流程。质量保证流程是为保证技术工艺流程充分有效地实施和输出满足要求而实施的工作，民商航天发射中最常见的质量保证活动是“阶段评审与放行”，最有中国特色的质量保证活动是“双五条归零标准”（民商航天发射虽不要求所有质量问题均须归零，但事关航天安全的质量问题仍需按照“定位准确、机理清楚、措施有效”的标准进行处理）。工作计划流程是将技术工艺流程、技术安全流程和质量保证流程的活动落实到具体时间、地点、组织和人员上，简单地讲，其他流程规定了做什么和做的时机，计划流程规定了何时做和谁来做。

3.3.1 技术工艺流程

（1）工作排序

民商航天发射任务技术工艺流程编制的核心工作之一是工作排序，即识别确定工作清单中各工作项间的依赖和制约关系，据此对工作项的先后顺序进行安排和确定。工作项的先后关系可分为两类：一类是由工作性质决定的、不能人为改变，此为强制性顺序关系，如运载火箭单元测试一定是在分系统测试之前；另一类是出于工作习惯或组织管理要求，人为规定两项或多项工作的顺序关系，此为可变性顺序关系，这类顺序关系随人为约束条件的变化而变化，如各系统可以并行开展的装配、测试活动，在时间进度满足要求的条件下，相互间没有严格的顺序关系。但是，当某一系统的工作影响到其他系统时，其可变性顺序关系可能会变成强制性顺序关系。

在工作排序的过程中，首先应分析确定工作项的强制性顺序关系，在此基础上，综合考虑资源保障、与其他项目关系和工作负荷分布，确定工作项之间的可变逻辑关系。民商航天发射项目工作排序需重点考虑的因素包括以下几个方面：

1）以航天器和运载器在发射场的工作为主线，统筹发射场、测控通信和技术勤务保障等系统的工作；

2）重点识别、确定强制性顺序关系，在流程设计开发和工作进度策划时予以首先安排，重点保障；

3）持续时间长、技术复杂、难度大的工作，在强制性顺序关系允许的条件下，优先安排；

4）合理调配利用资源，保持资源供给和利用之间的均衡；

5）开展工作负荷分析，尽量避免超负荷工作；

6）充分考虑突发性事件和环境、气候等自然条件的影响，预留一定的富余时间。

（2）常用工具

民商航天发射任务工作排序常用工具主要有：单代号网络图、双代号网络图和网络图样板。

单代号网络图。又称先后关系图，这是一种用节点表示工作、箭线表示工作关系的顺序网络图。以某民商航天发射的工艺流程为例，绘制的单代号网络简要示意图如图 3－6 所示。

双代号网络图。又称箭线图，与单代号网络图相似，是一种用箭线表示工作，节点表示工作关系的顺序网络图。

网络图样板。在编制民商航天发射任务工作顺序网络时，可以在标准化的民商航天发射任务工作顺序网络图基础上，根据本次民商航天发射项目工作清单和性质特点进行修订完善，此标准化的民商航天发射任务工作顺序网络图就称为网络图样板。由于很多民商航天发射任务工艺流程具有相似性，尤其是成熟的同型号的民商航天发射任务测试发射工艺流程基本一致，已有的民商航天发射任务工艺流程网络图就可以作为编制后续类似任务工艺流程网络图的样板。

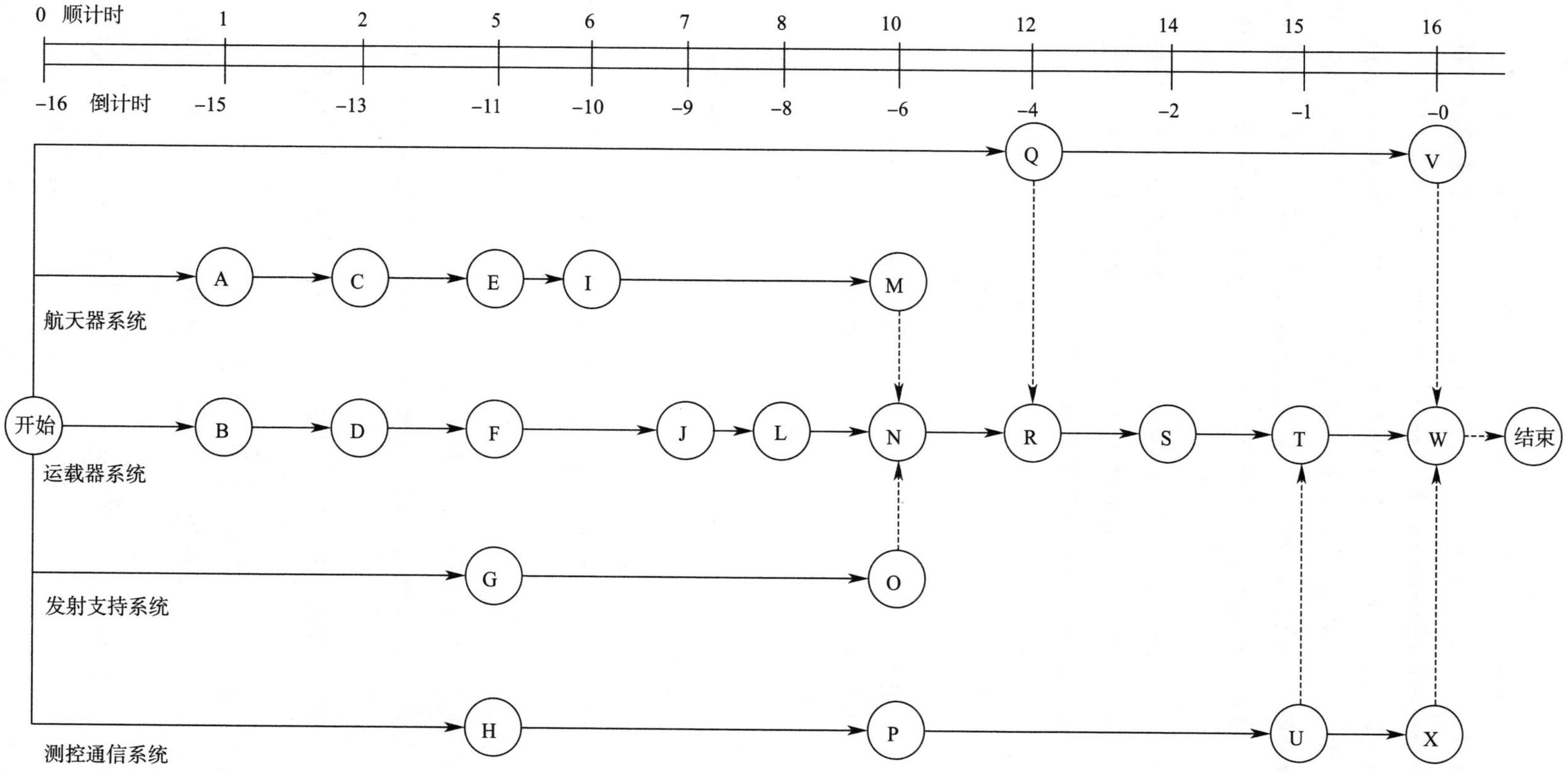

图 3－6　民商航天发射任务流程单代号网络简要示意图

A—卸车、就位（航天器）；B—卸车、就位（运载器）；C—展开及状态准备（航天器）；D—展开及状态准备（运载器）；E—航天器测试；F—分系统测试；G—地面设备展开自检；H—设备状态恢复及任务准备；I—卫星加注；J—总检查测试；L—箭上产品安装；M—加注后静置、热控整理，适配器对接及航天产品交付；N—箭体对接及其测试；O—发射装置对接、系统测试、调试；P—安装对接；Q—发射场技术区保障；R—星箭对接、整流罩对接；S—筒箭转载、转场、发射区分系统测试；T—总检查测试；U—合练；V—发射场发射区保障；W—发射实施与撤收；X—参加发射

(3) 流程编制输出

民商航天发射任务技术工艺流程另一项核心工作是依据所提供的资源、工期和质量要求编制技术工艺流程网络图，其输出结果主要有：工作顺序网络图、变更申请及评审的结果、更新的工作项目清单和更新的工作属性说明。

工作顺序网络图是展示民商航天发射任务各工作或活动及其先后逻辑关系的图形，通常不包括工作或活动的细节（工作字典）。工作顺序网络图一般会附有简要的文字说明，用以描述工作字典外的特殊的工作或活动说明。如某民商航天发射运载器分系统测试说明项中指出："在测量分系统检查完成后，拆解安控终端下箭，交付发射场装码，以无线装码作为备选。"

变更申请及评审的结果。工作排序过程可能会提出更改任务工作范围和工作分解结构的请求，相关组织应对变更申请进行评审，确保变更不会产生不利的影响。应保留变更申请、变更申请的评审结果以及为防止不利影响而采取措施的记录。

更新的工作项目清单。主要是针对排序过程中产生的工作或活动的变更，变更经评审和批准后，应及时修订工作项目清单及相关文件和记录，并确保相关人员知道已批准的变更。

更新的工作属性说明。工作排序完成后，工作或活动的属性会更加明确，与工作或活动相关的信息会更加详细，组织应及时在相关文件或记录表格中体现出来。

3.3.2 技术安全流程

技术安全流程依附于技术工艺流程，严格地讲，它是技术工艺流程中的活动准备之一，并贯穿于整个技术工艺流程的执行中。

某运载火箭控制系统仪器装箭操作的技术安全流程简要示例：

1）人员具备相应资质，穿着专用工作服，身上不得携带证件、钥匙、手机等小件物品，眼镜要采取防坠落措施；

2）工具按指定清单明细携带；

3）对进舱的扳手、螺丝刀等工具，要有防坠落手环；

4）安装过程中使用白布兜，防止螺钉或垫片等坠入舱内；准备好照明设备，保障安装环境；

5）进出舱过程中防止踩踏电缆或仪器，操作时避免碰撞身边的接插件及细管路，紧固螺钉时不使用蛮力；

6）对于安装面有洁净度要求的，要保证对接面清洁质量；

7）对于有安装力矩要求的仪器，要使用力矩扳手或力矩螺丝刀对安装螺栓（螺钉）施加要求的力矩。

技术安全流程的编制应在熟知民商航天发射各工作项目的特点和对工作环境及用电、气、推进剂等方面的要求的基础上，对照工作项目清单和工作字典，梳理技术安全工作项目，然后依据技术工艺流程顺序关系将其融入技术工艺流程之中。技术安全项目的识别通常从以下 13 个方面进行：

1）人员安全教育和意识；
2）从事危险项目的人员资质；
3）设施设备的安全状态；
4）危险防护设施设备的状态；
5）从事危险项目的防护用具；
6）产品防护措施；
7）工作环境满足要求情况；
8）危险品的安全状态；
9）监测和告警装置；
10）警示标识；
11）自然灾害的可能性及其预防措施；
12）法规、制度、规程的适用性；
13）其他需要关注的安全事项。

某民商航天发射任务技术安全工作项目简要示例：

1）运输至发射场过程安全检查确认；
2）吊车检查确认；
3）起重机械操作人员资质确认；
4）转运间、转载间接地系统检查确认；
5）总装大厅、电测间、加注间的供配电和接地系统联合检查确认；
6）火工品入库安全控制；
7）地面用电/测试设备供配电与接地安全检查；
8）人员技术安全教育培训；
9）运输车辆安全专项检查；
10）技术区总装过程安全监督；
11）技术区电测过程供配电安全监督；
12）无线测试现场状态安全确认；
13）加注技术安全文件评审、过程演练；
14）加注安全防护用品配备及确认；
15）星箭对接适配器安全检查确认；
16）推进剂泄漏监测；
17）发射区地下工作间的供配电和接地系统联合检查确认；
18）射前安全联合检查；
19）其他需要安全性确认的项目。

3.3.3　质量保证流程

质量保证流程（简称质保流程）依附于技术工艺流程，它是保证技术工艺流程实施过程受控、过程输出结果和可交付物满足要求的具体措施。如固体运载器转场前进行全系统质量评审需要确认：各系统已经按任务实施方案、相关技术文件和质量保证要求完成了运载器转场前的各项工作；测试检查项目齐全、有效，系统功能正常，性能满足技术指标要求；各系统经复核、复查，技术状态正确、接口匹配，过程质量受控；后续工作准备到位、方案预案充分、风险可控，具备转入发射区工作的条件。

质量保证流程编制应在熟知民商航天发射各工作质量要求、可交付成果标准和质量保证方法的基础上，对照工作项目清单和工作字典，梳理质量保证工作项目，然后依据技术工艺流程顺序关系将其融入技术工艺流程之中。质量保证项目的识别通常从以下 16 个方面进行：

1）人员技能和资质审查；

2）计量设备溯源与校准审查；

3）设施设备的功能性能审查；

4）任务用特燃特气、推进剂、物资、器材、工具和防护用品审查；

5）工作环境条件满足要求情况的审查；

6）任务文书审查；

7）测试方法审查；

8）技术状态变更控制；

9）技术状态设置检查；

10）检验点审查、检验；

11）测试数据判读、比对；

12）阶段工作汇报与审查；

13）预案评审与演练；

14）阶段放行准则审查与阶段质量评审；

15）法规、制度、规程的适用性审查；

16）其他需要关注的质量保证事项。

某民商航天发射任务质量保证工作项目简要示例：

1）质量活动策划和质量计划的发布；

2）技术状态更改控制；

3）人员资质能力审查；

4）测量设备溯源和校准审查；

5）技术区、发射区技术安全检查；

6）航天器、运载器等开箱状态检查；

7）航天产品装配、测试前技术状态确认；

8）工作现场秩序控制；

9）测试数据判读比对（实测数据与设计指标的一致性判读；同一产品纵向历史数据间比对；同型号产品横向测试数据间比对）；

10）测试覆盖性检查和测试结论审查；

11）加注前工作项目风险控制总结；

12）加注前技术状态确认和设置；

13）加注演练；

14）航天器加注前质量评审；

15）星箭对接前状态确认；

16）强制检验点、极性检验点检验；

17）固体运载器转场前或液体运载器加注前全系统质量评审；

18）发射预案与最低发射条件审查；

19）射前状态最终确认；

20）其他需要质量标准确认的项目。

3.3.4　工作计划流程

工作计划流程是将技术工艺流程、技术安全流程和质量保证流程的工作项目科学有效地落实到具体时间、地点、组织与人员上。

（1）影响工作计划流程编制的因素

影响民商航天发射任务工作计划流程编制的主要因素包括：社会商业环境、发射窗口、航天产品进场时间、阶段质量评审、节假日安排、气候气象和空间轨道条件、质量安全问题和其他因素等。

社会商业环境。民商航天发射项目通常对社会商业环境较为敏感，工作计划流程应考虑任务实施的时机，保证民商航天发射的时机有利于主要利益相关方。

发射窗口。发射窗口是指航天器具备发射入轨条件的时间段。发射窗口的选择需要同时满足将航天器送入预定轨道的时间约束和航天器入轨后正常工作的约束（其中一个约束是航天器能源约束，航天器自带的电源能量是有限的，入轨后为保证电源正常充放电且不过度放电，要求航天器发射入轨后太阳光线矢量与轨道面的夹角满足一定条件）。

航天产品进场时间。航天产品进场标志着民商航天发射任务进入实施阶段，受发射窗口约束，进场时间的早晚决定着任务工期的长短。工作计划流程编制部门应与上级组织和航天产品研制单位保持良好沟通，及时掌握航天产品研制进度和出厂时间，据此做好工作计划流程的编制工作。

阶段质量评审。阶段质量评审是指在民商航天发射项目实施的关键节点处，针对任务可交付成果、质量安全问题和后续任务准备情况组织质量评审，给出是否符合相关放行准则的结论。阶段质量评审从工作计划的角度看，要求各相关系统的工作在此节点处要取齐，因此，工作计划流程必须考虑极端质量评审的时机；此外，如果阶段质量评审没有通过，势必会引起工作计划流程的调整。

节假日安排。节假日安排和人员休整是民商航天发射计划流程须考虑的因素，好的工作计划流程应留出适当的人员调休时间，以使岗位人员在工作中保持充沛的精力。此外，节假日加班也会增加民商航天发射的项目成本。

气候气象和空间轨道条件。在民商航天发射的实施过程中，尤其对于室外作业，应尽可能避开极端气候气象。民商航天发射计划流程应参考气象预报部门发布的天气预报，对于航天产品转运、吊装对接、火箭推进剂加注、临射检查和发射等室外操作较多的活动，应避开雷雨、大风、沙尘等恶劣天气。另外，还应考虑空间轨道碰撞预警、飞行航区测控设备站点的气象等。

质量安全问题。航天产品在发射场进行的测试检查，目的是在点火发射前充分暴露可能存在的问题并彻底解决，避免运载器点火发射后出现非预期的质量安全问题，因此，在航天产品测试检查中发现质量安全问题属正常现象，工作计划流程应保持一定的柔性，并在质量安全问题发生后做出适当调整。

其他因素。包括项目资源供给、多任务交叉并行和其他不可预见的情况。

（2）总体进度计划编制

总体进度计划是民商航天发射任务的基准计划，一般以航天产品进入发射场为起始点，以运载器点火发射和撤收为终点。

总体进度计划的编制由发射场系统按照编制依据的要求，以各系统的技术工艺流程和工作计划流程为基础，综合考虑影响任务总体计划流程的因素，统筹可用资源，在假设和约束条件的限制下，对参加民商航天发射项目的各系统制定总体进度计划草案。

总体进度计划草案完成后，发射场系统方需要广泛征求参加民商航天发射项目的各系统方意见，在就工作安排和进度达成一致意见后提交发射场区指挥部审议批准。批准后的任务总体进度计划应下发至参加民商航天发射任务的各系统方。

参加民商航天发射任务的各系统方可在征求意见期间对任务总体进度计划提出异议，经各方确认后由发射场系统方实施更改。总体进度计划批准后，各系统方应根据总体进度计划的安排调整本系统的计划流程，确保在关键节点处（里程碑）与总体进度计划取齐。

（3）专项工作计划编制

专项工作计划是在民商航天发射任务实施过程中，为保证某项重要工作（如转场、运载器加注等）的进度和资源投入，使参加民商航天发射任务的各方更好地协同工作，通常会针对该重点工作的特点制定专项工作计划。专项工作计划是总体进度计划的细化和补充，其编制要求与总体进度计划相似。

（4）系统计划流程编制

参加民商航天发射任务的各系统应根据总体进度计划的安排，细化本系统的工作项目，协调与外系统的接口关系，合理调配本系统的内部资源，完善本系统的计划流程。各系统的计划流程应与民商航天发射任务总体计划流程相匹配，工作项目可在系统内部适当调整，但在关键节点处必须与总体计划流程时间取齐。

3.3.5 流程融合

多数情况下，技术工艺流程、技术安全流程、质量保证流程和工作计划流程是由不同类型的人员完成的，技术工艺流程常常由技术设计人员完成，质量保证流程常常由质量师（员）完成，技术安全流程常常在质量人员参与下由技术设计人员完成，工作计划流程通常由从事调度工作的人员完成。为保证上述四个流程相互协调一致，需要在技术设计人员、质量保证人员共同参与下，由工作调度人员将它们有机融合在一起。图 3－7 是四个流程的融合程序示意。

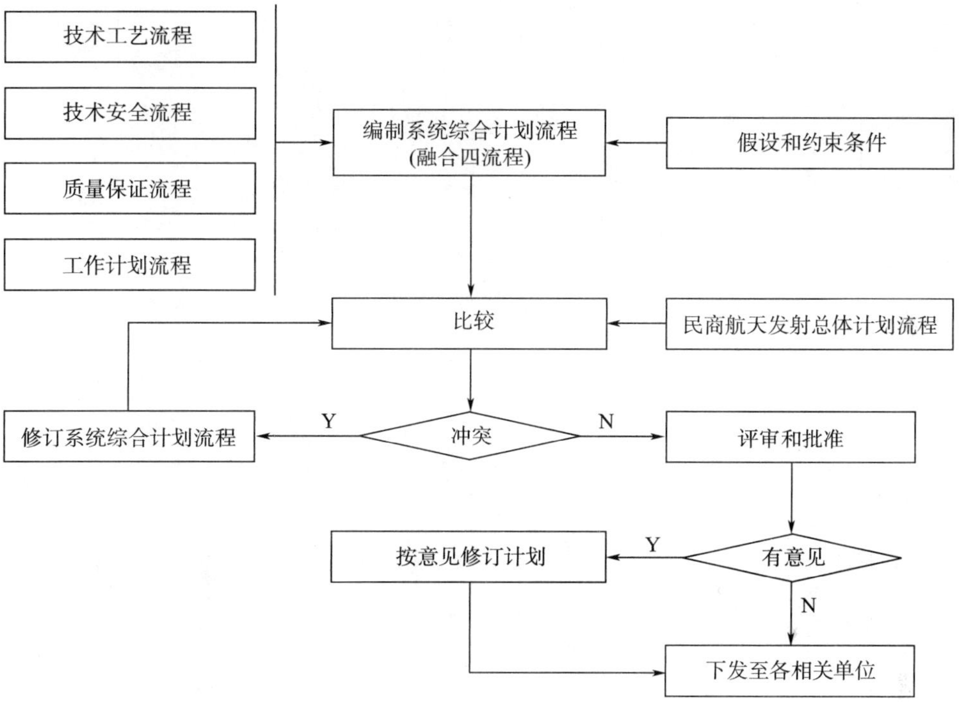

图 3－7 四个流程的融合程序示意

第一步，以技术工艺流程为基准，将不同部门、不同人员编制的技术安全流程、质量保证流程或插入、或叠加到技术工艺流程上，然后梳理归纳相互交叉、重叠和矛盾的工作，与相关部门、人员协商对其进行增减和统筹，形成系统综合计划流程；

第二步，以任务总体节点为参照点，将叠加后的综合计划流程（含工艺、安全和质量）映射到时间轴上，加入工作协调、资源保障和社会活动等工作形成工作计划流程；

第三步，将工作计划流程与任务总体计划要求相比较，若存在冲突，优化、修改工作计划流程；

第四步，将系统综合计划流程和工作计划流程相融合，形成最终系统综合计划流程，然后按程序组织评审和批准；

第五步，将批准后的系统综合计划流程发至各相关方。

某民商航天发射任务运载器系统四流程融合后的综合计划流程图示例如图 3－8 所示。

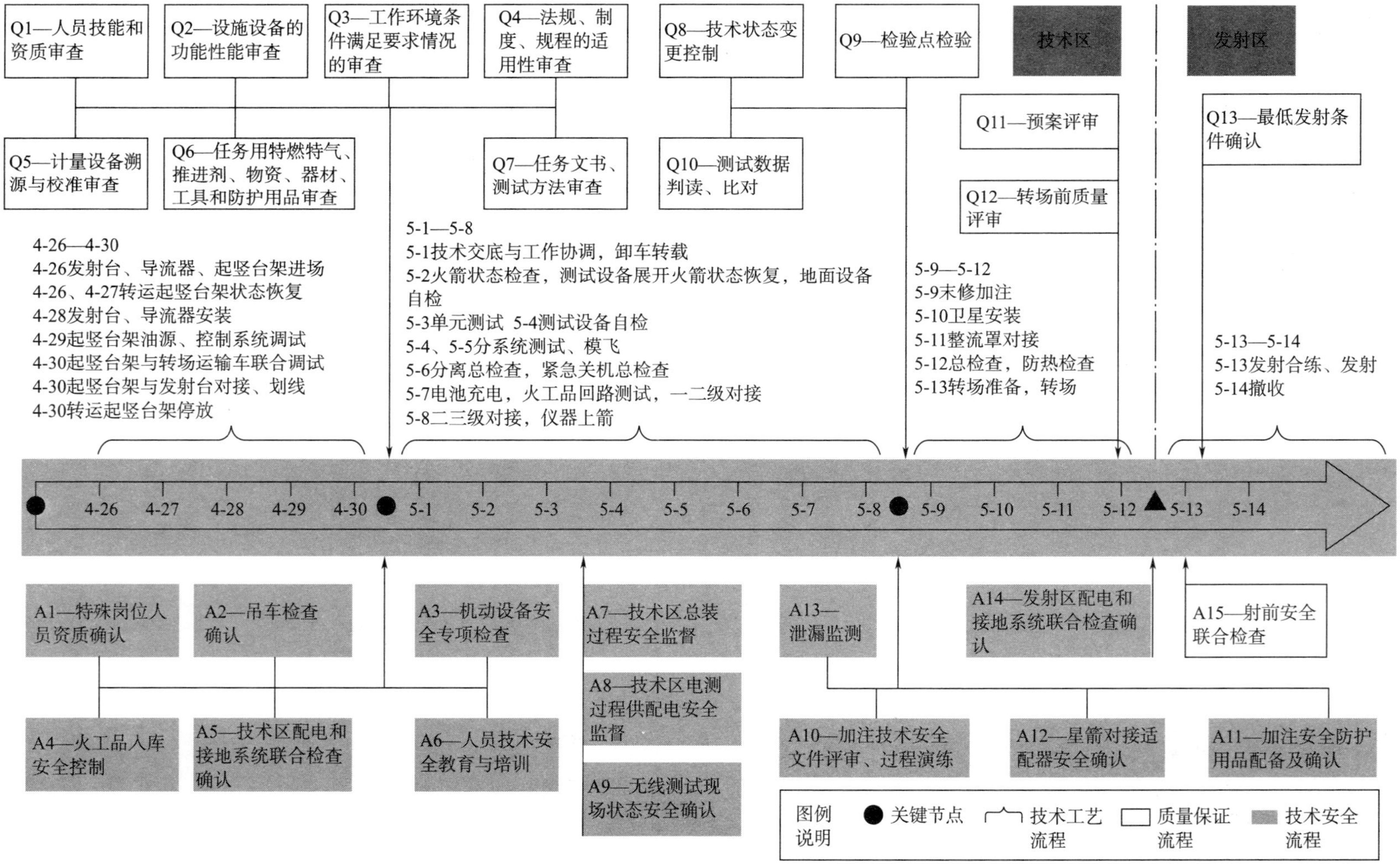

图3-8 某民商航天发射任务运载器系统四流程融合后的综合计划流程

3.4　发射流程创新

3.4.1　意外事件防止

民商航天发射任务意外事件是指在民商航天发射任务实施中，突然发生的在组织现有认知范围内不能预见且导致任务进度受到影响、经济受到损失甚至发生灾难性事故的事件。中国航天发射质量问题处置中流行着这样一句“名言”，即“发生的问题均是未想到的”。事实上，在中国航天发射中，意外事故已成为导致航天发射重大损失的最重要的因素，需要引起民商航天发射组织的高度重视。在民商航天发射流程设计中防止意外事件的措施有两种，即增强预见性和提高应对能力。

(1) 增强预见性，减少意外事件

意外事件处于人的认知之外，所以不可能针对具体意外事件制定针对性的具体措施，但是，可以使用统计学对意外事件进行研究和预防。如果将航天发射实施过程中所有可能发生的事件视作全集，则在任务准备和实施过程中预见事件和意外事件就构成互补关系。用 $A^{事件}$ 表示全集，用 $B^{预见}$ 事件表示预见事件集合，用 $B^{意外}$ 事件表示意外事件集合，则

$$A^{事件}=B^{预见}\cup B^{意外}=1 \tag{3-2}$$

且

$$B^{预见}\cap B^{意外}=0 \tag{3-3}$$

尽管意外事件的存在具有必然性，但组织可以尽可能地减少意外事件数量。虽然我们不可能知道还有没有意外事件以及还有多少意外事件，但可以从式（3-2）和式（3-3）中知道，只要能有效地预见、识别在任务中可能发生的事件，就可以有效减少意外事件的数量，而且预见事件越多，意外事件就会越少。常用的预见识别任务中可能发生事件的有效方法主要有两种，即等级全息建模技术和头脑风暴法。

等级全息建模技术是一种全面的思想和方法论，目的在于捕捉和展现一个系统在其多个方面、视角、观点、维度和层次中的内在不同特征和本质，其建模思想是：复杂系统及其组成部分无法用单一视角、单一模型来描述，用多个独立的描述模型则不利于模型间的通信。因此，等级全息建模是将复杂系统以互补、协作的方式分解为子系统、部件、单元等层次，每一层次都是完整系统的某一特定的视角结构，每一视角都是对系统可能会发生什么事件的完整分析。因此，等级全息建模技术无疑是识别民商航天发射任务中所有可能发生事件的最有效方法之一，只是为获得一个全息的结果，等级全息建模技术要求分析者应包括来自各个层级的人员，并高度依赖分析人员的专业知识和分析能力。

减少意外事件数量的另一有效方法是头脑风暴法，又称智力激励法或自由思考法。头脑风暴法是现代创造学奠基人美国奥斯本提出的一种创造能力的集体训练法，实施时一群人围绕着一个特定的专题开会，会议不使用拘束的规则，与会人员能够自由思考、畅所欲言，既可以在他人提出的观点之上建立新观点，也可“天马行空”式提出新想法。新观点无论对错都会被记录下来，只有在会议结束后才对这些观点进行分类评估。头脑风暴法应

用于意外事件预防，主要是从不同专业、不同背景、不同层次、不同视角，以发散性思维的方式发现任务实施中可能存在的问题、遗漏的事项和条件，进而达到有效减少意外事件数量的目的。

在民商航天发射流程设计中，通过有效运用等级全息建模技术和头脑风暴法，分析审查技术工艺、质量保证、技术安全和工作计划流程，查找可能存在的工作漏项与风险，并通过覆盖性分析确认流程存在的缺陷，进而补充完善流程的工作事项和工作关系，达到有效减小意外事件发生可能性的目的。

某民营火箭公司针对某次航天发射开展的未覆盖项目分析记录摘要见表 3－4 和表 3－5。

表 3－4　火箭出厂前测试不能覆盖发射场试验状态统计

序号	所属系统	不能覆盖的试验状态	不能覆盖原因	保障措施
1	控制、推力、遥测、外安系统	电池在系统中的工作性能及系统在电池供电状态的工作特性	电池在出厂前均为干态，在发射场才进行电解液加注	1）电池性能通过单元测试得到保证； 2）系统在电池供电状态的工作特性在发射场总检查中进行考核
2	控制系统	真实火工品状态的通路阻值测试	火工品均在发射场进行安装	通过电爆管等效器验证信号有效性
3	外安系统	战斗码安装	工艺流程要求仅在发射场射前进行安装	在安控站参加战斗码对接测试，确保飞行试验密码载入正确
4		引爆线、爆炸器检查	工艺流程要求引爆线、爆炸器仅在发射场射前进行安装	1）安装前，进行电爆元件测试和引爆线路阻值测试； 2）加电前进行引爆线路静态阻值测试
5	地面测发系统	与发射场塔勤系统接口	需在发射场进行对接	在发射场等效器状态测试阶段对接口进行考核验证
6		与发射场时统系统接口		
7		与发射场 C^3I 系统接口		
8		地面点火及紧急关机通路在真实火工品负载下工作情况	出厂前无类似状态	采用箭上火工品等效电阻负载，通过真实发火电流的模拟试验进行考核

表 3－5　火箭地面测试不能覆盖飞行试验状态统计

序号	所属系统	不能覆盖的试验状态	不能覆盖原因	保障措施
1	控制系统	飞行软件在地面测试中无法进行真实飞行状态考核	地面发射测试状态无法考核上天飞行状态	在飞行控制软件确认测试和验收测试阶段，通过模拟上天状态各种弹道加以保证
2		一级伺服机构低频段的幅频和相位动态特性	地面测试模拟无法覆盖低频段幅频和相位动态特性	经飞行箭试验表明动态特性满足使用要求
3	遥测系统	实际飞行天线方向图	地面无法模拟真实飞行天线方向图	依靠理论计算、天线设计及单元测试保证

(2) 提高应对能力，减少意外事件损失

由于无法预见和描述意外事件，民商航天发射组织不可能制定出针对某意外事件的具体措施，但组织可以通过整理分析历史资料中的意外事故和接近发生的意外“事故”、出现的错误和接近出现的“错误”，识别组织在应对意外事件方面存在的问题和薄弱环节，然后针对这些问题和薄弱环节，在技术工艺、质量保证、技术安全和工作计划流程中采取措施，达到有效提高组织应对意外事件能力的目的。

提高组织应对意外事件的能力也有一些基本程序可以遵循，以下是民商航天发射任务流程设计中的良好做法：

1) 收集、整理航天发射中发生的意外事故和接近发生的意外“事故”、出现的错误和接近出现的“错误”；

2) 针对流程设计结果广泛征求相关专家意见或广泛邀请相关专家进行讨论；

3) 对问题、事件、事故进行分类，必要时也可进行统计分析；

4) 分析上述 3 个步骤获取的数据，利用工程技术知识和经验识别组织在应对意外事件方面存在的问题和薄弱环节；

5) 针对组织在应对意外事件方面存在的问题和薄弱环节，补充、完善和修改流程中的相关内容。

上述步骤中的 4) 和 5) 实施效果高度依赖于分析人员的专业知识和工程经验。

3.4.2 超负荷工作规避

某统一 S 波段大型测控设备的计算机程序员已连续多天加班加点调试计算程序，身心非常疲惫。而当天测控通信系统联试联调一直拖到中午 13：00 才结束，他简单吃了些快餐后就来到了机房，因为下午 15：00 还要进行航天器与地面设备的对接试验，而数据加载、参数配置和状态设置以及有关的状态转换工作必须在 60 min 内完成才能保证设备进入正常对接程序，糟糕的是计算机屏幕上出现了一些莫名其妙的信息。随着最后期限的临近，他感到阵阵发慌，在进行对接码组安装时，错误地将试验码组当成了正式码组。在调查这起事故的原因时，调查组给出的结论是：计算机操作人员处于工作超负荷和疲劳工作状态是导致该事故的主要原因。

(1) 超负荷工作的识别

精确地度量工作负荷几乎是不可能的事，但人们很容易把高工作负荷与“太多的事要做，可只有很少时间”联系起来，因此使用时间比率概念来度量工作负荷是一个普遍为人们所接受的方法，时间比率即所需时间（TR）与可用时间（TA）的比。图 3－9 给出了一个任务所引起的工作负荷与工作绩效之间关系的假设示意。

图 3－9 定义了四个不同性质的工作区域，转折点右边是超负荷区，左边是预警区域、理想区域和有剩余能力区域。人因工程专家建议，应给突发情况提供一个有剩余能力的余地，因此在时间比率分析的基础上创建了一个工作负荷为 0.7～0.9 的理想区域。在航天发射领域，绝大多数的任务时间可以通过观察、记录和统计任务完成时间获得，另外一部

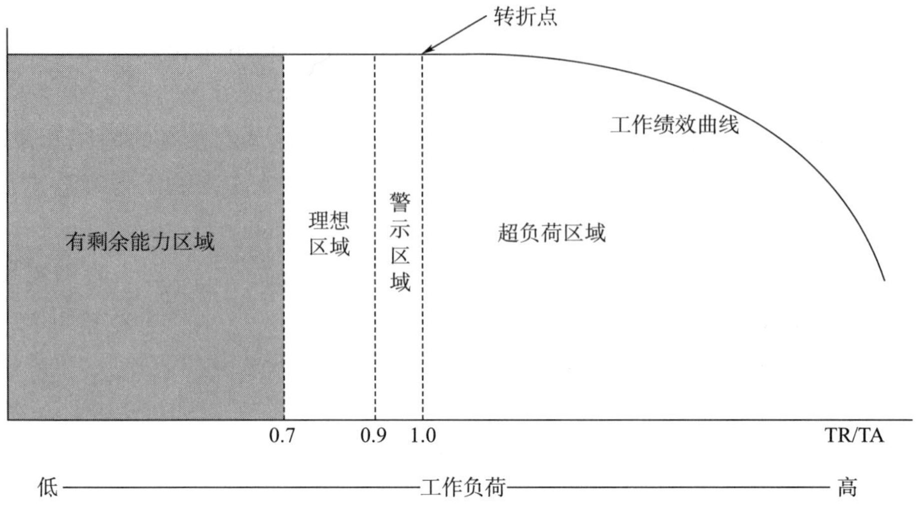

图 3-9 工作负荷与工作绩效关系假设

分任务时间可以采用三时估计法［任务时间＝(乐观时间＋4×最可能时间＋悲观时间)/6］得到。同时，评估任务时间时应把隐含时间包括进来，如计划、评审、验证和确认等活动所需时间。

不管是纯粹的时间压力（TR/TA）还是来自任务资源需求的增加，当任务进入超负荷区域时，对人的操作就会有重要影响：可能会遇到一些负面事件，而且很难预见这些负面事件是如何发生的。Edland 和 Svenson 的报告指出，在时间压力下做决策时可能有以下后果：对输入信息有更大的选择性、对更重要的信息源给予更大的权重、精确性下降、更少使用涉及复杂心理计算的策略、锁定单一的策略等。

(2) 疲劳工作的识别

使用时间比率度量工作负荷有一个缺陷，即忽视了任务持续时间对工作绩效的影响。大量的研究表明，随着工作持续时间的延长、休息不足或最大值班循环，人会出现心理和生理的双重疲劳，进而工作绩效明显下降并且使维持注意力变得困难。疲劳可以被定义为警觉和困倦之间的一个过渡状态，或者更精确地说是由于肌肉和中枢神经长时间从事生理活动和心理加工过程，缺乏足够的休息而产生的没有足够的能力或资源维持活动或加工的最佳水平。

除连续的长时间工作会导致疲劳外，睡眠不足是导致疲劳工作的另一重要原因。事实上，连续工作造成的疲劳在很多时候与睡眠不足混淆在一起，尽管二者对操作者的影响略有不同。大量的研究文献表明，睡眠不足对依赖视觉输入的任务的影响尤为明显，其次是对长时间操作任务的影响，表现为信息加工处理能力下降、动作迟钝且精确性下降、对异常情况的响应时间明显滞后等。睡眠不足包括三种独立因素：1) 睡眠剥夺或睡眠缺乏；2) 凌晨人体昼夜节律最低点时进行工作；3) 由于轮班或时差，昼夜节律被破坏。

令人紧张的焦虑和危险情形会增加人的生理唤起，这种唤起可以由许多生理指标的变化客观地显示出来，如心率、瞳孔直径和激素物质。长期的研究发现，人的生理唤起水平与操作绩效之间存在倒 U 函数关系，即从超低水平唤起开始，随着唤起水平的提高，操作绩效会增长到最优，然后随着唤起水平的提高，操作绩效会呈迅速下降的趋势。Desmond & Hancock 的研究表明，疲劳不仅来自工作过多、睡眠不足的累积效应，也可能由于长时从事超低唤起水平的工作所致，称之为警觉不足。

以中国的航天发射为例，随着航天发射任务高频度常态化的发展趋势，发射场从事一线工作的技术操作人员经常数月内得不到很好的休息，某些民商航天发射受发射窗口时间的约束，要求技术操作者在凌晨进行操作的事情也有发生，因此，超负荷和疲劳工作的问题正在航天发射场技术操作领域蔓延并日益引起相关决策者的高度关注。同时，航天发射自动化的水平不断升级，越来越多的岗位操作者更频繁地扮演着自动化工作监督者的角色，在这种监督者的角色中，人的唯一职责是对极少出现的自动化失灵情形做出创造性的决策与反应，这种超低唤起的工作使操作者维持持久注意力的难度明显增大。解决或缓解航天发射场技术操作超负荷和疲劳工作的措施有两种：一种是通过流程设计来减小员工的工作负荷，消除和缓解员工的疲劳；另一种是通过有效的针对性训练，提高员工应对长时间工作压力和抗疲劳的能力。

（3）流程平衡

民商航天发射任务相对于其他高科技领域，进度约束的硬性条件较多，如一些时效性较强的商业目的，个别任务发射窗口较少，发射工位、厂房等资源短缺引起的时间限制，测试发射工艺流程约束等，不仅使民商航天发射任务的时间分布极不均匀，同时，对于民商航天发射任务，为有效避免超负荷工作、消除和缓解发射场员工疲劳的流程设计工作也不可能通过延长任务周期、加大基础设施设备投入（包括提高自动化的水平）的方式来解决，即使是调整工作顺序，可调整的空间也非常有限。因此，这里的流程设计平衡主要是基于任务分析的结果，通过优化时间使用来解决或缓解超负荷工作和工作疲劳。

民商航天发射任务有严格的工艺流程和发射窗口约束，但由于任务实施中多系统并行实施，除关键路径上的工作外，其他工作都存在自由时差和总时差。这样，在不影响任务总时间或高层级工作完成时间的情况下，可以有效利用自由时差和总时差来调整子工作的开始时间，使工作负荷尽可能维持在理想区域，流程实际调整过程中可将工作负荷的高峰移到工作负荷的低谷，称为“削峰填谷”法。

图 3-10 是某类岗位自第 1 天至第 16 天的工作时标网络计划图，图的顶部是时间刻度，单位为天，如“3”表示第 3 天；箭线上方数字表示子工作每天需要的时间，单位为 h，如节点①和③之间箭线上的“4”表示该工作自第 1 天至第 5 天，每天需要工作 4 h。“削峰填谷”法的应用过程为：

第一步，根据图 3-10 计算每日工作量和工作负荷，以每日可用时间 8 h 计，计算结果见表 3-6。

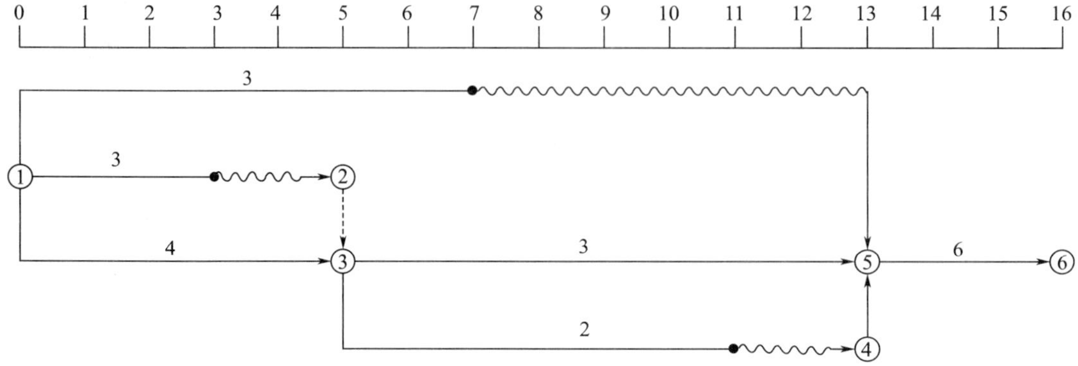

图 3-10　时标网络计划

表 3-6　每日工作量与工作负荷

工作日	1	2	3	4	5	6	7	8	9	10	11	12	13	14	15	16
工作量	10 h	10 h	10 h	7 h	7 h	8 h	8 h	5 h	5 h	5 h	5 h	3 h	3 h	6 h	6 h	6 h
工作负荷	1.25	1.25	1.25	0.88	0.88	1.0	1.0	0.63	0.63	0.63	0.63	0.38	0.38	0.75	0.75	0.75

第二步，计算平均工作负荷，工作时间总量是 104 h，可用时间总量是 128 h，则平均工作负荷为 104/128＝0.812 5。根据表 3-6 和平均工作负荷绘制工作负荷分布，如图 3-11 所示。

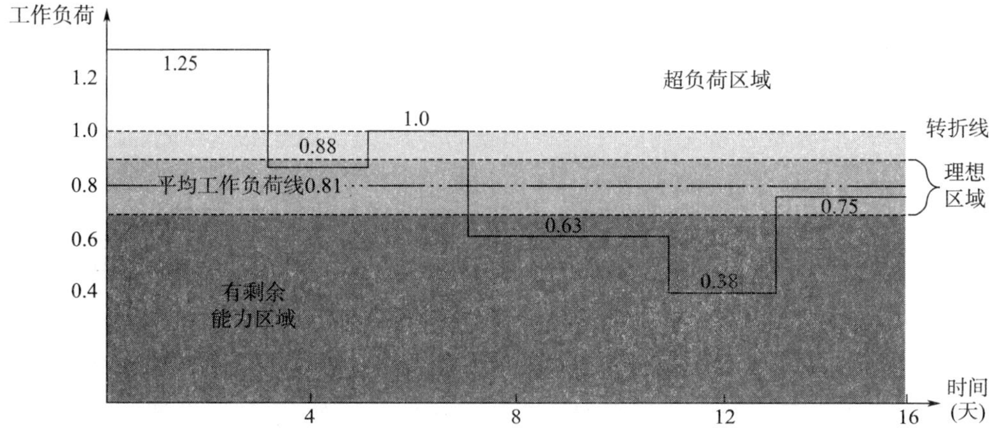

图 3-11　工作负荷分布

第三步，以工作计划和非关键活动为依据，从那些具有最大自由时差的工作开始，逐渐推迟某个工作的开始时间。每次调整后，检查重新形成的工作负荷图，使调整后的工作负荷逐步接近计算的平均值。调整后，最接近平均工作负荷的时标网络计划和工作负荷分布如图 3-12 和图 3-13 所示。

图 3-13 显示，调整后的工作负荷分布没有超负荷工作时段。

第四步，挑选工作负荷量变动最小的计划或某个可行计划作为实际的工作计划。

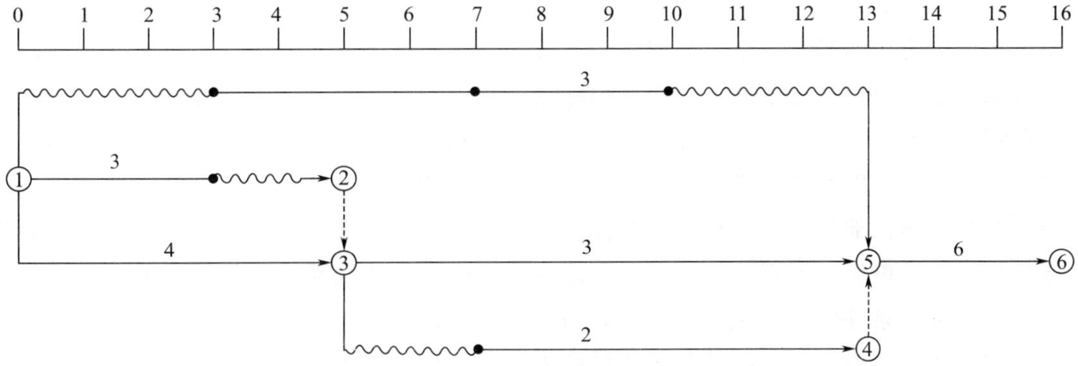

图 3-12 调整后的时标网络计划

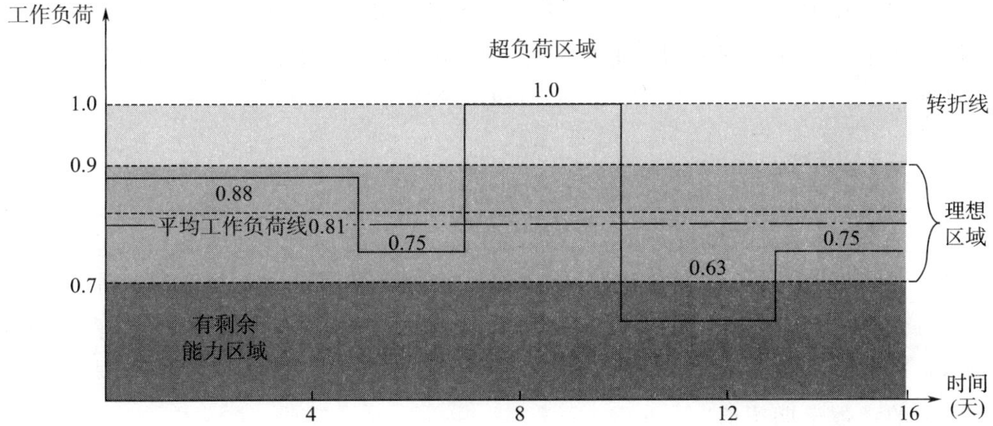

图 3-13 调整后的工作负荷分布

3.4.3 开放式简约流程新模式

民商航天发射开放式简约流程设计是响应民商航天发射对“低成本”的热情追逐而提出的，目前尚处于探索建立阶段，这里我们以实践次数相对较多的民商卫星发射场开放式简约流程设计为例，研究提出其开发程序，其他系统的开放式简约流程设计与此有相似之处。

民商卫星从大小上讲，目前主要有中、小、微和皮等种类，因目的不同，它们在发射场的工作流程千差万别，业界尚没有统一的模式、方法和原则。建立为各方共识的测试发射流程，并针对具体卫星的特性，开发开放性的商业卫星发射场工作流程，可以有效提高工作效率，大幅降低成本。

（1）开放式简约流程设计的必要性

在对比众多民营商业卫星发射场装配集成、测试验证流程之后可以发现以下特点：1）卫星整星运输至发射场；2）卫星所有功能性能在出厂时已确认满足要求；3）卫星在发射场的工作除火工品安装、推进剂加注、星箭对接和联合检查外，都是出厂前工作的重复。因此，如何减少重复性工作是开放式简约流程设计的重点。

首先，从民商卫星测试验证的机理来讲，测试验证的顺序应该是部件—单机—分系统—系统—全系统。如果直接进行系统或全系统的测试验证，一旦发现分系统、单机或部件存在问题，就需要拆下分系统、单机或部件进行相应的故障处理，进而导致各种返工。而且全系统、系统级测试验证涉及面广，一旦发生分系统、单机或部件级故障，其他参与单位就需要等待，从而导致不必要的成本开支。然而，如果部件、单机和分系统的可靠性非常高，此时仍然按部就班地进行卫星部件—单机—分系统—系统—全系统测试验证，显然就会增加部件—单机—分系统的测试验证成本。因此，开放式简约流程设计的开放性首先强调条件约束，条件成立，执行流程甲；条件不成立，执行流程乙。

其次，从民商卫星在发射场的工作目的来讲，达成某一工作目的的技术途径通常不是唯一的，条件和场景不同，技术途径通常也应不同，如此，才能保证在达成预期目的时的成本最低。譬如在中国，不同航天发射场的内外部环境条件差别较大，同一型号的卫星，甚至是同一颗卫星，在不同发射场的流程并不完全相同，应根据发射场的内外部条件而做出适应性调整，而不是按照最坏情况或平均情况等来设计，如此才能保证在发射场工作的成本最低。因此，开放式简约流程设计的开放性强调技术实现途径或方案不是唯一的，选择哪条实现途径或方案，要以当时当地的客观条件为依据。

最后，从民商卫星在发射场工作的商业性来讲，简约式流程设计即流程明快、简省。与国家出资研制的航天器在发射场的工作相比，民商航天器在发射场工作的原则不是“稳妥可靠、万无一失”，是为达成商业目的，采用简省的方式来工作。因此，评价流程好坏的标准不是可靠性、覆盖性或完整性等质量标准，而是综合效益，有一个定量的衡量指标，即所谓的“数学期望值”。

（2）开放式简约流程设计程序

在深入研究民商航天器发射场流程的本质特性，对比众多民营商业卫星发射场装配集成、测试验证流程之后，我们探索、凝练形成了民商卫星发射场工作开放式简约流程的一般性程序，如图 3-14 所示。

第一步，民商卫星在发射场可做工作项目汇总。依靠任务分析的输出，收集、汇总卫星在发射场所有能够实施的工作项目，这样做的目的在于避免在流程设计过程中发生工作项目遗漏的情况。

第二步，工作项目分类。将第一步获取的工作项目依据技术工艺流程区分为必做项目、免做项目和开放项目。开放项目是指如果满足某一条件可以不必实施的项目。如卫星在发射场测试中的精测，经环境应力分析确认卫星到达发射场后的相关技术状态不会发生变化，那么，卫星发射场测试项目中就可以省去此工作项目。

第三步，工作项目再分类。将第二步获取的开放项目 C 进一步划分为测试验证项目、技术安全项目和质量保证项目。这样划分的目的在于为后续针对不同类别的项目使用不同的分析方法做好准备。

第四步，逐项评估测试验证项目 C_1。通过卫星应力分析、运输过程应力分析、发射场环境应力分析，对确定卫星状态不受影响且在出厂前已验证正确的测试验证项目，直接

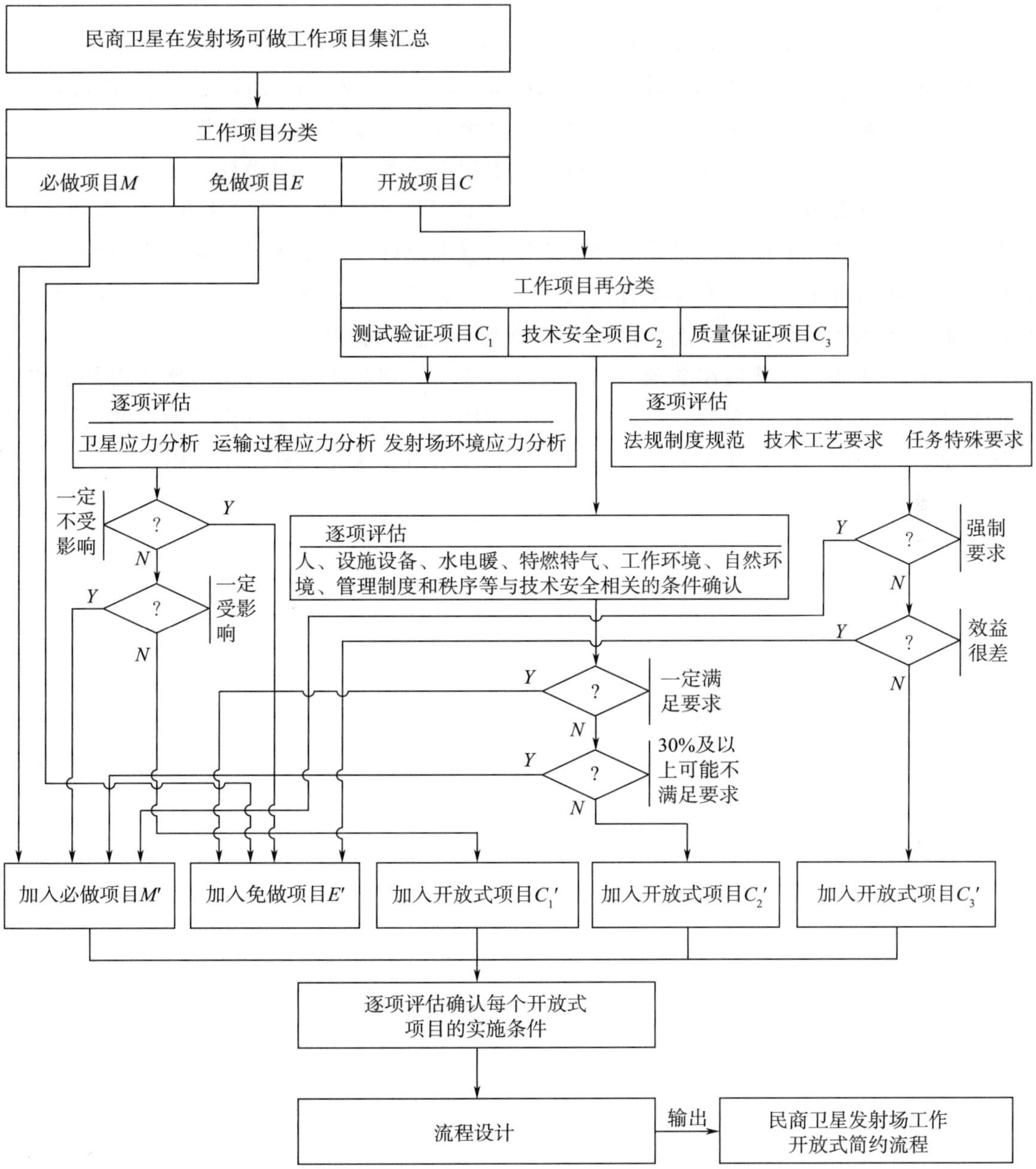

图 3－14 开放式简约流程的一般性程序

放入免做项目 E'，对确定卫星状态一定会受到影响的测试验证项目直接放入必做项目 M'，对不能确定是否会受到影响的测试验证项目直接放入开放式项目 $C_1{}'$。

第五步，逐项评估技术安全项目 C_2。通过人、机、料、法、环、测等因素分析，对确定一定满足要求的技术安全项目，直接放入免做项目 E'，对确定很可能（30%及以上）不能满足要求的技术安全项目直接放入必做项目 M'，对不能确定是否满足要求（不满足要求的可能性在 30%以下）的技术安全项目直接放入开放式项目 $C_2{}'$。

第六步，逐项评估质量保证项目 C_3。通过法规制度规范、技术工艺要求和任务特殊要求分析，对确定效益很差的质量保证项目，直接放入免做项目 E'，对确定是强制要求的质量保证项目直接放入必做项目 M'，对其他的质量保证项目直接放入开放式项目 $C_3{}'$。

第七步，逐项评估确认每个开放项目的实施条件，并将其融入流程设计之中。

第八步，使用 3.3 节中的方法，完成民商卫星发射场工作流程设计。

民商航天发射中其他系统的开放式简约流程设计与航天器类似，这里不再详细讨论。需要强调指出的是，测控通信系统的开放式简约流程设计与国家主导的航天发射相比，流程应具有快速的重组能力且不需要有或很少有联调联试工作，支持这一工作的测控通信系统应具有快速地从一种任务状态切换到另一种任务状态的能力。

开放式简约流程设计是在继承中国航天发射项目管理和质量工程实践所获得的宝贵经验的基础上，应民商航天发射“经济、快捷、实用”的要求而创新开发出的新的流程设计方法，必然会随着中国民商航天发射的快速发展而不断成熟并得到广泛应用。

参考文献

[1] 陆晋荣，董学军．航天发射质量工程［M］．北京：国防工业出版社，2015.

[2] 王建军，向永清，赵宁．基于精益协同思想的航天器系统工程研制管理平台［J］．系统工程与电子技术，2018，40（6）：1310－1317.

[3] 闫金栋，王华茂，李大明，等．基于系统工程的航天器专业化测试模式探索与实践［J］．航天器工程，2017（5）：99－108.

[4] International Council of System Engineering. System engineering handbook［M］. 2015.

[5] NASA Systems Engineering Handbook［M］．朱一凡，等，译．北京：电子工业出版社，2012.

[6] 张浩．管理科学研究模型与方法［M］．北京：清华大学出版社，2016.

[7] 中国航天科技集团公司．产品保证［M］．北京：中国宇航出版社，2017.

[8] 中国航天科技集团公司．通用质量特性［M］．北京：中国宇航出版社，2017.

[9] 罗云．风险分析与安全评估（第三版）［M］．北京：化学工业出版社，2016.

[10] 肯·史密斯．管理学中的伟大思想［M］．徐飞，路琳，等，译．北京：北京大学出版社，2016.

[11] Helen Muir，Don Harris. Human Factors and Aerospace Safety［M］. Taylor and Francis，2018.

[12] Pradip K Saha. Aerospace Manufacturing Processes［M］. Taylor and Francis，2016.

[13] Mark Frence. Aerospace Applications［M］. Springer International Publishing，2018.

[14] 吉娜·阿比戴，尤萨夫·阿比戴．业务流程改进（BPI）项目管理最佳实践［M］．陈志强，吴小羊，译. 北京：电子工业出版社，2016.

[15] 闫旭，宋太亮，曹军海，等．面向任务流程的装备体系完成任务概率仿真评估方法［J］．系统工程与电子技术，2019，41（1）：81－88.

第4章　民商航天发射组织指挥

立足于执行传统航天发射任务的深厚积淀和执行民商航天发射任务的全新尝试，本章阐述了民商航天发射组织指挥定义和特点，传统与民商两类航天发射组织指挥机制，以及民商航天发射组织指挥实践；介绍了民商航天发射组织职能、设计、运行和组织功能障碍；讨论了民商航天发射组织指挥的工作内容、活动组织办法、技术手段和主要技术工具；研究了民商航天发射任务指挥的决策特点、重要时段的指挥决策和辅助决策支持系统；探讨了民商航天发射质量安全控制策划、机构职责与沟通、资源管理要求、任务过程控制、质量复查和发射后活动等内容；最后，对民商航天发射任务现场管理中的通用要求和特殊区域、人员与物品、发射时段、作业安全防护等方面的管理办法进行了说明。

4.1　概述

4.1.1　定义与特点

民商航天发射任务的组织指挥在国内尚无明确的定义。根据民商航天的本质特性，结合民商航天发射的工程实践，我们认为，民商航天发射组织指挥是指在国家航天体系框架下，由发射场牵头，民商航天发射参试各方共同参与，对参试各方在民商航天发射实施过程中的各项工作和活动所进行的组织计划、指挥决策、协调控制的活动。

民商航天发射组织指挥在国家航天体系内由发射场牵头实施是最佳选择、唯一选项和必然选择。首先，国家发射场掌握着深厚的测、发、控技术经验，拥有丰富的航天发射设施资源，具备成熟的航天发射组织指挥流程和规范标准，为民商航天发射的成功提供了坚实保障；此外，虽然民商航天呈现出蓬勃发展并逐渐显现出拥有部分独立测发能力的趋势，但从效率和利益的角度讲，在国家发射场进行发射，将民商航天发射纳入国家航天体系，避免了民营商业航天企业在基础设施建设上的巨大投入和基础设施建成后的资源闲置与浪费，因此，在国家航天体系内由发射场牵头任务发射的组织指挥是民商航天的最佳选择。其次，民商火箭具备快速高效、成本低廉等优势，随着其逐渐发展壮大，必将成为国家国防工业的有益补充和重要组成部分，在国家航天体系内会占有重要和特殊的位置，民商航天发射组织指挥由国家发射场牵头组织实施是保证国家利益的体现，是民商航天发射行业的必然选择。最后，随着外层空间重要性的不断上升，太空已成为当今维护国家安全和利益的制高点，对外层空间的有效控制，不仅直接影响战场上夺取制地、制空、制海、制电磁权的军事行动，而且将最终影响战争全局和国家的安全利益，太空既是当今军事的制高点，又是国家安全的高边疆，对太空的控制和对空间资源的有效利用，不仅决定未来战争主动权的得失，还关系国家安全与利益，为此，民商航天发射活动必须置于国家有效控制之下；目前，我国规定全部准入的民营商业火箭发射任务均在酒泉卫星发射中心执行，并列入国家航天发射计划，所以，在国家发射场执行民商火箭发射任务并由发射场牵头组织实施是民商航天企业的唯一选择。

高投入、高风险、高技术是航天发射区别于其他工程项目的典型特点；对利润的追逐并由此衍生出的短周期、快节奏、低成本是民商航天发射有别于国家主导的航天发射的突出特征；同时，由于民商航天发射活动在我国刚刚起步，众多“首次”“首飞”和“一号”也被冠到民商航天发射的头上，由此而使民商航天发射的组织指挥相比于其他大型复杂工程乃至传统航天发射具有以下几个典型特征。

（1）组织指挥在民商航天发射任务实施中具有特别重要的地位和意义

民商航天在我国尚属起步阶段，具有技术团队新、产品状态新、测发流程短等多个新特点，参试各方均须高度重视任务组织指挥，将有力的组织指挥作为民商航天破题开局、摸索探路时期保证任务成功实施的有力支撑。同时，航天发射任务是典型的系统性工程，需要参试各系统、各单位在每一个行动中都保持高度集中统一，只有在周密准确的组织指挥下，充分调动各方面力量，协调一致地行动，才能把潜能转化成高效达成预期目的的能力。同时，民商航天的持续发展有赖于尽早拥有稳定的发射能力，尽早占有市场份额，尽早将发射任务转换为经济效益，因此，组织指挥在民商航天发射刚刚起步的今天具有特殊的意义和尤为重要的地位，同时，首次、突破、创新、新纪录等也成为民商航天发射组织指挥的标签。

（2）简约高效、质量与效益双赢是民商航天发射组织指挥的根本原则

民商航天发射任务与国家主导的传统航天发射任务的质量理念和成功标准差异较大，传统航天发射受国家利益和军事、政治等因素影响，把航天器准确入轨并正常工作（有时还包括航天器安全返回和回收）作为发射成功的标准，并为此而不惜成本、不惜代价，从而将质量控制推向极致。民商航天发射的根本目的是追逐利润，在国家航天法律法规和政策约束内，将商业利益最大化作为衡量其航天发射的成功标准，如朱雀一号未能将未来号卫星送入预定轨道，OS－M Y1 运载火箭在发射过程中出现故障未能实现入轨，但朱雀一号和 OS－M Y1 运载火箭的发射，是北京蓝箭空间科技有限公司、北京零壹空间科技集团有限公司将能力链条、供应链条、体系链条、发射链条 4 个链条全部打通的明证，更是中国民营商业火箭公司取得重大进展的标志，因此，两次发射从技术角度上讲是“失败”的，但从商业角度上讲则是“成功”的。成功标准的不同，决定了民商航天发射必然会摒弃传统航天发射的组织指挥模式，转去探索实践简约高效、质量与效益双赢的组织指挥方法，这通常包括减小系统冗余度、简化测试发射流程、减少质量控制节点，在质量控制和发射成功中摸索其最佳平衡点。为此，在工程实践中，航天发射中心的组织指挥系统也积极适应这一变化，将关注重点集中在试验安全方面，对质量问题处理不再坚持传统航天的归零标准。

（3）协同创新发展是民商航天发射组织指挥的必由之路

在中国，发射场资源均掌握在国家手中，并开始对民商航天企业开放，因此，从民商

航天发射组织指挥的角度看，“联合、结合”是毋庸置疑的。一是因为民商航天发射刚刚起步，大多数型号都处在试验验证阶段，未来一段时间内，发射场将迎来诸多“某某一号”火箭和卫星，而且民商航天企业的参试队伍经验不足，相关技术能力欠缺，需要发射场利用执行航天发射任务的丰富知识、经验和深厚的文化底蕴，通过缜密的组织指挥，帮助民商航天企业在起步阶段少出错并快速积累知识和经验。二是因为民商航天发射任务与传统航天发射任务的成功标准、质量理念差异较大，需要发射场和民营航天企业协同创新理念、改进工作方法、完善规范标准，尽快建立和固化适用于民商航天发射任务的组织指挥理论体系和实施平台。

4.1.2 两类组织指挥机制

从国内航天发射组织指挥机制的特点看，目前存在两类组织指挥机制：一类是国家主导的传统航天发射，这类组织指挥机制经过长期的发展和完善，变得较为成熟稳定；另一类是由民营企业主导的民商航天发射，这类组织指挥机制刚刚初步形成，很不成熟，正在探索完善之中。

国家主导的传统航天发射任务采用“三级三方联合指挥”体制，其中三级指航天系统部、中心（包括指控中心、发射中心、测控中心等）、部站（包括发射场、测控部站等），三方指军方（包括发射场和航天测控通信网站）、产品研制方、产品使用方。具体来讲，我国现行的航天发射任务组织指挥体制是由航天系统部负责实施组织指挥，各航天测控中心承担不同的任务，发射场内各部站承担具体任务的三级指挥体制。在实际的航天发射任务组织指挥中，当由一个发射场独立承担发射任务时，按照航天系统部关于任务指示的总要求，在航天系统部指导下，由发射场负责组织实施。上述组织指挥模式经过数百次航天发射任务和数十年的检验、发展和完善，已形成行之有效的固定模式，为任务参与各方所认可和遵循。但与未来航天发射场面临的高密度、多任务、多型号、应急机动发射及联合试验等任务形势和要求还不相适应，需要创新和发展，同时，与民商航天发射对利润最大化、任务短周期和快速响应的追求也不相适应。

我国民商航天发射任务是在国家航天体系统一管控下，在航天发射场进行的以民营商业火箭公司为主体的航天发射活动。2018 年是我国民商航天发射纳入国家航天发射体系、实施统一管控的发射元年。目前，酒泉卫星发射中心是我国民商航天发射准入的国家发射场，在具体任务组织实施过程中，中心按照规范管理、有序引导、确保安全、促进发展的基本思想，创新组织模式，顺利组织完成了 2 次亚轨道飞行试验任务和 3 次民商运载火箭飞行试验任务。

在几次民商航天发射任务中，我们着眼民商航天发射任务低成本、高效益特点，创新探索了民商航天发射组织指挥新模式。通过科学简化任务组织指挥程序，形成以组织计划和质量安全管控为双主线的管理新模式，任务程序进一步简化，指挥机构更加精干高效，初步形成了民营商业航天发射首航落区一体、测发控一体的指挥新体制，指挥层级更加扁平化、指挥效率更高。但是，如何在原有的国家主导的传统航天发射组织指挥模式上发展创新，既能给民商航天更大的自由空间，又能保证国家安全并履行好国家发射场的职能，还需要不断探索和实践，在实践中掌握民商航天发射任务的规律和全貌，建立和固化适用于民商航天发射任务的组织指挥理论体系和实施平台。

4.1.3　组织指挥实践

（1）亚轨道飞行试验

2018 年 9 月 5 日北京星际荣耀空间科技有限公司的双曲线一号验证火箭（SQX－1Z）亚轨道飞行试验任务，以及 9 月 7 日北京零壹空间科技集团有限公司的重庆两江之星商用亚轨道火箭（OS－X1）飞行试验任务均在酒泉卫星发射中心取得成功。48 h 内，酒泉卫星发射中心圆满完成了两次民营商业火箭发射任务，以亚轨道飞行试验的形式拉开了我国民商航天发射的序幕。

北京星际荣耀空间科技有限公司的双曲线一号验证火箭（SQX－1Z）飞行试验的主要目的是开展相关技术验证，为后续双曲线一号运载火箭（SQX－1）的研制奠定基础。SQX－1Z 火箭直径为 1 m，长约 9.5 m，起飞质量约 7.1 t，搭载三颗立方星验证载荷，分别为 EREBUS－1、TF－01 和 TF－02，发射方式为发射台垂直热发射，发射方位角约 270°。验证火箭于 9 月 5 日 13 时 00 分点火升空，全程飞行 450 s，航程 90 km，高度约 177 km，各系统均按时正常完成预定时段工作，任务取得圆满成功。

北京零壹空间科技集团有限公司的重庆两江之星商用亚轨道火箭（OS－X1）飞行试验是为某设计研究所量身定制的科学研究型飞行试验，目的是将载荷送至预定试验窗口，获取相关飞行试验数据，验证总体、气动、结构等关键技术。OS－X1 火箭直径为 0.85 m，长约 10.2 m，起飞质量约 8.1 t，发射方位角约 271°。火箭于 9 月 7 日 12 时 10 分点火升空，全程飞行 207 s，航程 170 km，高度 35 km，各系统均按时完成预定时段工作，获取了全部试验数据，任务取得圆满成功。

在两次亚轨道飞行试验任务执行过程中，民商航天发射展现出不同于传统航天发射的特点。与传统航天发射任务相比，民商航天发射场工作节奏快、周期短、效率高。具体表现在：一是技术准备流程短，民营商业航天企业在靶场工作流程设计上具有较强的自主性，裁减了大量的其认为不必要的项目，简化了诸如技术交底、质量复查、预案讨论、测试汇报等常规程序，从进场卸车到点火发射用时仅 6 天；二是测试过程相对灵活，对于传统的班前会、三检查、状态确认、一令一动、五不操作等刚性制度，民营商业航天企业通常根据需要灵活掌握，日工作量非常饱满；三是保障服务实时、状态转换快捷，两次任务深度交叉并行，进场时间间隔 2 天，又在 48 h 内先后完成发射，发射场创新调度指挥模式，在技术阵地准备过程中，配电、吊车、通信、测控等保障随叫随到、实时服务；在发射阵地实施过程中，进行阵地布设、设施设备状态转换，两个指挥系统协同工作，统筹谋划、高效实施。

民商航天公司在国家发射场执行商业火箭发射在国内尚属新生事物，在参试各方都缺乏可以借鉴的成熟经验、参试队伍普遍年轻的前提下，面对任务高度交叉并行、技术阵地新、现场把控难度大等现实情况，以及民商航天公司在靶场工作流程设计上具有较强自主性、测试过程相对灵活等新形势，发射中心与民商航天公司在组织指挥上进行了研究和探索，提出“简约、高效、安全”指挥模式的总方针，减少指挥层级，精简各项配置，指挥部下仅设指挥协调组和质量安全组负责日常工作协调和质量安全管控；在任务发射日，将0号指挥从传统指挥大厅迁出至临时指挥位置，以便现场决策和应急处置，初步满足了民商航天亚轨道飞行试验对组织指挥的新要求。但这种指挥模式也面临着诸多挑战，主要体现在：一是质量风险高，由于设计理念的差异，民商航天产品中工业元器件使用比例很高，产品冗余度设计较低，飞行子样较少，产品可靠性存在较大的不确定性；二是质量把关难，民商航天在技术选择和质量管理上自主性较强，制度刚性约束不严，状态管控和系统接口等缺少统一的标准规范，产品进场后边测试边协调的现象比较普遍，导致有效的质量控制措施不足，质量把关刚性不够；三是现场管理复杂，民商航天公司天然具有强烈的宣传需求，这对试验过程的安全、保密和现场秩序等都提出了新的要求，发射当天，两家公司分别邀请了200多位和60多位投资方进行参观，给发射场现场安全和秩序管理带来了巨大压力。

（2）航天器入轨发射

朱雀一号运载火箭飞行试验任务于2018年10月在酒泉卫星发射中心实施，火箭是北京蓝箭空间科技有限公司自主研发的三级固体运载火箭，是国内首枚由民企设计研制、生产制作并运营发射的入轨火箭，火箭搭载的未来号卫星由北京微纳星空科技有限公司研制，是一颗融合了空间在轨科普实验和对地遥感观测功能的微小卫星，主要用于中央电视台综合频道“加油！向未来”第三季节目制作。任务于2018年10月10日卸车，10月27日发射，10月29日撤场，在酒泉卫星发射中心共历时20天。10月27日16时00分，朱雀一号运载火箭发射升空，火箭点火、起飞正常，一级飞行正常，一二级分离正常，二级飞行正常，二三级分离正常，整流罩分离正常，三级滑行段飞行正常，三级主发动机点火后火箭飞行正常。飞行过程中，最大飞行高度337 km，最大速度6 300 m/s。三级工作约39 s后，主发动机工作正常，但姿态控制力异常、推进剂提前耗尽，搭载的未来号卫星未能按照预定计划入轨。经过对数据的分析判读，初步确定末修姿控动力系统某推力室钎焊缝泄漏或阀门与推力室对接面泄漏。

此次任务为我国首次民商航天发射任务，任务采取了全新的组织指挥模式：一是首航落区一体、测发控一体的组织指挥新体制，北京航天飞行控制中心不再参与任务指挥，指挥层级由三级精简为二级；二是与参试各方共同成立一个任务指挥部，对指控中心、测发楼指挥功能进行了优化调整，在一个指挥所内实施二级指挥，做到了任务指挥更加扁平化、指挥更加高效。

时隔5个月后，2019年3月，北京零壹空间科技集团有限公司研制的OS－M Y1运载火箭在酒泉卫星发射中心实施，发射场迎来了第二次真正意义上的民商航天发射任务。OS－M Y1运载火箭是由北京零壹空间科技集团有限公司研制的四级固体运载火箭，采用一箭一星方式发射ZG6U－1B卫星，卫星由北京零重空间技术有限公司研制，是其灵鹊星座的第二发验证星。卫星采用标准的 6U 立方星规格，具备对地拍照、视频成像、高速数传、高精度姿态指向等功能。本次任务的火箭和卫星产品分别于 3 月 13 日和 3 月 19 日进场卸车，3 月 27 日发射，3 月 29 日撤场，在酒泉卫星发射中心共历时 16 天。3 月 27 日 17 时 39 分，OS－M Y1 运载火箭点火发射，火箭点火、起飞正常，一二级分离正常，二级点火正常，随后火箭姿态失稳，解体坠毁，箭体残骸落入一子级残骸落区，未造成人员伤亡及财产损失。经事后分析试验，初步认为导致火箭姿态失稳的原因为火箭二级尾段陀螺 Y 向输出异常。

在组织指挥方面，发射场基本沿用了朱雀一号首飞任务中首航落区一体、测发控一体的组织指挥体制。同时，针对民营商业航天企业刚刚起步，在技术储备、人才培养、质量管理以及工程经验等方面与国有航天企业还存在较大差距的现实情况，针对此次任务产品状态变化多、队伍经验欠缺、测试流程隐患多等特点，自任务进场后，除两次常规指挥部会议外，发射前任务指挥部先后组织多轮次多专业技术交底。任务结束后，指挥部积极主动作为，先后组织召开 3 次指挥部工作会议，对故障分析排查、残骸搜索处置等工作进行研究部署，保证了工作正规有序开展。有关两次民商航天发射失利的深层次原因分析，请参阅第 10 章。

2019 年 7 月，北京星际荣耀空间科技有限公司研制的 SQX－1 Y1 运载火箭在酒泉卫星发射中心实施发射，发射场迎来了第三次真正意义上的民商航天发射任务。SQX－1 Y1 为四级运载火箭，前三级为固体推进剂，第四级为液体推进剂。本次任务运送 7 个载荷，包括：两颗卫星（航天科工二院气球卫星系统和北京理工大学 BP－1B 卫星），3 个与火箭不分离的末子级搭载载荷（央视未来新星验证载荷、星时代－6 载荷和西瓜创客载荷），2 个与运载火箭不分离的配重（整流罩内仪器舱上装有汽车和酒瓶形状的配重），通过火箭上安装的摄像头采集部分视频分别用于中国长安汽车集团有限公司和金六福酒业销售有限公司商业宣传。7 月 5 日，SQX－1 Y1 火箭进入发射场；7 月 6 日，航天科工二院气球卫星系统进场；7 月 15 日，北京理工大学 BP－1B 卫星进场；7 月 25 日 13 时 00 分发射，火箭成功入轨并与卫星正常分离，任务取得圆满成功。

在组织指挥方面，与前两次任务相比，航天发射中心积极响应《国家国防科技工业局关于促进商业运载火箭规范有序发展的通知》精神，针对民营商业运载火箭首飞的特点，大力帮助北京星际荣耀空间科技有限公司做好质量控制工作，有关本次任务采取的质量控制措施请参阅第 10 章。

4.2　组织设计与运行

4.2.1　任务组织职能

民商航天发射任务组织是指为保证民商航天发射达成预期目的，由任务相关方通过相互协作而组建的临时性团队，其主要职能可概括为计划、配置、指挥、控制和指导。

计划职能，包括识别要求、明确目标、定义范围、规划路径、制定标准。识别要求是指通过与相关方，尤其是关键相关方的沟通，识别获取组织的任务要求。明确目标是指依据组织任务要求，综合组织可用资源和环境因素等，确定各项绩效指标及其目标值。定义范围是指根据任务要求、目标和任务流程等，确定组织需要完成的所有工作。规划路径是指为工作制定各种计划，明确工作制度、程序和方法。制定标准是指定义工作过程和结果是否合格或放行的判断依据。

配置职能，依据计划安排，检查确认资源的数量和质量满足要求后提供给相应单位、团队和个人。资源通常指人员、设施设备、物资器材、资金、信息等，也包括时间、空间和环境等特殊资源。

指挥职能，按照计划安排，利用资源，组织指挥相关单位、团队和个人按照确定的路径开展相关活动（包括正常、异常和紧急情况）。

控制职能，包括度量、定位和纠正。度量即通过正式或非正式的方式来报告为实现目标已经达到的程度；也指通过技术手段评价过程或结果是否满足规定的标准。定位即确定引起实际工作或活动较之计划的安排或标准存在偏差的原因。纠正即采取控制行动来修正不利的倾向或者利用有利倾向使工作或活动回归到计划和标准上来。

指导职能，即通过授权、教导、监管、激励、讨论和协调等活动，使参与任务的各相关方贯彻和执行那些已经被批准的计划，通常这些计划是达到或超越目标所必需的。授权是给他人分派工作、明确职责权限，以有效发挥其作用。教导是明确或传授如何履行职责的方法和经验。监管是按照工作需求给他人以日常的指示、指导和约束，使其能够履行职责。激励是通过某种手段或措施激发他人有效完成其任务的动力。讨论是就如何更好地完成任务与他人一起研究、沟通和交流。协调是按照活动的顺序和重要程度，沟通、交流、确定资源的使用和组织间的配合、步调等，使工作或活动能顺利完成，并使冲突最小化。

指挥与指导的根本性差别是：指挥是命令式的，下属必须落实上级的要求和命令。指导是引导和促进性的，尽可能使执行任务的组织或个人乐意或没有逆反心理。

我国民商航天发射组织设计与运行均应遵守五项基本原则（见 1.2.3 节），即确保成功、提高效益、创新驱动、安全决策和无边界合作。

4.2.2 任务组织设计

（1）决策层组织设计

民商航天发射任务准备阶段的主要工作是围绕航天产品进场条件而开展的活动，主要包括：1）识别、定义民商航天发射任务对发射场的要求，与相关各方协调达成一致性意见；2）设计、编制民商航天发射任务所需文书；3）开展基础设施设备的检查、维护、修理等；4）组织人员开展针对性训练和考核；5）筹备任务所需物资器材；6）开展可靠性、安全性分析，细化质量和安全控制措施；7）其他方面的准备工作，如安全保卫、联勤保障等。民商航天发射任务实施阶段结束后，后续工作即任务总结阶段的工作主要是围绕任务相关方间的各类移交而开展的活动，包括撤场、数据事后处理与移交、设施设备和相关资源的移交、任务总结、设施设备的恢复等。上述工作多数限于民商航天发射各相关方的内部，部分工作可由航天发射中心牵头协调各相关方完成，因此，此阶段工作可在各相关方现有组织机构的基础上，按照职能部门分工来组织，也可以设置一些临时性的工作整合职位，以加快信息沟通，减少甚至消除时间拖延，不必针对民商航天发射任务成立专门的组织机构。

任务实施阶段，直接参与民商航天发射任务的各相关方齐聚发射场，导致系统间接口复杂、单位间协调量大，需要各系统、各单位统一行动，因此，在决策层需要一个强有力的任务指挥部。此阶段，决策层组织结构普遍采用项目式，由直接参与民商航天发射的单位联合成立发射场区任务指挥部，负责任务全局的组织指挥、决策控制。图 4 - 1 是民商航天发射任务实施阶段决策层组织结构示意。

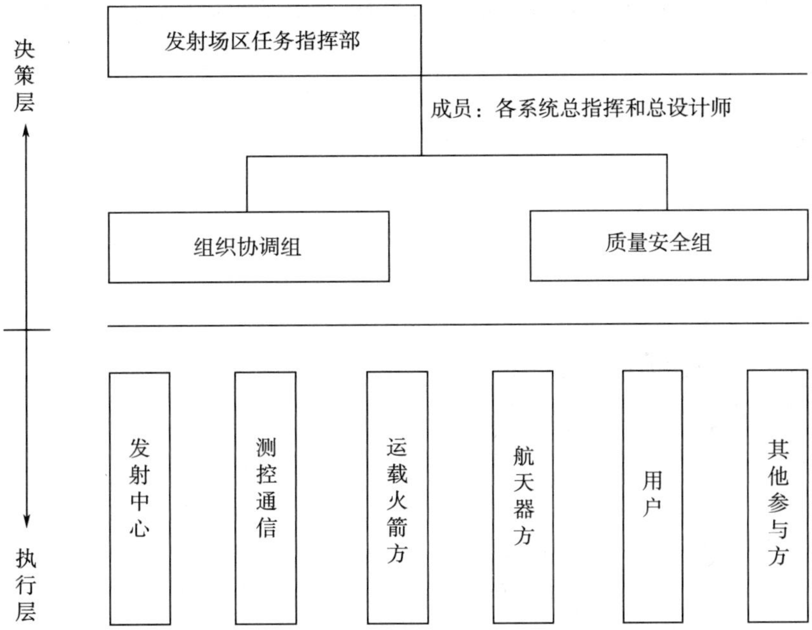

图 4 - 1　典型任务实施阶段决策层组织结构示意

民营商业航天发射任务与传统航天发射任务相比具有明显的特殊性。首先，由于现阶段民商航天刚刚起步，多数任务型号都处在试验验证阶段，技术尚不成熟，人员队伍经验不足，需要航天发射中心利用丰富的成功经验、深厚的文化底蕴，针对民商航天发射的特点和规律，通过精密的组织指挥，确保我国民商航天企业在起步阶段少出错并快速积累经验。此外，民商航天发射任务与传统航天发射任务的质量管理理念差异较大，传统航天坚持只能成功、不许失败、质量第一、问题归零，民商航天则追求利益、效率最大化，因此极力降低成本、减小产品冗余度、提高工业级元器件比例、简化测试发射程序、减少质量控制节点，在质量控制成本和确保发射成功之间探寻最佳平衡点。因此，民商航天发射在指挥决策组织机构设计方面，应积极适应这一变化要求，精简组织指挥机构和决策层次，给任务参与方更多的决策权限。传统航天发射决策层组织机构设置通常包括：工程指挥部、发射场场区指挥部、测控通信指挥部；发射场场区指挥部下属机构包括质量控制组、测控通信技术协调组、测试发射协调工作组、技术安全组、电磁兼容组、安全保密组、技术勤务保障组、政治工作组、后勤保障组、新闻工作组、接待工作组等。民商航天发射决策层组织机构设置在工程实践中目前只设立任务指挥部及其下属组织协调组和质量安全组。

民商航天发射决策层组织机构设置示例。

任务指挥部由参试单位领导组成，设指挥长、副指挥长和成员，下设组织协调组和质量安全组。指挥部主要职责有：

1）对任务实施集中统一指挥；

2）审核产品质量和任务安全；

3）批准任务实施计划和重大计划调整，审议重大质量安全问题，决策任务发射等重大事项；

4）决策其他临时事项。

组织协调组是任务指挥部日常事务处理机构，由航天器、运载器、发射场、测控、通信等系统人员组成，设组长、副组长、成员。主要职责有：

1）制定任务计划，督促检查计划执行；

2）组织召开指挥部会议或专题会议；

3）组织协调测试发射、测控通信和勤务保障系统开展工作；

4）负责任务新闻报道和安全保卫等工作；

5）负责任务指挥部交办的其他事项。

质量安全组由各系统总设计师、副总设计师、总体技术人员和质量安全管理人员组成，设组长、副组长、组员。主要职责有：

1）建立质量安全组工作办法，包括质量信息沟通、技术状态控制、质量安全问题处理、质量评审、放行准则和其他质量控制要求；

2）审查确认运载器系统安全分析与控制报告，并给出审查意见；

3）协调跨系统技术问题和技术状态变化；

4）组织转阶段质量评审，审查最低发射条件；

5）掌握质量安全问题处置情况，对于重大问题，审查质量安全问题处置结果。

（2）执行层组织设计

执行层通常指航天发射中心（包括下属的任务实施单位）和各系统的产品研制部门。产品研制部门一般从航天产品立项论证开始，经设计、初样、正样直至发射，均由同一个项目组进行管理，他们有持续的项目流程，工作稳定、沟通顺畅、反应迅速。航天发射中心下属的任务实施单位，由于所承担的任务不同和任务阶段的特点不同，组织结构的选择常常有所不同。

在民商航天发射任务准备阶段，对于承担技术总体、测试发射、测量控制和通信保障任务的单位，需要针对具体民商航天发射任务要求开展人员、设施设备、任务文书和工作环境等方面的准备工作，组织结构通常选择专职的项目组或矩阵式项目组。对于承担气象、推进剂、运输、水电、物资供给的保障类单位，可在职能式组织结构的基础上，成立兼职的项目组织。

在民商航天发射任务实施阶段，为充分有效地使用组织内外的资源，及时响应任务中发生的紧急情况，保证任务流程的有效实施，确保任务工作的进度和质量，航天发射中心和各系统的产品研制部门一般采用强矩阵式项目组织结构，以确保组织指挥的集中统一和有效地开展跨部门整合与协作。图 4-2 是航天发射中心矩阵型组织结构示意。

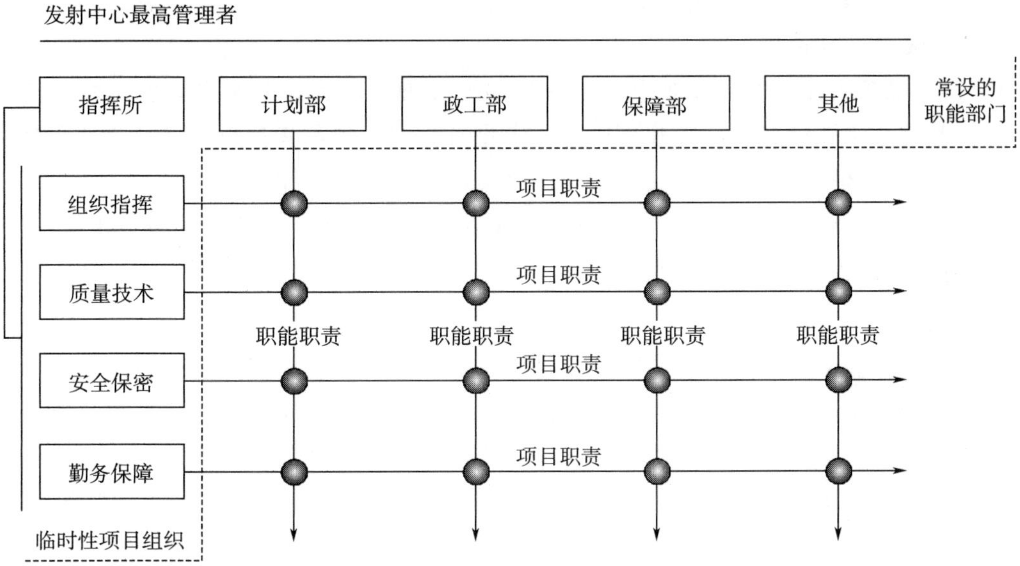

图 4-2　航天发射中心矩阵型组织结构示意

民商航天发射执行层组织机构设置示例。

民商航天发射执行层组织设计按照直接参与部门和单位的职能确定其在民商航天发射任务中的职责，包括发射场系统、运载器系统、航天器系统以及其他主要参试单位。

发射场系统组织职责：

1）组织成立任务指挥部，明确参试各方职责，负责任务统一指挥；

2）为航天产品卸车、装配、测试、加注、转场、发射等提供技术勤务保障；

3）组织发射场区大地测量，测控通信联调联试，实况景象记录，航天产品飞行测量，运载器飞行安全控制，遥外测数据实时处理和显示，任务飞行结果快速判读；

4）负责发射场区内部，发射场区与相关指控中心之间通信的组织与实施；

5）提供发射场区通用测试设备、气象、计量、电磁兼容、推进剂化验、水暖电、消防、卫勤、特种防护等保障工作；

6）组织任务发射和产品残骸落区勘场与残骸回收处置。

运载器系统组织职责：

1）向发射场系统提供任务飞行试验大纲、运载器发射场工作流程和计划、最低发射条件、安全性分析报告；

2）负责运载器转载、装卸、装配、测试、转场和发射；

3）负责运载器操作和测试数据处理分析。

航天器系统组织职责：

1）向发射场系统提供航天器发射场工作流程和计划、安全性分析报告和任务工作计划；

2）负责航天器转载、装卸、装配、测试、加注、转场和发射；

3）负责航天器操作和测试数据分析。

其他主要参试单位职责：

1）国家卫星测控中心主要职责：参与任务重大决策，负责发射窗口空间碰撞预警分析；参加航天产品飞行测量，实时处理航区遥外测数据，负责卫星初轨根数计算；负责事后遥外测数据处理；指挥所属测控站，统一向发射场系统传递数据。

2）航天工程研究所主要职责：参与任务策划、实施，组织制定发射场总体技术方案、测控通信总体技术方案，参与任务质量监督和安全审查。

（3）作业层组织设计

作业层又称操作层，是指民商航天发射任务中承担具体业务操作的作业班组。作业层一般是按照专业技术或设施设备特点、工作类型等方式来组织，操作岗位人员具有专职和稳定性的特点，因此，其组织结构几乎都选择传统直线型。以某发射测试站地面设备室为例，组织结构如图 4－3 所示。

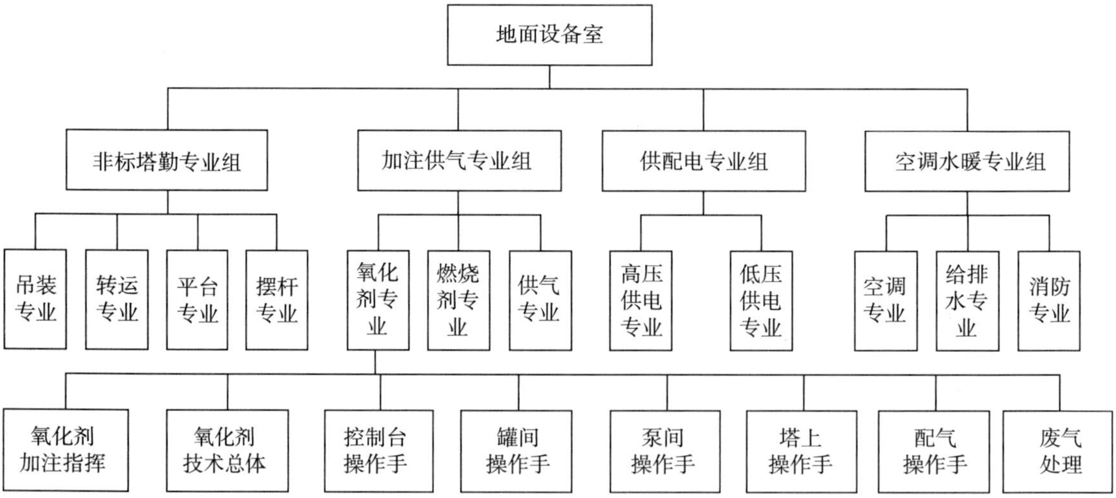

图 4－3　作业层直线型组织结构示意

由于作业层的工作绝大多数都集中在组织内部完成，采用直线型组织结构能保持明确的权责结构，利于人员稳定和培养专业化技术。在该类组织中，由于每个人只向一个上级报告，内部沟通也十分简便，应急响应迅速快捷。

4.2.3　任务组织运行

限于某一部门或单位内部的民商航天发射组织运行与一般性组织运行的原理、内容、方法和措施没有太大的区别。民商航天发射组织运行的独特性主要体现在任务指挥部及其下属机构中，原因在于：一是任务指挥部及其下属机构的领导与成员、成员与成员之间通常不属于同一个单位，经常找不到两者共有的上级；二是为确保民商航天发射成功，任务指挥部及其下属机构领导与成员、成员与成员之间的目标是一致的，但是在具体事务上，尤其是资源和时间发生冲突时，他们利益不同、意见相左；三是质量问题和技术状态更改发生的原因可能是多方面的，质量问题处理的措施有时也不是唯一的，出于单位利益，领导与领导、领导与成员、成员与成员之间的认识和意见有时会大相径庭。上述原因给任务指挥部及其下属机构的领导和控制工作带来很多困境，有效解决上述问题的措施是为各级任务组织配置合适的人选，建立完善的工作制度，明确处理一切可预见冲突的原则、程序和方法，为各项工作和活动制定严谨的方案预案，并请各方代表审核会签。

（1）任务组织配备

民商航天发射任务组织配备的实质是为项目挑选合适的人员，需要解决以下 3 个主要问题：1）需要哪些人；2）这些人员从哪里获得；3）何时需要。在约束条件下，达到以下 3 个目的：1）获得最有力的人力资源，并充分发挥其作用；2）为所有项目组人员提供一个良好的工作环境；3）保证资源都得到充分利用，并尽可能满足所有要求。

民商航天发射决策层组织需要对任务实施中的重大计划、事务和问题进行决策，指挥参加民商航天发射任务的所有单位协同工作，而参加民商航天发射任务的单位之间通常没有统一的领导，个别单位甚至不属于同一行业，因此，决策层组织配备需要参加民商航天发射任务的主要单位都有人参加。发射场区指挥部人员配备的一般性流程为：

1）任务指挥部成员由发射中心提出要求，如成员必须是各系统的总指挥或副总指挥、总设计师或副总设计师；

2）参与民商航天发射任务的各单位推荐；

3）发射中心审核汇总后报航天系统部；

4）任务指挥部在航天产品进场时成立并开展工作。

民商航天发射执行层组织一般限于某一单位内部，人员可选范围较小，配备过程也较为简单。航天发射中心民商航天发射指挥所人员配备的一般性流程为：

1）任务牵头部门提出指挥所成员要求；

2）部门和下属单位推荐；

3）中心领导审核批准；

4）指挥所在航天产品进场前成立并开展工作。

由于民商航天发射任务中的多数技术操作需要相关的专业技术人员，作业层组织配备过程需要遵守严格的程序，这包括：

1）根据民商航天发射任务要求，制定工作说明或岗位职责，对岗位工作内容进行尽可能详尽的描述，对工作流程、上下级关系、协同岗位和内容进行明确，对质量安全标准及其控制措施进行规定，对须遵守的制度、规范和使用的任务文书等进行说明；

2）依据岗位工作说明或职责明确岗位资质或技能要求；

3）对人员进行岗位考核、考查和定岗，对拟定岗人员进行岗前考核，对考核通过的人员应进行审查，确认其满足要求后才能定岗；

4）开展针对性训练，对定岗人员依据民商航天发射任务的特定要求开展针对性训练，如通过联试、演练，训练检验岗位间的协同性。

上述 4 个步骤是必需的，一些岗位可能还会有其他要求，如从事特殊装备操作的人员还需获得相应资质证书后才能上岗。

（2）任务组织工作制度

制度是保证民商航天发射任务各级组织有序运行的基础，也是确保利益和目的不同的两个或多个组织之间高效合作的基础。民商航天发射任务组织工作制度主要有：计划制度、分工负责制度、请示报告制度、放行制度和专家把关制度等。

计划制度。各级组织指挥机构应依据上级下达的任务计划细化并制定本级任务实施计划和阶段工作计划。计划执行过程中，应实时搜集、掌握计划落实情况，及时解决工作进程中出现的问题。民商航天发射任务计划包括：任务实施计划、关键阶段工作计划、各系统实施计划、周工作计划、日计划等。

分工负责制度。各级组织指挥机构应实行指挥长领导下的分工负责制度，各成员应严格按职责分工定位，共同向指挥长负责，做到分工明确、责任落实。

请示报告制度。各级组织指挥机构应按照规定及时掌握情况，加强请示报告。对于任务关键阶段实施情况、重要情况应及时向上级报告。对于权限范围之外的重大问题，应及时向上级请示。

放行制度。各级组织指挥机构应按计划组织阶段放行审查和重大问题处理放行评审。出现重大异常情况时，应及时组织召开专题会议，研究制定处置措施。

专家把关制度。各级组织指挥机构应充分发挥技术民主，特别是涉及处理重大技术问题或者做出重大决策之前，应充分听取专家意见，实行民主讨论、集中决策。

（3）任务组织工作流程

工作流程是明确组织在民商航天发射具体活动中的职责和权力以及组织成员如何履行职责和行使职权的程序，是组织有序运行的基本保证，其对于临时组建且持续时间较短的民商航天发射任务组织尤为重要。职权是赋予个人（或赋予个人所在职位）的可以对下属做出最终决定的权利。职责是为使组织中个人工作有效而必须承担的责任。负责是对于完成某一特定任务负有完全责任的一种关系，是职权和职责的结合。

民商航天发射任务组织的工作流程应依据任务需要和组织特点而制定，重点明确在民商航天发射活动中组织应承担的任务、责任及与其他相关组织的关系，规定组织中个人或职位的职责和职权以及与邻近岗位的关系，并为信息传递和共享、职责履行和权利行使建立正式的渠道。

（4）任务组织内部沟通

民商航天发射任务组织内部沟通有着一般项目管理的通性，即充分利用一切可能的手段保持信息在组织内部正确、及时、完整地传递、加工、存储和共享。这些手段包括：

1）建立正规、顺畅的信息流通和共享渠道；

2）制定组织内正式沟通的制度，包括：会议制度、审核会签制度、质量评审制度、状态和计划更改审批制度、产品测试和数据判读汇报制度、组织指挥和协同程序制度等；

3）充分利用一切可用的通信技术和手段保证内部沟通的适宜性、有效性和充分性，包括电视、电话、电报、互联网、调度、文件、表单、会议等。

由于民商航天发射项目涉及多个系统、多个单位、多个岗位协同操作，一些关键协同操作差错可能会导致整个任务的失败或遭受巨大损失。因此，民商航天发射组织内部沟通或组织指挥有着不同于其他项目的独特之处，即对于关键活动采用实时信息处理和共享+实时调度指挥的模式（见 4.3.3 节）。

4.2.4　组织功能障碍

在职能性组织中，领导与下属、同事与同事之间可能有较多的时间去建立相互信任的关系。但在民商航天发射任务环境中，由于任务持续时间较短，彼此陌生的民商航天发射项目组成员甚至来不及相互熟悉，组织便已面临解散。因此，了解民商航天发射任务组织功能障碍并事前做好应对措施是非常重要的。

以发射场区指挥部为例，指挥部中的每个成员都代表着一个单位的利益，他们之间彼此不认识、不了解，而且他们每个人都知道：任务具有高风险性，任务失败的责任谁都无法承担和面对，任务很快就会结束且无论成败组织都将解散，这时要求他们为了一个共同的目标——民商航天发射任务成功而在一起共事，缺乏信任、隐瞒问题，惧怕冲突、逃避责任难免会成为该项目组织功能的主要障碍。

（1）缺乏信任、隐瞒问题

主要表现为：互相隐瞒缺点和错误；不愿寻求帮助或提供有建设性的意见；不愿在他们自己的责任之外提供帮助；在没有尝试弄清事实的情况下对他人的意图草率地下结论；对别人的经验、技术认识不清也不会借鉴；积累怨气；不愿在一起讨论研究等。

中国民商航天发射解决上述问题的典型措施主要有：一是航天发射中心要当好“东道主”，开展“三让”“五主动”活动。航天发射中心在自己驻地范围内组织民商航天发射任务，应当好“东道主”，自觉在政治上让荣誉、在工作上让条件、在生活上让方便；向来发射场参加任务的各系统、各单位，主动了解情况、主动交底通气、主动征求意见、主动协调关系、主动排忧解难，使各系统、各单位建立对航天发射中心的信任，从而使航天发射中心成为协调解决各类问题的桥梁和纽带。二是构建科学的协同机制。设立正式的沟通交流平台，明确信息传递途径和流程，通过定期和及时的任务交流，共同研究问题、共同克服困难、共同承担风险，真正做到团结在一起、战斗在一起、胜利在一起，消除指挥部成员间的隔阂和疑虑。

（2）惧怕冲突、逃避责任

主要表现为：拖延问题解决的时间；有着令人厌烦的会议；忽视对成功起关键作用的有争议的话题；在不同水准或表现的成员之间引发怨恨；在人际关系管理上浪费时间和精力；降低士气；官僚作风等。

中国民商航天发射解决上述问题的典型措施主要有：一是建立责任体系，包括清晰的工作界面、完善的制度规范、科学的履责程序、严格的过程控制、完整的评价标准和放行准则等。在此前提下，不管什么单位、什么系统、什么人都要以制度规范行为，按程序决策办事，严禁主观臆断、擅自行动，使冲突及解决冲突都严格受制于制度、规范、程序和标准，以此消除指挥部成员害怕冲突、逃避责任的忧虑。二是坚持透明化管理。通过严格质量安全控制程序，加强试验文书审核会签、技术状态更改审批、任务软件配置管理、质量问题处理、重大问题请示汇报、关键阶段质量评审的控制力度，实施质量安全透明化管理，确保及时暴露冲突、透明管理冲突、科学化解冲突，消除指挥部成员惧怕冲突、逃避责任的心理。

（3）有效沟通、处置冲突

在民商航天发射实施过程中，冲突是经常发生的，包括目标、过程、权利、界面、进度、资源、质量等方面。冲突不一定是有害的，适度的冲突可以发现问题、暴露矛盾、获得新的信息、找到更有效的方法。

有效地利用调度职能不仅可保证计划的实施，而且也可以有效地协调解决冲突。调度解决冲突的方法主要是利用调度体系、组织权利、通信手段和交通工具等制定计划、发布指令、召开会议、疏通关系，进而达到有效解决冲突、保证计划有序实施的目的。

冲突的解决过程实际上是一个沟通协调和相互让步的过程。对于不影响项目整体状况的冲突，领导者应积极引导、回避冲突，适当地采取妥协和让步。对于涉及双方利益的冲突，领导者可引导双方相互谦让、顾全大局、加大合作，形成利益互补或共同体，化解冲突。如果冲突的对立性很大，协商和调节都不能解决时，可交由上级部门裁决。由于民商航天发射任务实施过程关系复杂、矛盾多样、冲突众多且时效性很强，需要协调的问题很多，沟通协调、冲突处置要善于抓主要矛盾和问题（主要矛盾和问题一定是少数，且影响巨大），解决了主要问题，其他问题就会迎刃而解。

4.3　组织指挥方法与工具

4.3.1　工作内容

民商航天发射可分为任务准备、任务实施和任务总结三个阶段，任务准备阶段从发射时间计划确定到航天产品进场；任务实施阶段从航天产品进场到航天器入轨，必要时包括航天器回收；任务总结阶段从航天器入轨到技术和工作总结完成。

（1）任务准备阶段

任务准备阶段的主要工作包括：任务要求确认、任务实施策划、人员定岗定位、设施设备和物资器材准备、航天产品进场条件确认等。

任务要求确认。航天发射中心在接到民商航天发射任务通知后，进一步与民商航天产品研制方沟通交流，确认任务的性质、目的、方案、飞行试验大纲、任务分工和要求、组织指挥与协同关系、产品预计进场及实施发射时间等，民商航天公司应及时赴发射场对保障条件进行考察，对发射场建设需求、测控通信接口等事宜进行对接协调，为任务顺利进行奠定基础。

任务实施策划。根据飞行试验大纲、任务工艺流程等顶层文件，参试各方制定本系统或本单位的发射任务计划和各类组织实施方案，拟制组织指挥和试验技术文书，收集试验技术资料，完成资料和图纸的配套与归档。

人员定岗定位。按照任务要求，成立任务团队，明确岗位及其能力素质要求，甄选任务团队成员并对其进行达标考核，考核合格者才能定岗。对定岗人员进行针对性训练和专业技术训练，提高定岗人员的专业技术水平和操作熟练程度，提高分析问题和解决问题的能力。

设施设备和物资器材准备。根据民商航天发射任务要求，适时对参试设备及其状态进行调整，经检验和试运行考核合格后投入使用；对设备点位及其方位进行测量或复测，对参试仪器、仪表进行检修和校验；完成液体推进剂的运输、转注及化验等工作。

航天产品进场条件确认。对发射场任务准备情况和航天产品状态进行确认，评价是否具备航天产品进场执行发射任务的条件，明确航天产品进场的具体时间。

（2）任务实施阶段

任务实施阶段的主要工作包括：成立任务组织机构、组织航天产品进场、完成航天产品技术区装配测试、测控通信联调联试、航天产品发射区测试与发射等。

成立任务组织机构。成立任务指挥部及其下属机构，建立内外部沟通渠道，明确各项工作制度，确认任务进度计划和放行准则。

组织航天产品进场。按计划组织航天产品运输进发射场，航天产品卸车、转载和检查确认，航天产品工作环境条件确认；必要时，进行航天产品交接、技术交底。

完成航天产品技术区装配测试。按照试验大纲、任务流程、航天产品装配测试规范等要求，组织各系统完成航天产品总装与测试工作。

测控通信联调联试。依据接口规范、数据处理要求等，组织地面测控通信系统与航天产品的对接，测控通信网内外部的联调联试，全区合练等。

航天产品发射区测试与发射。各系统进行功能检查和联合检查；技术人员和各级指挥人员熟悉各种方案预案；任务参与各方做好应急情况处置准备；液体运载火箭加注推进剂；按发射协同指挥程序组织任务发射。

（3）任务总结阶段

任务总结阶段的主要工作包括：任务结果分析、撤收撤场、任务资料整理和遗留问题处置。

任务结果分析。对测量数据进行处理，提供数据处理结果报告；编写发射场各分系统技术试验报告、专项试验报告和总结报告；对任务结果进行分析和评价，提供发射试验结果分析报告。

撤收撤场。包括任务派出分队撤收，产品研制单位试验队撤场，任务指挥所撤收，航天产品残骸搜索及其移交等。

任务资料整理。收集整理并归档发射试验资料，开展管理和技术工作总结。

遗留问题处置。包括发射场状态恢复，飞行试验质量问题处置，相关设施设备和数据移交等。

4.3.2 活动组织办法

一般性民商航天发射所涉及的活动包括：发射场条件建设、航天发射中心任务准备、落区勘察、航天产品进场、航天产品装配测试、联调联试与安控对接、技术勤务服务保障、航天产品转场、发射放行、任务发射、跟踪测量及数据处理、结果评估与数据移交、搜救回收和设备撤场。以下是根据工程实践结果而提出的活动组织办法：

1）发射场条件建设。航天产品出厂前，试验队（航天产品研制部门组建的到发射场执行发射任务的团队）根据实际测试项目，提出详细的保障条件需求，试验队与发射中心共同确认发射场是否满足航天产品进场条件，若不满足进场条件，由试验队提出改造方案，得到发射中心允许后，根据双方协议完成适应性改造。

2）航天发射中心任务准备。发射中心依据任务飞行大纲、测试发射流程及对发射场保障条件需求等输入条件，以及航天系统部的任务通知要求，组织开展人员、设施设备、试验文书等准备工作。

3）落区勘察。任务开始前，航天发射中心按照运载总承方提供的落区文件，组织编写勘察方案，并组织相关各方（包括：航天工程研究所，搜救回收部门，运载总承方等）进行火箭残骸落区勘察，各方会签勘场纪要。

4）航天产品进场。试验队进场前提供本次任务安全风险分析及控制措施报告，质量安全组审查是否具备进场放行条件。航天发射中心接到航天系统部正式任务通知并待发射场满足进场条件后，允许试验队人员、产品及设备进场。航天产品卸车由试验队负责时，试验队向航天发射中心提出卸车保障条件需求，中心做好保障工作。

5）航天产品装配测试。航天产品的装配、测试工作由试验队独立完成，航天发射中心相关单位依据任务分工进行保障。测试进度由试验队自行把握，出现质量和安全问题时及时向质量安全组报告，质量安全组对问题处置情况进行确认。

6）联调联试与安控对接。依据测控系统总体技术方案，指挥协调组组织制定联试联调方案和安控方案，并按计划进行联调联试和安控对接演练，给出安控对接结论。

7）技术勤务服务保障。航天发射中心在自己的职责和能力范围内提供技术勤务保障，超出范围的由试验队解决。试验队组织运载器或航天器加注时需组织召开加注前评审会，质量安全组参加，评审确认加注方案及加注准备工作，视情组织加注演练，中心相关单位做好相关保障工作。

8）航天产品转场。质量安全组依据放行条件组织航天产品转场评审确认，评审确认通过后方可实施转场。试验队组织转场及发射区测试工作。

9）发射放行。质量安全组组织召开射前全系统质量安全评审，并将评审意见报指挥部，指挥部召开会议决策任务发射。发射放行常常与航天产品转场放行评审确认一并进行。

10）任务发射。确定发射时间后，指挥协调组制定任务发射计划和协同工作程序并组织实施发射，各系统按计划和任务要求参加发射。

11）跟踪测量及数据处理。航天产品发射和飞行过程中，测控通信系统按照任务总体技术方案对测控通信的要求进行跟踪测量，并按约定向各相关方提供实时数据显示。民商火箭试验任务，原则上测试数据由试验队自行分析处理。

12）结果评估与数据移交。航天发射中心对飞行结果进行快速评定，给出快速评定结论，形成快速评定报告，但不组织快评结果汇报。任务结束后，航天产品飞行遥外测数据按约定向各相关方移交。

13）搜救回收。火箭发射前，由航天发射中心搜救回收部门与试验队人员共同完成残骸落区安全管控工作。子级残骸回收工作按约定要求完成，并在确保安全的条件下进行处置，不具备回收条件时，不进行残骸回收工作。因子级残骸造成的人员伤亡、财产损失，由试验队承担赔偿责任。

14）设备撤场。任务结束后，试验队向航天发射中心提出撤场计划和保障需求。撤场前，与航天发射中心发射测试站共同对所用设施设备进行检查，确认设施设备状态完好后办理交接手续，完成撤场工作。

4.3.3　技术手段

由于民商航天发射涉及多个系统、多个单位、多个岗位协同操作，一些关键协同操作差错可能会导致整个任务的失败或巨大损失。因此，民商航天发射组织指挥，尤其是对于关键活动，必须采用实时信息处理和共享＋实时调度指挥的模式。

实时信息处理和共享模式是通过计算机互联网将中心计算机、数据采集系统、指挥监控网络（如 C^3I 系统）和站机（分系统数据处理机）连接在一起；各系统设施设备（包括航天产品）的工作状态和任务完成情况通过信息采集系统实时汇总到中心计算机；中心计算机实时处理汇总来的各类信息并按事前约定的内容和格式分发到指挥监控网络和站机；指挥监控网络和站机将来自中心计算机的信息传递给各指挥调度和实时监控终端；指挥调度和实时监控终端按照使用者的要求显示设施设备状态和任务完成情况信息，进而实现民商航天发射任务全系统内的实时信息共享。

实时调度指挥是在每个指挥岗位都设置调度终端并通过实时语音调度网络将它们连接在一起，整个系统构成垂直式的上下级指挥关系，并按照事先制定的协同指挥程序分步完成各项工作，通常前序工作未完成时不会开展后序工作。与国家主导的传统航天发射实施调度指挥相比，民商航天发射的实时调度指挥简化了指挥层级，由航天发射中心出任总调度，一般性调度层级关系示意如图 4－4 所示。

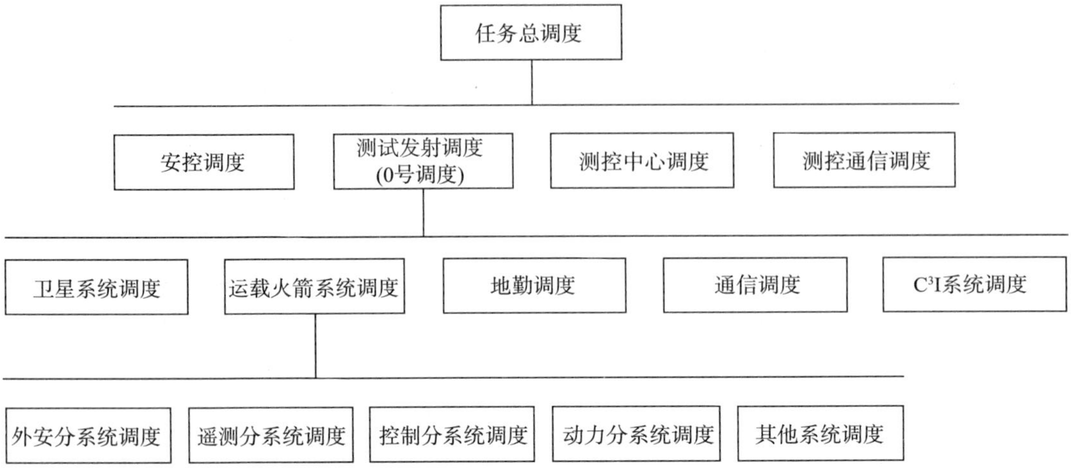

图 4－4　民商航天发射调度指挥关系示意

以下是民商航天发射实时调度指挥工作流程：

1）调度点名。上级指挥员按照预定时间通过语音调度终端呼叫下级指挥员，下级指挥员听到呼叫后按要求应答。

2）下达收集任务准备情况的口令。上级指挥员通过语音调度终端下达收集某项任务准备情况的口令，下级指挥员通过语音调度终端接收上级指挥员的命令，并按要求应答。

3）下达任务实施口令。上级指挥员确认实施某项任务的条件完全具备后，通过语音调度终端下达开始实施该任务的口令。

4）实施任务。下级指挥员通过语音调度终端接收上级指挥员的命令，按要求组织本系统或分系统、单机完成规定的任务，遇有异常和紧急情况时及时通过语音调度终端实时向上级指挥报告。

5）下达收集任务完成情况的口令。当预定的任务结束时间到达时，上级指挥员通过语音调度终端下达收集该任务完成情况的口令，下级指挥员通过语音调度终端接收上级指挥员的命令，并按要求报告任务完成情况。

6）确认前序工作完成情况。上级指挥员依据收集到的任务完成情况确认前序工作已全部完成，后续工作可以开始时，重复执行步骤 2）、3）、4）、5）、6）直至预定的任务全部完成。

4.3.4　主要技术工具

为有效贯彻实时信息处理和共享＋实时调度指挥的组织指挥模式，航天发射中心建设有功能齐全、覆盖所有工作区域的 C^3I 系统、调度系统、广播系统、电视监控系统和电话系统。

（1）C^3I 系统

发射场 C^3I 系统是以现代计算机及其网络和通信、显示设备为核心，由测发计算机、指挥显示设备、地勤监测控制设备、接口设备、电视监视显示设备和通信设备等组成。通信设备包括语音调度、自动电话、直通电话、广播系统及电视摄像、有线电视、光电缆传输系统、时统和倒计时设备等。C^3I 系统的主要功能有指挥、监测控制、监视显示、信息交换和数据处理、辅助决策等。

指挥功能。系统具有计算机显示指挥和电视显示指挥、语音调度指挥、自动电话指挥、直通电话指挥、广播调度指挥和越级指挥的能力，自动生成指挥程序和指挥命令，完成对火箭系统的匹配检查和总检查的组织指挥，完成各系统之间的联合检查。协助指挥员拟制测试发射工作计划和制定发射预案；对进出发射试验场所人员自动识别和管理等。

监测控制功能。系统可以监测重要设施的火灾、有毒有害气体及发射试验场所的供配电设备的工作状态和参数，一旦发现危险情况能及时报警并处理，可以向地勤重点单体监控系统发出实时控制指令，完成其他工作过程的自动控制。

监视显示功能。系统可以静态监视显示发射场技术区、发射区危险区域、关键部位和重要工作岗位的情况，动态监视显示产品在技术准备、转运、加注和发射过程中的实况；数字显示各系统自动化检测信息、发射任务信息、工作进程信息、遥测处理信息以及各种应急处理方案和预案；模拟显示发射工艺流程和火灾发生位置等。

信息交换和数据处理功能。系统可以完成与指挥中心的图像、话音和数据信息的交换；完成各单位挑点参数结果信息处理、打印、记录和比对；对起飞信号、飞行轨迹参数进行接收、处理、转换和发送；自动录入、查询重要试验文书和技术文件等。

辅助决策功能。系统可以对指挥员进行辅助决策支持，当发射进程中发生故障时，自动生成故障处置预案和应急组织实施方案，提示发射程序延迟时间。

（2）调度协同指挥程序＋调度系统

民商航天发射调度协同指挥程序是实施调度指挥和协调各系统活动的规范性文件。在民商航天发射关键活动实施过程中，为保证各系统协调一致，避免活动的冲突，加强任务实施的有序性，事前制定严格的协同调度指挥程序，明确工作步骤、时间要求、协同关系和工作内容。调度协同指挥程序的制定要与相关系统进行充分的协商、讨论，经相关系统指挥人员会签确认。

调度协同指挥程序通常对工作时限、可靠性和安全性、工作项间的协调性等具有较高的要求，尤其是发射协同指挥程序，具有以下典型的特点。

1）工作时限要求高。每次民商航天发射都受发射窗口宽度的限制，因此每项工作内容都必须在规定的时间内完成，否则会影响到下一项工作，进而影响整个发射计划的实施。

2）可靠性、安全性要求高。进入发射程序后，火箭、航天器都已安装了火工品，各系统在操作中必须保证绝对安全，防止因误操作而引发故障，危及人员、航天产品和发射场的安全。由于发射程序受时间的限制，也要求各系统的设施设备和仪器仪表具有高可靠性，避免因设施设备和仪表的故障影响发射程序的顺利实施。

3）工作必须协调一致。协同指挥程序不但要使火箭与航天器、有效载荷系统之间协调一致地工作，而且还要使地面发射系统和测控系统与航天产品协调一致地工作。因此，在协同指挥程序中各工作内容的安排必须强调系统的整体效能。

调度系统是对发射进程实施指挥的主要工具，也是调度协同指挥程序得以有效贯彻实施的主要技术保证，它将各级指挥员与参试系统有机地结合在一起，迅速准确地对发射任务实施指挥。依据调度协同指挥程序，各级指挥员可以通过调度控制台对下级实施控制，及时下达各种命令；接受上级控制，及时报告任务执行情况；同时，可以保障上级对下级实施越级指挥，使上级指挥员能直接了解下级重点岗位执行命令的情况。指挥员也可以通过调度控制台召开各类会议，及时协调解决存在的问题。

（3）广播系统

为了保证对发射试验任务大范围、全过程的组织指挥，发射场广播系统是对调度系统和电话系统的补充指挥手段。它可达到调度系统和电话系统所不能达到的工作区域和场所。广播系统的主要功能包括：对航天器及其运载器在组装、吊装、测试和转场等场合中工作人员的组织指挥和现场管理；对火箭加注和发射实施过程中操作人员的调度指挥；当发射实施出现危及产品、设施和人员安全的紧急情况时，及时通知勤务人员进行处理，并通告无关人员迅速离开现场；完成发射后人员撤场时的组织指挥和管理。

（4）电话系统

由于电话系统具有高可靠性、架设简便和使用灵活等特点，因此广泛应用于发射试验任务中的指挥和技术协调之中。为保障上级指挥机构对各试验场区（发射首区、试验落区和航区）指挥的便利和畅通，专用信息网和人工长途通信也是必不可少的手段。国家航天发射管理机构与发射场区通过光纤传输和人工长途通信，建立和保持指挥联系渠道。在发射场内部，测发、测控、勤务保障系统通过局间中继网与发射中心程控交换局连接起来，使任务指挥部、上级指挥机构与发射试验各场所建立指挥渠道，保持不间断的指挥。

4.4 指挥决策

指挥决策是为达到预期目的而选择行动方案的一个过程。指挥决策对民商航天发射任务的顺利实施、确保任务取得圆满成功，具有重大的、甚至是决定性的作用。在民商航天发射任务实施过程中，发射场区指挥部及其下属组织管理机构，不仅需要按照既定的流程做出各阶段的指挥决策，而且在紧急情况或故障情况下，更需要指挥员当机立断做出决定。任务实施中的指挥决策，特别是关键时段、异常情况下的指挥决策，需要指挥员综合利用多方面信息和资源，统筹考虑多种因素做出综合分析和决断，是民商航天发射任务组织指挥的重要内容之一。

4.4.1 指挥决策的特点

民商航天发射任务高投入、高风险以及利益驱动和社会影响强烈，决定了其指挥决策具有独特性。主要表现为管理与技术相融、集体与分级相结合、综合性和复杂性并存、阶段性与快速性相依。

（1）管理与技术相融

民商航天发射是高新技术综合集成的项目，技术水平高、参试系统多、系统间接口关系复杂。经过多年的研究和探索，国家主导的传统航天发射形成了总指挥和总设计师"两总"系统共同负责、行政与技术相结合的指挥决策模式。总设计师系统负责本系统技术工作，为总指挥提供决策技术支持，重大问题"两总"人员集体讨论形成指挥决策意见。这种指挥决策要求对重大、复杂和影响深远的决定，须充分听取各方指挥员、技术专家的意见，特别是不同意见，经过集体讨论，综合各种利弊后做出决策。"两总"系统集体指挥决策是控制风险、减少失误、确保成功的有效手段，是中国传统航天发射高成功率的重要组织保障。新生的民商航天发射应充分借鉴吸收相关的成熟经验，在此基础上，结合民商航天发射特点研究、探索应用更贴近民商航天发射特性的管理与技术相融合的指挥决策模式。

从目前民商航天发射管理与技术相融合的指挥决策模式研究和实践的结果看，依托任务指挥部集中各系统的领导和技术专家共同讨论决策发射任务中的关键节点放行和重大事项是一种行之有效的方式，与国家主导的传统航天发射指挥决策相比，继承了"两总"系统"技术＋管理"决策的实质内核，但任务指挥部规模大大缩小、程序更加简约，省去了烦琐的各种汇报、总结、评审、请示和批准环节，因此工作效率也更高。

（2）集体与分级相结合

民商航天发射实施中的重大指挥决策都是由组织指挥机构集体做出的，这种集体指挥决策不是少数服从多数的决议，而是决策结果要在各系统之间达成一致性意见，不留疑点。集体指挥决策的体制和发扬民主、慎重决策、协商一致的原则，共同保证了任务决策的正确性。

民商航天发射系统结构复杂、相关方较多，与这些特点相适应，民商航天发射过程实践中设置了结构和层次明晰的组织指挥机构，明确了各级组织指挥机构和人员的职责和权限。任务实施过程中，各级管理机构和人员逐级开展组织指挥，在承担的职责和权限内实行分系统、分级指挥和决策。在航天产品装配测试过程中，对于不影响其他系统的工作和全系统的整体进度的变更和事项处置，由各系统自主决定。在任务点火发射过程中发生异常情况，为保证指挥决策不贻误时机，赋予相关系统根据判决准则和预定方案，在专家系统的支持下，实施独立指挥决策的权利。

上述决策方式与国家主导的传统航天相比没有本质区别，主要变化在于，集中或集体决策的内容减少了、程序简化了，而分级决策的权限和内容都增加了。以技术状态变更和工作项目调整而论，传统航天发射要求"论证充分，各方认可，试验验证，审批完备，落实到位"，而民商航天发射的要求是只要对其他系统的工作没有影响且不会影响到任务成败、安全和进度的变更，原则上由各系统进行决策。

（3）综合性和复杂性并存

民商航天发射指挥决策的综合性主要体现在以下三个方面：一是体现在综合考虑质量、进度、成本、技术和安全等因素之间的关系，既要考虑技术上的必要性、可行性，又要考虑进度与质量的关系、技术与安全的关系，遵守安全至上，质量、进度、成本相平衡的原则。二是体现在综合考虑分系统和系统之间的关系，既要考虑分系统对系统的影响，又要考虑系统对分系统的影响。三是综合考虑参试各方的意见，既要尊重系统和单位的意见，又要兼顾各方利益和任务节点计划、资源利用等。

民商航天发射任务指挥决策的复杂性表现在，任务实施涉及空间、材料、电子、计算机、通信、力学、环境，未来可能还会涉及生命、生理等众多领域的知识和高新技术，要求指挥决策者必须对相关领域的科学知识有较深的理解和掌握。民商航天发射信息量大，不确定性因素多，要求指挥决策者必须善于分析、归纳融合各种信息，从繁杂多样的信息中把握事物的本质，做出科学合理的决定。

上述决策特点与国家主导的传统航天相比没有本质变化，但在处置原则上有很大的不同，如传统航天在质量与进度发生矛盾时，强调进度服从质量，质量与成本发生矛盾时，强调保证可靠性；而民商航天发射针对上述情况的决策强调寻找两者间的最佳平衡点。

（4）阶段性与快速性相依

民商航天发射任务流程的阶段性特点决定了指挥决策的阶段性。为保证民商航天发射任务具体实施过程中指挥决策的正确性，在任务流程的不同阶段，各参试系统和岗位依据以往的知识和经验，根据各个阶段的工作内容、工作特点，建立了相应的放行准则，形成了严格的评审验证程序，制定了各种方案预案，规范了风险预测和评估的方法等。因此，在任务实施过程中，为保证下一阶段工作能够顺利进行，在阶段工作结束后均按照事前制定的放行准则和评审程序进行阶段审查，决定是否转入下一阶段工作。

民商航天发射任务指挥决策的快速性表现在，由于安装了推进剂的固体火箭和加注了推进剂的航天产品属于高危险品，一旦发生紧急情况，需要指挥员做出快速的判断和决策，如火箭点火失败、推进剂快速泄漏等，为保证指挥员在紧急情况下快速决策的正确性，民商航天发射与传统航天发射一样，须制定完善的应急预案并组织相应的演练。

4.4.2 重要时段的指挥决策

民商航天发射重要时段的指挥决策一般是由发射场区指挥部或其下属机构通过集体讨论研究决定。通常包括技术区测试决策、航天器加注决策、航天产品转场决策、运载火箭加注决策、发射决策和紧急情况决策等。

（1）技术区测试决策

航天产品进入发射场后，要完成在技术区的技术准备工作，之后才能转运到发射区。按照民商航天发射组织指挥探索与实践的结果，一般在这个阶段要安排几次技术性的决策，主要是对航天产品实施严格的质量、安全控制，及时发现并处理航天产品存在的关键性、重大性的技术质量问题，确保航天产品的安全性和可靠性。这一阶段实施指挥决策的依据主要是：各系统测试检查的结果及质量是否满足相关的技术标准要求；对发现的问题是否按照“定位准确、机理清楚、措施有效”的标准进行了处置，或者有不影响任务进程的明确结论；进入下一阶段的准备工作是否已经就绪等。技术区测试决策一般由各系统组织，质量安全组派代表参加。

（2）航天器加注决策

航天器在技术区的总装、测试等准备工作结束后，需要对是否进行航天器加注推进剂做出决策。一般情况下，航天器加注推进剂后发射任务进程便不可逆转，在此阶段的决策依据主要是：航天器总装测试是否满足相关的技术标准要求；出现的质量问题是否归零，或者有不影响任务进程的明确结论；航天器推进剂加注的准备工作是否已经就绪，安全防护工作是否到位等。航天器加注决策一般由航天器系统组织，质量安全组派代表参加。

（3）航天产品转场决策

航天产品在技术区完成技术准备后，确认各系统的功能性能满足设计要求，方可转入发射区进行射前准备和发射，因此转场前的决策必须保证航天产品质量良好。此阶段的决策依据主要是：航天产品各项技术指标是否满足设计要求，不带任何疑点；发射区地面设施设备是否准备完毕，技术勤务保障系统是否处于良好状态；气象条件是否满足转场和发射区工作要求等。固体火箭的转场决策一般由质量安全组组织，发射场区指挥部批准。

（4）运载火箭加注决策

运载火箭推进剂加注是在航天产品发射区接口功能检查和综合测试结束后，全区进入临射检查测试准备和发射程序前的重大、关键活动，也是航天发射场危险性操作活动。此阶段决策需要考虑的因素主要包括：参试各系统是否状态良好，发现的问题是否均已归零或有不影响任务成功的明确结论；运载火箭推进剂质量和温度是否符合技术指标要求；气象条件是否满足；安全措施是否到位，预案制定是否完善并已组织进行了演练等。民商液体火箭航天发射尚未实施过，考虑到该节点决策的重要性和复杂性，由指挥部组织，质量安全组组织事前评审较为合适。

（5）发射决策

航天产品在发射区按预定的程序完成相应的准备并符合发射的条件后，方可做出实施发射的决策，决策时机通常选在按发射协同指挥程序已完成临射前的各项检查，决策的依据是当前全系统、首区、航区等状况是否满足最低发射条件的要求，决策的形式是由发射场区指挥部主要领导签发发射任务书。

（6）紧急情况决策

紧急情况决策是指在实施发射过程中出现异常情况的决策过程。民商航天发射任务实施过程中的一般故障情况，按照事先制定并批准的故障处置预案逐级实施决策和指挥；当发生非预期的紧急情况时，按照指挥决策原则，由相应组织进行决策。对于火箭飞行中的安控实施，由于时限性要求非常高，需要在先验故障模式判据和相关技术支持的基础上，由指挥员独立做出决策指挥。

安控是指在运载火箭出现故障，飞行轨迹严重偏离理论轨道，将导致飞行出国界或落入地面受保护区域的情况下，对故障火箭实施的炸毁控制。当运载火箭飞行出现此类故障时，指挥员需要根据安控实施方案，做出是否炸毁故障火箭的决策。

4.4.3　辅助决策支持系统

民商航天发射活动是高风险的系统工程，各系统间协同关系错综复杂，产品测试数据量大、指挥决策系统关联性强、故障分析判断制约因素多，因此，单纯依靠人工进行数据判读、故障分析和指挥决策较为困难。随着计算机技术的发展，计算机辅助决策支持系统便应运而生。

民商航天发射辅助决策支持系统是通过指挥控制自动化和智能化为指挥员决策提供服务，包括准确掌握任务现场态势、正确分析判断异常情况、科学分配组织资源，以提高指挥员决策的正确性和响应异常情况的及时性。

（1）辅助决策支持系统的目标任务

民商航天发射辅助决策支持系统的主要任务在于准确掌握任务实施的态势，正确分析和判断有关情况，科学配置试验资源，及时提供决策信息，为指挥员高效组织任务活动提供支持。辅助决策支持系统应达到以下目标：

1）为指挥人员提供任务现场的实时信息和非实时信息（验前信息），对测试数据进行自动判读；

2）提供影响发射任务的故障模式和判断准则，以及实时分析评估和推理判断的结果，为指挥人员决策提供依据；

3）遇有影响人员、产品安全或任务进程的情况，为指挥人员提供处置方案或建议；

4）具有良好的人机界面，支持人机交互式决策。

（2）辅助决策支持系统的组成

民商航天发射辅助决策支持系统一般由数据库、事实库、规则库和推理机构成。数据库用于存储相关的历史数据和事后或实时采集的各种测试参数、状态参数、测量数据等。事实库用于存储已经具备的条件、达到的状态、发生的事件和故障等事实；规则库用于存储根据已有方法和经验而设计的逻辑推理规则或模式匹配算法；推理机负责完成推理。实际使用中，推理机利用数据库和事实库提供的数据和事实，依据规则库提供的算法与规则，在满足既定约束条件下，通过推理向指挥员提供多个可行解决方案和最优方案，为指挥员决策提供支持。

在实际应用中，民商航天发射辅助决策支持系统常常依据决策的实时性要求划分为实时辅助决策系统和非实时辅助决策系统。实时辅助决策系统利用民商航天发射实时信息网，实时汇总任务现场、航天产品状态和飞行参数等重要信息，按照确立的模式及判决准则，实时为指挥员提供决策支持。非实时辅助决策系统主要用于方案和工艺流程的研究，任务实施中的质量和风险评估，风险预防措施和应急处理方案的演示，为优化和选择方案、评估现状、下定决心提供决策支持。

（3）辅助决策支持系统的特点

与民商航天发射任务特点相适应，辅助决策系统具有实时性强、可靠性高、人机交互界面友好和可扩充性强的特点。

1）实时性强。民商航天发射是实时性要求很高的程序性活动，特别是进入发射准备程序后，相关活动均是一环紧扣一环，异常情况处置受发射窗口和电池放电时间等条件的约束，而故障情况下的应急响应和安全控制等更是刻不容缓。因此，与民商航天发射这一特点相适应，辅助决策支持系统应具有很强的实时性，一旦在任务实施过程中发生影响程序正常进行的故障时，其能够及时为指挥员决策提供支持。

2）可靠性高。民商航天发射辅助决策支持系统可靠性要求高的特点是不言自明的。民商航天发射是风险性很高的活动，作为指挥员决策支持的辅助决策支持系统必须具有很高的可靠性，其数据库、事实库要尽可能及时更新、详细和准确，规则库要能覆盖到各种情况和故障模式，推理机要做到逻辑严密。否则，一旦决策失误将会导致严重后果，甚至造成发射失败。民商航天发射辅助决策支持系统以测试发射工艺流程、各种方案预案以及以往的任务数据和经验为根据，建立正确的辅助决策模型，以保证各决策要素分析评估结果的科学性，真正成为指挥人员决策的重要工具。

3）友好的人机交互界面。友好的人机交互界面是辅助决策支持系统必须重点考虑和努力实现的要求。在民商航天发射实施过程中，辅助决策支持系统通常借助计算机的强大计算功能，利用组织掌握的专家知识和推理，提出决策建议，最终由指挥员做出判断。因此，辅助决策支持系统要具有良好的人机交互界面，以方便人机协同工作。

4）可扩充性强。民商航天发射辅助决策系统的可扩充性，要求与民商航天发射任务要求的不断变化以及组织对于民商航天发射知识和经验的不断积累密切相关。随着民商航天发射实施次数的增多和民商航天技术的飞速发展，组织对民商航天发射知识的掌握必然会更加深入，经验的积累必然更加丰富，建立在历史数据和专家知识基础上的辅助决策支持系统，其数据库、事实库和规则库必然需要不断扩充，从而使民商航天发射辅助决策支持系统日趋完善。因此，一个完善的民商航天发射辅助决策支持系统必须要具有良好的可扩充性。

4.5　质量安全控制

与国家主导的传统航天发射相比，民商航天发射在追逐利润最大化的前提条件下，摒弃了为确保成功，不计代价、不计成本的质量管理理念，弱化了质量安全控制的地位，进而在进度、质量和成本之间进行平衡。但是，由于民商航天发射仍具有航天发射高成本、高风险的本质特性，决定了民商航天发射仍须坚持确保成功、突出质量安全控制的理念，只是在具体方法、措施、程序等方面更加注重工作效率和实际的投入产出比，割去无增值作用或增值作用不明显的工作和活动。本节给出的内容是民商航天发射在国家发射场实施过程中的质量安全控制办法。

4.5.1　质量安全控制策划

（1）质量安全控制范围

参与民商航天发射的各部门和各单位（简称参试各方）应确定：

1）与任务相关且影响任务预期目的达成的内部和外部问题，包括受组织影响或能够影响组织的问题；

2）质量安全控制的边界和适用性，以确定质量安全控制的范围，确定范围应考虑：存在的问题和必须满足的要求；任务的物理边界，任务过程中的活动、产品和服务；实施控制与施加影响的权限和能力。

（2）成文信息需求与控制

参试各方应就任务所需成文信息进行明确，以规定活动或工作的特性、内容、程序，技术实现途径，拟获得的结果。成文信息控制应确保：

1）适当的评审和批准，以保持适用性和充分性；

2）适当的形式和载体；

3）予以妥善保护（防止泄密、不当使用或缺失）；

4）在需要的场合和时机，均可获得并适用；

5）更改符合程序。

（3）目标、方案和措施

参试各方均应建立任务质量安全控制的目标，针对任务技术工艺流程，确定相应的质量安全控制措施或方案。卫星和火箭的加注方案、预案，任务发射预案以及飞行结果评定准则等须组织各参试方参与评审。

航天器试验队应针对航天器在发射场的工作，运载器试验队应针对运载器在发射场的工作，开展以下活动：

1）分析每项工作的质量特性，明确检查测试项目；

2）适用时，建立关键检验点、强制检验点清单；

3）为每个检查测试项目建立判读和审定标准；

4）对每个检查测试项目进行判读和审定。

航天器试验队须针对航天器的检查测试工作，运载器试验队须针对运载器的检查测试工作，分析确认测试不能覆盖上天飞行的技术状态。对于检查测试未覆盖的技术状态，须通过旁证确认其正确性。

4.5.2 机构职责与沟通

航天发射中心牵头组织成立质量安全组，成员单位包括航天器试验队、运载器试验队、发射场和测控通信系统，必要时，可吸收其他参加任务的单位。质量安全组在任务实施阶段代表任务指挥部行使质量安全控制与技术协调职责，指导各参试单位开展相关质量安全控制工作。任务各系统在质量安全组指导下负责本系统质量安全控制及质量安全问题处置工作。

质量安全组成员须参加质量安全组活动，履行以下职责：

1）分析研究任务中的重大或跨系统的技术问题；

2）评价跨系统技术状态更改和项目调整；

3）复核质量安全问题处置结果；

4）分析评价转阶段工作条件并给出意见或建议。

航天产品进场前，试验队与发射场进行充分沟通，适用时，形成沟通结果的成文信息。包括：

1）任务流程、节点计划；

2）进场产品和相关设备、物资、器材；

3）发射场向试验队提供的基础设施、工作环境和服务保障；

4）试验队向发射场提供的文件资料。

4.5.3　资源管理要求

参试各方确定对任务质量有影响的人员所需的能力，并通过适宜的方法使其具备相应的能力。对于定岗人员进行考核或评估，确认其满足要求后才能上岗。

参试各方确定、提供并维护任务所需的设施设备，以确保任务顺利实施。属国家强制检定的设施设备须按照相关规定进行检定。

作为航天产品或设施设备组成部分的软件，首次投入使用前须经过正确性验证。数据处理中心软件和指挥控制中心软件须符合相关软件工程化要求。

当利用监视和测量来验证任务要求时，组织须确定并提供所需资源，并确保结果有效和可靠。当要求测量溯源时，或组织认为测量溯源是信任测量结果有效的基础时，测量设备须按相关要求进行溯源。

航天器与运载器装配、试验、测试、转运和发射各活动的直接相关方，应识别、确定、提供和维护上述活动所需的环境条件要求，以支持任务的有效实施。环境条件可能包括：

1）航天产品装配、测试和试验区域的温度、湿度、压力、洁净度、电磁环境；

2）航天产品转运所经受的温度、湿度、降雨、地面风速、振动、冲击；

3）发射区域的能见度、云量、降雨、地面风速、高空风、大气电场和电磁环境；

4）其他一些需要满足的条件。

4.5.4　任务过程控制

（1）受控条件

任务实施过程必须在受控条件下进行，并应保留证明活动或过程、产品或结果满足要求的证据。适用时，受控条件包括：

1）获得成文信息，包括规定活动或工作特性、内容和程序，技术实现途径，拟获得结果的成文信息；

2）获得和使用适宜的监视和测量资源；

3）实施监视和测量活动，以验证是否符合过程或输出的控制准则，以及阶段放行的准则；

4）使用满足要求的基础设施，并保持满足要求的环境；

5）配备胜任岗位的人员，对特殊岗位要具备相应资质；

6）采取有效措施防止人为错误；

7）若输出不能由后续的监视和测量加以验证时，须对活动或工作过程实现预期结果的能力进行确认，必要时，进行再确认或复查；

8）若技术状态或指标不能检查或测量时，须对该状态或指标进行确认或复核；

9）落实放行准则、条件。

（2）产品与人员防护

参试各方在任务实施全过程中采用适当的方法识别活动或工作的输出，按照监视和测量的要求识别、确认输出状态，确保活动或工作的结果合格。当有可追溯性要求时，组织控制输出的唯一性标识，并保留所需的成文信息以实现可追溯性。

参试各方在任务实施全过程中采取必要的防护措施，保护人员、航天产品、基础设施设备、任务用物资器材免受损害。

（3）技术状态控制

航天产品进场后、地面设施设备检查确认后，它们的技术状态和试验项目即被冻结。当需要技术状态更改或项目调整时：

1）只涉及本系统技术状态更改的，由该系统处置并报质量安全组备案；

2）涉及跨系统技术状态更改的，由提出更改的系统办理技术状态更改申请单，经本系统总师（或指定负责人）审核后，报质量安全组批准；

3）涉及跨系统工艺流程项目调整的，由提出调整的系统办理项目调整申请单，经本系统总师（或指定负责人）审核后，报质量控制组批准。

跨系统技术状态更改及项目调整须符合“各方认可，审批完备，落实到位”的要求。工艺流程项目调整包括工作项目增加、减少和时间顺序调整。

（4）质量审查

在任务实施过程中，依据策划的安排组织质量审查，这包括：

1）工作开展前的技术状态确认，方案、预案的评审；

2）测试工作结束后的数据判读、比对；

3）阶段工作结束后的汇报、审核；

4）转阶段质量评审。

在固体火箭转场发射和液体火箭加注前组织全系统质量安全评审，卫星系统、火箭系统、发射场系统和测控通信系统汇报工作完成情况、下阶段工作准备情况和本系统意见，质量安全组审查后提出是否可转阶段的意见或建议。

（5）转阶段放行

转阶段放行须满足以下条件：

1）按照测试发射流程、技术文件和质量安全策划的要求，完成计划内的工作；

2）航天产品、地面测发控设施设备功能性能满足要求，系统间接口匹配，电磁兼容；

3）出现的安全问题有明确的不会导致人员伤亡、发射场设施设备损毁的结论；

4）出现的质量问题有明确的不会影响发射任务主要目的达成的结论；

5）下一阶段准备工作符合技术文件要求，关键环节的质量保证措施和危险环节的安全保证措施满足要求；

6）固体火箭转场发射和液体火箭加注前组织全系统质量安全评审时，明确了最低发射条件且经审查满足要求。

（6）质量安全问题处置

在任务实施过程中，某系统出现质量安全问题时，须及时报告质量安全组，非跨系统质量安全问题由本系统处置，涉及跨系统的问题由质量安全组牵头协调相关系统处置。

质量安全问题处置结束后须在当天报质量安全组。问题重大时，质量安全组组织问题处置结果审查，形成审查意见。

质量安全问题处置须定位准确、机理清楚、措施有效。涉及人身安全和发射场设施设备安全的问题必须有明确的不会导致人员伤亡和发射场设施设备损毁的结论。

4.5.5　质量复查

适用时，参试各方须复核航天器、运载器在发射场工作的关键和强制检验点检查结果，确认关键和强制检验点判定准则的执行情况。

适用时，参试各方须对航天产品进场前遗留问题的工作落实情况进行确认，对航天产品出厂前质量问题处置措施的落实情况进行确认。

适用时，参试各方须对技术状态的正确性和更改情况进行复查；对测试发射流程、操作规程进行复查；对航天产品在发射场测试数据和出厂测试数据进行一致性检查。

适用时，参试各方须对航天产品出厂评审、发射场阶段质量评审等会议上提出的遗留问题及闭环处理情况进行复查；对任务期间出现的质量问题及处置情况进行复查。

适用时，参试各方须对测试发射试验安全风险、技术风险进行分析；对试验风险应对措施和应急处置预案进行复查。

必要时，参试各方对完成的各项工作进行“回想”，对确保任务成功需要注意的问题和采取的措施进行“预想”。

适用时，参试各方须对相关（如其他型号同期发生的、同型号历史发生的和国外发生的与本次任务相关或相似的）质量问题开展举一反三。

4.5.6　发射后活动

参试各方须满足与任务相关的发射后活动的要求，如结果评估、数据处理、撤收、污染物处置等。

参试各方须收集、整理任务信息，分析和评价通过监视和测量获得的适当的数据和信息。利用分析结果评价：

1）任务的符合性，包括准则的实施情况；

2）相关方的绩效和相关方的意见，包括满意程度；

3）策划是否得到有效实施；

4）应对风险所采取措施的有效性；

5）质量控制的绩效和有效性；

6）存在的不足与改进的需求。

朱雀一号转场发射前全系统评审放行情况如下：

未来号卫星按照发射场工作流程和计划完成了整星外观检查、分系统功能测试、载荷功能检查和星箭对接工作。对卫星在发射场工作的技术状态进行了全面确认，对能量平衡、测控信道、FPGA 和卫星供配电等关键项目和薄弱环节进行了专项复查。过程监控和阶段评审显示，未来号卫星工作稳定，所有测试数据符合指标要求。

朱雀一号三级固体运载火箭依据计划流程完成了单元、分系统和总检查测试及星箭对接等转场发射前的全部工作。对箭上接插件、附件和操作项目进行了全面确认，对飞行安全和测试覆盖性进行了分析，对最低发射条件、发射预案和零日发射流程进行了复查。过程监控和阶段评审显示，火箭地面测发控设备和箭上各系统功能正常，参数合格，接口匹配。

发射场和测控通信系统依据任务技术文件要求和工作计划，完成了技术勤务保障和转场发射前的各项准备工作，对各类方案预案进行了评审验证，对任务保证过程进行了监控，对技术状态和操作过程实施了表格化确认，对关键过程实施了可追溯性控制。过程监控显示，发射场和测控通信系统设施设备状态良好，各项功能性能指标满足要求。

本次任务发生两个问题，即……，两问题均已处理完毕且有不影响成功的明确结论。

2018 年 10 月 26 日上午，质量安全组组织了全系统质量评审会，会议认为：各系统已经按任务组织实施方案、相关技术文件和质量保证要求，完成了发射前的各项工作。检查测试项目齐全、有效，系统功能正常，性能满足技术指标要求。各系统经复核复查，技术状态正确、接口匹配，过程质量受控。后续工作准备到位、方案预案充分、风险可控，具备转入发射阶段的条件。图 4－5 是火箭转场前全系统质量评审记录。

未来号卫星转场质量评审会

评审结论

2018年10月25日，北京微纳星空科技有限公司在东风组织召开了未来号卫星转场质量评审会。参加会议的有航天工程研究所，中国酒泉卫星发射中心，中国航天科工集团有限公司四院，央视创造传媒有限公司，会议成立了评审组（名单附后），与会代表听取了北京微纳星空科技有限公司的《未来号卫星发射场质量控制报告》，经评议认为：

未来号卫星按照发射场工作流程及计划完成了整星外观检查、分系统功能测试、载荷功能检查和星箭对接等工作。整个工作过程质量受控，记录完整有效，经测试卫星功能正常，性能指标满足研制总要求，测试数据与出厂测试结果比对一致，技术状态稳定，具备发射条件。

评审组一致同意通过评审。

评审组长：[redacted]

2018 年10月25日

朱雀一号三级固体运载火箭系统转场质量评审会

评审结论

2018年10月25日，北京蓝箭空间科技有限公司在东风组召开了朱雀一号三级固体运载火箭系统转场质量评审会。参加会议的有航天工程研究所，中国酒泉卫星发射中心，中国航天科工集团有限公司四院，央视创造传媒有限公司，会议成立了评审组（名单附后），与会代表听取了北京蓝箭空间科技有限公司的《朱雀一号三级固体运载火箭系统转场质量评审报告》，经评议认为：

朱雀一号三级固体运载火箭系统完成了转场前的各项工作，功能正常、参数合格、接口匹配。发射场工作组织计划周密，指挥操作正确，设施设备工作正常。质量控制严格，质量复查和双想工作扎实有效，措施到位。火箭系统具备转入下一阶段工作的条件。

评审组一致同意通过评审。

评审组长：[redacted]

2018 年10月25日

阶段质量评审意见表

NO:　　2018年10月26日

评审对象	卫星系统、火箭系统、发射场系统、首区测控通信系统		
评审阶段	转场发射前	评审日期	2018年10月26日
评审内容	1、卫星整星外观检查、分系统功能测试、载荷功能检查和星箭对接； 2、火箭卸车、总装、单元测试、分系统测试、总检查测试、各级固体发动机遥测压力传感器安装、各级固体发动机气密检查、末修姿控发动机气密检查、地面设备展开及调试、推进剂加注、电流充放电、安控终端装码、发射流程演练、测试覆盖性； 3、发射场系统地面设备运行保障、转场发射准备情况及特燃特气、发供电保障情况； 4、测控通信系统联调联试情况及发射准备情况； 5、安控对接试验； 6、质量复查、复核复算；		
主要问题	1、飞控组合高频电缆接口20X3外绝缘子有切割现象； 2、一级发动机安全机构安装位置方向与图纸不符		
评审意见	各系统已经按01-98任务组织实施方案、相关技术文件和质量保证要求，完成了发射前的各项工作。测试检查项目齐全、有效，系统功能正常，性能满足技术指标要求。各系统经复核复查，技术状态正确、接口匹配，过程质量受控，后续工作准备到位、方案预案充分、风险可控，发生问题有不影响飞行试验的明确结论。 质量安全组一致认为，各系统具备转入发射阶段的条件。		
签名	质量安全组组长	[redacted] 2018.10.26	
	成员	[redacted] 2018.10.26 2018.10.26 2018.10.26 2018-10-26	

图 4－5　火箭转场前全系统质量评审记录

4.6　任务现场管理

现场管理是对现场进行的计划、组织、指挥、协调、控制和改进的活动。民商航天发射项目现场管理是指对任务现场内的作业及空间（平面）使用所进行的计划、组织、指挥、协调、控制和改进的活动，其任务是最大限度地激活人、机、料、法、环的作用，在每道工序保证完美质量的前提下追求高效率化。民商航天发射现场管理策划的内容包括现场管理原则、现场管理的机理和现场管理制度的制定和空间布局的设计等。

民商航天发射现场管理是连接各项工作的“纽带”，是组织单位面貌的展示，反映了组织单位推进精细化管理的程度。良好的现场管理能使场容美观整洁、道路畅通，产品和设备布置有序、作业有条不紊，安全、消防及其他环境条件能得到有效保障。同时，良好的现场管理能为组织单位赢得信誉，使各相关方满意，利于组织内外关系的协调。本节给出的内容是民商航天发射在国家发射场实施过程中的现场管理办法。

4.6.1　通用要求

（1）总体要求

民商航天发射任务实施过程中，参试各方必须加强任务现场管理，确保：

1）任务现场安全有序、整洁卫生，环境条件满足规定要求；

2）对任务有关区域和工作场所进行标识，对危险场所设置警示标识；

3）任务现场通道、消防出入口、紧急疏散楼道、高度限制等均应有标识；

4）对任务现场在用的设施设备以及正在测试和已经测试完毕的航天产品状态应进行标识，防止任务现场中的误用；

5）任务指挥部应经常巡视检查任务现场，认真听取各方意见，及时改善任务现场管理。

（2）操作环境要求

操作者所处环境应最大限度地使操作者舒适、避免物理环境因素对操作者的负面影响。通用的基本要求是整洁、舒适、无多余物。整洁是指环境清洁、仪器设备有序摆放；舒适是指设备操作符合人体工效学，环境温度、湿度适宜，工作空间大小合适，照度符合标准要求；无多余物是指操作环境内除了必要的设备和工具外，没有其他可能影响正常操作的东西。其他有特殊要求的场合另行制定标准。

（3）操作行为规范

技术操作行为规范是为预防技术操作差错而制定的最直接、最重要和最详尽的现场管理要求，其针对航天发射任务中每个操作岗位的具体操作行为给出了明确的、翔实的行为规范，是操作者必须严格遵循的规章制度，散布于操作规程、应急预案、状态检查表等任务文书中。

4.6.2 特殊区域

在任务现场的出入口设置门卫，在任务的关键区域设置巡逻警卫，并按以下要求履行好各自职责：

1）门卫和巡逻警卫要坚守岗位，认真履行警卫职责；如按规定检查出入人员、车辆和物品；

2）巡逻警卫应熟悉现场情况，保持高度警惕，严密监视各区域情况，发现异常情况及时汇报，并采取相应措施；

3）门卫和巡逻警卫要保持自身良好形象，严禁在执勤期间吸烟、闲谈和打瞌睡等；

4）门卫和巡逻警卫要文明执勤。

民商航天发射任务实施过程中，有特殊要求的区域必须满足以下要求：

1）进入技术区和发射区的工作人员应持有指定的工作证；

2）因工作需要携带物品出入厂房、机房、实验室、塔架以及指定的库房等重要场所时应有持物证；

3）航天产品各舱门指定专人负责管理，进入人员按规定登记并接受检查，禁止携带非工作用品进入舱内；在舱内工作时，着专用工作服；进出舱门时对携带的物品进行清理，严防多余物留在舱内；

4）航天产品转往发射区后，应在航天产品周围设置隔离线，布置警卫人员，加强现场警戒，无专用证件不得入内；非岗位操作人员严禁接触航天产品；

5）航天产品加注推进剂时，禁止非工作人员进入加注现场；救护、消防人员和车辆要按时到达指定位置待命；航天产品加注后，因工作需要接近航天产品应履行相关手续。

4.6.3 人员与物品

进入航天产品装配测试场所的人员，着装必须遵守以下管理规定：

1）执行任务时，人员按统一要求着装；

2）进入测试场所，按相应的测试要求进行着装；通常应着工作服、防静电工作鞋，必要时还应佩戴防静电工作手环；

3）进入航天产品工作舱，必须着进舱工作服、软底工作鞋，佩戴工作帽；

4）涉及推进剂的操作，必须穿戴专用的加注防护服，并佩戴配套的空气呼吸用具。

出入任务现场的人员与物品，必须遵守以下规定：

1）任务期间，车辆、人员进入发射场区域，必须持有效证件；岗位人员进入核心测试工作区域，须履行登记制度，记录进入时间、带入工具、离开时间、带出工具；

2）严禁将易燃易爆物品带入任务现场，物品出入任务现场必须接受检查；

3）工作人员需着工作服和工作鞋，不得擅自动用非管辖的设施设备、仪器仪表等；参观人员不得擅自进入非参观区；任务现场严禁吸烟，未经允许不得拍照；

4）进入有防静电和/或洁净度要求的场所，应按规定进行处理后方可进入；

5）进入发射场区的岗位人员，严格按岗就位，不允许串岗、替岗；

6）严禁非岗位人员接近、触摸航天产品，操作不属于自己分管的设备；

7）对人员的其他要求主要包括：不在任务现场召集人员开会讨论问题；工作人员要坚守工作岗位，不允许随意走动和大声喧哗；人员离开任务现场必须做好工作整理，关闭电源和门窗。

4.6.4 发射时段

任务发射时段管理必须满足以下要求：

1）进入航天发射程序后，对通往航天发射场的铁路和公路实施管制；

2）进入发射程序 30 min 准备时，组织人员、车辆撤离至危险区外或安全防护设施内；

3）进入 15 min 准备时，所有人员撤离到安全地带或安全设施内，阵地安全保卫人员负责发射场危险区的清场；

4）航天发射成功后，阵地安全保卫、消防和救护人员，要及时赶到现场，负责发射后的安全工作。

当任务发射发生异常情况时，现场管理须满足以下要求：

1）航天器因故推迟发射或当天不能发射时，要严格按照事先拟定的发射推迟处置方案或应急预案组织实施；未经发射阵地指挥员的许可，任何人不准接近发射阵地现场；消防、保卫、救护和排除故障人员，要在发射阵地指挥员的统一指挥下开展工作；

2）发生航天产品爆炸等重大事故时，现场指挥人员要沉着冷静，迅速查明原因，划定现场禁区，积极组织抢救。

4.6.5 作业安全防护

任务现场的安全防护工作，必须遵守以下规定：

1）现场各区域应备有消防设施设备，用电安全保护地线接地良好；

2）涉及高空作业，带电、带液、带气等产品作业，以及低温、高温、高压、危险品、易燃易爆物品的操作，必须划定现场安全作业区域，指定安全员；

3）加强安全检查，在任务现场作业前应进行技术安全检查，确保满足要求后再开始工作；

4）高空作业，必须佩戴安全帽、系安全带，不允许随身携带容易坠落的物品，工具必须悬挂防脱绳，经检查合格后方可作业；高空作业的下方不得有人员停留或走动；

5）电工作业，工作人员必须摘除身上手表等金属物品，必须戴绝缘手套，穿绝缘鞋或站在绝缘垫上作业，工具必须最大限度地做好绝缘处理，现场必须有监护人，并悬挂禁止合闸、禁止进入等各类警示标牌；

6）带液、带气作业，工作人员必须有相应的人员防护装具，防止液体渗漏、滴漏、喷漏的应急处置工具，软管必须有固定和防止意外爆裂飞溅或甩头的安全区域，加压和泄压动作过程中，人员应注意远离设备；

7）低温、高温、高压操作，工作人员必须有相应的防护措施，安全员应在指定的恢复时间内，禁止任何非岗位人员进入现场安全作业区域；

8）危险品、易燃易爆物品的操作，在专门的防爆、防静电场所进行，配备专业的隔离、防护措施，工作人员必须经过相应的职业资格培训和上岗能力确认；

9）工作平台和电梯严禁超载，严禁在电梯内或工作平台上嬉戏打闹。

参考文献

[1] 宋健. 航天纵横 [M]. 北京：高等教育出版社，2007.

[2] 陆晋荣，董学军. 航天发射质量工程 [M]. 北京：国防工业出版社，2015.

[3] 徐克俊，等. 发射工程学概论 [M]. 北京：国防工业出版社，2003.

[4] 顾诵芬，史超礼. 世界航天发展史 [M]. 郑州：河南科学技术出版社，2000.

[5] NASA Systems Engineering Handbook [M]. 朱一凡，等，译. 北京：电子工业出版社，2012.

[6] Jerry Jon Sellers，William J. Astore，Robert B. Giffen，Wiley J. Larson. 理解航天 [M]. 张海云，李俊峰，译. 北京：清华大学出版社，2007.

[7] 中国航天科技集团公司. 产品保证 [M]. 北京：中国宇航出版社，2017.

[8] 宋笔锋. 航空航天技术概论 [M]. 北京：国防工业出版社，2006.

[9] 徐广洲. 发射指挥技术 [M]. 北京：国防工业出版社，2003.

[10] 刘会民. 作战指挥发展概论 [M]. 北京：军事科学出版社，2011.

[11] Helen Muir，Don Harris. Human Factors and Aerospace Safety [M]. Taylor and Francis，2018.

[12] Pradip K. Saha. Aerospace Manufacturing Processes [M]. Taylor and Francis，2016.

[13] Mark Frence. Aerospace Applications [M]. Springer International Publishing，2018.

[14] 洛刚，文良浒. 高密度航天发射试验风险应对措施 [J]. 装备学院学报，2010.

[15] Tommer Ender，Ryan Leurck，Brian Weaver，et al. Systems - of - Systems analysis of ballistic missile defense architecture effectiveness through surrogate modeling and simulation [C]. IEEE Internationl Systems Conference，2008 (4).

第 5 章　民商运载器发射场总装测试

基于民商运载器在发射场工作的内容和方法，概述部分讨论了民商运载器的概念和特点、国内主要民商运载器、国内民商运载器发展途径，以及发射场工作特点和要求；组织与计划部分论述了发射场测发流程、工作计划，任务准备阶段、实施阶段和总结收尾阶段的工作内容；测试内容和方法部分研究了测试目的与判据、单元测试、分系统测试、匹配测试、总检查测试的方法；运载器测发控技术阐述了测发控系统功能和构成、测试与发控的基本技术、一体化测发控的设计；质量安全保证部分研究了民商运载器发射场质量安全工作策划的内容、控制方法和质量安全保证确认的对象与标准。

5.1　概述

与卫星相比，运载火箭研制是一项规模更加庞大的系统工程，技术难度高，专业门类广。到目前为止，只有美、俄、欧、中、日、印等少数航天大国（地区）具备完整的研制能力。一直以来，运载火箭的研制和发射主要由国家完成，发射的载荷也主要为国家服务。20 世纪 80 年代末，商业航天逐渐兴起并日趋活跃，一大批民营航天企业靠出色的成本控制、大胆的技术创新迅速成长并逐渐占领市场。在中国，传统意义上的商业航天，大多是指卫星应用和服务，运载火箭的商业化仅限于提供商业发射服务。2014 年 11 月，国务院出台的《国务院关于创新重点领域投融资机制鼓励社会投资的指导意见》鼓励民间资本进入航天领域，2015 年，我国民商航天运载火箭迎来了快速发展的契机。2018 年 4 月 5 日，民营火箭公司开始发射火箭，截至 2019 年 7 月，北京星际荣耀空间科技有限公司、北京零壹空间科技集团有限公司和北京蓝箭空间科技有限公司三家民营火箭公司共进行了 7 次发射，中国民商航天发射取得重大进展。

5.1.1　民商运载器概念和特点

（1）航天运载器

航天运载器是指把人造地球卫星、空间平台、载人飞船、空间站和空间探测器等有效载荷从地面送入太空预定轨道、从太空某位置运回地面或运送到太空另一位置的运载工具的统称，包括一次性使用运载火箭、部分重复使用运载火箭和完全重复使用运载器。

一次性使用运载火箭（Expendable Launch Vehicle）是指完成航天器发射任务后，不再回收使用的航天运载器。一次性使用运载火箭结构简单，研制成本低，但硬件用完后就抛掉，造成巨大的浪费，使得单位有效载荷的运输成本很高。从未来的发展趋势看，运载火箭大幅度降低运输费用的根本途径是走向重复使用。不过，在目前重复使用技术还未成熟的阶段，一次性使用运载火箭仍是世界航天发射的主要工具。如中国的长征系列、俄罗斯的联盟系列、美国的德尔它系列、欧空局的阿里安系列、日本的 H 系列等，都是一次性使用运载火箭。

重复使用运载火箭（Reusable Launch Vehicle）是指从地面起飞完成预定发射任务后，全部或部分返回并安全着陆，经过检修维护与推进剂加注，可再次执行发射任务的火箭。重复使用目标是为了减少运载器一次性使用后抛弃昂贵的箭体、发动机及电气设备造成的浪费，通过多次使用分摊费用来降低运载火箭的生产与发射成本。如 SpaceX 公司的猎鹰 9 号运载火箭。完全重复使用运载器（Full Reusable Launch Vehicle）是各组件均可回收或自主返回并多次重复使用的航天运输工具。完全重复使用运载器可以大幅降低航天运载器的硬件成本，降低天地往返运输费用，同时可以简化地面设备和操作，提高发射频率，是未来航天运载器的发展方向。

（2）运载火箭商业化

传统意义上的运载火箭商业化是指由政府或军队所属的国有企业或机构完成运载火箭的研制，用来执行商业发射服务。随着技术的进步，美国逐步出现了私营航天企业，可以独立完成运载火箭研制阶段的全部工作，将运载火箭的商业化范畴从提供商业发射服务扩展到了运载火箭的研制生产和发射全过程。

运载火箭的商业化主要有两种实现方式：一种为按照市场化模式来组建商业航天企业，独立承担运载火箭的设计生产，并提供商业发射服务，即所谓的“商业化航天”；另外一种为传统国有航天企业按照商业规律从事航天业务，利用商业化手段来降低成本、提高效率，即“航天商业化”。无论哪种方式，运载火箭商业化均以盈利为首要目的，在获得经济利益的同时，也激发了产业活力，带动了整个航天产业的发展。

（3）民商运载器概念

传统航天是由国家投资，旨在实现国家意志和国家战略的空间活动，属于国家行为。在技术发展早期阶段，航天活动主要依靠举国体制，实现集中力量办大事。随着技术的发展，出现了少数具有技术实力和复杂系统项目研制经验的企业集团不断占领市场、分享政府订单的情况，如波音、洛克希德·马丁公司等。传统航天受技术、管理、效率及垄断等多种因素影响，成本居高不下。美国航天飞机共发射了 135 次，总计花费 1 960 亿美元，平均每次发射费用高达 15 亿美元。波音公司和洛克希德·马丁公司于 2006 年合资成立联合发射联盟公司（ULA），2013 年与美国空军签订了一份为期 5 年的“改进型一次性运载火箭”（EELV）计划分段购买合同，每次发射均价仅为 3 亿美元。

商业运载器是指在商业航天模式下，参与市场化运作的航天运载器。事实上，现役的运载火箭多数均从事商业航天发射。民商运载器特指纯民营企业研制的运载火箭，即由按照市场化模式来组建的商业航天企业独立承担运载火箭的设计生产，并提供商业发射服务。

（4）民商运载器特点

相比传统航天，商业航天发射最显著的特点是追逐性价比最大化。基于这一特点，民商运载器必定追求性价比最优，其研制、生产、发射等环节往往在发射可靠性、运载能力和发射成本之间寻求最佳平衡点。因此，与传统运载器相比，民商运载器具有相对成本低、发射周期短、技术创新快和约束性小等特点。

相对成本低。商业航天不断追求利益最大化，使得商业航天企业在选择发射服务商的过程中，除考虑技术上的可行性外，还须重点关注价格因素。这就促使民商运载器研制企业采取措施大幅度降低研制成本，降低发射服务价格，而商业航天的持续发展为其提供了可能性。NASA 发布的报告称，同样一枚猎鹰 9 号火箭，由 NASA 研制至少需要 13 亿美元，而 SpaceX 公司仅花费了不到 4 亿美元。猎鹰 9 号火箭的标准发射报价为 2 056 万美元，仅为美国同类火箭发射报价的 1/3。

发射周期短。商业航天的特性决定了民商运载器追求短周期、高效率，包括运载器设计、生产和发射的各个环节。猎鹰 9 号火箭从设计到首飞，仅用了四年半时间；猎鹰系列火箭的发射准备周期只有两个星期。2017 年 1 月 9 日，快舟一号甲火箭完成了一箭三星发射服务，此次商业发射从用户下单到最终发射只用了八个多月。

技术创新快。商业航天采用市场化、商业化模式运作，通过技术创新来引领甚至占领市场，从而获取更大的利益，这决定了民商运载器的技术创新步伐必然加快。猎鹰 9 号运载火箭的陆地和海上平台回收试验均取得了成功，颠覆了运载火箭一次性使用的传统模式。北京时间 2018 年 2 月 1 日 5 时 25 分，猎鹰 9 号运载火箭搭载卢森堡 GovSat－1 卫星再一次发射升空，而此次发射采用的第一级火箭为回收、复用的三手火箭，创造了火箭可重复使用次数的历史。

约束性小。在我国，民商运载器与传统运载器一样受国际规则、国家法律、行业准入放行等方面的约束，其发展必须符合保障国家安全和公共安全的要求。但是，由于民商运载器研制和服务提供按照市场规律运行，相比于传统运载器，其约束性明显要小，如大型试验、厂审查、发射场评审与放行等环节和活动，都明显比国家主导的运载火箭要少、要松。

5.1.2 国内主要民商运载器

一直以来，我国航天发射场建设和航天发射活动均由国家主导，国内主要商业航天发射服务均由航天科技、航天科工两大集团或其成立的下属子公司研制的运载火箭提供，这些运载器均为成熟型号或以成熟技术为基础研制的，设计、试验、生产和发射等环节采用的也是目前成熟的组织管理体制。

自 2015 年迎来中国民商航天的元年以来，一批从事民营商业运载火箭研制的公司快速成立，如蓝箭航天、零壹空间和星际荣耀（均为公司简称）等，陆续开始进行民商运载器的研制和试验，推出的主要民商火箭型号见表 5－1。

表 5－1　国内民营商业火箭基本情况

序号	企业名称	火箭型号	运载能力	研发计划	火箭构型	成立时间
1	北京蓝箭空间科技有限公司	朱雀一号（ZQ－1）	500 km SSO/200 kg	2018 年首飞失利	四级固体火箭	2015
2		朱雀二号（ZQ－2）	500 km SSO/1 800 kg	2018 年 6 月完成全系统设计，计划 2020 年首飞	两级液体火箭（采用液氧甲烷推进剂）	
3	北京零壹空间科技集团有限公司	OS－M	500 km SSO/112 kg	2019 年首飞失利	四级固体火箭	2015
4	北京星际荣耀空间科技有限公司	双曲线 1 号（SQX－1）	LEO/300 kg	2019 年首飞成功	四级火箭（前三级采用固体发动机，第四级采用姿轨控一体的液体发动机）	2016
5		双曲线 2 号（SQX－2）	LEO/2 000 kg	计划 2021 年首飞	两级液体火箭（采用液氧甲烷推进剂）	
6	北京翎客航天科技有限公司	新航线一号	500 km SSO/200 kg	计划 2020 年首飞	两级液体小型火箭	2014

我国民营商业运载火箭公司起步晚，从表 5－1 可以看出，目前已发射或将要发射的运载火箭多为小型固体运载火箭，且基本上都采取合作、采购的方式实现，自主产权的核心技术很少，规划中的低温液体火箭也受限于其发动机的研发进度。目前，国内民商运载火箭公司技术上处于学习研究阶段，电气设备初步具备了创新能力；产品上处于设计、试验验证阶段，何时能提供稳定可靠的发射服务还不明朗；产能上尚不具备量产能力。

据不完全统计，截至 2018 年年底，国内共有 18 家主要的商业火箭公司，其中民营火箭公司 16 家（其中 6 家是 2018 年新增的），占比 89%；其中，星际荣耀、蓝箭航天、零壹空间在 2018 年分别获得巨额投资（见表 5－2），多家公司于 2018 年实现了主营收入。从公开资料来看，中国主要卫星星座计划包含 3 432 颗卫星，如果这些卫星能够逐步发射，中国商业运载火箭产业将获得爆发式增长。

表 5－2　2018 年民营商业火箭公司融资情况

序号	企业名称（简称）	时间	金额	轮次	投资方
1	零壹空间	1 月 15 日	上亿	A＋轮	招商局资本、通江资本、正轩投资等
2	星际荣耀	3 月 15 日	未披露	天使轮	峰瑞资本、润浙资本
3	蓝箭航天	4 月 9 日	2 亿	B 轮	金凤科技、世纪天华、国开熔华等
4	星际荣耀	7 月 1 日	6 亿	A 轮	顺为资本、金佳泰基金、沣途资本等
5	零壹空间	8 月 12 日	3 亿	B 轮	招商局资本、通江资本、正轩投资等
6	蓝箭航天	11 月 20 日	3 亿	B＋轮	聚卓资本、华创资本、36 氪基金等

5.1.3 国内民商运载器发展途径

在国家战略的大背景下，我国商业航天的政策、法规制度将会逐渐建立并完善，民商运载器的研制、发射前景广阔，将会成为我国航天发射的重要组成部分。目前，我国商业航天才刚刚起步，民商运载器的发展离形成真正竞争力还有很长的路要走。

自主研发是冲破壁垒的唯一途径　长期以来，我国航天产业都由国家主导，航天工业商业化上与欧美相比差距极大，航天产品商业供应链体系尚不完善；同时受我国基础工业和制造业等客观条件限制，工业用和商用元器件水平距离宇航级器件差距也很大，通过商业化运作、市场化采购等方式难以实现民商运载器技术突破。分析 SpaceX 公司成功案例可以发现，重视自主研发、掌握运载火箭关键技术是其能够不断发展，并在竞争中击败老牌航天企业的重要原因。2000 年成立的蓝色起源公司，利用 10 多年时间潜心研究火箭发动机，其在发动机方面的技术优势，快速转化为市场竞争力上的优势，推出的 BE－4 发动机被联合发射联盟公司选为新一代运载火箭火神的一级发动机。我国民商运载火箭企业也应走自主研发的路子，要自主掌握关键技术，才能形成核心竞争力，形成可持续性发展的动力，令人欣慰的是，国内民营商业火箭公司已经开始在这方面起步。

准确定位是发展规划的基本依据　民商运载火箭企业发展规划的依据是对自身技术基础、人才能力储备的准确定位，以及对发展目标的清晰认识。分析国外民商运载火箭企业发展成功案例，发现其均有清晰的发展道路规划。如 SpaceX 公司首先致力于猎鹰 1 号小型运载火箭的研制，成功发展出猎鹰 9 号中型和猎鹰重型运载火箭；蓝色起源公司先后研发出 BE－1、BE－2、BE－3 和 BE－4 四种型号火箭发动机，并基于这些型号发动机开发了新谢泼德（NewShepard）和新格伦运载火箭；火箭实验室采用 3D 技术研制出电子小火箭，并启动了依靠 3D 打印火箭作为动力的飞向月球任务。目前，我国主要民商运载火箭企业均有明确的未来发展规划，蓝箭航天和星际荣耀均以小型固体运载火箭作为过渡，积累火箭研制、发射经验，进行技术储备和验证，后续将发展重型低温液体火箭；零壹空间将聚焦小型固体运载火箭，精耕细作，进行差异化、专业化发展并期望形成产能规模。

创新发展是持续前进的不竭动力　现阶段，我国民商运载器发展已初具规模，并逐步开展试验验证和发射服务，但要长期可持续发展，必须不断进行技术创新和管理创新，向技术要效率，向管理要效益，满足民商航天发射快速响应和低成本的要求。从市场层面来看，快速响应、星箭一体化、无依托发射的运载火箭更能适应灵活多变的商业市场及国家应急发射需求；从长远发展来看，研发大中型新型运载火箭，模块化、通用化、系列化，形成阶梯全覆盖运载能力，是全面进入发射市场、拓展商业发射能力的必然要求。从竞争角度来看，借鉴传统航天管理理念，处理好成本控制和质量保证之间的关系，探索形成简单化、低成本和高可靠性的民商航天管理模式，是取得市场竞争优势的有效途径之一。公开资料显示，国内商业火箭发射费用为：KZ－1A 平均 2 万美元/千克，KZ－11 平均 1 万美元/千克，捷龙一号目标价为 2 万～3 万美元/千克，国内民商火箭发射费用降价空间还有多少，值得期待。

严控质量是确保成功的定海神针　不管是传统航天发射还是民商航天发射，成功都是硬道理。对于追求成功的航天发射服务来说，质量管理贯穿民商运载器的论证、研制、生产、装配、测试、发射等各个环节，任何环节出现纰漏，都可能导致最终失败，因此，严控质量仍然是民商航天发射的必然要求。排除新技术试验必交的学费外，一方面，商业航天发射失利会给公司造成重大的直接经济损失；另一方面，商业航天发射失利影响重大且更易被媒体追踪报道，因产品质量而导致的失败会给民营火箭公司信誉造成重大的负面影响，连续的发射失败更会导致民营火箭公司的信誉危机。同时，通过严格管控质量投入产出，也可以实现民商航天发射的最佳质量经济效益，即以提高质量从而降低不必要的损失、用科学的手段降低过度投入可靠性的成本。“质量是免费的”也许更适用于民商火箭公司。

脚踏实地是大浪淘沙的试金石　几十年来，我国航天一直以脚踏实地而著称。实际上，大多数成功的欧美商业运载火箭企业都经过了很多年积累，才一步一步地发展起来，比如 2000 年成立的蓝色起源公司，经过 10 多年发展才形成发动机技术方面的优势，2002 年成立的美国 SpaceX 公司也只是最近几年才获得了大量的订单。未来几年内，我国民商航天企业可能会面临一个大浪淘沙的过程，只有真正掌握了核心技术的企业才能存活下来。对民商运载火箭企业来说，首先要苦练内功，强化技术队伍，加强研发实力，潜心孵化，推出有竞争力的发射服务产品；其次要拓宽视野，从立足服务的角度，提供可定制化发射服务。

5.1.4　发射场工作特点和要求

(1)　发射场工作特点

民商航天发射作为航天发射的一种，既有航天发射本身固有的特点，也有其独特性，与国家主导的传统航天发射相比，其发射场工作的独特性在于引入市场这一要素后所带来的产品方自主权变重，效益最大化成为基本原则，质量、进度和成本相统一，发射风险相对较高等。

1）产品方自主权变重。主要体现在，一方面在国家主导的传统航天发射中，运载器装配测试、吊装对接、加注发射等工作，由发射场承担一岗、产品方承担二岗责任；而在民商运载器发射场工作中，运载器操作和测试数据处理分析由产品方负责，发射场仅负责必要的技术勤务保障，产品方可以在关键时间节点不变的情况下对工作项目进行灵活安排。另一方面在国家主导的航天发射中，运载器发射场工作的质量安全控制由发射场牵头，只有通过发射场牵头组织的质量评审后，产品才能放行进入后续工作；而对于民商运载器发射场工作的放行，产品方具有更重的话语权，在不影响发射场安全的前提下，发射场几乎不会干预民商运载器在发射场的质量放行。

2）效益最大化成为基本原则。为降低发射成本，缩短发射周期，民商运载器会尽力提高发射场工作效益，主要表现在两个方面：一是工作项目和流程采用简约式设计，简化发射场工作项目，优化发射场工作流程，将并行、紧凑、开放的工作方式引入运载器发射场工作，达到缩短发射场工作时间和任务周期的目的；二是遵循岗位人员最低配置原则，尽量减少进场工作人员。如某商业火箭公司的固体火箭发射场人员配置目标是：技术区 21 人、发射区 7 人。

3）质量、进度和成本相统一。我国几十年的航天发射实践告诉我们：质量是航天事业的生命，成功才是硬道理。载人航天发射等重大任务中，要求进度必须服从质量，尽一切可能将不确定决策和风险决策变成确定性决策，“组织指挥零失误、航天产品零疑点、设施设备零故障、技术操作零差错”是对传统航天发射高质量要求的体现。民商航天发射任务的特点，客观上要求民商运载器发射是质量、进度和成本三者的平衡与统一，风险决策、不确定决策可能会在民商航天发射中经常发生。

4）发射风险相对较高。一方面，民商运载器为了追求利润最大化，极力降低成本，导致产品冗余度小、工业级元器件比例高、测试发射程序简化、质量控制节点少，进而给民商运载器发射带来更大的风险。另一方面，我国民商运载火箭公司多数成立于 2015 年之后，普遍存在产品研制技术欠缺、发射场工作经验不足、核心技术团队磨合不够等问题，使发射场操作、测试的风险增高。

（2）发射场工作要求

国内已经研制出和正在研制中的民商运载火箭均为一次性使用产品，一旦点火直至飞行过程结束，程序不可逆转，过程不可干预（除人为控制其自爆外），故障不可修复，因此，民商运载器发射场工作是其点火发射前最后的检查、验证和确认机会，工作的充分性如何将直接影响发射任务的成败和后续的技术改进。为此，其在发射场的工作尤为强调：确保检查测试完备，严格过程控制，严格技术状态管理，严肃质量问题处置，严肃疑点疑问处置和遵守发射场各项规定。

1）确保检查测试完备。完备性强调在火箭点火前，除受地面工作条件限制不能检查验证确认的项目外，运载火箭的所有组成部分、功能性能均应经确认能正常工作，未能检查测试到的项目均应有明确的结论。民商运载火箭发射场工作完备性不是要求所有检查、验证、确认项目在发射场重新做一遍，是在运载火箭点火前对所有影响运载火箭正常飞行的项目进行确认，对所有存在疑问的项目进行评价，确定风险满足要求和可以接受。民商运载火箭公司受经济效益的影响，同时发射场对其质量工作约束较少，与传统航天相比，可能会精简发射场工作项目和流程，但无论从当前和长远的角度看，民商运载火箭企业在发射场的工作必须确保检查测试的完备性，唯有如此才能确保民商运载火箭企业的生存和发展。中国商业航天发射在 20 世纪 90 年代所经历的寒冬，应能给今天的民商运载火箭企业以足够的启示。

2）严格过程控制。发射场装配、测试、数据处理分析等工作必须严格按照细则、规程等文书要求实施；对关键工序中需要进行重点控制的某些质量特性或因素，要建立关键工序控制点，按产品特点明确规定控制项目、控制方法、控制类别、控制要求、检测频次、检测方法、控制因素及检测人员等，并在发射场工作中进行重点管控。“颗颗螺钉连着航天事业，小小按钮维系民族尊严”绝不仅仅是宣传口号和中国航天人的严谨，更是航天发射系统复杂性和高风险性的体现。因小小的工作失误而导致的箭毁人亡的悲剧在中国和任何其他航天大国、强国中都不新鲜。

3）严格技术状态控制。明确产品技术状态和基线，开展技术状态标识、技术状态控制、技术状态纪实、技术状态审核四项管理活动，对于技术状态的更改，需对评价、协调、批准以及实施过程进行严格控制。严格地讲，运载火箭进入发射场前，所有技术状态均已明确、确定，进入发射场后技术状态就已冻结。但由于受不确定性和随机性等因素的影响，以及一些工作必须在发射场实施和运载火箭进场前工作协调不够等，运载火箭的技术状态在发射场可能会发生变更。中国传统航天对技术状态变更要求“论证充分，各方认可，试验验证，审批完备，落实到位”，这非常值得民商运载火箭公司借鉴。我们在工作实践中要求民商航天发射技术状态变更必须满足“各方认可，审批完备，落实到位”的要求。

4）严肃质量问题处置。产品发射场工作期间出现质量问题，应该立即组织力量进行分析，查出问题原因，明确处置措施，并对其他系统和设备进行举一反三。传统航天任务中，出现质量问题一般均要求按照“技术问题五条标准”进行归零，民商航天任务可以不必在发射场完成归零，但要求质量问题“定位准确、机理清楚、措施有效”，要有不影响飞行任务主要目的达成的结论。事实上，很多航天发射失败是由于质量问题处置不彻底所导致的。

5）严肃疑点疑问处置。疑点疑问不同于质量问题，质量问题有明确的判定依据或标准，疑点疑问常常是专业人员对工作的不充分性存在的质疑、怀疑，对此应引起民商航天火箭公司的高度重视，尤其是运载器点火发射前技术人员所提出的疑问，决策者必须有清醒的认识。美国航天飞机两次机毁人亡的惨剧，在发生前均有专业人士对问题提出疑问，即便是我国的两次民商航天发射失利，在事前都有专家曾提出过疑问。

6）遵守发射场各项规定。一方面要服从任务指挥部的集中统一指挥，出现重大计划调整必须经任务指挥部批准；另一方面要服从发射场设施设备管理单位的现场管理，防止出现设施损毁、人员损伤等重大安全问题。在国家战略的大背景下，国家航天发射场对民商航天企业开放，但发射场与民商运载火箭公司之间不是简单的合同关系。遵照国家战略安排和统一规划，航天发射场对民商航天发射应给予大力支持，并尽可能帮助民商航天企业快速积累发射场工作经验，同时，发射场须履行对民商运载火箭发射场工作的安全性进行监督的职责。上述非经济合同关系要求民商运载火箭公司必须遵守发射场的各项规定，服从发射场的总体调度，确保发射场基础设施安全，确保资源共享规范有序。

5.2 组织与计划

5.2.1 发射场测发流程

按照发射活动进程和特点，将民商运载火箭发射分为任务准备、任务实施和任务总结收尾三个阶段，如图 5-1 所示。

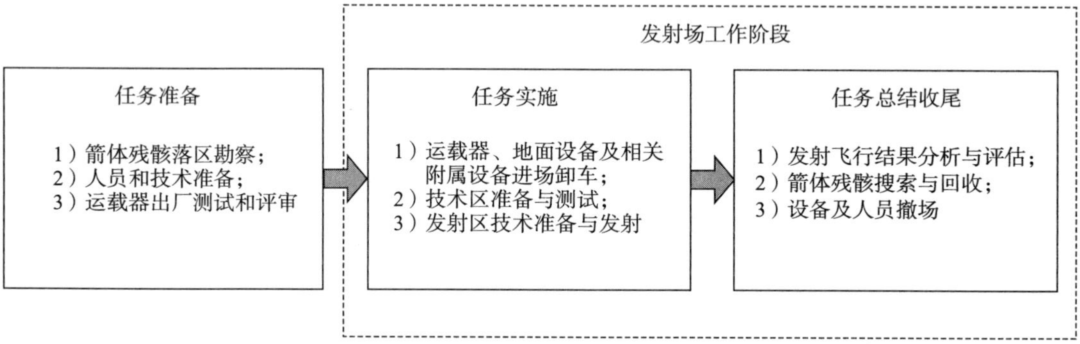

图 5-1 运载火箭发射工作阶段划分

无论是传统航天发射还是民商航天发射，都必须在任务准备期间进行测发流程的设计和论证（见 3.3 节）。在继承传统运载器测发流程的基础上，民商运载器测发流程设计需进一步简化、优化发射场流程项目，聚焦核心，突出民商运载器发射场工作追求最大效益的特点。民商运载器发射场测发流程设计主要应考虑适应测试发射基本工艺流程、满足基本测试覆盖性要求、具备可快速迭代优化的能力和突出简约性特点。

（1）适应测试发射基本工艺流程

我国传统液体运载火箭发射场测试发射模式主要有 2 种：一种为“一平两垂”模式，即水平运输、垂直对接、垂直测试，如 CZ-2、CZ-3 等系列火箭；另一种为“三垂”模式，即垂直对接、垂直运输、垂直测试，如 CZ-2F 运载火箭。固体运载火箭主要采用“三平一垂”测发模式，即水平总装、水平测试、水平运输、起竖后垂直发射，如 CZ-11、KZ-1A 等固体运载火箭。

我国当前研制出的具有商业发射能力的民商运载器均为小型固体运载火箭，主要采用“三平一垂”测发模式，如蓝箭航天的 ZQ-1 运载火箭、零壹空间的 OS-M 运载火箭和星际荣耀的 SQX-1 运载火箭；正在规划或研制中的低温液体运载火箭普遍采用新技术和新测发模式，如蓝箭航天研制的 ZQ-2 运载火箭计划采用水平总装、水平测试、水平转运、整体起竖的“三平”测发模式。

（2）满足基本测试覆盖性要求

民商运载器发射场测发流程需要满足基本的测试覆盖性要求，这主要包括：民商运载器在发射场应进行的基本验证项目，如重要单机、器件、回路测试，惯组单元测试，火工品回路阻值测试等；综合测试工作，如分系统、模飞测试；进场前难以验证的项目，如电磁兼容、箭地联合检查测试等；关键技术试验验证项目等。

（3）具备可快速迭代优化的能力

民商运载器从研制、首飞到产品成熟是一个持续的技术验证和改进过程。由于民商航天发射刚刚起步，相关的组织管理、技术验证、产品改进等工作都存在从起步学习、积累成长到成熟并形成标准模式和持续改进机制的过程，因此，测发流程设计时，应考虑到上述迭代过程，保证民商运载器发射场测试发射流程的快速成熟和标准化。

（4）突出简约性特点

发射场测试发射流程能全面反映任务的性质、运载器的设计思想和技术水平。民商运载器测发流程设计要在保证发射场工作质量安全的基础上，通过提高运载器发射场测试发射智能化、自动化技术，采用科学先进的管理模式，大幅度简化测试发射流程，降低民商运载器发射服务成本，达到民商航天发射高效、廉价的目的。

5.2.2　发射场工作计划

发射场工作计划依据发射场测试发射流程制定。一般来说，民商运载器发射场工作计划可以按照 4 个层次制定，分别为：发射任务节点计划、运载系统工作计划、运载系统日工作计划、专题计划。

（1）发射任务节点计划

发射任务节点计划以运载器发射场工作项目为主线，瞄准发射日窗口，明确运载系统、卫星系统、发射场系统、测控系统等大系统之间的接口及时间节点，便于日常工作安排和任务协同，确保各系统工作接口清楚、任务节点明确、工作目标一致。各大系统间工作接口包括星箭对接联合操作、星箭地联合检查、电磁兼容测试、安控对接、推进剂加注等。

（2）运载系统工作计划

运载系统工作计划是对运载系统工作项目的进一步分解，重点明确运载器内部各分系统之间的接口和时间节点，如运载器交付测试时间、总检查测试时间、星箭对接时间等，实现运载器内部各分系统之间的协同工作。

（3）运载系统日工作计划

运载系统工作计划明确了运载器内部各分系统之间的接口，但运载器在发射场的工作会涉及多个分系统、多个单位甚至多个试验队之间的协同工作。为确保发射场工作有序开展，需在运载系统工作计划基础上，将每天工作内容进行分解、细化，明确到具体的工作项目、保障条件和责任单位，形成运载系统任务日工作计划。日工作计划制定和实施过程中，需根据工作进展和突发情况对每天工作内容进行调整和优化，确定并行项目和串行项目，确保每日工作计划与整体计划、阶段计划的匹配性。

制定日工作计划便于对外统一提出保障需求，对内统一分配资源，提前协调各系统间的工作项目和保障条件冲突，实现资源的合理、高效分配。

（4）专题计划

专题计划是对日工作计划的补充和进一步细化，主要针对任务节点中的重点、难点、复杂工作项目，如专列卸车、星箭对接、推进剂加注、转场发射等，用于保障这些项目的有序开展。

5.2.3　准备阶段

民商运载器发射准备阶段工作重点为箭体残骸落区勘察、人员和技术准备、运载器出厂测试和评审。

（1）箭体残骸落区勘察

运载器发射后，整流罩、火箭助推器和各子级的残骸将返回地面。与传统运载器发射试验一样，民商运载器首飞试验或运载器发射弹道调整时，均要求对残骸落点进行勘测，对信息记录设备、信息载体进行回收，对无用的残骸进行处理，以获取飞行试验信息、消除安全隐患等。

箭体残骸落区是指火箭整流罩、助推器或各子级分离后残骸无控飞行中的可能落点区域。一般来说，残骸落区是以残骸理论落点为中心，以箭下点轨迹为中心线，长为 L_1，左右宽为 H_1 的方形区域，区域离发射点的距离为 S_1，如图 5-2 所示。

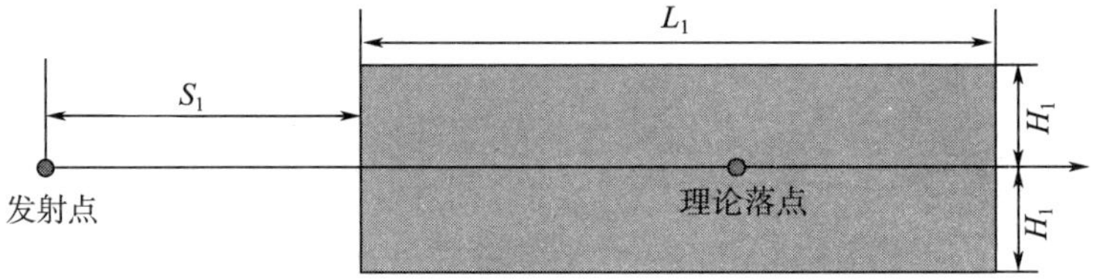

图 5-2　箭体残骸落区示意图

民商运载器发射飞行弹道确定后，首先进行残骸落区图上作业，进行安全性分析。若残骸落区为常规落区，在确定落区内人口、经济等无显著变化后，可沿用以往安全性结论，否则须重新组织勘察；若残骸落区为新落区，则须组织进行实地勘察。

残骸落区勘察一般由发射场或上级机关组织，民商运载器研制单位提供理论落点及落区范围，并参与勘察。

勘察的主要内容包括：

1）落区地形地貌特征；

2）落区内人口密度及分布；

3）落区内铁路及车站、厂矿企业、军事设施等重要基础设施分布；

4）落区内高速公路、国道、省道、县乡道分布及车流量；

5）落区内经济发展规划情况。

勘察过程中，需对落区内人口密集区、重要设施进行摄影，记录坐标，并与当地政府建立联系。

勘察结束后，进行残骸落区安全性分析，签署勘察纪要，形成勘察报告；若落区安全性不满足要求，则须对残骸落点进行调整，重新组织勘察。

（2）人员和技术准备

民商运载器进场前人员准备包括建立发射场工作组织机构、确定进场人员名单，并对进场人员进行定岗和培训，确保进场后组织机构及岗位人员精简、高效、可靠。人员定岗时，一方面要缩减不必要岗位，精简人员，提高工作效益；另一方面对重要岗位特别是一线操作岗位，要严格落实“双岗”责任制，即“一岗操作、二岗检查”的工作制度。为有效落实岗位职责，确保发射场工作顺畅、高效，民商运载器进场前，要对人员进行培训，培训内容包括：岗位职责、发射场工作内容和程序、质量管理程序和要求、发射场工作制度和管理规定等。

技术准备主要包括：文书和数据准备，如飞行试验大纲、与各大系统的接口控制文件、总体方案及总体原始数据、运载器出厂测试判读报告及相应出厂测试数据、发射场测试细则及操作规程等；与发射场开展接口协调，如测试发射保障条件协调约定、与发射场 C^3I 系统进行接口约定与信息联调等；地面测试设备、附加设备及工具准备等。

（3）运载器出厂测试和评审

民商运载器出厂测试安排在进场发射前完成。出厂测试的时间安排上要恰当，时间过早，其测试数据有效期不能包络发射场测试和发射，时间过晚则影响发射场工作计划。

出厂测试目的是对运载器控制、遥测、外安等系统箭上及地面设备的技术指标、性能参数、软硬件设计正确性等产品质量进行全面考核，主要内容如下：

1）充分考核装箭产品和备份产品，覆盖不同工况；

2）验证电气系统箭上产品以及地面设备的电磁兼容性；

3）考核电气系统全箭测试流程和地面数据处理程序的正确性；

4）验证系统测试判据及相关文件的正确性。

出厂测试结束后，择机组织进行民商运载器出厂评审，评审内容包括：

1）运载器、地面设备的性能和功能；

2）运载器、地面设备的质量状况；

3）运载器、地面设备的检查测试情况；

4）运载器、地面设备的缺陷、故障的分析和处理；

5）运载器、地面设备超差使用及处理；

6）运载器设计更改控制；

7）质量合格证、试验、检测记录和产品证明书；

8）执行质量保证文件的情况。

有关出厂评审的要求参见 2.4 节。

5.2.4　实施阶段

民商运载器发射实施阶段可分为产品进场卸车、技术区准备与测试、发射区技术准备与发射 3 个工作阶段。

运载器采用的测发模式决定了其在发射场技术区和发射区的具体工作安排。“一平两垂”测发模式，运载器在技术区工作时间短，仅进行箭体恢复、单元测试、部分单机装箭、火工品测试与安装等工作，主要工作均安排在发射区进行；“三垂”和“三平一垂”测发模式，运载器在技术区工作时间长，完成绝大多数装配、测试工作，转运至发射区后仅需进行少量综合测试就可实施发射。

（1）产品进场卸车

发射计划确定后，民商运载器、地面设备及相关附属设备可以依据进场计划规定的节点进场。产品进场可以采用火车、汽车、飞机等运输方式。

产品进场、卸车方式和保障条件由运载器与发射场接口关系、补充纪要等文件约定，发射场依据约定拟制接运、卸车实施方案，工作项目与内容示意见表 5-3，并按照方案组织实施。

表 5-3　某民商固体运载火箭进场卸车工作项目和内容简要示意

序号	项目	工作内容
1	地面设备进场安装调试	卸车用设备安装与调试
2	卸车协调及技安检查	协调产品、备附件及工具卸车、转载及停放位置； 协调卸车转载用汽车吊、航吊、汽车、叉车等保障条件； 对吊车、接地及用电等设施进行技安检查
3	卸车转载	工装、吊具、架车状态检查； 一子级卸车；二子级卸车；三子级整流罩组合体卸车； 连接接地线，可靠接地

（2）技术区准备与测试

采用“三平一垂”测发模式时，民商运载器技术区主要工作项目和内容示意见表 5-4，完成的主要工作包括：

1）装配：单独运输仪器安装、火工品和电池安装、插头插接、箭体对接、星箭对接、箭上仪器防热处理、转运准备等；

2）测试：单元仪器测试、综合测试、联合检查等；

3）充填气液介质：气瓶充气、姿控（末修）发动机加注等。

表 5-4　某民商固体运载火箭技术区工作项目和内容简要示意

序号	项目	工作内容
1	火箭状态检查， 测试设备展开	产品技术状态确认，箭体各舱段多余物检查；地面设备展开、自检
2	火箭运输状态恢复， 地面设备自检	测试前技术状态检查，连接级间工艺电缆，箭上测试状态准备；电池充放电设备自检，箭上电池第一次充电
3	单元测试	火工品单元测试；惯组单元测试；姿控动力系统单元测试及气密性检查
4	测试设备自检	地面测发控系统自检；瞄准系统地面设备自检
5	分系统测试	测试状态准备；控制系统分系统测试；测量系统分系统测试
6	模飞	进行模飞总检查

续表

序号	项目	工作内容
7	分离总检查	电池上箭安装;进行分离总检查
8	紧急关机总检查	进行紧急关机总检查
9	电池充电	电池下箭、充电;安控终端下箭,安控码组安装
10	火工品回路测试	火工品安装;低压时序测试;连接火工品测试电缆,控制系统火工品回路测试;级间工艺电缆撤收
11	箭体对接	一、二级对接;自毁插头插接,一、二级分离插头插接、级间分离爆炸螺栓安装;二、三级对接;自毁插头插接,二、三级分离插头插接、级间分离爆炸螺栓安装
12	仪器上箭	箭上电池、安控终端上箭安装;惯组上箭安装
13	星箭对接	卫星安装;整流罩对接;星箭对接后总检查
14	末修加注	末修姿控系统气密检查;末修姿控发动机推进剂加注,推进剂泄漏监测;末修气瓶充气、封闭操作口盖
15	防热检查	防热检查确认,补防热涂层,补漆;测发控设备转场
16	转场准备	转运起竖台架状态准备;吊装星箭组合体整体到转运起竖台架上; 连接尾托架,抱臂合拢,系固;运输车与起竖台架对接

(3) 发射区技术准备与发射

采用“三平一垂”测发模式时，民商运载器发射区工作时间较短，主要工作项目和内容示意见表 5-5，主要完成以下工作：

1) 转场：运载器、发射支持设备转发射区，箭体起竖；

2) 发射区综合测试；

3) 实施发射。

表 5-5　某民商固体运载火箭发射区工作项目和内容简要示意

序号	项目	工作内容
1	转场	运输车由技术区行驶至发射场坪,按指定方位停放;起竖发射装置调平; 发射台与运输起竖台架对接; 公路运输车驶离发射区
2	发射合练	发射场测风,发射合练、口令协调
3	测试发射	整体起竖,升起发射台支撑盘,连接与发射台的螺栓; 拆除部分箭尾连接螺栓; 起竖臂与箭体之间的连接解锁,起竖臂后倒至水平状态; 安装尾翼,脱插电缆热防护、脱落插头连接及分离钢索安装、行程开关调整到位; 发射前总检查测试; 进入发射流程,点位、弹道诸元装定; 火箭瞄准,瞄准诸元装定; 拆除所有箭尾连接螺栓; 转电、点火安保机构转工作、点火发射

5.2.5　总结收尾阶段

民商运载器点火起飞和飞行结束后，需开展发射飞行结果分析与评估、箭体残骸搜索与回收、设备及人员撤场等工作。

(1) 发射飞行结果分析与评估

民商运载器飞行过程中及飞行结束后，将开展发射飞行结果分析与评估工作。发射飞行结果分析与评估依据一般为飞行试验大纲、发射飞行结果评定准则、飞行产品设计要求和技术资料、飞行测量数据、飞行景象、气象数据、测试发射记录等，目的是通过分析有效载荷入轨情况，运载器及各分系统的功能、性能及工作情况，对飞行结果进行综合评价，找出存在的问题，提出改进的方法。

发射飞行结果分析与评估的主要内容有：

1) 运载器发射飞行过程是否顺利，出现的故障及分析解决的情况；

2) 飞行过程中运载器及各分系统工作情况；

3) 运载器飞行稳定性能、分离性能、动力性能和飞行程序；

4) 有效载荷入轨精度等。

分析评估的过程为：

1) 实时及准实时分析。运载器起飞后，飞行试验快速评估系统实时监测运载器飞行过程及关键遥测参数；飞行结束后，根据光测、遥测、雷测的数据信息及飞行景象信息，初步分析评估运载器飞行及有效载荷入轨情况，并快速生成评定报告。

2) 快速分析。飞行试验结束 1～3 日内，依据测试发射数据和信息、实时处理的测控数据和信息，完成运载器发射飞行快速分析。主要分析内容包括：运载器飞行概况，总体及主要分系统的工作情况、出现的主要故障、对飞行成功与否进行评价，提出飞行中存在的主要问题及综合分析中需要重点分析的问题等。

3) 综合分析。在快速分析的基础上，对飞行试验全过程进行详细的综合分析。主要内容包括：测试发射过程分析、飞行过程的详细分析、总体及各分系统性能的详细分析、飞行过程中出现故障的详细和重点分析，以及对产品性能的综合分析等；指出产品总体技术方案和仪器部件设计及工艺上存在的缺陷，制造中的质量问题等，提出改进设计和解决问题的方案、建议等。

(2) 箭体残骸搜索与回收

民商运载器发射前，由发射场和运载系统组成残骸回收联合工作组，协同地方政府和武装部，对残骸落区进行安全管控。飞行试验结束后，根据测控系统落点预示结果及散布规律，确定搜索范围后，展开搜索。

残骸回收处理的原则是不造成安全隐患和环境污染。一般情况下，运载器助推器和各子级残骸体积较大，不便于整体回收，可以将需要的试验装置或有价值的部件从残骸内分解带回，将其余残骸采用就地掩埋或炸毁的方式处理。故障飞行时，为便于故障分析，可以对残骸外部进行视频留影或对残骸进行切割处理，并对残骸碎片及分布情况进行测绘。

(3) 设备及人员撤场

任务结束后，组织设备及参试人员撤场。主要工作包括：相关产品及设备撤收、装箱、装车、运输返回，参试人员撤回等；若设备需在发射场留置，需与发射场办理留场和交接手续。

设备及人员撤离，须提前制定撤场计划，撤离时要确保安全、有序。

5.3　测试内容和方法

5.3.1　测试目的与判据

为保证民商航天发射基本目的的达成，遵循航天发射工程的基本规律，民商运载器发射前必须进行一系列严格、细致的检查测试，包括单元测试、分系统测试、匹配测试和总检查测试，目的是：

1）对运载器的功能和性能做出全面评价。检验运载器总体方案和各分系统方案的正确性、协调性；检查运载器技术参数是否满足指标要求；考核运载器功能是否正常，飞行时序是否正确，为发射决策提供依据。

2）发现和解决运载器存在的质量问题，分析处理可能存在的隐患。

3）积累产品可靠性数据。测试数据是研究和提高产品可靠性的关键依据。

4）检验使用文件的正确性和完整性。

5）标定和提供惯性器件的发射诸元参数。

运载器发射场测试结果是否合格，需要根据测试现象和测试数据综合判定。一般来讲，测试合格的判据是功能正常、指标合格、接口匹配。

功能正常是对被测产品最基本也是最重要的要求，一般用于评判功能检查结果。功能检查是对被测产品的功能进行的定性检测，一般只对产品工作的正确性进行评判，对产品的性能参数不作定量检测要求。经过功能检测，产品功能满足工作正确性要求，则认为产品功能正常。

指标合格是对被测产品性能参数测试的要求，一般是对产品技术性能的定量检测。经过测试，产品的各项参数满足技术条件要求，则称该产品指标合格。例如，某型号光纤惯组内部各种电压量、陀螺和加表脉冲增量、各项误差模型参数、均值、极差等均满足要求，说明该惯组指标合格。

接口匹配是从系统的角度来考核系统、各分系统或各单机工作是否正常，表征各单机或各分系统连接在一起时，电气和机械接口关系是否相互协调的一种性能品质。在进行接口匹配检查前，参加匹配的部件或分系统均应经过检查并合格。接口匹配检查按规模和层次可分为分系统内、分系统间、全系统接口匹配检查。

5.3.2　单元测试

单元测试是对箭上单机各自独立进行的测试、检查和标定，测试内容包括单机的外观检查，功能、性能参数（包括静态和动态参数）测试以及误差系数的分离测试等。单元测试的重点是检查箭上单机的功能和性能参数，如惯组、速率陀螺、箭上计算机等单元测试。

一般来说，单元测试方法是给单机加入一定输入量，观察或采集单机输出量，并对输入输出的数据进行处理，从而判断单机的功能和性能是否正常。对于决定运载器制导精度的装置，如加速度表、陀螺仪、计算装置等，其测试精度要求高，测试时要求创造良好的环境条件，并进行稳定性和可靠性测试，如重复进行多次测试后求均值和极差；对于参与姿态控制的装置，侧重检查其动静态参数及输入输出的极性关系，测试精度要求可略为放宽；对于电源配电系统，各单机的检查重点是电源输出精度和配电功能等。

5.3.3 分系统测试

分系统测试是对运载器的各分系统功能、性能参数及协调性进行的检查测试，目的是检查各分系统功能、性能参数是否满足设计要求，各单机之间接口关系的正确性和工作的协调性，软、硬件工作的匹配性等。分系统测试的特点是项目多，采集和处理的数据量大，因而分系统测试通常采用自动化测试手段来完成，各分系统可以串联进行，也可以在互不影响的情况下并行开展。目前，国内民商运载器多数为固体运载火箭，主要有控制系统、动力系统、测量系统（含遥测、外测安全分系统）等分系统测试，液体运载火箭还有推进剂利用等分系统测试。

（1）控制系统测试

控制系统是一个复杂、精密的系统，通常由制导系统、姿态控制系统、电源配电和程序指令系统组成，实现对火箭飞行过程的自动控制。控制系统的测试是产品测试的一项重要内容，其一般顺序是由单机到系统，即由单机的单元测试到系统的综合测试。控制系统测试的具体内容、侧重点、方法和手段则视具体产品要求而各不相同，一般应包括制导系统测试、姿态稳定系统测试、时序系统测试、供配电系统测试、控制线路单项检查等。测试内容可分为：线路测试、性能指标测试和功能测试。

线路测试主要检查控制线路或输出线路，包括线路上器件的工作情况。测试方法为产品在地面开关控制下接通线路产生相应的动作，或向地面发出状态指示。例如，脱落电路检查中，接通“脱插脱落”控制开关，产生脱落插头脱落的动作；耗尽关机电路检查中，接通“耗尽转电”控制开关，发控台上对应的耗尽指示灯亮，供电电流上升一固定值。

性能指标测试主要检查单机或整个系统的性能参数是否满足指标要求。此类测试包括两类：一类是加电工作后即可测量的性能参数，例如箭机主频、供电电压、姿态控制系统各环节的零位、制导系统的加速度表零位等，测试参数可以直接用相应的测量仪表录取，应注意的是数据处理时须考虑输出线路和负载的影响而进行适当修正；另一类是加电工作后需要加输入激励才能测量的性能参数，例如制导系统的加速度表当量及指令检查、姿态控制系统的各个静态传递系数等。测试时选择不同的激励方法使仪器或系统处于设定的工作状态，然后测量相应的输出。测试中，关键在于给出的激励信号性质和大小要适合产品的工作状态。如姿态控制系统测试激励信号一般为电压信号和指令电流信号，转台测试项目为转台的转角或转速信号等。

功能测试主要检查单机或系统功能是否正常，此类测试包括正常功能测试和冗余功能测试。正常功能测试包括姿态控制系统的极性检查、程序机构检查、时序系统测试等，测试方法是在地面对产品加上激励后，观察产品动作和输出代码是否符合规定的要求；冗余功能检查方法与冗余的方式相关，总的原则是先进行正常测试，然后进行一度故障测试、二度故障测试等，保证冗余功能测试的完整性。

（2）动力系统测试

动力系统是一个由气、液、电路组成的复杂系统，用于向运载器发射提供推进力。推进剂性状不同，决定了动力系统的基本组成不同，一般来说，液体运载火箭动力系统由液体发动机、推进剂贮箱、输送系统及管路、活门、电爆管等组成，固体运载火箭动力系统由固体发动机、管路系统、点火装置等组成。动力系统主要测试项目包括气密性检查、火工品测试和安装、贮箱增压、气管脱落功能检查、固体发动机探伤等。

（3）遥测系统测试

遥测系统用来测量运载器飞行过程中的工作状态参数和环境参数，为掌握产品性能、分析判断故障、评定飞行结果、改进设计和生产工艺提供依据。遥测系统的测试也是产品测试的重要组成部分，其主要测试项目有供电检查、起始电平检查、传感器检查、变换器和编码器检查、时间指令检查和交直流变换器等单机功能检查。

（4）外测安全系统测试

外测安全系统包括外弹道测量系统和安全系统。外弹道测量系统用于测量运载器弹道参数和局部图像信息，为掌握产品性能、评定飞行结果、分析判断故障提供依据；安全系统用于接收地面指令，炸毁故障运载器，保证发射场和航区的安全。外测安全系统的主要测试项目有：各单机如脉冲相参应答机、安全指令接收机单元测试，系统功能检查、遥测信息检查、安全指令信息检查、转电检查等。

5.3.4　匹配测试

在完成分系统检查后，运载器各系统之间工作是否协调匹配，系统间接口关系是否正确，这些都需要通过系统间匹配检查来验证和确定。匹配测试是检验运载器相关系统综合设计是否正确、各系统与遥测系统间电气接口是否匹配的试验，主要内容有：

1）检验遥测系统测量参数、技术要求的正确性；

2）检验遥测系统与各系统电气接口的正确性；

3）检验控制与其他系统在发射和飞行中程序指令和联动信号设计的正确性；

4）检验各系统间电磁兼容性；

5）检验测发控系统功能及与指挥监控系统接口是否满足设计要求；

6）协调各系统测试、发射程序，调试测发控软件。

由于系统间匹配性在出厂前已经过了充分验证，随着测发流程不断优化，部分运载器发射场不再进行专门的系统间匹配测试，一般做法是结合分系统测试进行系统间匹配检查。而民商航天发射出于成本和效益的考虑，其发射场工作项目中常常取消匹配测试。

5.3.5 总检查测试

总检查测试是运载器各系统连接在一起进行的大型试验，是对运载器发射前所进行的全面的功能、性能检查，各系统均须参加。总检查测试主要目的一是考核各系统在对接情况下工作的正确性和协调性；二是考核各系统按飞行程序工作的正确性和协调性；三是考核全箭的电磁兼容性。重点是检查全系统工作的协调性及主要功能、性能参数的正确性。检查的主要内容包括：

1）检查姿态控制系统极性及参数的准确性；

2）检查制导系统功能及关机时间的准确性；

3）检查供配电系统功能及参数的正确性；

4）检查程序转弯及各级点火、分离等时序的准确性；

5）检查紧急关机电路的功能和关机程序的正确性；

6）考核全箭火工品电路按程序工作的正确性；

7）检查转电电路和脱落电路的功能；

8）检查安全自毁系统的自毁控制功能；

9）检查参加总检查的其他系统功能、性能及相互之间工作的匹配性、协调性。

民商固体火箭依据测试检查内容和地面设备状态的不同，将总检查测试分为模拟飞行总检查、模拟发射总检查和紧急关机总检查。模拟飞行总检查主要对运载器飞行时序，全系统极性关系，制导、稳定、电源配电系统功能，转电、点火等发射电路工作情况，控制系统与其他各系统协调工作情况进行检查。模拟发射总检查主要测试全系统发射电路的功能。紧急关机总检查主要检查飞行控制系统和发动机系统紧急关机时的功能。

5.4 测发控技术

5.4.1 测发控系统

地面测发控系统的主要任务是完成运载器的单元、分系统、匹配和总检查测试，对测试数据进行处理与监测，并按照临射程序实施点火发射。一般来说，测发控系统主要功能有：

1）远距离测试、发射、控制能力；

2）自动和手动两种发射方式和地面实施紧急关机的能力；

3）测试发射状态控制、测试激励信号加载、数据采样与测量的能力；

4）数据传输与接收、数据与状态显示以及向指挥监控系统实时传送测试数据的能力；

5）遥测数据实时处理、数据资源共享的能力；

6）能够对测试发射过程中出现的问题进行故障诊断与处理。

我国运载器测发控系统（包括民商运载器测发控系统）采用自动化测试系统，利用计算机通信和网络技术，通过设置科学的测试方法和测试项目，能够对运载器的状态进行全面合理的检测，实现过程自动化、操作人性化、测试结果和故障处理智能化、测试数据显示实时化和多媒体化。图 5－3 为某民商运载火箭地面测发控系统布局图。

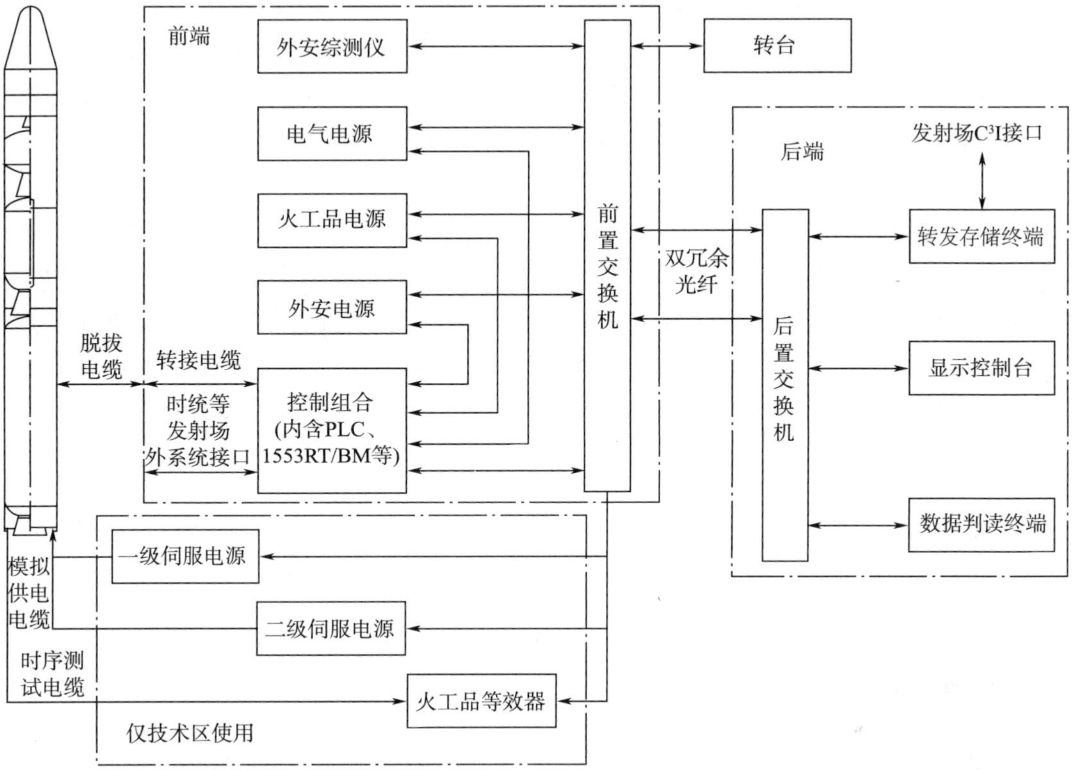

图 5－3　某民商运载火箭地面测发控系统布局图

测试系统以总线技术为核心，实现运载器发射前的各种测试工作，检查、验证运载器设计的正确性和功能的完整性。测试系统采用总线程控方式统一接收后端主控微机的调度控制，实现箭地通信、状态控制与检测、信号激励和数据测量等功能；测量获得的所有数据均返回数据库服务器进一步处理，并分类形成不同的内容送多个浏览终端，还可通过上网微机经地面火箭总体网送指挥显示系统，供指挥员指挥决策使用。

发控系统采用光纤通信，由 PLC 遥控实现状态查询与控制，实现运载器射前的状态设置，执行运载器进入临射程序的自动点火发射。发控系统充分利用 PLC 的灵活、简洁、明了的编程特性和高可靠性，根据系统需要，可任意扩展和组合成一个系统。后端发控台发出控制操作指令，通过光纤链路传输至前端 PLC 输出模块执行控制功能，最后由大功率继电器执行操作。同样的原理，返回的工作状态结果由前端 PLC 送后端 PLC，经处理后，通过显示终端显示状态。

5.4.2　一体化测发控

随着计算机和电子等技术的发展，自动化测试技术不断得到提高。但运载火箭测试受其各个分系统独立测试的传统格局制约，各分系统测试设备相互间重复、功能单一，导致地面测试设备越来越庞大，地面设备之间、地面设备与火箭之间接口种类繁多，造成运载火箭测试资源浪费，增加测试成本。一体化测发控系统采用一体化设计思想，以控制系统测试为主体，对运载火箭遥测、外测安全等分系统测试进行优化设计，统一实现对火箭的地面配电、测试、发控和综合诊断，形成了高效率、高可靠、低成本和高通用性的地面测试发控系统。与传统测发控系统相比，一体化测发控系统能避免重复投资以降低系统成本，减少中间环节以提高可靠性和工作效率，目前已成为运载火箭地面测试发射技术的发展方向。

一体化测发控系统的一体化设计思想主要体现在以下几个方面：1）以控制系统为主体的一体化设计。表现为火箭的射前测试围绕控制系统测发控流程来进行，主要发射节点都安排在控制系统流程之内。2）基于数据信息共享的一体化设计。从火箭各系统数据信息自行测量、自行处理的传统模式转变为统一测量后送中央数据服务器进行数据信息统一处理，并将处理结果发送至各显示终端，实现数据信息集中处理与分发，便于测试人员全面了解火箭测试结果。3）以主流程统一协调各系统进程的一体化设计。即以控制系统测发控流程为主体，综合火箭其他系统测试内容，构成一个单进程、多线程的地面统一测试流程。由控制系统统一对箭上设备进行配电控制，装定测试项目，实现箭上各系统的统一测试。

基于一体化设计思想，一体化测发控系统可以分为统一的测试模块、发控模块、监控模块、数据库及数据处理模块，以及勤务模块和动力模块等（如图 5－4 所示）。

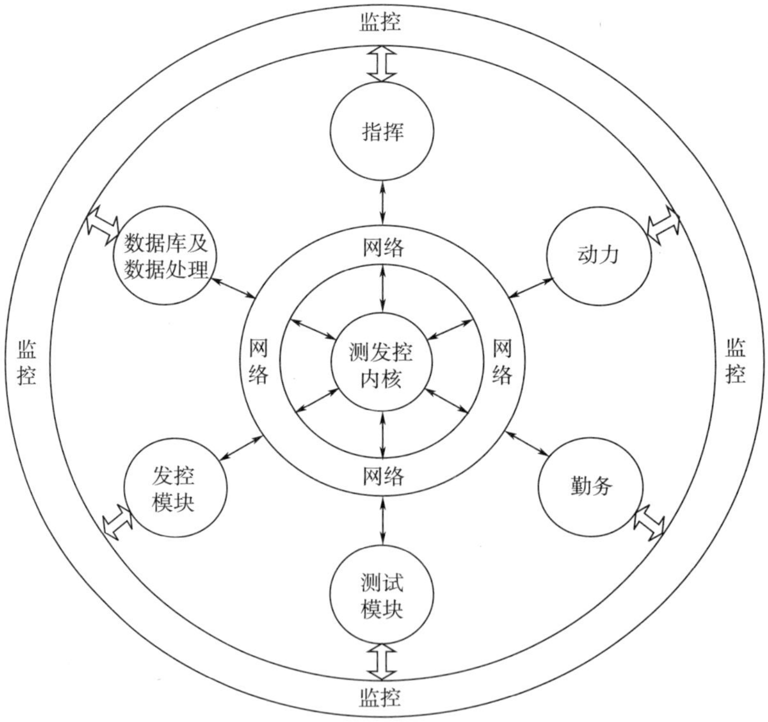

图 5－4　地面一体化测发控系统逻辑关系示意

统一的测试模块主要以测试系统为主体，实现对控制、遥测和外测安全等系统的箭上电气信号测试。完成地面向箭上测试程序装定，完成电气信号的测试和采集，将数据信息实时传输至数据服务器。对于关键参数，采用有线和无线相结合的方式进行采集，以便于有效比对。

统一的发控模块包括前端统一供配电、前端智能电源和后端综合发控台。统一供配电具有全系统供配电能力和各系统单独运行的供配电能力，前者保证了整个系统的正常测试，后者为分系统排除故障时提供保障。智能电源具有远程程序控制和自我监测能力。综合发控台具有远程控制功能和综合显示功能，如电源的启动或停止、火箭的点火与紧急关机、关键信号的灯屏显示及重要模拟参数的虚拟仪表显示等。

统一的监控模块。一体化设计对地面系统的可靠性、稳定性和维护性提出了更高的要求，因此在提高一体化测发控电气设备可靠性的同时，也需建立一套功能强大的监控系统。它独立于地面系统主工作流程之外，但又与地面设备的工作紧密联系。通过多种途径对测发控全过程进行监视，有效获取测发控系统的运行信息。

统一的数据库及数据处理模块。数据库包括设备状态库和测试数据库。数据库的设计采用关系型数据库模型。考虑到与软件平台的结合度，通常选用 Microsoft 的 SQL Server，作为大型数据库的后台引擎。数据库设计上兼顾支持现场数据处理功能，对传送至数据库的所有测试数据做到实时分析与判读，并将数据处理结果分发至各系统显示微机。

勤务模块是与发射场发射保障设备连接的接口模块，具有对影响发射进程因素进行逻辑判断的功能。例如对脐带塔活动平台是否展开、脱落机构是否脱落、摆杆是否摆开到位等，进行判断和显示。

动力模块是为火箭动力系统单独设置的一个模块。动力模块负责接收动力系统的推进剂监测信息和增压管路脱落信号等。

5.5　质量安全保证

运载器发射场质量安全保证是结合运载器发射场工作流程，通过一系列有计划、有组织的技术和管理活动，识别、评价、跟踪、验证运载器状态，消除、降低和控制运载器在发射场工作中和产品点火发射及飞行过程中的风险，确保运载器在发射场的工作达到预期目的。

民商运载器发射目标是提供稳定、可靠的服务，成本价格固然重要，但成功率可能会更重要，因为，谁也不会将高成本的航天器放到可靠性不高的运载器上发射，并为此承担“高昂”的风险。我国民商航天发射刚刚起步，多数民商运载器研制和发射公司没有专职的质量安全保证人员，质量安全分析、策划和控制还没有完整的规范，质量安全保证工作还处于零散的、无序的、随机的状态。这里，我们结合国家主导的传统航天发射质量工程实践经验，针对民商运载器在发射场工作的特点，系统梳理和总结了民商运载器在发射场的质量安全工作策划、控制方法和落实措施，以引导和指导后续的民商运载器在发射场的质量安全保证工作。

5.5.1 工作策划

为确保民商运载器发射场工作顺利开展，落实各级人员质量安全职责，保证工作规范、有序，确保发射场全过程质量受控，根据民商运载器发射场技术流程和计划流程，对民商运载器发射场产品质量安全保证流程和工作项目进行策划，作为民商运载器在发射场各工作阶段开展产品质量安全保证管理工作的依据。

质量安全工作策划的主要内容包括：

1）质量安全目标与里程碑节点计划；

2）主要岗位职责权限和内外部沟通方法、渠道；

3）质量安全保证工作流程；

4）产品运输要求；

5）技术安全检查确认要求；

6）过程控制要求，包括装配操作、动力气检、电测、推进剂加注、总检查、联合检查、发射等；

7）技术状态控制要求；

8）质量问题和不合格品处置要求；

9）技术风险再识别、再分析；

10）质量控制点设置；

11）强制检验点设置；

12）状态检查确认；

13）关键过程确认；

14）易差错项目控制；

15）“双想”（回想、预想）和质量复查；

16）质量评审与放行。

5.5.2 控制方法

中国航天在运载器质量安全管理方面积累了丰硕的研究成果和实践经验，受民商运载器发射经济性和历史数据较少等方面的影响，一些非常成功的做法可能不适用于民商运载器发射场质量安全控制工作，如成功数据包络分析、九新、五交集等。我们在系统深入研究后得到，适用于民商运载火箭发射且很有必要在民商航天发射中得到广泛应用的方法主要有：安全性分析与审查、技术风险分析与审查、测试数据判读比对、质量保证复查、关键质量安全控制点设置等。

（1）安全性分析与审查

发射场安全性分析是航天发射场对民商运载火箭研制方的强制性要求，包括民商运载火箭在发射场工作、发射和火箭点火后飞行安全等方面的分析，只有通过相关安全措施实施后能确保发射场人员和基础设施设备安全、运载火箭航落区满足安全标准要求的民商运载火箭才被允许进场发射。民商运载火箭进入发射场后，发射场组织相关专家对运载火箭的安全性分析报告和相关的安全控制措施进行严格的审查。

某民商运载火箭点火发射安全性分析示例：

火箭发动机装有______ kg 推进剂，为保证在极端情况下发射场人员和建筑物的安全性，设置半径______ m 的圆域，确保安全。

发动机装药量______ kg，根据航天标准关于固体火箭推进剂的当量划分，HTPB 丁羟三组元推进剂的当量比 0.4，相当于______ kg 的 TNT，最为极端的情况为发动机在地面发生爆炸，推进剂产生的超压计算公式如下：

$$P=(1.061/\bar{R}+4.31/\bar{R}^{2}+14.1\bar{R}^{3})\times 0.0981$$

$$\bar{R}=R/\sqrt[3]{q} \tag{5-1}$$

式中 $\bar{R}$ ——当量距离；

P ——超压，MPa；

R ——距离爆炸中心的距离，m；

q ——TNT 的药量，kg。

根据首区安全区的半径______ m 和推进剂当量______ kg TNT，计算得到当量距离为 16 m，推进剂爆炸产生的超压为 0.008 7 MPa。根据超压对建筑物和人体损伤的对应关系，0.008 7 MPa 的超压不会对人体造成损伤。因此，火箭发动机如果在发射过程中发生爆炸，在______ m 安全区外的掩体内部，人员安全性能够得到保证。因此，______ m 的首区安全区能够保证火箭发射过程中的人员和建筑物安全性。

（2）技术风险分析与审查

发射场技术风险分析与审查是针对民商运载火箭及其配套设施设备在发射场的放置空间、周围环境、工作内容等，分析评价可能存在的技术风险，然后通过采取相应的措施保证风险处于可接受状态。

某运载火箭用火工品技术风险分析示例：

动力系统电爆管为火工品，在地面使用期间，由于静电或电气系统测试误操作等因素，存在电爆管误发火的风险。为确保电爆管测试、安装及工作时的安全性，制定安全保证措施如下：

电爆管应存放在无取暖设备，空气流通，能防雨雪并设有避雷针的专用仓库（仓库温度：0～35 ℃；相对湿度：45%～70%），其有效保管期为 8 年；

电爆管运输需遵守铁路、公路、水路和空运运输危险品的规定；

电爆管的测试（包括内电阻和绝缘电阻的测试）应在专用的防爆箱内进行；

内电阻测试必须使用火工品阻值测试仪，其阻值应在规定范围内；

电爆管的绝缘电阻测试必须使用规定的 500 V 或 100 V 兆欧表，电爆管装箭后不再进行绝缘性能测试；

电爆管安装后，必须防止静电放电、感应电流等的影响，并防止强烈灯光的照射；

电爆管安装后，电爆回路必须有短路插头保护。

（3）测试数据判读比对

数据判读是在航天产品测试发射过程中，工作人员对获得的有关航天产品功能性能的数据进行分析比较、判别检验的行为，目的是确认航天产品功能性能是否满足设计要求。判读方法是对从航天产品测试记录介质中提取、处理后的数据进行识别，比对相应的标准来判断其功能性能是否合格。判读标准是相关技术文件提出的合格范围和技术要求。

民商运载火箭测试数据判读比对的内容一般包括：

1）对主要功能项目、主要性能参数进行判读比对；

2）对性能易变参数进行判读比对；

3）对本产品与其他产品（或系统）接口参数进行判读比对。

进行测试数据判读时，首先是判断是否合格，其次是要注意测试状态和测试条件的差异性，考察比对历次数据的一致性和稳定性。

测试数据判读时的基本要求是做到不漏判和不误判，其关键是要掌握比对的参考标准，这个参考标准只能是技术文件中规定的技术要求，使用别的标准，如出厂数据，可以判断参数的稳定性，但不能判断参数是否合格，因为，如果出厂数据不合格且将其作为判读标准就会造成漏判或误判。

对于判读结果不合格的超差数据，应分析其原因，必要时进行复现试验，确认是否是产品故障引起的，同时进行相应的处理。对于接近合格范围边缘的数据，应进一步分析其产生的原因和可能的发展趋势，提出应对的办法。

（4）质量保证复查

质量保证复查是对航天产品质量形成过程和航天产品当前状态所进行的确认，是一种追溯性的反向质量检查，包括全面质量复查和专项质量复查。航天发射质量工程实践证明，在质量管理尚需规范、局部环节尚不协调、责任界定尚存漏洞、人员素质有待提高等特定条件下，质量保证复查是确保航天产品质量和发射成功的一种有效方法。质量保证复查通常包括设计、状态、问题、风险和专项复查。

设计复查。设计复查的内容主要包括故障模式判据、产品功能、时序和环境等内容的复查。故障模式判据复查主要是针对航天产品在地面和飞行过程中可能发生的故障模式、判据及门限值进行检查确认，对相关技术文件的完整性及要求的落实情况进行复查。产品功能复查重点是对极限工况下系统工作状况进行复查确认。时序复查是对运载器的时序设计、正确响应进行的再分析和再确认。环境复查是针对运载器在特殊环境下的适应性所进行的检查确认，如夏季高温环境、冬季寒冷天气、推进剂预估、天地差异性等。

状态复查。状态复查的内容包括对各系统技术状态的正确性和更改情况、测试发射流程和操作规程、发射场测试数据和出厂测试数据的一致性等进行的复查。

问题复查。问题复查的内容包括对航天产品在出厂评审、发射场阶段质量评审中提出的遗留问题的处置情况和航天产品在发射场测试中出现的质量问题的归零情况进行的复查。

风险复查。风险复查的内容包括对测试发射任务安全和存在风险进行分析，对风险应对措施和应急处置预案进行复查。

专项复查。专项质量复查是针对某种未考核到或未测试到的项目和其他相关型号航天产品发生的质量问题在本型号航天产品上是否存在所进行的复查。

（5）关键质量安全控制点设置

关键质量安全控制点设置是根据发射场技术流程和发射场工序，梳理并形成主要质量控制点、强制检验点、极性检查和易差错项目等，建立相应的质量安全控制措施，并按规定进行相应的监视和测量，确保其正确、可靠。

常见的运载火箭发射场主要质量控制点有：1）气密性试验前产品状态检查、整器加电测试前检查；2）动力分系统气密测试结果确认、整器电测；3）电测结果确认；4）加注前评审；5）加注确认、联合操作前状态确认、各类保护件拆除；6）射前状态设置与确认。

运载器发射场工作强制检验点是由运载器研制方确定的在特定时段和状态下对运载器某关键特性指标所进行的检验活动。强制检验点的实施要求对发射场工作各个强制检验点环节的完成情况、测试数据等进行详细检查，确认满足要求，并按声像记录要求对相关过程、状态进行拍照和录像记录。为做到“做事有依据、过程有记录、事后可追溯”，提高强制检验点确认的规范性和有效性，应对发射场强制检验点的检查确认要素进行清理，制定并按照发射场强制检验点记录模板要求进行留样记录。

运载器发射场工作极性检验是根据运载器发射场工作的流程和内容，对运载器装配件安装后的极性状态进行检查和复查。极性检查需严格按照极性测试方法，对测试结果进行确认，具体由责任岗位形成现场检查确认表单，其中与强制检验点重叠的不用再单独制表。表 5－6 是极性检查确认示意。

表 5－6　速率陀螺极性检查确认表

波道	敏感轴	“↑”标志指向
俯仰	平行Ⅱ、Ⅳ象限线（箭体 Z 轴）	向Ⅳ
偏航	平行Ⅰ、Ⅲ象限线（箭体 Y 轴）	向Ⅲ
滚动	平行火箭 X 轴	向头部
俯仰速率陀螺敏感轴方向 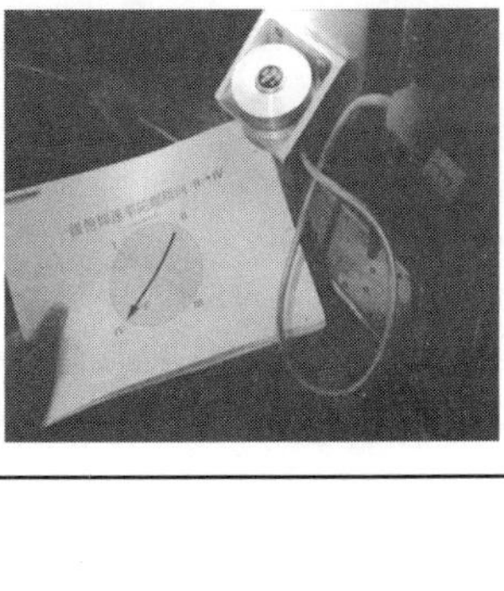	偏航速率陀螺敏感轴方向 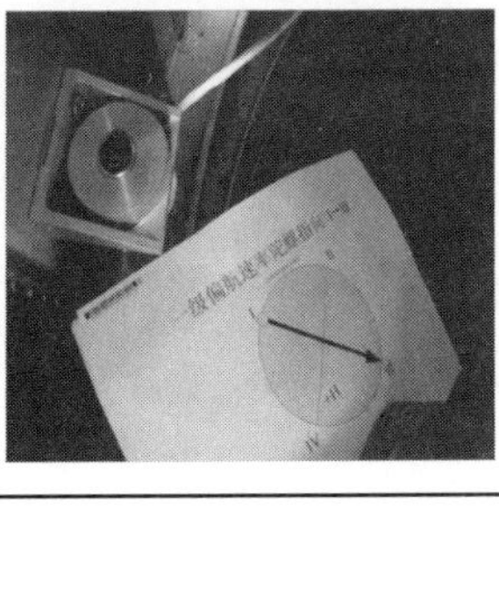	滚动速率陀螺敏感轴方向 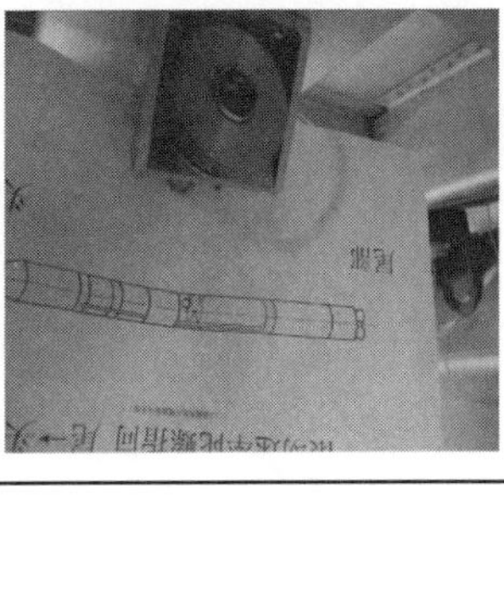

发射场易差错项目的控制及确认是根据运载器发射场工作的流程和内容，对技术操作过程中容易出现差错的工作项目进行梳理，分析易错原因、明确质保措施和责任人，在实际工作中均需按既定质量保证措施严格执行。质量保证措施的具体落实情况需提交多媒体记录和现场检查确认记录。

某运载火箭梳理______项易差错项，其中造成Ⅰ、Ⅱ类故障的项目有______项，需在发射场阶段实施的有______项，具体见表5-7。

表5-7 涉及Ⅰ、Ⅱ类单点故障模式的易差错项目

序号	产品代号	产品名称	操作环节	易错原因	质量保证措施	责任人
1	—	一、二级发动机系统电爆管插头电缆	电连接器插接	电缆分支插头位置相近，易装错	1）安装时检查电缆分支插头、电爆管、电爆阀上的标记，保证三者对应关系； 2）多媒体记录； 3）表格化检查记录	—
2	—	姿控发动机系统遥测压力电缆与姿控发动机电缆	电缆对接	插头形状相同，接口相同	1）电缆支板上有XK236、XY256刻字； 2）电缆插座上有XK236、XY256刻字； 3）电缆支板上这两个插座位置相隔较远； 4）对接前后进行声像记录	—
3	—	控制系统一级发动机点火指令插头	一级发动机舱电缆连接	插头形状相同，接口相同	1）电缆插头、插座均有编号区分； 2）连接前后均进行多媒体记录； 3）操作一、二岗双岗确认，箭上指挥一、二岗双岗确认； 4）CH101、CH103电缆插头插座颜色为蓝色，CH101、CH103电缆插头插座颜色为军绿色	—
…	…	…	…	…	…	…

5.5.3 验证确认

质量安全保证验证确认是根据民商运载器在发射场工作检查、测试、评审、验证等工作的情况，确认运载器是否满足发射要求，为运载器点火发射提供决策依据。质量安全保证验证确认的内容主要包括：发射场工作项目完成情况，技术要求的符合情况，测试、验证及复核情况。

（1）发射场工作项目完成情况

依据民商运载器发射场技术流程和发射场工序，检查确认民商运载器发射场工作项目的完成情况，包括质量安全保证工作。表5-8是确认某运载器发射场工作项目完成情况示意。

表 5-8　某运载火箭发射场工作项目完成情况汇总

序号	主要工作项目	完成时间
1	完成产品及地面设备卸车	10 月 31 日
2	完成本体开箱状态检查、多星适配器状态检查，并转入 9002 厂房，完成单独运输产品、备份产品、地面设备开箱状态检查，并完成了单独运输产品(天线、监视摄像头)装器	11 月 1 日
3	完成技术区技安检查工作，开展地面综测设备恢复、动力地面设备恢复工作	11 月 2 日
4	完成 9002 厂房氦气、氮气、空气气体指标化验，开展地面综测设备恢复、动力地面设备恢复工作	11 月 3 日
5	完成动力气密设备自检，开展动力加注设备自检，完成地面综测设备恢复	11 月 5 日
6	完成 9002 厂房、9035 测试间测控射频转发设备对接测试；完成器地电缆连接、动力火工品阻值测试、电池接插件连接；完成卫星分离装置火工品开箱检查	11 月 6 日
7	完成地面综测设备状态恢复；完成旋转支架车供电插头改造检查、自检；完成动力气密测试、整器加电前的检查确认及汇报	11 月 7 日
8	完成动力高压路气密测试	11 月 8 日
9	完成动力低压路气密测试	11 月 9 日
10	完成发动机自锁阀功能测试，动力贮箱膜片内漏测试	11 月 10 日
…	…	…

（2）技术要求的符合情况

检查确认民商运载器各主要技术参数满足设计要求的情况，表 5-9 是确认某运载器满足卫星主要技术要求的情况示意。

表 5-9　卫星主要技术要求完成情况汇总

序号	项目	指标要求	验证值/仿真值	符合情况
1	运载能力	单星(120±5)kg，共 6 颗；搭载星 42.7 kg±3 kg，共 1 颗	大于 1 000 kg	符合
2	××-2 卫星入轨精度	半长轴偏差≤5 km	半长轴偏差≤3 km	符合
3		偏心率偏差≤0.003	偏心率偏差≤0.002	符合
4		轨道倾角偏差≤0.1°	轨道倾角偏差≤0.05°	符合
5		6 星相对倾角偏差≤0.05°	6 星相对倾角偏差≤0.02°	符合
6	搭载星	半长轴偏差≤5 km	半长轴偏差≤3 km	符合
7		偏心率偏差≤0.003	偏心率偏差≤0.002	符合
8		轨道倾角偏差≤0.1°	轨道倾角偏差≤0.05°	符合
9	××-2 卫星分离角速度	三轴的分离姿态角速度：≤5 (°)/s(3σ)	三轴的分离姿态角速度：≤3.95 (°)/s(3σ)	符合
10	××-2 卫星分离速度	0.5～1.5 m/s	0.67～0.82 m/s	符合
11	搭载星分离角速度	搭载星分离前，上面级三轴姿态角速度≤0.5 (°)/s	搭载星分离前，上面级三轴姿态角速度为≤0.5 (°)/s	符合
12	分离装置残留在每颗星上总质量	≤0.8 kg	0.5 kg	符合

续表

序号	项目	指标要求	验证值/仿真值	符合情况
13	××-2卫星分离后测控时间	不小于100 s(5°仰角)	不小于500 s(5°仰角)	符合
14	搭载星分离后测控时间	不小于90 s(5°仰角)	不小于400 s(5°仰角)	符合
15	动力舱外压承载能力	>0.1 MPa	0.8 MPa	符合
16	多星适配器强度剩余系数	>1	3	符合
…	…	…	…	…

(3) 测试、验证及复核情况

按照发射场技术和产品质量保证流程，检查确认民商运载器测试、验证和复核情况。

以某民商运载器为例，转场前检查确认情况示意：××-Y1运载火箭在发射场工作项目共______项，截至××月××日，已按计划完成规定的______项工作，完成了技术区气密测试、火工品阻值测试、综合测试。总通电时间______小时______分钟，累计发送直接指令______次，间接指令______次，传送指令______次，注数指令______次，全箭工作情况良好，测试数据均满足要求。完成了卫星与火箭适配器对接、热控的补充实施，各接口协调匹配。计划后续待完成工作项目共______项，相关的准备工作已全部就绪。

以某民商运载火箭伺服驱动测试、验证及复核示例：进行了伺服机构驱动控制测试，伺服冷摆测试，确认伺服机构摆动正常，摇摆过程中5 kN发动机无干涉、钩挂等情况，摇摆顺畅，测试正常。测试及判读结果见表5-10。

表5-10 伺服机构驱动控制功能测试表

序号	指令	判据	试样 电性能测试	出厂前 电性能测试	发射场 电性能测试	结果
1	注数机构A0°,机构B0°	机构1主反馈:0±0.2°	0.014	0.014	0.000	合格
		机构2主反馈:0±0.2°	0.014	0.014	0.043	合格
2	注数机构A5°,机构B−5°	机构1主反馈:5±0.2°	4.973	4.987	4.973	合格
		机构2主反馈:−5±0.2°	−4.970	−4.944	−4.944	合格
3	注数机构A10°,机构B−10°	机构1主反馈:10±0.2°	9.96	9.988	9.988	合格
		机构2主反馈:−10±0.2°	−9.95	−9.945	−9.945	合格
4	注数机构A15°,机构B−15°	机构1主反馈:15±0.2°	14.95	14.975	15.003	合格
		机构2主反馈:−15±0.2°	−14.946	−14.960	−14.960	合格
5	注数机构A0°,机构B−0°	机构1主反馈:0±0.2°	0.014	0.014	0.000	合格
		机构2主反馈:−0±0.2°	0.028	0.043	0.057	合格

续表

序号	指令	判据	试样电性能测试	出厂前电性能测试	发射场电性能测试	结果
6	注数机构 A−5°,机构 B5°	机构 1 主反馈:−5±0.2°	−4.97	−4.987	−4.973	合格
		机构 2 主反馈:5±0.2°	5.014	5.015	5.015	合格
7	注数机构 A−10°,机构 B10°	机构 1 主反馈:−10±0.2°	−9.96	−9.974	−9.974	合格
		机构 2 主反馈:10±0.2°	10.031	10.031	10.016	合格
8	注数机构 A−15°,机构 B15°	机构 1 主反馈:−15±0.2°	−14.95	−14.975	−14.975	合格
		机构 2 主反馈:15±0.2°	15.015	15.032	15.032	合格
9	注数机构 A0°,机构 B−0°	机构 1 主反馈:0±0.2°	0.014	0.014	−0.014	合格
		机构 2 主反馈:−0±0.2°	0.028	0.028	0.043	合格

(4) 发射场复查情况

质量复查工作依据民商运载器发射场质量安全工作策划，主要围绕飞行软件装定数据、飞行事件链、气密测试、加注流程、Ⅰ类和Ⅱ类单点不可测项目控制措施、器箭联合操作等工作进行复查。

某运载火箭Ⅰ类和Ⅱ类单点不可测项目控制措施复查示例：

经过对 Y1 运载火箭Ⅰ、Ⅱ类单点故障模式与系统级不可检测项目的梳理与分析，Y1 运载火箭Ⅰ、Ⅱ类单点不可检测项目共______项，分别为贮箱膜片翻转性能、分离螺母火工品发火性能……

针对识别出的不可检测项目，从三类关键特性控制、设置强制检验项目、最终状态检查、抽样性能测试和仿真分析等方面进行了控制。在试样阶段，Y1 运载火箭结构、动力Ⅰ、Ⅱ类单点不可测项目均设置了强制检验点，所有不可检测项目均提出了三类关键特性控制措施，经复查，所有控制措施均已落实。Y1 运载火箭进场后，开展了火工品阻值测试，对气、液路______个电爆阀进行通路阻值测试，对______个分离螺母进行桥丝、绝缘阻值测试，以及分离螺母火工品通路阻值测试。经比对，测试结果与出厂前测试结果一致，满足要求。

(5) 放行准则检查

对照阶段放行准则，逐项检查确认满足放行准则的情况。以民商运载火箭末级发动机加注为例，表 5-11 对放行准则检查进行了示意。

表 5-11　某民商运载火箭末级加注放行准则落实情况检查表

序号	工作项目	完成情况	责任人
1	按试验大纲、测试细则等文件要求完成加注前的各项检查、测试及操作,所有结果合格,整器各系统工作协调,性能参数满足要求	已按文件要求完成了发射场测试、模飞等阶段测试工作,测试结果和产品状态满足要求	—

续表

序号	工作项目	完成情况	责任人
2	加注前发生的质量问题已按规定完成了处置，个别质量问题经评审有不影响下一阶段工作和不影响飞行成功及不会造成安全问题的结论	加注前未发生质量问题，完成了各阶段举一反三工作，各项举一反三措施均已落实	—
3	地面加注、泄出、供气等设备经检测合格，处于良好状态	地面加注、泄出、供气等设备经检测合格，工作状态良好，洁净度满足要求	—
4	加注环境条件、人员安全保障措施符合要求	加注人员安全保障措施已落实，抢险队已组建，对相关人员开展了培训和动员	—
5	防护监测设备齐全，处于良好工作状态	防护监测设备齐全，工作状态良好	—
6	各类推进剂、气体等介质，经化验参数、指标合格，数量满足要求	上面级使用的四氧化二氮/甲基肼均经化验合格，并留仲裁样，氦气多余物检测满足要求，贮备数量满足使用要求	—
7	加注各岗位人员职责明确，熟悉操作规程，制定了处置应急情况的预案	组织各加注岗位人员学习并熟悉操作流程，应急处置预案已落实	—
8	按有关加注文件完成了加注操作演练，结果符合要求	已按有关加注文件要求完成了操作演练，结果符合要求	—

参 考 文 献

［1］ 昂海松，童明波，余雄庆．航空航天概论（第二版）［M］．北京：科学出版社，2015.

［2］ 刘家騑，李晓敏，郭桂萍，等．航天技术概论（第1版）［M］．北京：北京航空航天大学出版社，2014.

［3］ 徐广州，等．发射指挥技术［M］．北京：国防工业出版社，2003.

［4］ 崔吉俊．航天发射试验工程［M］．北京：中国宇航出版社，2010.

［5］ 徐克俊，等．发射工程学概论［M］．北京：国防工业出版社，2003.

［6］ 孙冀伟，张涛，刘佳雯，等．浅析中国运载火箭的商业化发展［J］．航天工业管理，2017（1）.

［7］ 张振华，白明生，石泳，等．国外商业航天的发展与启示［J］．中国航天，2015（11）.

［8］ 王献雨．商业航天质量管理研究［J］．质量与可靠性，2017（4）.

［9］ 查维雄．商业运载火箭助推太空经济．第四届（国际）商业航天高峰论坛，2018.

［10］ 贺鹏梓．商业火箭前行不易［J］．卫星与网络，2016（12）.

［11］ 郭健．中国商业航天现状的思考与建议［J］．卫星与网络，2017（3）.

［12］ 王献雨．商业航天质量管理研究［J］．质量与可靠性，2017（4）：54－57，67.

［13］ 宋永生，周非，魏凯，等．新型固体运载火箭发射流程及计划管理［J］．导弹与航天运载技术，2016（6）.

第6章　民商航天器发射场集成验证

基于民商航天器在发射场工作的内容和要求，概述部分讨论了民商航天器的概念与特点，国内主要民商航天器企业，国内民商航天器发展趋势，民商航天器发射场工作特点；组织与计划部分论述了发射场工作流程、工作计划和工作计划管理；电测部分阐述了电测要求与状态、测试系统构成与环路、电测内容与流程；总装及操作部分叙述了总装内容及要求、运输后状态检查、太阳翼安装与试验、火工品安装与测试、精度测量和检漏等工作；加注部分研讨了加注准备的内容和要求、加注实施的程序和加注后工作；质量安全保证部分研究了民商航天器发射场质量安全工作策划和工作完成情况确认的内容，工作过程质量控制、技术状态控制和复查与放行的内容及要求。

6.1　概述

伴随着国家产业升级变革以及促进民营航天企业发展等相关政策制度的实施，中国航天商业化发展取得了突破性进展，通过市场为商业用户提供航天产品和服务的企业如雨后春笋般出现，这些新兴商业航天企业发展迅速，全面进入发射服务、卫星制造、卫星运营和服务以及地面设备制造领域。在2015年至2018年短短的四年时间里，仅商业卫星的制造端已经形成了多方逐鹿的格局，民营资本投入的公司如零重空间、千乘探索、欧比特、九天微星、翎客航天、天仪研究院、国星宇航、欧科微、科创航天等，大都已经有具体卫星制造项目实施或已经实施发射。

6.1.1　民商航天器概念与特点

（1）航天器

航天器是指为执行一定任务，在地球大气层以外的宇宙空间按照天体力学规律运行的各类飞行器，又称空间飞行器或航天飞行器，如人造地球卫星、载人航天器、空间探测器等。

航天器按是否载人可分为无人航天器和载人航天器两大类。无人航天器按是否环绕地球运行又分为人造地球卫星和空间探测器两大类。载人航天器可分为载人飞船、空间站和航天飞机等。

人造地球卫星指环绕地球运行（至少一圈）的无人航天器，简称人造卫星或卫星，是发射数量最多、用途最广的航天器。人造卫星按用途可分为科学卫星、技术试验卫星和应用卫星三大类，应用卫星主要分通信、遥感、导航定位等。按质量大小，通常把质量在1 000 kg以下的人造卫星统称为“小卫星”（国际上也称微小卫星），包括：小卫星

（500～1 000 kg）、微小型卫星（100～500 kg）、微型卫星（10～100 kg）、纳卫星（1～10 kg）、皮卫星（<1 kg）。有时也把质量在 1～100 kg 且能完成特定功能的微小卫星统一称为微纳卫星。

（2）航天器商业化

航天器按照应用领域通常分为军用航天器、民用航天器和军民两用航天器，民用航天器是指专门用于民事目的的航天器。商业航天器属于民用航天器中的细分类别，是指用于商业运营或面向商业市场需求的航天器。

航天器商业化最早可以追溯到 20 世纪 60 年代的美国。1965 年 4 月 6 日，国际通信卫星组织的晨鸟卫星（休斯公司制造）由美国德尔它 D 运载火箭成功发射，为北美和欧洲之间提供通信服务，开创了卫星商用通信的新时代。商业通信卫星的成功发射，使得国际电话业务和洲际电视传播业务蓬勃发展，并带来可观的经济效益。

20 世纪 80 年代开始，随着航天技术的进一步发展，导航定位、电视直播、遥感、气象预报等航天器技术得到商业化推广和市场应用，真正意义上的商业航天市场开始逐步形成。进入 21 世纪，随着全球范围内一大批卫星创业公司的出现，航天器商业应用市场得到进一步开发和挖掘，如科普、太空纪念、卫星宽带互联、太空旅游等，航天产业迎来了大众应用、大众开发的新格局。民营企业深入介入航天器研发、生产、制造及运营全产业链，以新的规则推动技术、产业和资本的高效组合，向行业各个环节延伸并实施变革性改造，其创新的管理模式和技术模式为航天科技和产业发展提供了新动力。

（3）民商航天器的概念与特点

民商航天器是指由民营航天企业投资研发的、以营利为目的航天器。民商航天器的概念有两个要素，一个要素是航天器资产的所有权主体是民营企业，另一个要素是航天器提供的服务面向市场。

相比传统航天器，民商航天器服务面向市场，提供的产品服务应“好用、易用，效能高、用得起”。因此，在设计、制造以及运营各环节上最显著的特点是追逐性价比最大化，即低成本、高利润，在这种控制成本、遵循市场规律的思路下，民商航天器在生产制造和运营实践上形成了以下鲜明的特点：成本控制推动技术和管理模式变革，星座组网实现小卫星大能力，卫星产品应用模式更加多元化。

成本控制推动技术和管理模式变革。研究界认为，低成本是指全寿命周期成本显著低于同类产品的平均水平。低成本不以追逐绝对的低价格为最高优先级，而是聚焦发展高性价比，充分发挥比较优势。引入创新技术、优化发射选择、创新运营模式都是发展低成本卫星的重要手段。当前，降低卫星成本的共识在技术方面表现为：1）采用模块化、标准化技术构建开放式、网络化的航天装备体系，改变传统的多次总装、总体—分系统—单机的研制模式，取消或弱化分系统的概念，将传统的系统设计变成各个功能模块的物理集成；2）采用空间即插即用（SPA）技术和快速结构拼装技术简化总装、集成与测试流程；3）大量采用公用标准设计，定义标准化的机械、数据、电和热信号接口；4）使用非航天级别的商业货架式产品和成熟的材料。在管理模式方面表现为：新兴商业航天器企业相对于传统航天器企业在项目管理、公司运营、快速响应用户需求和成本控制等方面更加积极灵活，如集同工作、减少分包商的数量、减少文件往来、减少工程评审等。

星座组网实现小卫星大能力。2014 年美国外交政策网站刊文提出，当前全球航天制造领域正掀起一场以微小卫星技术和低成本运载技术发展引起的航天活动变化——“轨道革命”。其主要表现为快速发展的微小卫星技术和低成本运载技术降低了进入空间和利用空间的成本门槛，使得轨道空间正在由一个航天大国俱乐部发展成一个“大众参与”的舞台。微小卫星具有性价比高、技术门槛低等优势，但单一卫星功能弱、可靠性不高，为弥补其不足，达到预定商业功能，星座组网作为一种较低成本的实践模式被商业航天公司所采纳和发展。例如美国一网公司（OneWeb），计划建造 900 颗卫星（单颗卫星质量150 kg 左右）组成的星座，实现全球宽带通信服务功能。国内，珠海欧比特宇航科技股份有限公司的珠海一号星座，由 34 颗卫星组成，可提供遥感视频和图像，单颗卫星质量约 100 kg，已实施 3 次发射入轨，共有 7 颗星已组网运行。

卫星产品应用模式更加多元化。成本的降低为航天器应用市场开发和拓展提供了基础，遵循市场规律，开发满足和适应市场需求的产品服务成为商业航天的生存之道。当前，在互联网思维影响下，航天技术与商业技术的交叉融合使应用产品和服务模式得到不断创新，大量新型产品和服务类型不断涌现，航天器应用场景由传统的通信、导航等向娱乐、科普、消费、体验拓展。如天空盒子（Skybox）公司（美国硅谷的一家创业公司）成功地将微小卫星技术创新与云服务的运营模式创新有机结合，使基于低成本、高分辨率的地球图像应用的商业构想成为现实，掀起一场类似 GPS 的产业浪潮。在我国，也出现了科普教育和个人体验卫星概念的先行者。在商业运营模式上，北京九天微星科技发展有限公司围绕卫星打造粉丝和社区，发起了太空创客联盟与“微星计划”，通过众筹、创客、众包等方式实现全民太空自拍、纳米卫星分离组网等功能，把卫星研制和太空任务变成天地互动的全媒体过程。

6.1.2　国内主要民商航天器企业

随着国家相关支持政策的实施，2016 年下半年国内商业航天开启了投资热潮，一批民营资本投资的新兴航天企业陆续涌现，据不完全资料统计，全国民营商业航天企业数量已达到 20 家以上，其中卫星研制和运营的企业占一半以上。随着产业的发展，投资商业航天的热度和力度仍在持续加速。公开资料显示，2017 年 14 家卫星制造与运营公司共完成 8.6 亿元以上的融资，2018 年 12 家卫星公司共完成 4.3 亿元以上的融资（见表 6 - 1）。

表 6 - 1　2018 年中国主要民商卫星制造与运营公司融资情况

序号	公司名称	时间	金额	轮次	投资方
1	千乘探索	1 月 3 日	数千万	天使轮	明势资本、以太创服
2	宇航智科	1 月 4 日	数千万	天使轮	创想天使、西科天使基金
3	银河航天	1 月 11 日	未披露	A 轮	顺为资本、晨兴资本、IDG 资本
4	零重空间	2 月 2 日	2000 万元	A 轮	华讯方舟

续表

序号	公司名称	时间	金额	轮次	投资方
5	九天微星	2 月 6 日	过亿元	A 轮	天奇阿米巴、君紫资本、七熹投资等
6	千乘探索	1 月 3 日	数千万	Pre-A 轮	青岛汇泉湾基金、顺为资本
7	珈和科技	7 月 3 日	数千万	A 轮	国科嘉和、光谷人才基金
8	银河航天	7 月 10 日	未披露	A+轮	晨兴资本、顺为资本、IDG 资本等
9	天仪研究院	7 月 20 日	1.5 亿元	B 轮	中科星河、名川资本、险峰长青等
10	千乘探索	9 月 3 日	未披露	Pre-A+轮	嘉实投资、明势资本、嘉实资本
11	曦华科技	9 月初	数百万	天使	未公开
12	国星宇航	9 月 13 日	数千万	天使	星河产业集团、深创投、成都电科
13	九天微星	9 月 30 日	过亿元	A+轮	天奇阿米巴、三峡集团、中远航运等
14	微纳星空	11 月 20 日	未披露	A 轮	安芙兰资本、涌铧投资、沛扬投资
15	航天驭星	12 月 29 日	数千万	Pre-A 轮	丽盈投资、元航资本、明势资本

从 2016 年到 2018 年，多家民营航天器制造公司已研制生产出商业卫星并发射入轨，仅仅三年时间，低轨道商业卫星的制造端已经进入了多方竞标的阶段。从目前已发射和正在研发的商业小卫星来看，寿命 1 年的低轨道商业小卫星平台（不含载荷）价格一般在 1 000 万～2 000 万元，寿命 3 年的在 2 000 万～3 000 万元，这个价格几乎是原有卫星价格的 1/10。随着探索实践经验的积累，许多民营企业开始系统谋划自身的长远发展，并纷纷推出了星座建设计划和构想（见表 6-2）。

表 6-2　2018 年国内主要民营航天卫星星座计划统计表

序号	公司名称	星座名称	计划卫星数	已发射数
1	北京零重空间技术有限公司	灵鹊星座	132	0
2	成都国星宇航科技有限公司	星时代 A1 星座	192	3
3	银河航天(北京)科技有限公司	银河星座	900	0
4	北京九天卫星科技发展有限公司	九天微星星座	872	1
5	珠海欧比特宇航科技股份有限公司	珠海一号星座	34	7
6	北京未来导航科技有限公司	向日葵星座	32	1
7	上海欧科微航天科技有限公司	翔云星座	28	1
8	北京和德宇航技术有限公司	天行者星座	24	1
9	北京航天世景信息技术有限公司	高景星座	24	4

无论从国家相关政策引导和地方政府支持，还是目前国内从事商业航天相关的机构数量和产业规模，以及产业的关注力度，均显示我国商业航天的产业链正在逐步形成。

6.1.3　国内民商航天器发展趋势

图 6-1 显示了中国商业卫星近几年发射情况，从图中可以看出每年发射卫星数量正在快速增加，2017 年，商业卫星发射数量为 9 颗，同比增长 125%；2018 年，商业卫星发

射数量为 34 颗，同比增长 278%。商业卫星种类逐渐丰富，2016 年和 2017 年，商业卫星以技术验证卫星和遥感卫星为主，2018 年，商业卫星已涵盖遥感、通信、导航、科学试验、技术验证、教育娱乐等。

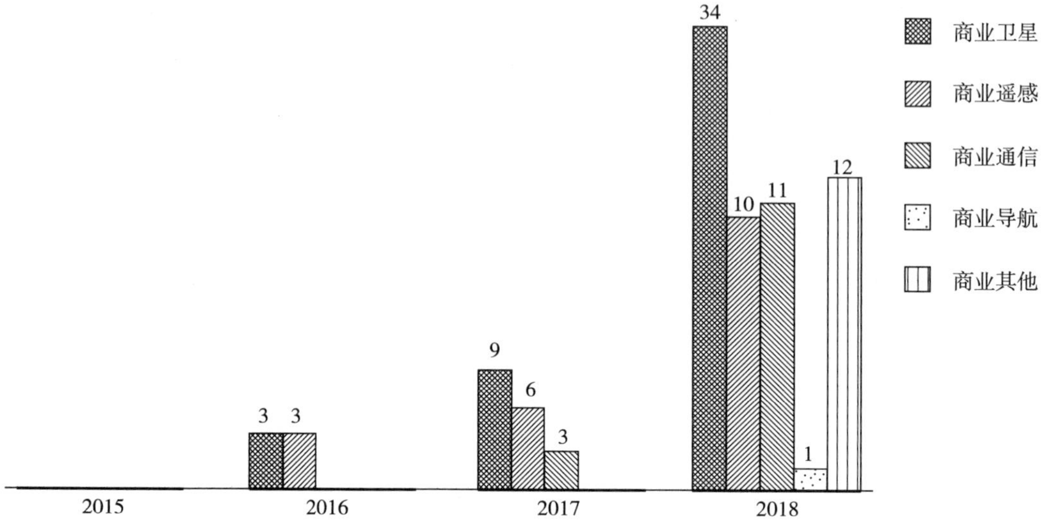

图 6-1　中国商业卫星发射情况统计

从公开的资料看，民商航天器发展正在呈现以下特点：民商航天器制造领域将实现批量化生产模式，民商航天器的市场化链条将进一步拓展和完善，民商航天器产业将呈现融合发展趋势。

民商航天器制造领域将实现批量化生产模式。从 20 世纪 90 年代卫星星座的失败教训看，星座投入成本越高、用户负担越大、研制周期越长，越有可能错过发展时机。国外在卫星批生产制造探索上起步较早，2013 年，美国雷神公司将一条导弹生产线改装，将其称为“空间工厂”，用于美国国防高级研究计划局（DARPA）SeeMe 小卫星的批量化生产。一网公司与空客公司合作在图卢兹安装小卫星的装配线，搭载了最先进的自动化测试设备和数据采集设备。目前我国商业卫星星座建设大多还处在设计或技术验证阶段，还未进入大规模组网建设和应用阶段。因此各卫星制造商的产量仍然较低，没有摆脱原有“作坊式”的以人工为主的研究型生产模式，成熟的工业化制造能力和管理能力在航天器生产领域还未实现。随着国内商业小卫星制造端领域竞争的加剧和星座组网需求的增加，越来越多的卫星制造企业开始探索规模化、批量化生产制造技术，如平台载荷一体化，标准化模块化的接口设计，采用互通互用的非航天级别的商业货架式产品，3D 打印技术，即插即用（SPA）技术和快速结构拼装技术等，这些技术的探索将会为未来的规模化、批量化生产奠定基础。

民商航天器的市场化链条将进一步拓展和完善。目前国内在航天器设计、总装集成、发射服务、测控支持、发射入轨、运营服务的横向链条上都出现了新兴的民营资本投资的商业公司，总体系统级产品市场化进程较快，并且这一横向生态链条在互联思维的影响下，还将进一步拓展和完善，形成术业专攻、互助互利的健康生态链。但是在纵深方向上，目前国内航天部件级产品的商业市场化体系还没有形成，针对航天器产品的基础制造领域商业化、市场化还比较薄弱或空白，工业用和商用部件及元器件水平距离宇航级差距也很大。例如在卫星制造领域，卫星平台的核心分系统（如导航控制、电源、推进和测控等）研制方仍然是原有体制内单位，几乎没有出现民营商业化的配套制造商。究其原因，一是目前我国民营商业卫星制造产业刚刚起步，产量较少，产值较低，而技术、质量要求又高，目前还没有民营公司愿意承担如此高的技术和政策风险；二是航天基础部件领域的核心技术目前还掌握在传统的军工企业，对大部分初创企业而言，由于技术积累和资金还不够充足，因此从系统集成端发力投资风险相对较小。但是可以预见，随着国家政策的支持和商业航天市场的发展，我国商业航天器的全产业链将逐步完善和成熟。

民商航天器产业将呈现融合发展趋势。当今世界，科技与产业深度融合，以互联网思维为代表的新的产业形态正在加速形成，以新的规则推动技术、产业和资本的高效组合，向各个行业延伸并实施变革性改造。一方面，航天技术将与信息科学、量子科学、生命科学、微机电、人工智能、航空深度融合，形成更多技术交叉领域，带动更多跨领域创新，为航天发展提供新空间，如智慧城市、太空旅游、空天飞机、空间太阳能电站等。以微小卫星为例，以 20％的成本和研制时间、实现 80％的技术性能的性价比优先理念，得到航天领域的广泛接受。微机电系统（MEMS）技术、非宇航载荷技术、推进技术以及控制技术，甚至 3D 打印技术的应用使得微小卫星功能密度不断提升，用微小卫星星座与低成本发射、智能终端、大数据构成完整解决方案的条件也日趋成熟。另一方面，航天技术与商业技术的深度融合将是民营航天产业持续健康发展的重要保证。航天器产业链下游的运营服务已融入其他产业发展，航天产业与信息产业、消费产业的融合发展，形成了巨大市场。在技术融合、产业融合的趋势下，加快商业模式创新变得越来越重要，民营航天器企业只有顺应行业脉动、适应市场规则，依靠技术与商业模式的协同创新，才能走得更远、赢得未来。以民商航天器应用领域为例，面向大众的消费级市场以及各类数据应用场景深度开发和拓展成为当前及未来发展的热点，在这些应用层面的市场运作上，互联网巨头拥有世界级的能力。事实上，国外互联网巨头如谷歌、亚马逊、脸书等都已经在商业航天领域进行了布局，2014 年，谷歌地球（Google Earth）以 5 亿美元收购天空盒子（Skybox）公司，以拓展高实时的卫星照片和视频业务能力。Google 公司还计划投资 10 亿美元建造 180 颗卫星，开拓全球偏远地区的互联网接入服务市场。在我国，阿里巴巴、腾讯、百度等互联网巨头也以不同方式渗入商业航天领域，在可预见的未来，中国的互联网巨头将对中国商业航天发展格局产生重大影响。

6.1.4　民商航天器发射场工作特点

通过近几年民商航天器在发射场实施发射的情况来看，现阶段主要以微小卫星（最大质量未超过 500 kg）、一箭多星和搭载发射为主，并且由于不同民商航天企业的技术路线、质量控制理念以及风险接受度不同，民商航天器在发射场的工作内容和流程差别很大。总体来讲，相对于国家主导的传统航天器，民商航天器在发射场的工作呈现出如下特点：测试发射流程相对精简，管理运行突出效率，质量控制以产品方为主，总装及测试技术敢于创新，风险相对较高。

测试发射流程相对精简。大多数民商微小卫星在研制生产时采用模块化、标准化设计，并且以整星运输进场为主，这为民商航天器在发射场提高工作效率、精简流程提供了基础。此外，采用并行、紧凑、开放的工作模式，尽可能缩短发射场工作时间，从而降低发射场工作成本，已是民商航天器企业的共同做法。如在项目精简上，取消卫星产品性能测试，仅对卫星蓄电池进行充电，仅通过发送遥控指令和观察遥测参数进行整星功能检查，取消发射区加电测试，取消活动部件展开试验、太阳电池阵光照试验和单机精度测量等。传统航天器在发射场工作流程通常在 30 天以上，而多数民商微小卫星在发射场工作流程通常只有 7 天左右。以某民营商业卫星为例，该星采用标准的 6U 立方星平台，搭载空间遥感相机、X 频段数传和掩星接收机等试验载荷，该星在发射场有效工作时间为 5 天，主要工作内容有整星供电系统测试、整星功能测试、发射前充电及星箭对接工作，时间安排为技术区整星测试 2 天、电池充电 1 天、星箭对接 1 天、发射前电池充电和发射 1 天。

管理运行突出效率。在人员岗位配置上，传统的航天器企业通常实行“双岗制”，而民营航天器公司岗位人员通常采用最低配置原则，实行一人一岗、一人多岗。从近几年实施的民商卫星发射情况来看，通常单次任务发射场最多岗位人员配置不超过 20 人。另外，减少纸面工作和文件数量、简化文档格式和内容、压缩会议评审规模和简化会议议程，也是许多民商航天器企业采取的工作方式。总的来讲，民商航天器在行政管理运行上也处处体现降低成本、提高效率的特点。

质量控制以产品方为主。对于国家主导的传统航天发射，发射场会对航天器的装配测试、吊装对接、加注发射等工作实施严格的跟踪监管，出现质量问题后，发射场严格按照“双五条”归零标准进行把关和放行。而对于民商航天器，质量工作主要由产品方负责，发射场主要关注安全问题，在不影响发射场安全和其他系统工作的前提下，发射场几乎不会干预民商航天器在发射场的工作安排和质量放行。

总装及测试技术敢于创新。民商航天器为了追求商业利益，在总装及测试等新技术的应用上更加积极主动，例如在总装方面开发或采用智能化工艺系统，采用模块化组合地面机械支持设备，选用可拆解组合的标准零部件，根据不同型号的使用需求对单个模块进行改造或更换，从而满足不同型号的使用需求，节省地面机械支持设备物料成本。在电测系统上，全面应用小型化、一体化、自动化测试系统，固化测试用例，采用科学设定的通用平台测试用例、载荷测试用例、产品级测试用例，提高测试效率；尝试内装自检测试技术，使测试系统引入人工智能，实现被测对象的故障自动诊断；研究通用测试平台，为卫星测试提供更为灵活和功能强大的支持工具。

风险相对较高。一方面，民商航天器为了降低成本，减小产品冗余度、大量采用工业级元器件、简化测试发射程序、减少质量控制节点。另一方面，我国民商航天器企业多数属于初创企业，普遍存在新技术验证不够充分、发射场工作经验不足、核心技术团队磨合不够等问题，使发射场操作、测试的风险增高。从近几年发射升空的民商卫星情况来看，许多卫星入轨后再无后续相关资料报道，预计可能是出现了不同程度的质量问题，这也说明民商航天器相比于传统航天器风险较高。

6.2　组织与计划

6.2.1　发射场工作流程

按照发射活动进程和特点，将民商航天器发射工作分为任务准备、任务实施和任务总结收尾三个阶段，如图 6－2 所示。

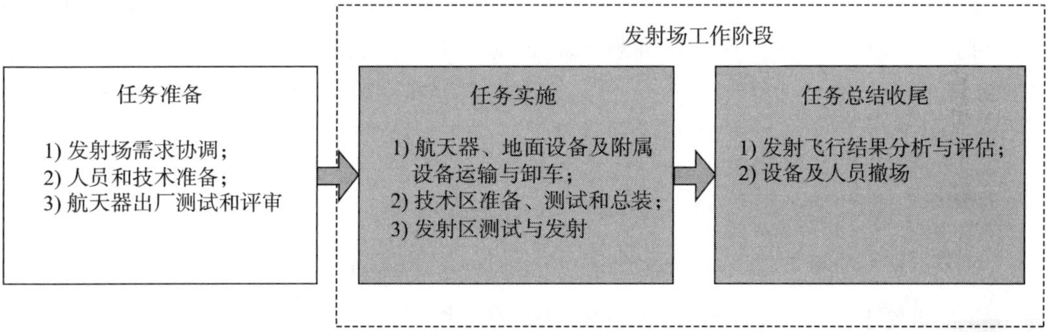

图 6－2　航天器发射工作阶段划分

无论是传统航天发射还是民商航天发射，都必须在任务准备期间进行测发流程的设计和论证（见 3.3 节）。在继承传统航天器测发流程的基础上，民商航天器发射场工作流程设计需进一步简化、优化发射场流程项目，聚焦核心，突出民商航天器发射场工作追求最大效益的特点。民商航天器发射场测发流程设计主要应考虑适应集成验证发射流程、满足验证覆盖性要求、突出简约开放性特点。

（1）适应集成验证发射流程

我国传统卫星发射场集成测试和发射飞行控制工作的一般性流程是：卫星进场卸车→卫星及设备开箱自检→整星检漏→卫星改装→卫星精度测量→卫星平台电测试→卫星有效载荷电测试→整星电测（模飞）→太阳翼安装与光照试验→卫星加注→扣罩→星箭对接→转场到发射区并电测→星箭联合检查→射前状态设置→飞行过程监测与控制→飞行结果评估→人员及设备撤场。

我国当前民商航天器多为小卫星和微小卫星，同传统的国家主导的大型航天器发射场工作流程相比，其发射场工作流程项目更为灵活且更为紧凑，常常根据实际需要来设置工作项目，如取消发射场精测和发射区电测，测试和验证试验的持续时间缩短，如光照试验的时间大大压缩，从而使民商航天器发射场的工作周期相比于国家主导的航天器大大缩短。但民商航天器发射场工作组织与计划仍需遵守基本的工艺流程，并受发射场工作环境和运载器工作流程等条件的约束。

（2）满足验证覆盖性要求

民商航天器发射场集成与验证是航天器地面工作的最后一个阶段，运载器一旦点火发射，其后航天器发生的任何故障，都无法进行相应的维修，尽管有诸多的抢救方案、预案，一方面需要付出高昂的代价，另一方面也很难使其恢复理想状态。发射场集成验证的覆盖性，可以极大地降低火箭点火后航天器可能发生的故障并将相应风险控制在可接受范围内。为此，民商航天器发射场工作组织与计划必须将检查、测试、验证的覆盖性作为重点进行分析和策划。

（3）突出简约开放性特点

发射场集成验证工作项目能全面反映任务的性质、航天器的设计思想和技术水平。民商航天器检查、测试、验证工作策划要在保证发射场工作质量安全的基础上，通过提高航天器发射场工作的智能化、自动化技术，采用科学先进的管理模式，大幅度提高工作效率；同时，应保证发射场工作与民商航天器研制、生产和总装阶段的工作形成相互补充和印证，以工作实际需要为原则，不局限于成熟的流程和经验，精简民商航天器发射场工作的内容，有效降低民商航天器发射工作成本，达到民商航天发射高效、廉价的目的。

6.2.2 发射场工作计划

发射场工作计划是依据发射场提供的资源和航天器项目组拥有的资源，对照航天器发射场工作周期要求，为发射场工作流程中明确的工作项目，安排相应的时间和空间。

以某卫星在发射场的工作为例，工作周期为47天，工作项目包括：卫星运输至发射场某卫星厂房，运输后精度复测，卫星技术区测试状态确认，技术区整星电测，太阳翼外板光照，数传天线弯波导安装及无线测试，数传天线火工品安装，相机及卫星热控处理，测试总结暨加注评审，加注，发射星状态改造及确认，卫星与适配器对接、合罩，星罩组合体转场、与运载火箭对接，发射区整星电测，第二次总检查，星箭地EMC检查，卫星发射，设备撤收。

（1）发射场工作进度计划

里程碑节点：完成整星技术区电测；完成卫星加注；完成卫星与运载适配器对接；完成卫星发射区测试；卫星发射。

进度时间安排见表6-3。

表6-3 发射场工作进度计划表

编号	任务名称	工期	开始时间	完成时间
1	地面设备火车运输至发射场	10个工作日	4月17日	4月26日
2	技术区	26个工作日	4月27日	5月22日
2.1	地面设备卸车、开箱及展开状态检查	1个工作日	4月27日	4月27日
2.2	卫星空运至发射场	0.5个工作日	4月28日	4月28日
2.3	卫星卸车、开箱	0.5个工作日	4月28日	4月28日
2.4	整星运输后状态确认	0.5个工作日	4月29日	4月29日

续表

编号	任务名称	工期	开始时间	完成时间
2.5	整星运输后精度数据确认	0.5 个工作日	4 月 30 日	4 月 30 日
2.6	测试前技术状态确认(数传天线弯波导等)	0.5 个工作日	4 月 30 日	4 月 30 日
2.7	测试环境准备	3 个工作日	4 月 27 日	4 月 29 日
2.7.1	技术区供电技安检查	1 个工作日	4 月 27 日	4 月 27 日
2.7.2	测试电缆铺设	1 个工作日	4 月 28 日	4 月 28 日
2.7.3	地面设备展开自检	1 个工作日	4 月 29 日	4 月 29 日
2.8	卫星 C 状态测试	7 个工作日	5 月 1 日	5 月 7 日
2.8.1	应答机测试	1 个工作日	5 月 1 日	5 月 1 日
2.8.2	电源、总体电路、星务、GPS 测试	1 个工作日	5 月 2 日	5 月 2 日
2.8.3	控制分系统测试、监视相机子系统测试	1 个工作日	5 月 3 日	5 月 3 日
2.8.4	数传分系统功能性能测试	1 个工作日	5 月 4 日	5 月 4 日
2.8.5	载荷功能检查测试、整星热控测试	1 个工作日	5 月 5 日	5 月 5 日
2.8.6	整星综合测试	1 个工作日	5 月 6 日	5 月 6 日
2.9	卫星太阳翼外板光照	2 个工作日	5 月 7 日	5 月 8 日
2.10	安装数传天线弯波导及数传天线测试	1 个工作日	5 月 9 日	5 月 9 日
2.11	数传天线火工品安装	0.5 个工作日	5 月 10 日	5 月 10 日
2.12	整星及相机热控状态实施	0.5 个工作日	5 月 10 日	5 月 10 日
2.13	技术状态检查确认、拍照	1 个工作日	5 月 11 日	5 月 11 日
2.14	测试覆盖性检查和测试结论审查	0.5 个工作日	5 月 12 日	5 月 12 日
2.15	卫星加注文件评审	1 个工作日	5 月 14 日	5 月 14 日
2.16	卫星移送至加注间及电测演练	1 个工作日	5 月 15 日	5 月 15 日
2.17	卫星加注工作	22 个工作日	4 月 28 日	5 月 19 日
2.17.1	加注设备清洗、准备	18 个工作日	4 月 28 日	5 月 15 日
2.17.2	加注演练	1 个工作日	5 月 16 日	5 月 16 日
2.17.3	卫星加注评审	1 个工作日	5 月 17 日	5 月 17 日
2.17.4	卫星加注	2 个工作日	5 月 18 日	5 月 19 日
2.18	卫星移送至扣罩大厅	0.5 个工作日	5 月 20 日	5 月 20 日
2.19	卫星星表清洁	0.5 个工作日	5 月 20 日	5 月 20 日
2.20	卫星与运载适配器对接	1 个工作日	5 月 21 日	5 月 21 日
2.20.1	卫星与运载适配器对接(包包带)	0.5 个工作日	5 月 21 日	5 月 21 日
2.20.2	与运载适配器对接强制检验点检验	0.25 个工作日	5 月 21 日	5 月 21 日
2.20.3	与运载适配器对接拍照记录	0.25 个工作日	5 月 21 日	5 月 21 日
2.21	卫星合罩	1 个工作日	5 月 22 日	5 月 22 日
3	转场工作	5 个工作日	5 月 15 日	5 月 19 日
3.1	星罩组合体转场,与运载火箭对接	1 个工作日	5 月 23 日	5 月 23 日

续表

编号	任务名称	工期	开始时间	完成时间
3.2	地面设备转场	5 个工作日	5 月 18 日	5 月 22 日
3.2.1	发射区条件检查、准备	1 个工作日	5 月 18 日	5 月 18 日
3.2.2	测控、供配电地面设备转场	1 个工作日	5 月 19 日	5 月 19 日
3.2.3	测控、供配电设备展开、自检	1 个工作日	5 月 20 日	5 月 20 日
3.2.4	测试电缆铺设	1 个工作日	5 月 21 日	5 月 21 日
3.2.5	卫星测控转发链路测试	1 个工作日	5 月 22 日	5 月 22 日
4	发射区	11 个工作日	5 月 23 日	6 月 2 日
4.1	发射区测试前状态确认	1 个工作日	5 月 23 日	5 月 23 日
4.2	发射区技安检查	1 个工作日	5 月 22 日	5 月 22 日
4.3	发射区电测	2 个工作日	5 月 24 日	5 月 25 日
4.4	卫星射前演练(总检查)	1 个工作日	5 月 26 日	5 月 26 日
4.5	星箭地 EMC 检查	1 个工作日	5 月 27 日	5 月 27 日
4.6	射前卫星状态设置	0.5 个工作日	6 月 2 日	6 月 2 日
4.7	射前卫星状态最终确认	0.5 个工作日	6 月 2 日	6 月 2 日
5	卫星发射	0 个工作日	6 月 2 日	6 月 2 日

(2) 发射场工作场地划分

发射场工作场地划分计划示意见表 6－4。

表 6－4 场地房间分配表

工作大项	子项目	场地或房间名称	数量	备注
卸车	产品装卸	转载间	1	
总装	总装工作准备	单元准备间和单元测试间 1/3	3	净化室
	精测	卫星总装测试大厅	1	净化室
	总装	卫星总装测试大厅	1	净化室
	太阳翼光照	卫星总装测试大厅	1	净化室
整星测试	卫星	卫星总装测试大厅	1	净化室
	地面设备	测试间 1/2/3/4	4	
单元测试	设备测试	单元测试间 2	1	净化室
火工品	储藏、测试	防爆吊车变频间	1	
推进剂加注	卫星	加注厅	1	净化室
	加注设备及推进剂	加注设备间	2	净化室
	配气	配气间(推进)	1	净化室
	加注指挥	指挥间	1	
	消防技安	消防配电室/设备间	2	

续表

工作大项	子项目	场地或房间名称	数量	备注
星箭对接与扣罩	卫星与适配器对接	卫星总装测试大厅	1	净化室
	安装包带	卫星总装测试大厅	1	净化室
	扣罩	卫星总装测试大厅	1	净化室
转场	星罩组合体转场	转载间	1	
其他	会议协调	会议室	1	
	集装箱及大件工装存放	专用场地	按需	

6.2.3　工作计划管理

目标：按发射场计划流程要求完成各项节点任务。

(1) 发射场生成文件

航天器在发射场工作期间应按计划生成所需文件，一般包括：

1) 卫星发射场风险分析与控制总结报告、发射场故障应急预案。

2) 卫星技术区、发射区技安检查工作报告，运输、技安检查和地面设备准备小结。

3) 测控分系统、热控分系统、星务分系统、供配电分系统、控制分系统、推进分系统、数传分系统、天线分系统、相机分系统和监视相机技术区测试总结及数据判读比对分析报告。

4) 整星发射场技术区测试总结及数据判读比对分析报告。

5) 技术区测试总结及数据判读比对分析报告。

6) 测控分系统、热控分系统、星务分系统、供配电分系统、控制分系统、推进分系统、数传分系统、天线分系统、相机分系统和监视相机发射区测试总结及数据判读比对分析报告。

7) 卫星推进剂加注大纲、卫星推进剂加注时卫星防护要求、卫星推进剂加注细则、卫星推进剂加注口令、卫星推进剂加注安全规程及故障对策、卫星推进剂加注组织实施方案、卫星推进剂加注演练细则、卫星发射场推进剂加注准备工作总结、卫星发射场推进剂加注工作总结。

8) 卫星出厂及运输包装箱压力监测报告、发射场转运过程压力监测报告、发射场肼监测报告。

9) 卫星发射场总装执行记录表、转场前总装工艺技术总结、发射场总装检验报告。

10) 卫星发射场总装工作总结、卫星转场暨加注专项评审报告。

11) 最低发射条件。

12) 卫星发射场总装质量和工作总结报告。

(2) 计划管理措施

计划管理措施包括：计划分解，计划跟踪、控制，计划管理评估、反馈，计划流程调整程序等。

计划分解。包括按天和按小时分解。按天进行计划分解是在发射场实施阶段，按天编写工作计划、工作内容，明确保障条件，由计划管理人员监督按时完成。按小时进行计划分解是对于影响发射场主线的短线或突发项目，由计划管理人员协同相关设计师按小时进行计划分解和策划。

计划跟踪、控制。计划跟踪采取计划协调会议、待办事项检查、现场跟踪。具体要求如下：每天组织调度会上总结昨日工作完成情况，布置当日工作，按时下发调度单；对于各类计划协调会中确定的待办事项和遗留问题，计划管理人员负责汇总、监督、催办和检查落实情况；计划管理人员对发射场工作不定期实时跟踪，对能够现场解决的问题现场解决，对遗留问题组织专题技术讨论会和专题调度会，研究确定解决措施。

计划管理评估、反馈。计划管理人员负责对整个发射场计划完成情况进行动态评估，评估应对照计划流程以天为单位进行，评估的结果应反映到每天的工作通报中，对于出现进度偏差的项目，应及时采取纠偏措施。

计划流程调整程序。发射场计划流程调整必须按照流程变更程序实施，由计划管理人员填写“系统级计划流程更改申请单”，对于不影响发射任务主线的计划调整经发射场工作指挥部审核、项目组带队领导审批后实施；影响主线进度计划流程调整，还应上报上级机关并通知工程其他系统。

（3）发射场评审及把关

针对发射场工作节点和里程碑设置，在任务各节点和里程碑处由责任单位采用确定的形式，对已完成工作满足要求和后续工作准备情况进行评审和把关。常见的评审和把关工作有：

1）航天器到达发射场后，正式开展工作前，组织运输工作小结、技安检查工作小结、地面设备准备小结。

2）航天器测试工作阶段，组织整星技术区测试总结及数据判读和整星发射区测试总结及数据判读评审。

3）总装阶段，组织技术区总装总结评审和发射区总装小结。

4）加注准备及加注阶段，组织加注设备准备、加注文件准备、有害气体监测设备准备和推进剂化验报告小结，组织推进剂加注准备工作评审。

5）转场前组织卫星加注情况小结，发射前组织最低发射条件确认。

6.3 电测

发射前通过对民商航天器系统的检查测试，充分暴露航天器设计和生产工艺的缺陷，发现功能和性能不足并采取措施进行纠正，以保证航天器在轨运行质量和可靠性。

6.3.1　电测要求与状态

（1）电测的主要任务

航天器发射场电测的主要任务包括：

1）检查航天器电气部分的正确性、匹配性及接地系统的正确性；

2）检验分系统电气性能和参数指标是否符合设计要求；

3）检验各分系统在系统级条件下能否完成规定的功能；

4）检查各分系统之间接口关系的匹配性，包括机电、光电、热电接口在内的正确性；

5）检验信息通道传递的可靠性、准确性和精确程度；

6）检验指令传递系统的准确性和可靠性；

7）检测航天器整体的电磁兼容性；

8）检查星箭电气接口的匹配性；

9）检测火工装置的安全性、工作的可靠性；

10）模拟卫星在空间的飞行程序，检验飞行程序的可行性和正确性；

11）检测星—地接口的兼容性，检验控制通道的正确性，以及测试软件、测量参数定义和开关状态的正确性；

12）控制、监视星上各仪器、设备的工作状态，实时、连续地记录工作过程和测试数据。

（2）电测的主要要求

航天器发射场电测的要求包括：

1）对整星所有电性能和功能进行测试；

2）对一些主要分系统的功能和性能参数进行测试；

3）检查星上所有备份设备性能参数，并检查备份切换功能是否完善可靠；

4）检查全部无线遥控指令，逐条按卫星发射后执行程序进行检查，并按可能改变的程序进行检查；

5）在每次全程序测试中，航天器所有工作模式均应覆盖，以便检查这种模式下航天器的整体性能；

6）开展航天器处于正常工作状况和模拟某些故障工作状况下的测试，包括温度控制系统的加热器控制；

7）记录遥测及有线监测各种状态下的卫星测试参数和事件，以用于轨道运行监视比对和分析。

（3）电测时航天器的状态

习惯上将航天器发射场电测状态分为 A、B、C、D 四种状态，民商航天器发射场电测一般只选择其中的 1 到 2 类状态进行测试。

A 状态。各分系统已安装在航天器结构和支架上，电缆网已铺设好，航天器外壳或壁板未安装，机械结构体呈开放状态。A 状态通过地面测试控制台来控制电源供电，除了与电源系统相关外，各分系统之间没有信息联系。此状态下的测试内容是地面综合测试设备提供供电控制、监视电源、发送遥控指令、获取遥测参数，并和专用测试设备一起对航天器上各分系统的性能参数进行测试。

B 状态。航天器机械结构体呈开放状态（与 A 状态相同）。B 状态采用航天器电缆网，由电源分系统供电，通过数据管理分系统、遥测分系统以及电缆线对各分系统参数进行测试，同时要求某些专用设备向航天器上分系统设备提供测试所必需的激励信号。此状态下的测试内容是在地面综合测试系统的统一指挥和协调下进行模拟飞行状态的测试（简称模飞），包括模拟发射前的状态设置和航天器升空、入轨、在轨运行期间各分系统的工作状态。此状态的电测使系统的兼容性和匹配性得到充分验证，获得的各分系统的全面性能参数可作为航天器测试各阶段对比和判决的依据。

C 状态。航天器呈总装完毕的状态，此时，航天器与地面之间只是通过装有脱落电连接器的长电缆和地面综合测试设备连接，或通过无线信道建立联系。C 状态测试充分利用遥测遥控及无线通道功能，尽量减少有线测试内容。与 B 状态下的测试相比，C 状态的测试内容要少，重点在于功能性测试，仅对各分系统的少量主要参数进行定量测量。

D 状态。模拟飞行工作状态，它以转内电后的模飞测试为主要内容。此时航天器所有状态及电接口均按飞行状态要求，接通正式天线，火工品加有保险电连接器。由于利用内电进行测试，应尽量简化测试内容，只做最主要的功能测试及少量参数的定量测试。

6.3.2 测试系统构成与环路

航天器测试系统一般性结构如图 6－3 所示，系统由总控设备（OCOE）、有效载荷和各分系统的专用测试设备（SCOE）联网构成。总控设备实现整星测试时对星上产品以及地面设备控制和监视，提供数据服务，提供显示、查询以及用户数据分析。供配电专用测试设备给卫星提供能源，对部分星上模拟量、状态量进行直接测量和控制。测控专用测试设备提供上下行链路，为星上测控分系统测试提供激励。控制与推进专用测试设备监视控制分系统状态，为控制部件测试提供激励，为控制分系统闭环测试提供激励。星务专用测试设备对总线上的数据进行监视、通信等；载荷专用测试设备一般为载荷量身定制。

总控设备作为上级，控制和管理其下级的分系统专用测试设备。各分系统专用测试设备与被测航天器直接连接，在分系统测试阶段，它们是独立的测试设备，对相应的分系统有完全自主测试的功能；进入航天器综合测试阶段后，各分系统专用测试设备可作为整器测试设备的组成部分，按照整器测试进程，在总控设备统一调度下协调工作。整器测试工作时，总控设备向各专用测试设备发出各种控制命令，启动它们的检测程序，通过各专用测试设备实现对卫星的供电、控制、数据加载、测量和激励。各分系统的专用测试设备将测得的数据、状态、对控制和激励的响应及各种检测结果送给总控设备进行分析判断。总控设备接收、处理并监视这些来自各专用测试设备（含遥测前端设备）的信息，并将处理结果及时间基准和有关数据分送给各专用测试设备。

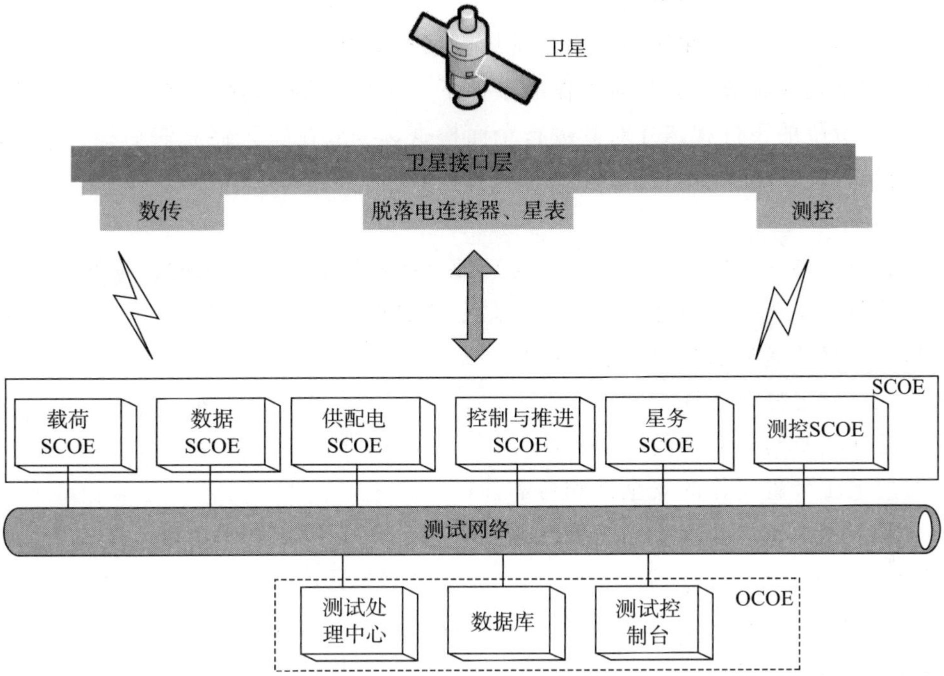

图 6－3　测试系统组成框图

航天器测试通过上行链路对被测对象进行控制和激励，通过下行链路对其响应情况进行收集，把上行和下行连接起来就形成测试环路。测试环路分为有线环路和无线环路。

有线测试环路由地面综合检测设备通过脐带测试电缆和电连接器与航天器相连接，完成航天器测试任务。无线测试环路采用 RF 链路，由地面测试系统的总控设备、测控通信设备与航天器上的测控（通信）分系统组成测控链路，星上无线电设备提供上下行通道，测控分系统通过天线发射、接收上下行信息和有效载荷分系统的数传发射机发送的下行信息。无线测试环路相比于有线测试环路更接近于航天器的真实工作状态，因此，航天器发射场电测一般采用以无线测试环路为主、有线测试环路为辅的方案。

6.3.3　电测内容与流程

（1）电测工作的主要内容

民商航天器电测从层次上可分为单元、分系统和系统级三级检查测试，航天器进入发射场后，一般只进行分系统级和系统级测试。

航天器分系统级测试是以某一分系统为对象所进行的测试，一般在分系统装器后，通过分系统专用测试设备自成环路测试或借助卫星遥测遥控环路进行。分系统级测试的主要项目有：设备功耗测试，对外接口检查，功能检查和主要性能参数测试等。通过分系统级测试可以达到以下目的：

1）确认分系统功耗是否满足要求；

2）确认分系统对外接口是否正确、匹配和合理；

3）确认系统性能参数是否满足要求；

4）充分暴露分系统存在问题，为系统级测试提供保证。

系统级测试是在各分系统同时工作的条件下，按航天器飞行试验模拟程序，模拟航天器在各个飞行阶段的飞行状态并对其进行全面检查，一般在航天器总装后进行。系统级测试的主要项目有：功能检测，特定性能检测和整器性能检测。通过系统级测试可以达到以下目的：

1）检验航天器总体电气的正确性、合理性、匹配性及接地系统的正确性；

2）检验各分系统电气性能指标是否满足整器要求；

3）检验信息传递通道的可靠性、准确性；

4）检验整器电磁兼容性；

5）检验航天器与运载器的接口匹配性；

6）检验火工装置工作的安全性和可靠性；

7）检验卫星在轨飞行程序的正确性等。

由于不同航天器功能和用途不同，航天器平台和载荷的配置也不同，因此，不同的民商航天器电测内容也不相同。一般情况下，民商航天器发射场电测需要根据测试大纲以及研制总要求、对整星测试的需求、航天器研制过程和出厂前总装测试试验的结果来确定发射场的测试项目和测试内容。民商航天器发射场电测常见的测试项目见表 6-5。

表 6-5　民商航天器发射场常规电测项目示例

分系统		序号	测试项目	序号	测试项目
测控	应答机测试	1.1	应答机初态检查	1.2	遥测参数检查
		1.3	信道打通	1.4	OC 指令检查
		1.5	数据指令检查	1.6	相干转发比
		1.7	应答机中心频率偏差	1.8	静态接收灵敏度
		1.9	动态灵敏度	1.10	同步带宽
		1.11	接收遥控信号临界值	1.12	信标频率精度、稳定度
		1.13	侧音转发调制度测量	1.14	遥测调制度测量
		1.15	F(S)遥测核对	1.16	AGC 遥测核对
	GPS 接收机测试	1.17	初始状态及功能检查	1.18	首次定位时间检查
		1.19	遥控指令检查	1.20	静态信号测试
电源		2.1	遥测参数检查	2.2	间接指令检查
		2.3	电池热控功能测试	2.4	蓄电池报警门限更改
		2.5	蓄电池充电		
总体电路		3.1	遥测参数检查	3.2	间接指令检查
		3.3	火工品阻值测量		

续表

分系统		序号	测试项目	序号	测试项目
星务		4.1	星务主机测试	4.2	遥控单元测试
		4.3	健康监测单元测试	4.4	可视化监测单元功能测试
		4.5	有效载荷管理单元测试（含星务数据存储模块）		
控制	部件极性测试	5.1	内部接口检查		
		5.2	数字太阳敏感器	5.3	模拟太阳敏感器
		5.4	星敏感器	5.5	惯性姿态敏感器
		5.6	推进子系统		
	部件性能测试	5.7	数字太阳敏感器	5.8	模拟太阳敏感器
		5.9	惯性姿态敏感器	5.10	红外地球敏感器
		5.11	星敏感器	5.12	动量轮
		5.13	磁力矩器	5.14	电磁阀
		5.15	自锁阀		
数传		6.1	数传有线性能指标测试		
		6.2	数传、有效载荷功能检查（载荷模式测试）		
		6.3	数传天线小角度展开	6.4	数传天线测试
		6.5	数传天线收拢	6.6	数传天线火工品阻值测量
热控		7.1	平台热控功能测试	7.2	数传天线热控功能测试
		7.3	有效载荷热控功能测试		
全系统测试		8.1	脱插电脱测试	8.2	DC/DC 主备切换测试
		8.3	高分相机调焦	8.4	宽幅相机调焦
太阳翼		9.1	太阳翼火工品桥丝阻值测量	9.2	太阳翼外板光照试验

（2）电测工作程序

航天器电测的基本流程如图 6－4（a）所示，一般是纵向按单元、分系统和系统测试的顺序进行，横向按供配电及电源分系统、测控分系统、数据管理分系统和其他公用平台分系统测试、有效载荷分系统测试、系统间匹配及整星模飞测试的顺序实施；每一项测试的基本流程如图 6－4（b）所示，一般是向航天器发送激励信号，然后判断航天器响应信号是否正确；一项测试可能有多个基本流程。

测试准备工作包括：

1）测试文件和图纸的准备。包括编制并评审《××－Y 航天器发射场电测细则》。

2）航天器发射场电测使用地检设备准备。对电测使用的地检设备（清单示意见表 6－6）进行复查，确认功能性能正常，满足发射场整器电测要求后挂证工作。

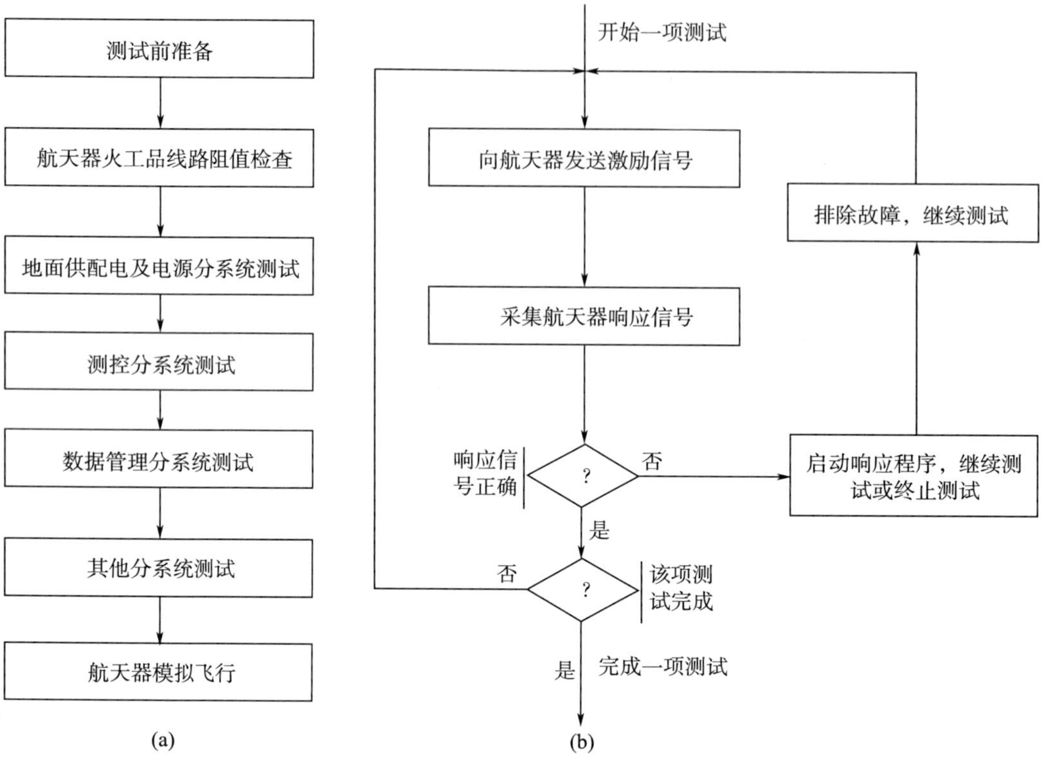

图 6-4　航天器电测流程

表 6-6　××-Y 航天器发射场地检设备清单（内容非实际数据）

序号	类别	设备	数量	单位	复核结果
01	PXI 及能源前端	太阳阵模拟器	9	个	合格并标识
02		信号机箱	1	套	合格并挂证工作
03		电源终端计算机	1	台	合格并挂证工作
04	综合测试设备	星务前端计算机	1	台	合格并挂证工作
05		控制中心计算机	1	台	合格并挂证工作
06		数据库服务器	1	台	合格并挂证工作
07	数传测试设备	高速数据解调接收机	1	套	合格并标识
08		下变频器	1	个	合格并标识
09		频谱仪	1	个	合格并标识
10		可调衰减器	2	个	合格并标识
11		大功率衰减器	2	个	合格并标识
12		固定衰减器	1	个	合格并标识
13		功分器	2	个	合格并标识
14		数传服务器	1	个	合格并标识
15		地面天线	1	个	合格并标识
16		波导同轴转换器、圆转方	2	个	合格并标识

续表

序号	类别	设备	数量	单位	复核结果
17	GPS 仿真机	GPS 导航星模拟器	1	个	合格并标识
18		导航星控制主机	1	台	合格并挂证工作
19		天线设备	1	个	合格并标识
20	测控测试设备	综测台式	2	台	合格并挂证工作
21		服务器	1	台	合格并挂证工作
22		地检设备	1	台	合格并挂证工作
23		地面加解密设备	1	台	合格并挂证工作
24		可调衰减器	2	套	合格并挂证工作
25		手持式频谱分析仪	1	台	合格并标识
26		地面测试配套	1	套	合格并挂证工作
27	姿轨控测试设备	姿轨控终端计算机	2	个	合格并标识
28		地面磁强计	1	个	合格并标识
29		静态星模拟器	1	个	合格并标识
30		动态星模拟器	1	个	合格并标识
31		地面数据采集仪	1	个	合格并标识
32		xPC 动力学仿真机	1	台	合格并挂证工作
33	载荷测试设备	无线电终端计算机	1	台	合格并挂证工作
34		成像终端计算机	1	台	合格并挂证工作
35		引导转台终端计算机	1	台	合格并挂证工作
36		观测终端计算机	1	台	合格并挂证工作
37		无线电信号源	1	台	合格并挂证工作
38		平行光管	1	个	合格并标识
39		积分球	1	个	合格并标识
40		升降台	1	个	合格并标识
41		经纬仪	1	个	合格并标识

3）测试状态确认。在供电前总体及各分系统确认航天器测试状态与总体文件要求一致（不同的测试阶段对应不同的测试状态设置），确认测试电缆连接及天线转接状态的正确性。

4）技安检查。航天器加电前，测试现场要进行全面的技术安全检查，包括测试设备的供电、接地检查，航天器接地检查，静电接地棒设置检查，对测试人员提出技术安全要求、测试场地和工作环境温湿度要求等；

5）辅助设施设备准备。测试设备调试完毕和测试电缆铺设到位，等效设备、辅助测试设备及调度通信等有关设备安装到位。

航天器由地面供配电设备通过航天器脱落电缆控制地面模拟电源直接供电，或者由蓄电池供电。地面模拟电源必须具有过压过流保护功能，一旦由于电源本身故障、航天器上负载或地面模拟负载引起过流现象，过压过流保护装置能及时响应，切断输出，保护航天器安全。

6.4 总装及操作

6.4.1 总装内容及要求

民商航天器在发射场总装的工作内容与航天器大小轻重和复杂程度直接相关，同时还与出厂和运输时的状态相关。民商航天器发射场总装及操作的工作内容常见的有：运输后状态检查、太阳翼和火工品等单独运输部件安装、精度测量、检漏等。

民商航天器在发射场总装工作须按照发射场相关文件执行。发射场总装工作的约束文件主要包括发射场流程（含技术、计划、技安和质量）、发射场总装技术要求、卫星加注和检漏要求、太阳翼和火工品等关键部件安装的操作规程等。

总装工作的总体要求包括文件准备、场地和工作环境、地面机械支持设备、总装实施程序和结果等方面的要求。

（1）文件准备

民商航天器发射场总装工作的执行文件包括设计文件和图纸、技术要求、技术流程、操作工艺文件、检查确认文件等。

（2）场地和工作环境

根据民商航天器特点和进场状态，综合考虑发射场工作项目，航天器产品方和发射场联合确定在航天器技术区工作所需的场地空间、起吊、洁净度、温湿度、接地、防静电、供配电等方面的要求，并在相关工作开始前完成检查和确认。

（3）地面机械支持设备

地面机械支持设备应能够保障完成民商航天器在发射场的全部总装工作，一般包括支架车、翻转工装、吊具、操作台、升降台（车）等，同时包括诸如太阳翼等大型部件所使用的展开工装等。对于地面支持设备，要求在进场前或相关工作开始前完成相关的调试、检测或试验。对于总装使用的操作和测量工具，要求满足工作需求、状态完好，测量工具应在检定有效期内且功能性能良好。

（4）总装实施程序

总装实施过程中应按工艺文件规定进行操作；航天器上的操作应佩戴手套、口罩和防静电手镯；操作结果经检验满足相关文件要求。

（5）总装实施结果

按照民商航天器发射场总装和测量技术流程的规定完成工作项目；总装实施状态满足相关文件要求；紧固件和电连接器安装满足要求；产品安装极性、接地满足要求；产品安装精度经检测满足要求；各级产品经检查，无多余物；一般要求总装实施结果、关键过程参数等应有文字记录和拍照记录。

6.4.2　运输后状态检查

民商航天器在长途运输过程要经受运输条件的考验，个别部件甚至舱段可能要分解后运输，到发射场后一般需要进行运输后状态检查，以评估航天器进场后状态与进场前是否一致。运输后状态检查一般包括：开箱检查、太阳翼状态检查、数传天线状态检查、热控分系统状态检查和其他分系统状态检查。

（1）开箱检查

开箱检查是在航天器运输到发射场后进行开箱工作时，对太阳翼、数传天线及热控等进行的状态检查，检查项目一般包括：

1）箱内无脱落物；

2）航天器外观与运输前一致；

3）与包装箱的接地阻值满足要求；

4）运输过程中的冲击应力处在要求的范围内；

5）运输过程中的温湿度环境处在要求的范围内；

6）航天器器体突出物无异常；

7）结构无磕碰，表面状态完好，紧固件无松动；

8）有效载荷外观状态完好；

9）测控天线、GPS 天线、数传天线外观表面状态完好，无磕碰，电缆插接正常无脱落，天线表面多层无脱落；

10）太阳翼外观状态完好，无磕碰；紧固件无松动，硅橡胶无脱落；

11）太阳电池片、二次表面反射镜等易碎件无新增裂纹或掉落；

12）插头连接电缆走向及插接状态完好，防松胶完好，无脱落；

13）航天器整器多层表面状态完好，无脱落，多层搭接封边外无脱落现象。

（2）太阳翼状态检查

对太阳翼机构及电池片的表面状态进行检查确认，检验项目、方法、判定准则和检验结果示意见表 6－7。

表 6－7　太阳翼外观确认情况表

序号	检验项目	检测方法	判定准则	检验结果
1	部件表面多余物	目视、拍照	无多余物	无多余物
2	太阳翼外观	目视、拍照	外观良好	外观良好
3	所有螺钉、销钉封胶状态	目视、拍照	封胶完成	合格
4	铰链外观、弧形片	目视、拍照	外观完好	合格
5	电池板、连接架外观	目视、拍照	外观完好	合格
6	火工品电缆走向	目视、拍照	无钩挂	无钩挂
7	联动机构状态	目视、拍照	无钩挂	无钩挂
8	板间电缆走线状态	目视、拍照	走向正确	无钩挂

续表

序号	检验项目	检测方法	判定准则	检验结果
9	压紧带状态及偏移量	目视、测量、拍照	压紧带与压紧座贴合良好，不翘曲，偏移量≤0.5 mm	0.01～0.04 mm，合格
10	微动开关状态检查	目视、拍照	开关臂弹起，微动开关无多余物阻碍触发	合格
结论	太阳翼外观完好、无多余物，电连接器插接正常、固定牢固，电缆无钩挂、绑扎牢固、绑扎处无相对移动；外板的玻璃盖片、电池片无碎裂；确认外板电池片表面清洁，未见油污、手印等，未见明显灰尘附着；太阳电池片没有翘起，太阳电池片电路焊点完好。			

(3) 数传天线状态检查

对数传天线运输后的热控多层进行检查，检查项目包括：天线热控多层无破损、脱胶或松开现象，热控多层封边，无起翘现象，锁紧座热控多层包覆完好，不影响天线展开及微动开关弹起，锁紧连接座处热控多层无破损或挤压变形现象，转动单元热控多层与进场前一致、电机表面粘贴固定完好，反射器口面热控漆表面完好，无脱落和污染现象。

对天线低频电缆进行检查，检查项目包括：天线外露电缆不得有压伤、折痕、绝缘皮脱落现象，电缆固定可靠，无松动、脱落。

对天线外露螺钉进行检查，确认连接螺钉点胶正常。

(4) 热控分系统状态检查

对航天器进场后的热控状态进行检查确认，重点关注航天器表面多层的搭接与固定情况和散热面 OSR 片的表面状况（如裂纹、破损以及清洁情况等）。具体检查确认内容包括：平台底板热控状态，$+Y$ 侧板热控状态，$-Y$ 侧板热控状态，$+Z$ 侧板热控状态，$-Z$ 侧板热控状态，载荷舱顶板，载荷舱底板，可视化监测单元，数字太阳敏感器，测控天线，GPS 天线，气、肼加注阀，数传天线，其他有效载荷（如相机等）。检查确认办法是比较航天器运输后航天器表面热控状态与出厂状态的一致性。

(5) 其他分系统状态检查

其他分系统状态检查包括：

1) 姿控分系统对航天器外敏感器的外观、安装及热控实施状态进行检查确认；

2) 总体电路分系统对航天器外电缆的绑扎固定、火工品切割器的连接状态、航天器表面插座/插头的连接状态、航天器与运载器分离开关的压紧状态等项目进行检查确认；

3) 天线分系统对测控天线和 GPS 天线的外观、安装状态、热控实施状态等项目进行确认。

6.4.3 太阳翼安装与试验

目前，民商航天器太阳翼可分为固定式太阳翼和可展开太阳翼两类。其中可展开太阳翼一般由太阳翼基板（含太阳电池阵）、压紧释放机构、展开锁定机构、展开同步机构等组成。基板是太阳电池片和电缆的载体，为太阳电池片提供足够的布片面积及合理的力学环境；压紧释放机构在发射阶段将太阳翼收拢压紧于航天器侧壁，以满足发射段构型及受力要求，入轨后解除对太阳翼的压紧作用；展开锁定机构可分为根部铰链（连接太阳翼内侧基板与星体）和板间铰链，负责提供太阳翼展开时的动力与到位锁定功能，并保证各板展开后的相对位置关系以及与星体的位置关系；展开同步机构确保各板同步展开，以减小展开干扰。

太阳翼展开和压紧状态示意如图 6-5 所示。如果太阳翼在轨运行期间有转动的需求，一般需要增加展开架和相应的铰链，用以实现其与转动机构的连接。

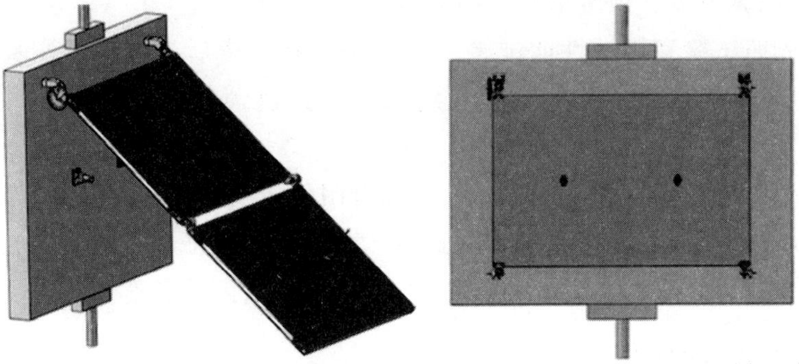

(a) 展开　　(b) 压紧

图 6-5　太阳翼展开与压紧状态示意

太阳翼是保证航天器在轨正常工作所需能源的重要装置，是航天器的关键部件。太阳翼安装和测量是航天器发射场总装及操作工作的重要内容，需要严格按照操作规程和工作流程实施，具体步骤包括：

1）太阳翼与地面展开工装对接。地面展开工装一般包括模拟墙、支架车、展开架等。太阳翼以收拢状态安装在模拟墙上；模拟墙通过支架车调节高度和与地面的垂直度；展开架通过吊挂系统与太阳翼各基板连接，用以消除重力。为减小太阳翼展开试验时的阻力和重力影响，在搭建展开工装和对接过程中一般需要检测模拟墙与地面的垂直度、太阳翼基准与展开架基准和地面的高度，展开架自身的阻力和重力阻力等参数，并确认检测满足要求。

2）太阳翼展开试验和测试。将太阳翼安装到地面展开工装后，对安装后的配合精度、姿态精度等进行测量和标定。太阳翼与模拟墙对接使用工艺连接件，展开试验采用手动方式展开，测试展开锁定时间、展开精度等性能。随后，进行太阳翼光照试验，判别每个电池阵分阵的电流是否满足要求。

3）太阳翼与星体对接和调试。太阳翼在展开状态下与星体对接和调试，在对接前需完成电池片的检查和清洁。对接时，先去除太阳翼根铰与模拟墙的链接，再移动调整航天器靠近太阳翼根部铰链进行对接。对接时一般通过调整航天器姿态和位置，满足太阳翼与卫星之间的姿态和位置要求。对接到位后，安装太阳翼根部铰链与星体的紧固螺钉，插接供电和遥测电缆电连接器，实现太阳翼和星体对接。对接过程中需控制对接接触部件之间的间隙，并避免在太阳翼展开时与电缆发生干涉。

4）太阳翼手动展开试验。航天器不加电，收拢太阳翼，按太阳翼展开试验大纲的要求手动展开太阳翼进行试验，记录太阳翼展开试验参数。再次收拢太阳翼，安装压紧杆并手动拧紧。太阳翼手动展开试验的目的是验证太阳翼与星体对接后是否能够顺利展开并满足相关性能要求。

5）太阳翼加电展开试验。航天器加电，按太阳翼展开试验大纲要求进行太阳翼展开试验，记录太阳翼展开时间。同时航天器总体须检查太阳翼与整器的电路接口是否满足要求，一般包括太阳翼电流、锁定信号、相关数据采集信息等。

6）太阳翼光照试验和机械性能试验。太阳翼展开完毕后，进行太阳翼光照试验和机械性能试验。机械性能试验主要测试钢丝绳张力、铰链锁紧位置和太阳翼板面对中度等参数。

7）安装火工品切割器，并对火工品线路综合阻值进行测量。

8）太阳翼收拢以及收拢前后的状态确认。太阳翼收拢前，对太阳翼收拢前的状态进行确认和拍照；太阳翼收拢，安装压紧杆，对收拢后的太阳翼状态进行确认。

6.4.4　火工品安装与测试

目前，常见的航天器上的火工品包括爆炸螺栓和火工品切割器，爆炸螺栓用于星箭解锁装置，火工品切割器用于卫星入轨后展开的设备或部件，诸如太阳翼、载荷和天线等。

火工品安装与测试的基本流程包括：

1）火工品使用前，应在专门的火工品库房存放；

2）火工品安装前，应对火工品的桥丝阻值进行复测，并检查火工品的 X 光照片；

3）安装火工品后，插接对应的火工品电缆，再对火工品的桥丝阻值进行测量；表 6-8 对太阳翼火工品线路综合阻值测量数据进行了示意。

表 6-8　太阳翼火工品线路综合阻值测量数据统计简要示意（非实际数据）

火工品名称	切割器代号	桥丝阻值(Ω)		火工品星表插座测量点号	回路测量结果(Ω)					符合性
		实测	范围		出厂前		发射场		范围	
+Y1#点火头	+YS1-X1	1.01	1±0.1	10,11～18,19	1.47	1.48	1.47	1.48	<2	符合
+Y2#点火头	+YS1-X2	1.00	1±0.1	12,13～18,19	1.47	1.48	1.47	1.47	<2	符合
-Y1#点火头	-YS1-X1	1.00	1±0.1	14,15～18,19	1.62	1.63	1.64	1.63	<2	符合
-Y2#点火头	-YS1-X2	1.02	1±0.1	16,17～18,19	1.60	1.60	1.60	1.60	<2	符合

4）航天器转到发射区后，通常再次对火工品桥丝阻值进行测量；

5）对于需运载器进行点火的火工品，如星箭解锁用的爆炸螺栓，在发射区需进行火工品的桥丝阻值（含卫星和火箭的电缆阻值）测试。

火工品安装过程中应落实以下技术安全要求和措施：

1）操作人员要戴防静电帽，穿防静电服、防静电鞋，带导电手环，戴细棉纱手套，并在安装前释放人体静电；

2）安装火工品时产品应可靠接地；

3）安装火工品应使用不产生火花和静电的工具；

4）安装火工品时导电手环可靠接地，不允许有梳头、脱衣等摩擦动作，严禁摩擦、撞击金属物；

5）安装火工品时严禁其他系统工作，断开产品所有电源，无关人员撤离现场；

6）安装火工品时严禁用市电灯光近距离照明，需要时可使用防爆手电筒等具有安全措施的照明工具；

7）严禁对正在或已安装火工品的产品进行敲打、切割等作业，严禁使用强光源（如探照灯、碘钨灯等）直接照射产品；

8）在不测试发射的情况下，火工品应处于短路保护状态；

9）火工品安装后，进行火工品电缆和火工品回路阻值检查时，严禁开展其他电测项目。

6.4.5 精度测量

为保证航天器正常飞行和工作，须在地面总装时将航天器的壳体结构和有精度要求的仪器设备（如地球敏感器、太阳和星敏感器、惯性器件等姿态敏感仪器和推力组件等）安装调整到必需的几何精度。航天器精度测量就是利用测试手段和方法对航天器的结构及安装部件进行空间位置和姿态特征的测量，确认是否满足技术要求。精度测量是航天器制造及总装过程中的重要保证环节。

（1）发射场精度测量的主要内容

民商航天器在发射场工作阶段，精度测量的主要类型是部件的安装精度，即在特定状态下（固定安装状态、收拢状态、展开状态等）部件基准坐标系相对航天器系统基准坐标系的位置及角度精度。航天器在发射场开展安装精度测量工作的主要需求有两方面：一方面，航天器进场运输过程中由于振动等原因，可能会对已安装设备的安装精度产生影响，需要开展精度复测和调整；另一方面，航天器拆分运输的部分组件在发射场实施再安装，需要开展安装后精度测量和确认。

根据民商航天器的不同技术状态和技术要求，在发射场开展总装精度测量的主要内容有以下几个方面：

1）主结构的装配精度。包括：主承力部件和仪器安装板、外壁板之间对称度和相应的平行度、垂直度的精测；舱段间对接处的同轴度的精测；主结构装配中整形检测基准和其他仪器、设备、机构安装精度基准的建立等。

2）控制系统和推进系统仪器、设备的安装精度。两分系统的大部分仪器设备均有安装精度要求，包括陀螺仪、红外地球仪、太阳敏感器、动量轮、各种大小推进器等，其安装精度将决定卫星的控制精度。

3）其他仪器设备的安装精度。其他有安装精度要求的仪器、设备，例如遥感卫星摄影系统、通信卫星定向天线以及太阳翼的安装精测等。

4）安装精度的调整。当被测项目的安装精度不符合要求时，测试人员根据被测项目的补偿环节计算出调整方向和调整量，并反复进行调整和测量，直到安装精度符合技术要求。

（2）精度测量的方法

在航天器总装过程中，根据测量需求的不同，需要采用不同的测量手段和方法，常用的精度测量方法及适用场景如下：

1）基于电子经纬仪的精度测量系统，常用于航天器总装过程中使用经纬仪系统进行的基准建立、立方镜测量等；

2）基于激光跟踪仪的测量系统，常用于大型复杂零部件的尺寸、形位公差测量，能对移动目标物体路径跟踪检测；

3）基于陀螺经纬仪的测量系统，常用于航天器设备（如陀螺）与当地大地北向的姿态关系测量；

4）基于激光雷达的测量系统，常用于工具球单点测量、物体表面单点测量、物体表面扫描测量；

5）基于高速摄影的测量系统，常用于航天器总装试验产品分离、爆炸、展开、振动试验中过程监测及测量（包含位移、速度、加速度、转角）。

民商航天器在发射场进行精度测量的主要对象是部件的安装精度，即获取特定状态下（固定安装状态、收拢状态、展开状态等）部件基准坐标系相对航天器系统基准坐标系的位置及角度，因此在发射场开展精度测量最常用的是采用高精度电子经纬仪的空间测量系统，并利用数据采集系统和计算机对原始测量数据进行采集、加工处理和分析。目前民商航天器在发射场通常采用高精度经纬仪和立方镜法进行精度测量，即在被检测的仪器和设备上设置立方镜作为光学基准，采用经纬仪等测量系统测量被测立方镜与基准立方镜反射面之间的关系，来确定被检测仪器和设备的安装位置和角度；该方法测角精度可达到 15″，测点误差有时会超过 0.2 mm。表 6－9 是某卫星进入发射场前后精测结果示意。

表 6－9　卫星进场前后精测数据对比示意（非实际数据）

代号	仪器名称	测量项目	出厂前	发射场	运输前后变化
TYK27－4	数字太阳敏感器	＋Y 轴与卫星＋Y 轴夹角	69°59′0″	69°58′34″	－26″
		＋Y 轴与卫星＋Z 轴夹角	20°0′58″	20°1′21″	23″
		＋Y 轴与卫星＋X 轴夹角	90°0′33″	90°0′36″	3″
		＋Z 轴与卫星＋Y 轴夹角	159°58′44″	159°58′36″	－8″
		＋Z 轴与卫星＋Z 轴夹角	69°58′46″	69°58′44″	－2″
		＋Z 轴与卫星＋X 轴夹角	90°2′16″	90°1′40″	－36″
		＋X 轴与卫星＋Y 轴夹角	90°2′6″	90°1′20″	－46″
		＋X 轴与卫星＋Z 轴夹角	89°58′39″	89°58′50″	11″
		＋X 轴与卫星＋X 轴夹角	0°2′33″	0°1′46″	－47″

6.4.6　检漏

民商航天器推进分系统的密封关系着推进剂加注过程的安全，密封一旦遭到破坏，将引起加注过程中的推进剂泄漏，进而可能导致灾难性事件。为确保航天器推进分系统的密封性，进场后，民商航天器一般均需进行推进分系统检漏。

（1）漏率确定

推进分系统的密封性通过所泄漏物质的速度即泄漏率来表示，泄漏率是指在给定的温度和压差下，单位时间内，示漏气体由泄漏处漏出的量，单位为 $Pa \cdot m^3/s$。民商航天器设计允许漏率按式（6－1）确定

$$\Delta Q = \frac{\Delta G \times R \times T}{M \times t \times n} \tag{6-1}$$

式中　ΔQ ——航天器密封系统在规定的工作时间内，工作气体的允许漏率，$Pa \cdot m^3/s$；

ΔG ——航天器密封系统在规定的工作时间内，工作气体的允许漏量，kg；

R ——摩尔气体常数，$R=8.314$ J/（mol · K）；

T ——密封系统内同一时刻工作气体的平均温度，K；

M ——密封系统内工作气体的摩尔质量，kg/mol；

t ——卫星飞行任务总工作时间，s；

n ——综合修正系数。

综合修正系数 n，可根据密封系统的类型、航天器飞行时间、航天器飞行环境与检漏条件的差异和可靠性要求选取，对于没有补充气源的密封系统：n 取 5～10；对于有补充气源的密封系统：n 取 2～7。

（2）检漏要求

航天器发射场检漏试验应制定《××航天器推进组件密封检漏技术要求》和《××航天器推进组件整星检漏及充气操作细则》，通常应满足 QJ1838A 卫星总装密封检漏技术要求和 QJ2574A 卫星总装安全要求。

（3）检漏方法

航天器发射场检漏常用的示漏气体为氦气、氮气等，方法通常选用设计文件规定的方法，我国航天器发射场检漏方法主要有压力法、气体分析法和非真空收集器质谱检漏法。其中非真空收集器质谱检漏法是中国工程技术人员根据中国的具体情况研制成功的一种无污染的检漏方法；这种方法必须建造一个非真空收集器，它能容纳下被检测系统，为了保证检漏数据准确，收集器对外泄漏率必须小到可以忽略的程度。

（4）检漏系统构成

以非真空收集器质谱检漏方法为例，检漏系统主要有氦气质谱检漏仪及吸枪、充气控制台、氦气累积密闭容器、标准漏孔。氦气质谱检漏仪用于氦气浓度的检测；充气控制台用于向航天器内充、放氦气的速率和压力值的控制；氦气累积密闭容器用于航天器推进系统泄漏氦气的累积，一般会采用航天器包装箱；标准漏孔用于对检漏系统进行最小可检浓度累积值的测量。

(5) 检漏程序

以非真空收集器质谱检漏方法为例，检漏程序如下：

首先进行系统标定，将航天器置于非真空收集器中，航天器被检系统内的气体压力降到小于 0.02 MPa，用充有一定压力氦气的小气瓶每隔一定时间（如 10 min）向包装箱中加一次气，经风机搅拌均匀后用氦质谱仪探针检测包装箱中的氦气浓度，将标准加气量与氦质谱仪的测量结果之间的关系拟合成一条标定曲线。

检漏时，被检系统内部加上具有工作压力的氦气，如果被检系统有泄漏，漏出的示漏气体就被收集起来，经过一段时间后，漏出的示漏气体必将在收集器的有效容积中产生压力变化 ΔP ，反映到氦质谱仪上可以测到一个泄漏产生的净增值 Δu ，用标定曲线将数值换算成包装箱内的氦气量，将氦气量与检漏时间之间的关系拟合成一条曲线，直线的斜率就是航天器的整器漏率。

6.5 加注

6.5.1 加注准备

航天器加注准备工作包括：文件准备及加注评审、技安检查、加注设备准备、推进剂准备、加注保障条件准备和加注演练。

(1) 文件准备及加注评审

航天器发射场加注应根据航天器加注的技术要求和发射场现场条件，制定《××-Y 推进剂加注组织实施方案》和《××-Y 卫星推进剂加注演练细则》，并由航天器研制方、发射场和加注实施方一起评审方案和细则的可行性、安全性，并就各方间接口和协同指挥关系达成一致性意见。

航天器发射场加注前还应组织加注前质量评审，依据放行条件评定是否按计划对航天器进行加注。

(2) 技安检查

为确保航天器发射场加注过程顺利安全，发射场和航天器研制方联合对加注厂房进行技术安全检查和确认，具体内容包括（示意而非实际要求）：

1) 加注厅温度 (20±5)℃，湿度 35%～55%，洁净度 10 万级；

2) 加注间室内温度不低于 10 ℃；

3) 加注厂房相关加注间配备调度电话，通信联络通畅；

4) 加注厅监测推进剂泄漏蒸气浓度的设备处于良好状态；

5) 加注厂房防爆型摄像监测设备完好，能够对加注过程进行记录；

6) 加注厂房逃逸门、供水、地漏、报警设备、通风设备和强排风设备完好，紧急疏散线路畅通；

7) 加注厂房加注间设有可靠的 220 V/10 A 电源和 220 V/16 A 电源、自来水供应正常，消防用高压水源正常，配有二氧化碳消防灭火器和洗眼器；

8）加注场地无氧化剂和易燃、易爆等化学物品以及含有铁锈的物品，无明火、无电火花；

9）加注厂房配有消防灭火器 4 个；

10）加注厂房设有航天器接地桩，设有人体静电释放装置；

11）加注厅与加注间须各有 1 部洗眼器。

（3）加注设备准备

对加注间相关设备、计量器具（清单示意见表 6－10）进行复查，对加注设备进行功能检查，确认满足要求后挂证工作。

表 6－10　加注设备清单示意

序号	名称	数量	单位	复查结果
01	单组元卫星推进剂加注设备	1	套	合格并挂证
02	工作罐	1	个	合格并挂证
03	真空泵	1	台	合格并挂证
04	精密压力表	1	台	合格并标识
05	电子秤	1	台	合格并标识
06	升降装置	1	套	合格并挂证
07	砝码	3	个	合格并标识
08	工控机	1	台	合格并挂证

加注前地面设备须完成气密检查、抽真空检查、电路检查等工作，管路系统保持清洁干燥，并经氮气吹除，设备检查符合要求。

（4）推进剂准备

推进剂为××，化验报告、合格证须齐全。

查验推进剂化验报告，各项参数均满足技术要求，推进剂准备量满足要求。

加注时增压气体为氦气，经确认满足要求。

（5）加注保障条件准备

根据加注方案中所要求的环境条件，对加注现场的供水、气体、防静电、人员保障措施进行检查，确认满足要求。

加注前按照技安检查表进行专项技安检查。

加注岗位人员经确认，熟练掌握加注操作规程，制定安全应急预案，预案有效、可行。

（6）加注演练

按照《××－Y 卫星推进剂加注演练细则》完成加注操作演练和应急演练，主要内容包括：突发事故情况下的消防、救护联合演练。

演练结果确认：设备状态稳定，操作流程合理，岗位人员熟悉设备使用方法、操作规范，满足加注操作要求。

6.5.2　加注实施

航天器加注各项工作按《××-Y 推进剂加注组织实施方案》进行，推进剂加注过程中各岗位人员严格履行岗位职责。

航天器加注开始前进行的工作有：

1）星表防护；

2）连接加注管路；

3）加注管路检测；

4）连接转注管，预抽真空。

航天器加注一般性工作程序如图 6-6 所示，推进剂假定为无水肼，程序中数字为示意值，非实际工作值。

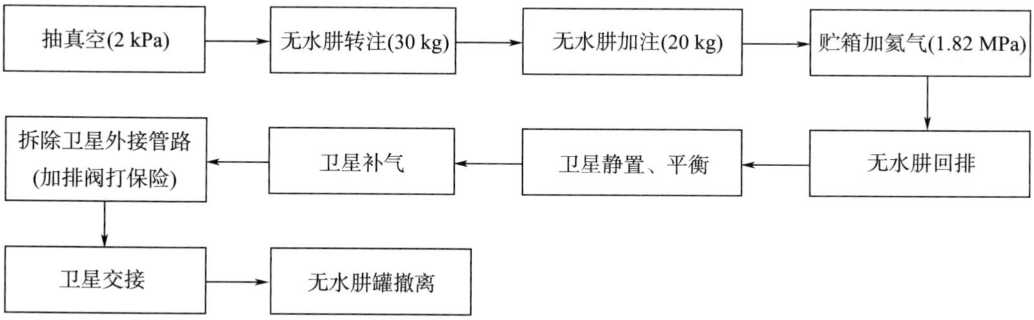

图 6-6　航天器加注一般性工作程序简要示意

6.5.3　加注后工作

用复合气体浓度检测仪进行无水肼浓度检测，使用《××-Y 发射场加注后无水肼浓度检测表》进行记录，检测方法按照 GJB 5403—2005 执行。

一般性做法是：加注完毕清理现场后监测 1 次并记录数据，30 min 后监测 1 次并记录数据，1 h 后监测 1 次并记录数据；此后，每日监测 1 次直至发射。

6.6　质量安全保证

航天器发射场质量安全保证是结合航天器发射场工作流程，通过一系列有计划、有组织的技术和管理活动，识别、评价、跟踪、验证航天器状态，消除、降低和控制航天器在发射场工作中和产品发射及飞控准备过程中的风险，确保航天器在发射场的工作达到预期的目的。

我国民商航天发射刚刚起步，多数民商航天器研制公司还没有针对航天器发射场工作阶段质量安全分析、策划和控制的完整规范，质量安全保证工作还处于零散的、无序的、随机的状态。从目前已发射的民商航天器的情况看，除 2018 年 6 月 2 日发射的珞珈一号外几乎所有的民商航天器均为成熟技术。这里，我们结合国家主导的传统航天器发射场质量工程实践经验和民商航天器发射场质量安全工作的实践，针对民商航天器在发射场工作的特点，系统梳理和总结了民商航天器在发射场的质量安全工作策划、控制方法和措施落实，以指导民商航天器在发射场的质量安全保证工作。

6.6.1　工作策划

为确保民商航天器发射场工作顺利开展，落实各级人员质量安全职责，保证工作规范、有序，确保发射场全过程质量受控，根据民商航天器发射场技术流程和计划流程，对民商航天器发射场产品质量安全保证流程和工作项目进行策划，作为民商航天器在发射场进场阶段、总装电测工作阶段、加注兼星罩组合体对接工作阶段、联合检查测试及发射工作阶段，发射场撤收阶段等工作阶段开展产品质量安全保证管理工作的依据。

民商航天器发射场工作质量安全策划的主要内容包括：

1）质量安全目标与里程碑节点计划；

2）主要岗位职责权限和内外部沟通方法、渠道；

3）质量安全保证工作流程；

4）产品运输要求；

5）技术安全检查项目及确认要求；

6）测试关键工序及其要求；

7）发射场技术状态确认节点及其要求；

8）总装过程拍照确认点；

9）风险分析与控制，包括：操作风险项目；测试风险项目；地面测试设备风险项目；禁发指令；其他。

10）“双想”（回想、预想）及其要求；

11）“两比”，对航天器在研制过程中各阶段（整星综合电测、振动试验后、热真空试验后、老练试验后和发射场技术区等）数据进行纵向比对；对同型号航天器、航天器各分系统间测试数据进行横向比对；

12）强制检验点设置及其要求；

13）关键检验点设置及其要求；

14）质量问题和不合格品处置要求；

15）发射和飞控预案管理；

16）质量评审与放行。

6.6.2　工作完成情况确认

在里程碑设置处，按照航天器发射场工作流程（传统航天器将发射场工作流程区分为技术、技安、产保、计划四个流程）中规定的工作项目，逐项确认工作完成情况。当项目发生变更时，还确认变更分析、审批和最终实施的结果。

以下是某航天器在射前评审时对工作项目完成情况的确认结果（省略了确认记录表）：

技术流程：工作项目35项，已完成32项，剩余发射准备及状态设置、脱插拔除及人员撤离和发射3项工作需在发射当天完成。

产保流程：工作项目32项，已完成30项，剩余发射前状态设置确认、待命发射2项工作需在发射当天完成。

技安流程：工作项目20项，已完成18项，剩余发射前脱插拔除及人员撤离、撤场运输及人员返程安全管控2项工作需后续完成。

计划流程：已完成发射日前的所有工作。

具体工作完成情况记录（略）。

6.6.3 过程质量控制

根据航天器发射场工作流程，设置关键控制点，要求每个分系统在关键控制点对器上产品的技术状态进行确认，形成技术状态检查确认表，经分系统、总体会签后方可进行后续工作。严格执行班前会、班后会制度，各岗位人员做到“三严”（严格岗位责任制，严格执行发射场实施大纲、测试文件和工艺规程，严格设备的安全检查），电测期间的补充测试项目均须履行审批手续。

（1）总装过程质量控制

各阶段总装工作开始前，由总装负责人组织相关人员学习工艺文件、熟悉工作内容。

每天召开班前会、班后会，班前会明确当日各岗位人员工作项目和质量、安全控制点，提出具体要求；班后会各岗位人员小结当日工作情况。

各类人员严格执行总装工艺文件。

在实施过程，认真、及时、正确地填写了工艺记录卡，形成完整的自检、互检、专检记录。

在各大工序交接前，组织有关人员进行技术状态确认，明确无误后办理交接单。

各阶段工作结束后，各分系统及总装人员均须对航天器技术状态进行确认，并填写技术状态确认表。

（2）电测过程质量控制

电测开始前，明确电测指挥、总控、遥测监视、供配电、星上操作、各分系统、遥控遥测前端、远程测试指挥等岗位人员，一岗进行操作，二岗进行监督、检查，各岗位人员严格按岗位职责卡开展工作。

电测工作严格依据预先编制的技术区测试细则进行电性能测试。

每天测试之前召开班前会，全体参试人员熟悉当天测试工作的内容和关键控制点，做到心中有数。

每天测试结束后召开班后会，各岗位人员汇报、小结当日测试情况；各分系统参试人员在每天测试后填写“测试日报表”。

各岗位人员认真进行测试数据判读，并与进场前的测试数据进行比对，确认测试数据的一致性和产品性能的稳定性。

电测结束后，组织对各分系统的测试总结报告和测试数据判读比对分析报告进行评审和放行确认。

(3) 加注过程质量控制

成立加注工作组织，确保各项工作均有明确分工、有专人负责；

加注操作文件齐套并经过评审，明确加注岗位人员和职责，做到各类操作口令化、协调实施程序化、数据记录表格化；

加注设备完成清洗、检漏和试运行，性能稳定，质量完好；

加注间及卫星停放间的各类设备均通过技安检查，符合加注安全规程要求；

有毒气体检测设备调试完毕，处于工作状态；

防护用品准备完毕，符合加注安全要求；

协同各方已达成共识，消防、救护及加注期间使用的水、电、通信设施等条件均可按加注要求到位；

加注故障应对措施齐全、明确，能应对随时出现的各类意外情况；

对推进剂进行了化验，化验结果合格；

由发射场提供的清洗液（酒精、高锰酸钾、草酸、异丙醇、蒸馏水）全部到位；贮箱增压用的纯氦到位；

加注前，参与加注工作的各方联合完成了加注程序演练，各岗位人员协调有序，操作准确，执行文件有效；

设置 1 个强制（关键）检验点，打保险。

(4) 关键工序控制

评价确定关键工序，并针对关键工序质量特性确定关键工序的控制措施及检验要求。表 6 - 11 对关键工序控制措施进行了示意。

表 6 - 11　关键工序控制措施简要示意（数据非实际值）

序号	名称	工种	控制内容与要求	控制措施
01	卫星加注	钳	1)确保整星转运及加注过程中始终接地； 2)加注前对加注口周围星体进行防护； 3)加注后确保保险到位	1)在整星运输至转运间及加注期间，始终连接整星接地线，并测量接地阻值小于 1 Ω； 2)加注前使用制作好的聚酰亚胺保护罩对加注阀区域进行保护，确保加注时整星不受到污染； 3)加注完成后，将加注口打保险，确保保险到位，并由设计师进行确认
02	卫星与运载适配器对接	钳电	1)确保吊装安全可靠； 2)对接平稳准确； 3)测量运载适配器上 4 个卫星分离开关压紧面距离星箭对接面的距离(1.3±0.1) mm； 4)测量分离开关自由端距离星箭对接面之间的距离(5.3±0.1) mm； 5)4 个分离开关不可压缩面距离星箭对接面的距离≤0.4 mm	1)整星吊具使用前检查吊具状态，确保整星吊具各个连接部位已经锁紧，花篮螺栓旋转灵活； 2)吊装过程指挥准确，吊装动作到位，起吊前目视调整吊具，保证起吊平稳，对接速度小于 0.2 m/min； 3)测量三次以上取平均值作为最终结果，测量误差小于 0.1 mm； 4)严格执行“三检”制度，检验人员进行专检

（5）测试关键环节控制

测试关键控制点设置。将发射零日的临射前设置作为发射场关键控制点。在技术区测试期间，对临射前状态设置分别进行真实程序射前演练，并完成地面测试设备的故障预案，保证射前设置的顺利进行。

发射场禁发关键指令设置。为确保航天器安全，在各阶段测试期间，通过地面测试软件设置了相应禁止发送的指令，表 6－12 对禁发关键指令进行了示意。

表 6－12　禁发关键指令简要示意（指令为非实际使用）

序号	禁发指令	禁发阶段	禁发理由
01	太阳翼火工品装星后禁发指令： 释放分离开关 FL1 或 FL2； 释放分离开关 FL3 或 FL4； HM002 火工品母线通； HM02 火工品母线通； SY01 太阳翼解锁； HB004 火工品起爆； HB001 火工品起爆	发射场始终禁发	太阳翼火工品装星后，要绝对杜绝误发指令引起火工品起爆； 火工品起爆共有四个条件：1）接通配电器“火工品母线通”指令线（FL3 或 FL4）；2）火工品母线通指令发出（HM002 火工品母线通或 HM02 火工品母线通）；3）太阳翼火工品电缆处于飞行状态（太阳翼火工品飞行插头插上）；4）太阳翼火工品起爆指令发出（分离 FL1 或 FL2 后遥控单元自动发出、HB001 火工品起爆、HB004 火工品起爆、SY01 太阳翼解锁）。四个条件缺一不可，所以误发任意一条指令不会对火工品造成任何影响
02	数传天线火工品装星后禁发指令： 释放分离开关 FL3 或 FL4； HM002 火工品母线通； HM02 火工品母线通； TK25 数传天线 1 解锁； TK26 数传天线 2 解锁； TV004 数传天线 1 解锁； TV005 数传天线 2 解锁	技术区测试结束后至发射前禁发	数传天线火工品装星后，要绝对杜绝误发指令引起火工品起爆； 天线火工品起爆共有四个条件：1）星箭分离（FL1 或 FL4）；2）火工品母线通指令发出（HM002 火工品母线通或 HM02 火工品母线通）；3）天线火工品电缆处于飞行状态（数传天线火工品飞行插头插上）；4）火工品起爆指令发出（TK25 数传天线 1 解锁、TK26 数传天线 2 解锁、TY004 数传天线 1 解锁、TY005 数传天线 2 解锁）。四个条件缺一不可，所以误发任意一条指令不会对火工品造成任何影响

6.6.4　技术状态控制

航天器发射场技术状态控制工作，应明确航天器在每一阶段的技术状态，关键检验点和强制检验点，明确相应的控制措施，并在相应的时机进行检查确认。

（1）技术状态检查

航天器各分系统及总装检验按照各自的文件对各阶段的技术状态进行确认。

根据航天器发射场实施大纲、技术流程，在发射场按以下顺序进行航天器技术状态检查确认工作：

1）航天器开箱检查技术状态检查确认；

2）航天器技术区电测前技术状态检查确认；

3）太阳翼外板光照试验技术状态检查确认；

4）航天器加注前技术状态检查确认；

5）航天器加注后技术状态检查确认；

6）航天器与运载火箭对接前技术状态检查确认；

7）运载火箭合整流罩前航天器技术状态检查确认；

8）航天器发射前最终状态检查确认。

上述检查确认活动结果应进行严格的记录，最终形成技术状态确认记录表作为可追溯文件。

（2）关键检验点检查

根据航天器发射场风险分析与控制措施，明确航天器发射场工作的关键检验点及其控制措施，对已完成的关键检验点检查结果进行严格记录，最终形成关键检验点确认记录表作为可追溯文件。表 6－13 是关键检验点确认记录表简要示意。

表 6－13　关键检验点确认记录表简要示意（数据为非实际值）

序号	分系统	单机名称	关键检验点名称	检验项目	判定准则	检查结果
01	控制	各单机	部件极性	检查数字太阳敏感器、模拟太阳敏感器、推力器极性	满足控制对总装技术要求	部件安装、极性均正确，测试极性正确
02		星敏感器头部	多层包覆后星敏感器视场	多层包覆后，星敏感器遮光角	要求：半角锥 38°	3 台星敏视场均满足要求
03		数字太阳敏感器	多层包覆后数字太阳敏感器视场	多层包覆后，数字太阳敏感器视场	数字太阳敏感器视场：±60°×±60°	数字太阳敏感器视场大于±60°×±61°
04		压力传感器	加注后贮箱压力	整星加注后贮箱压力测量	（1.73 ± 0.05）MPa（绝对压力）	加注后检查
05	机构	+Y 太阳翼	太阳翼压紧带偏移量	+Y 太阳翼压紧带偏移量	变化小于 0.5 mm	0.01～0.04 mm
06			太阳翼外观检查	太阳翼铰链、火工品插头、太阳电池片等部件	铰链无勾挂、火工品插头无松动、太阳电池片无裂纹	7 个铰链无勾挂，火工品插头无松动、太阳电池片无裂纹
07		－Y 太阳翼	太阳翼压紧带偏移量	－Y 太阳翼压紧带偏移量	变化小于 0.5 mm	0.01～0.04 mm
08			太阳翼外观检查	太阳翼铰链、火工品插头、太阳电池片等部件	铰链无勾挂、火工品插头无松动、太阳电池片无裂纹	7 个铰链无勾挂，火工品插头无松动、太阳电池片无裂纹
…	…	…	…	…	…	…

（3）强制检验点检查

根据航天器发射场风险分析与控制措施，明确航天器发射场工作的强制检验点及其控制措施，对已完成的强制检验点检查结果进行严格记录，最终形成强制检验点确认记录表作为可追溯文件。表 6－14 是强制检验点确认记录表简要示意。

表 6-14 强制检验点确认记录表简要示意（数据为非实际值）

序号	单机名称	名称	检验项目	参加方	判定准则	检查结果
01	太阳翼火工品回路	火工品回路阻值测试	火工品回路阻值	—	<2 Ω	+Y 翼：1.47～1.48 Ω −Y 翼：1.60～1.63 Ω
02	数传天线 1/2 火工品回路	火工品回路阻值测试	火工品回路阻值	—	<2 Ω	天线 1：1.51～1.72 Ω 天线 2：1.60～1.74 Ω
03	模拟太阳敏感器	与卫星结构间搭接电阻检查	模拟太阳敏感器 1、2 壳体与结构接地阻值	—	≤0.4 Ω（在太阳电池阵与 BAPTA 对接且电缆连接完毕，并且模拟太阳敏感器电缆连接完毕后测量）	模拟太阳敏感器 1：0.31 Ω 模拟太阳敏感器 2：0.28 Ω
04	加排阀保险	加注后加排阀打保险检查	加注阀已关闭、密封，外螺母已打保险并符合要求	—	加排阀已经打上了保险	加注后检查
05	整星	合罩前	1）加注阀热控多层状态检查； 2）自锁阀在加注后处于关闭状态； 3）星表设备保护盖均已拆下	—	热控多层铺设完毕，自锁阀已关闭、密封，外螺母已打保险，星表设备保护盖均已拆下	合罩前检查
…	…	…	…	…	…	…

6.6.5 复查与放行

（1）双想工作

“双想”是指“前期工作回想”和“后期工作预想”。分两步开展，第一步主要对前期工作和产品情况进行回顾，之后按照工作进展情况开展相应的“回想”和“预想”工作。

对总装工作“双想”的内容（不限于以下内容）：

1）发射场各阶段记录要求是否齐全；

2）发射场各阶段操作依据文件、质量记录文件等是否齐全，是否符合量化记录、量化控制要求；

3）发射场各阶段依据文件的可操作性是否到位、有效；

4）发射场部分特殊操作，如航天器与运载适配器对接、星箭组合体对接等操作界面是否清楚；

5）发射场各阶段操作故障预案是否齐全；

6）各分系统对航天器上产品安装操作要求是否都以文件形式反映到总体、总装，是否有新的安装要求尚未提出；

7）总体、总装设计部门对各分系统的星上产品安装要求是否全部反映到设计文件中，指导现场操作的设计文件内容是否保证唯一性和有效性；

8）工艺文件是否全部反映了相应设计文件及技术通知单的内容、内容是否有遗漏项目；

9）产品总装过程中，对于有拧紧力矩要求的紧固件，是否进行了 100%的量化控制，量化记录结果是否有疑点，不可测项目的质量控制措施是否有效；对于有总装精度要求的产品，精测结果是否满足文件、图纸要求，不同阶段的精测结果是否一致、稳定，不可测项目的质量控制措施是否有效；

10）是否有漏检项目或检验后需要纠正项目未进行处理；

11）所有高低频接插件是否进行了防松处理，是否记录完整；

12）舱外电缆的热控包覆是否符合相关文件要求；

13）总装操作的故障预案是否完备、有效，如器箭对接预案，塔架罩内操作防碰/防掉预案，星罩组合体转运、发射区起吊、临射前、脱插脱落等阶段的预案等。

对电测工作“双想”的内容（不限于以下内容）：

1）电测文件是否齐全，是否符合量化记录、量化控制要求，文件版本是否为有效版本；

2）确认测试的覆盖性、充分性；

3）地面测试设备、软件与出厂前测试状态是否一致；

4）带入发射场的地面设备是否有备份件，备份件是否与在用设备一致；备份设备是否自检到位；

5）是否有测试细则内容未包括必须要进行补充测试的项目；

6）各分系统在测试阶段的数据判读与出厂前测试数据比对中是否存在异常或疑点；

7）按测试细则内容规定，在发射场测试中必须考核的项目是否全部完成；

8）各阶段状态确认表是否完备有效；

9）发射场各阶段测试准备和测试等环节的依据性文件是否完备到位；

10）发射场测试数据是否完备；是否具备发射场数据比对的可行性；

11）测试准备、测试过程中预案是否齐全有效；

12）航天器最低发射条件是否完整。

（2）质量问题处置情况复查

针对正样阶段和在发射场工作阶段出现的质量问题处置情况进行复查，重点检查质量问题处置是否满足“定位准确、机理清楚、措施有效”的要求，是否有不影响任务主要目的达成的结论，是否按照规定权限进行了评审或让步接受批准。

（3）放行准则检查

对照阶段放行准则，逐项检查确认满足放行准则的情况。以民商航天器加注为例，表 6－15 对放行准则检查进行了示意。

表 6－15　××－Y 卫星转场放行准则落实情况检查表

序号	工作项目	完成情况		责任人	备注
1	按试验大纲、测试文件等有关文件规定和要求，完成了在技术区(技术阵地)进行的产品装配、测试、试验等各项工作，结果符合要求	装配	√	[redacted]	
		测试	√	[redacted]	
		试验	√	[redacted]	
2	产品技术状态符合转场要求	√		[redacted]	
3	转场用地面设备经检验符合要求	√		[redacted]	
4	产品转载到转运设备之后，检查、测试结果符合要求	√		[redacted]	
5	转场前发生的异常问题已按 Q/QJA10 的规定完成了分析和举一反三工作，经评审有不影响下一阶段工作和不影响飞行成功及不会造成安全问题的结论	√		[redacted]	
6	发射区(发射阵地)地面设备经检查、调试处于良好状态，接收产品的各项准备工作就绪	√		[redacted]	
7	完成了发射区的技术安全检查，结果符合要求	√		[redacted]	
8	通过了规定的转场技术安全、质量评审，有同意转场的结论	√		[redacted]	
9	发射预案和最低发射条件已确认并按渠道上报审批，发射预案中的有关准备工作已经落实	√		[redacted]	

技安主管人：[redacted]负责人：[redacted]

型号总指挥、型号总设计师：[redacted]

注：1)完成情况栏：已完成并符合要求，填写"√"；未完成或不符合要求，填写"×"。

2)责任人栏：由工作队队长在完成该工作项目的人员中确定签署人员。

3)技安主管人：由工作队技术安全主管人签署。

4)型号质量负责人栏：由工作队主管质量工作的负责人签署。

5)型号总设计师：总师未去或不在工作队时，由工作队设计师系统负责人签署。

参考文献

[1] 徐福祥．卫星工程［M］．北京：中国宇航出版社，2002.

[2] 谭维炽，胡金刚．航天器系统工程［M］．北京：中国科学技术出版社，2009.

[3] 崔吉俊．航天发射试验工程［M］．北京：中国宇航出版社，2010.

[4] 张平，冯艳，余伟元．发射场卫星工作指南［M］．北京：国防工业出版社，2011.

[5] 王庆成．航天器电测技术［M］．北京：中国科学技术出版社，2007.

[6] 周志成，李砥擎．通信卫星综合测试技术［M］．北京：科学出版社，2015.

[7] 毛凌野．国内主要商业航天企业发展现状［J］．卫星应用，2017（10）：28－32.

[8] 原民辉．航天技术与商业模式创新的几点思考［J］．卫星应用，2015（1）：12－14..

[9] 张国强，邓武东，范凯，等．快速响应卫星发射场快速测试技术［J］．制导与引信，2017，38（2）：34－37.

[10] 曾占魁，史敏辉．国内商业航天机构调研分析［J］．中国航天，2018（1）：11－15.

[11] 袁媛，葛宇．关于商业卫星质量与可靠性控制的思考［J］．质量与可靠性，2016，186（6）：21－23.

[12] 石亚琮．卫星创业公司及其商业模式［J］．卫星应用，2016，3：8－15.

[13] 沈兆欣，陈晓辉．电子经纬仪测量系统中立方镜坐标系建立技术探讨［J］．宇航计测技术，2006，26（4）：73－75.

[14] 肖连辉．经纬仪组网测量系统误差分析校准及其卫星总装应用［D］．长沙：国防科技大学，2014.

[15] 杨再华．航天器总装精度测量方法分析［J］．航天器环境工程，2007，24（6）：390－392.

[16] 柏宏武，冀有志．立方镜在航天器天线总装测量中的应用［J］．空间电子技术，2013（2）：58－62.

[17] 李凌，王昀，廖志波，等．“高分四号”卫星相机装调中高精度在线测量技术［J］．航天器返回与遥感，2016，37（5）：77－84.

[18] 窦威，杨定魁，崔寓淏，等．包装箱正压环境下航天器总漏率检测技术［J］．航天器环境工程，2018，35（5）：483－487.

[19] 陈联，赵澜，孙冬花，等．航天器推进剂泄漏检测技术研究进展［J］．真空与低温，2017，23（3）：125－129.

[20] 边玉川，谢久林，杨晓宁，等．航天器总装模块化生产模式探讨［J］．航天器环境工程，2010，27（1）：87－91.

[21] 刘玉刚．航天器总装工艺专业内涵及体系地位简析［J］．航天器环境工程，2012，29（1）：108－113.

[22] 郭欣．航天器总装过程的质量控制方法［J］．航天器环境工程，2014，31（3）：332－336.

第7章　民商航天发射发射场服务

基于发射场菜单式服务的理念，讨论了航天发射场可以为民营航天发射商提供的主要服务内容与特点、发射场建设与资源配置原则和发射场系统组成及功能；阐述了航天发射场为民商航天发射提供的服务类型、服务菜单开发和服务订购与提供的程序；论述了发射场服务方案的设计，包括供配电与接地服务，供配气服务，通信电视服务，测发、指挥、监控，空调保障服务，推进剂加注，气象保障服务，报警与消防等；研究了民商航天发射发射场服务资源保证、服务环境保证和服务质量安全保证的方法措施，最后展望了民营商业航天发射场的服务改进。

7.1　概论

7.1.1　发射场服务内容与特点

航天发射场是为进入测试发射流程的运载火箭、航天器（卫星、飞船等）及有效载荷的吊装、转运、装配测试、推进剂加注等技术准备和实施点火发射提供物理空间和技术支持的场所，也提供为保证上述工作有效开展所需的通信、气象、计量、水暖电、消防等各种勤务保障设施设备。民商航天发射场指为民商航天发射活动提供服务的航天发射场。在我国，由于民商航天发射刚刚起步，尚没有专用于民商航天发射的航天发射场，民商航天发射活动集中于国家航天发射中心，与国家主导的航天发射活动共用发射服务资源。目前，我国的民商航天运载器均为小型固体火箭，首次民营液体运载火箭发射计划在2020年实施。

民商航天发射发射场服务是为从事航天发射活动的民营企业提供航天测试发射所需的物理空间、基础设施设备和相关的技术勤务保障服务的过程。服务内容主要包括：

1）提供民商航天器、运载器等民商航天产品开展相关工作所需的工作场所、设施设备；

2）提供民商航天器、运载器等民商航天产品在发射场所进行的卸车转载、装配测试、起竖吊装、转场运输、加注发射等服务；

3）提供民商航天器、运载器等民商航天产品在发射场工作期间所需的监控、通信、供配电、供配气、空调水暖、特燃特气及其化验、气象预报、地面风观测、高空风测量、消防和安全警卫等勤务保障服务。

与国家主导的航天发射相比，民营商业航天发射发射场服务具备以下特点：

（1）按需订购

国家主导的航天发射任务以确保成功为最高原则，发射场设施设备、参试人员等大多都有冗余备份，测试要全覆盖、状态要全确认、产品要全考查，不厌其烦地对发射流程进行质量评审、验证、确认，组织管理工作几乎是一步一动、一动多查，双岗双想、三检查（双岗即岗位配备一岗和二岗；双想即回想、预想；三检查即一岗检查、二岗检查、指挥员检查）就是典型代表，“双五条归零”标准更是举世闻名。

民商航天发射归根结底是以追逐利润为目的的商业行为，测试发射各项活动均要考虑成本，每多上一台设备、多参加一个人员都会导致成本的增加，因此，民商航天发射企业会要求并推动发射场服务逐步实现“按需订购”的模式，即发射场根据民商航天发射企业的要求和发射场可用资源提供“服务菜单和服务计价”，民商航天发射企业在“服务菜单”上选择所需服务项目并形成“服务订购清单”，发射场按最终确定的“服务订购清单”提供服务。

（2）被迫个性化服务

国家航天发射场的技发区工作厂房、发射工位、发射场坪等都是针对国家主导的某类或某型号航天器和运载器的发射需求而建设的，相关的设施设备配套齐全，发射场服务组织实施模式和工作流程基本固定。

一方面，民商航天发射目前集中于国家航天发射中心，没有专用的发射场；另一方面，民商航天器和运载器的型号多、技术路线差异大，对发射场的保障需求也多有不同。因此，民商航天发射发射场服务保障将逐渐呈现出“被迫个性化服务”，需要针对不同民商航天发射企业、不同民商航天发射产品进行各种适应性改造，提供多种特殊性服务。

（3）即时响应式服务

国家主导的航天发射任务计划性强，任务周期相对较长，且每种型号或类型所用设施设备较为固定，便于发射场开展人员针对性训练、任务文书准备、任务软件考核和设施设备的检修等准备性工作。发射任务实施中流程固定，资源需求稳定，一步一动式的组织管理模式便于任务各方控制工作节奏，协同资源供给。

民营商业航天发射处于初步发展期，航天器、运载器配套设施设备欠缺，大多数需要借助现有发射场设施设备为其提供服务保障。由于尚未建成民营商业航天专用发射场，在目前国家主导的航天发射任务相对密集、发射场设施设备保障“捉襟见肘”的情况下，民商航天发射发射场资源保障只能安排在国家主导的航天发射任务间隙进行或借用国家主导的航天发射任务暂时不用的设施设备，发射场服务呈现出“见缝插针”式的即时响应性服务。

7.1.2　发射场建设与资源配置原则

（1）民商航天发射对发射场的需求

从公开资料看，2030 年前国内小卫星发射需求超过 3 500 颗（如图 7－1 所示），为民商航天发射快速发展提供了广阔的市场和巨大的机遇。

国内民商固体运载火箭主要有北京蓝箭空间科技有限公司的朱雀一号、北京星际荣耀空间科技有限公司的双曲线一号、北京零壹空间科技集团有限公司 OS－M 等。上述运载火箭均采用成熟技术，资金投入小、周期短，正在或即将开展商业发射，对发射场需求较为迫切。需求主要表现为：

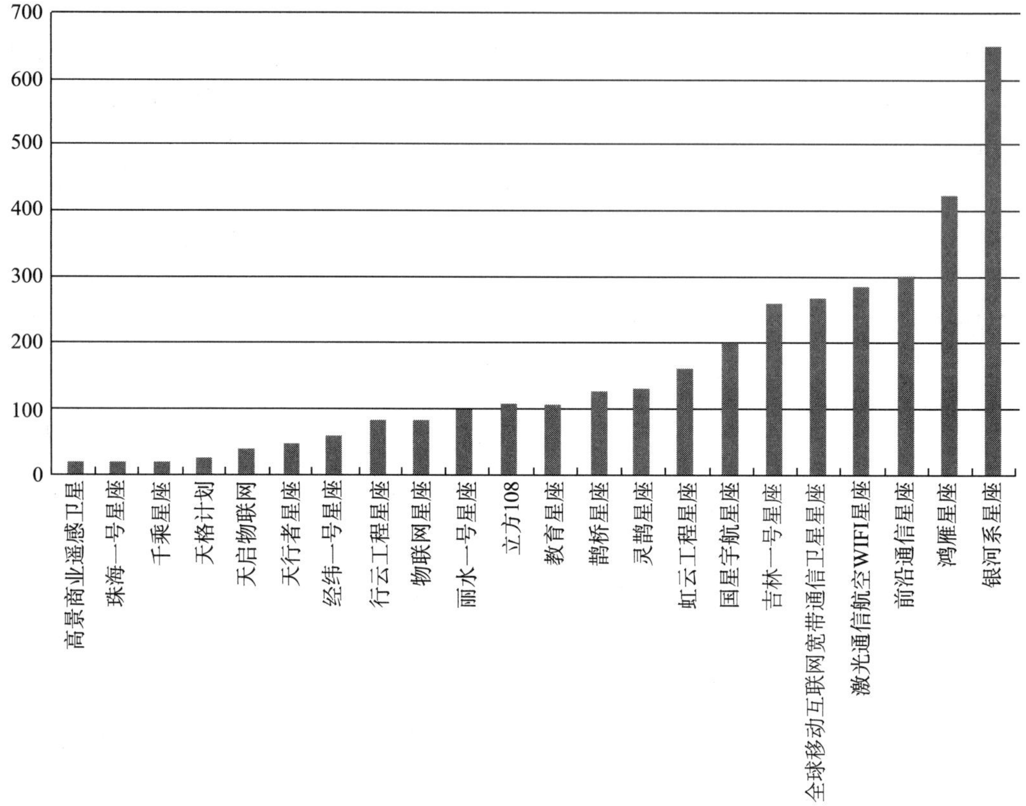

图 7－1　2030 年前国内小卫星发射需求

1）固体运载火箭防爆总装、测试厂房；

2）少量常规推进剂加注和充气；

3）简易发射场坪；

4）简易发射台（热发射）；

5）基本的道路、水、电、气和通信保障。

国内民商液体运载火箭主要有北京蓝箭空间科技有限公司的朱雀二号、北京星际荣耀空间科技有限公司的双曲线二号、北京翎客航天科技有限公司的新干线一号等，其中北京蓝箭空间科技有限公司的朱雀二号于 2018 年 6 月完成全系统设计，计划 2020 年首飞。上述运载火箭目前尚处于研制阶段，基本设计思想是向低成本、一次/重复使用等方向发展。对发射场的需求主要表现为：

1）运载火箭水平测试、水平运输所需设施设备；

2）发射区垂直组装和垂直测试所需设施设备；

3）发射区液体推进剂（液氧/甲烷、液氧/煤油）加注所需设施设备。

未来一段时间内，民商航天发射对发射场的需求除固体、液体运载火箭发射场总装、测试和发射外，还表现在子级回收着陆、亚轨道探空火箭与飞行试验平台、亚轨道太空旅游、空天高速运输等方面。

（2） 民商航天发射场建设

由于目前国内尚没有专用的民商航天发射场，且民商航天发射场建设周期较长，为满足当前急需，需要在国家航天发射场的基础上进行适当的改扩建，以尽可能满足一段时间内民商航天发射的井喷式增长。民商航天发射场近期建设须重点考虑以下两个方面：

1） 在不影响国家航天发射任务的前提下和充分利用发射场现有设施设备的基础上，对能力不足项目进行适应性升级改造或补充建设，以快速满足民商航天发射带来的新需求。

2） 对发射条件要求较低的民商航天发射，如亚轨道探空火箭与飞行试验，优先建设一些简易设施，迅速形成装配测试能力，以分流发射场任务高峰期的工作，缓解发射场资源不足的问题。

长期看，随着民商航天发射的快速发展，发射场资源紧缺的矛盾会日益突出，在国家战略的大背景下，建立新型的或专用的民商航天发射场势在必行。民商航天发射场中长期建设须重点考虑以下几个方面：

1） 低温液体火箭发射工位建设投资大、周期长。将现有或后续规划建设的低温液体发射工位向民商航天发射开放，可提高发射工位利用率，降低商业发射成本。

2） 由国家航天系统单位牵头，在现有基础设施上联合多方新建商业发射工位。可以充分利用已有基础设施，避免重复建设；各方共同分担建设资金，减小资金压力。建设完成后，可采用租用等方式进行商业运营，实现可持续发展。

3） 由国家航天系统单位牵头，组织相关各方联合论证可重复使用运载火箭着陆场建设。对着陆场选址、建设、运营等开展论证，为我国运载火箭回收重复使用技术发展提供重要支持。

4） 推进集航天器和运载器试验鉴定、生产总装、测试发射、测控通信、返回着陆等于一体的综合型新型航天发射场建设。

（3） 发射场资源调配

当前，国内民商航天发射集中于国家航天发射中心，且与国家主导的航天发射共用发射场资源。由于国家主导的航天发射任务非常密集，如 2018 年在酒泉卫星发射中心实施的 18 次航天发射任务中，国家主导的航天发射达 15 次之多，随着民商航天发射井喷式发展，民商航天发射可用发射场资源将非常紧缺，急需发射场建立相应的资源调配机制，提高发射场服务的能力，保证民商航天发射获取发射场资源的权益。未来一段时间内，针对民商航天发射，发射场资源调配原则为：

1） 并行调度。以年度为单位，强化顶层策划，统筹资源配置，建立并行任务资源调度方法，提高发射场整体能力和服务效益。

2） 灵活检修。优化发射场设施设备检修、维护周期，提高发射场资源利用率。

3） 国家优先。在不影响国家主导的航天发射任务进程的条件下，统筹民商航天发射资源需求，以使整体效益最佳。

4） 规避风险。民商航天发射所有影响发射场安全的风险必须规避或控制在可接受状态。

7.1.3 发射场系统组成及功能

提供民商航天发射服务的发射场主要由供配电与接地、供配气、空调、水暖、厂房勤务设备、联动消防、C^3I、通信和电视、气象等系统组成。对于液体火箭任务，发射场还包括推进剂加注、发射塔架勤务和固定消防等系统。

（1）供配电与接地系统

发射场供配电与接地系统主要功能是为民商航天发射各系统工作提供稳定可靠的高质量电源和接地设施。

发射场供配电系统按照国家规定的一级电力用户标准设计，采用双电源、双回路的配电方式，供电可靠性和智能化水平高，接地设施优良、完善。设立 35 kV/10 kV/0.4 kV 三级配电电压等级，采取 35 kV 电源送入场区，10 kV 电源送入负荷中心，0.4 kV 电源配送负荷的配电方式。

为确保航天产品测试与发射用电可靠，通常将工艺用电与动力用电分离，在特别重要的用电设备前端，配置 UPS 电源，以保证其供电的可靠性和安全性。为实时掌握发射场各主要部位电源参数、了解用户用电情况，配置有电源监测系统。

发射场各建筑物设置有独立接地网，相互连接成大接地网。各系统接地采用联合接地方式，即中性接地、信号接地、保护接地、防雷接地、防静电接地、等电位接地等共用一组联合接地网。低压配电系统采用 TN－S 接地制式。为了避免各类接地相互干扰，信号接地和保护接地严格分开。信号接地、防静电接地一般要求接地电阻≤1 Ω，保护接地要求接地电阻≤4 Ω，防雷接地要求接地电阻≤10 Ω。

（2）供配气系统

发射场供配气系统主要功能是为发射场参试系统提供满足质量和压力要求的各种气源，完成压缩、贮存和供给航天器、运载器及地勤系统所需空气、氮气、氧气和高纯氮气等特殊用气。发射场供配气系统气源种类有空气、氮气、高纯氮气、氦气等，主要设备包括高压空气压缩机、固定式液氮贮罐和汽化设备、高纯氮净化和增压设备、高纯氧净化和增压设备，以及空气、氮气、高纯氮贮存气瓶和配气台、供气管线等。其中空气分系统主要由空压机站高压空气压缩机、高压空气球形气瓶、各厂房空气配气台和供气管路等组成；氮气分系统主要由液氮贮罐和汽化设备、氮气增压间高压液氮增压泵、高压氮气球形气瓶、各厂房氮气配气台和供气管路等组成；高纯氮气分系统主要由氮气净化装置、高纯氮膜压机和高纯氮气球形气瓶、各厂房高纯氮气配气台和供气管路等组成；氧气分系统主要由原料氧气瓶、氧气增压间净化装置、增压泵和供气管路等组成。

（3）通信、电视系统

发射场通信系统主要功能是为测试发射相关系统提供稳定可靠的通信手段和信息传输通道，保证数据、图像、语音、时间等信息传输畅通。发射场通信系统按业务功能划分，主要由指挥调度分系统、时间统一分系统、程控电话分系统、电缆网、光缆网、IP 承载网和电源等组成，其中，电缆网、光缆网、IP 承载网和电源位于通信系统基础支撑层，指挥调度、时间统一、程控电话等系统属于业务应用层。

发射场电视系统主要功能是为发射场测试发射相关系统提供电视监视图像，为指挥决策提供图像信息支持。发射场电视系统由实况电视和 IP 电视两个分系统组成，包括视频采集单元、视频传输单元、信息处理单元和视频分发显示单元。实况电视采用光纤实时传输广播级摄像机高清晰图像，IP 电视依托试验任务 IP 承载网建立，采用 IP 承载网传输广播级摄像机和工业级摄像机图像，通过视频综合管理平台实现管理、使用功能；图像质量可达国家 4 级标准，发射场实况电视系统和 IP 电视系统也不完全独立，部分实况电视图像送入 IP 电视系统。

(4) 测发、指挥、监控系统

测发、指挥、监控系统简称 C^3I 系统，由服务器分系统、指挥显示分系统、接口分系统、地勤监控分系统和安全管理分系统组成，如图 7－2 所示。

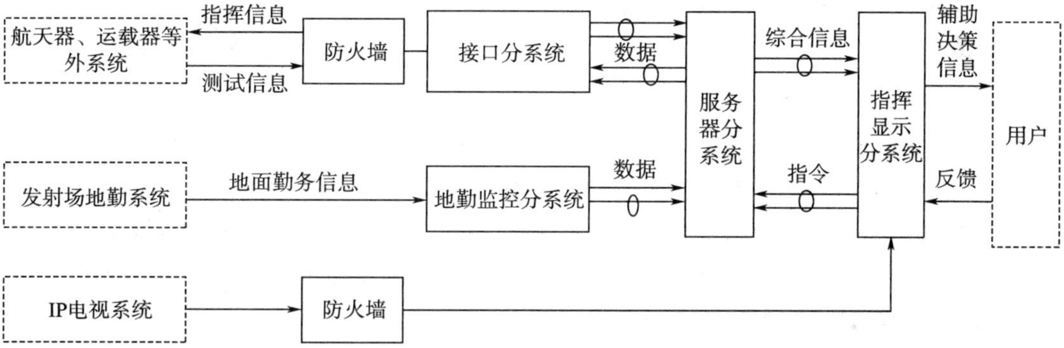

图 7－2　测发、指挥、监控系统内外部连接和信息传输关系图

测发、指挥、监控系统主要功能是完成测试发射过程中相关系统信息的获取、传输、处理、显示和决策指挥、执行等，对上接受指控中心的指挥，对下指挥、管理、监测、监视、控制航天器系统、运载器系统、发射场地面勤务系统及有关岗位、设施、设备的操作和工作状态，采集、处理和显示各系统测试数据并向指控中心和北京中心传输，为各级指挥、决策提供综合信息。

(5) 空调、水暖系统

空调系统主要功能是为民商航天器、运载器等产品和发射场设施设备提供满足要求的温湿度和洁净度环境，为人员工作场所提供适宜温度保障。发射场根据产品、设施设备和工作人员要求设计配置不同种类的空调，容量设计上留有一定余量，重要保障区域空调按用一备一配置。水暖系统主要功能是供水和供暖，为发射场提供试验设备用水、生产设备用水、生活用水以及消防用水，冬季提供暖气保障。

(6) 消防系统

消防系统主要由火灾探测与报警系统、消防联动控制系统、水消防系统、消防通信广播系统和移动灭火器等组成。主要功能包括：

1) 技发区、脐带塔等主要测试和工作场所火灾自动探测和报警；

2）自动或手动控制水消防系统设备动作，迅速有效灭火；

3）自动或手动实现电梯归首、停空调、启动排烟设备、正压送风、停照明等功能，实现防火分区，减小火灾损失；

4）配备足够数量移动式灭火器，以快速扑灭局部火灾；

5）及时传递火灾讯息，发出火情广播。

（7）非标系统

非标系统是发射场塔勤、吊装、转运等保障系统的统称，因多采用大型非标机械和电控设备而得名。发射场非标系统包括吊装设备、转运设备、摆杆与固定消防系统、活动工作平台、工作大门、电梯、液压系统等各种非标准设备。

吊装设备。吊装设备的主要功能是通过起升机构、平移机构和旋转机构对产品位置进行变换，完成航天器、运载器等在发射场的卸车、吊装对接等工作，日常用于设施设备的拆装和检修维护。发射场吊装设备包括双梁桥式吊车、单梁桥式吊车、塔式吊车、电动葫芦和汽车吊。

转运设备。转运设备包括航天器转运设备、运载器转运设备、整流罩转运设备和器罩组合体转运设备等，用于民商航天器、运载器、器罩组合体在各厂房之间、技发区之间的转运，对转运设备的基本要求是“工作可靠，运行平稳”。

工作大门。工作大门的主要功能是为厂房的密闭、防风沙和保温提供基本保障，为产品出入厂房提供运输通道，火灾时防火卷帘门可将各厂房分隔为几个独立的防火区，具有防火防烟功能和消防联动时的二步降功能。

工作平台。工作平台的主要功能是为航天器和运载器吊装对接、测试检查等工作提供必要的操作平台，为测试设备及仪器提供必要工作界面和暂时存放场所。

电缆摆杆。电缆摆杆主要功能是用于敷设火箭系统射前需要通过脱落插头与火箭断开的地面供电和测试电缆，射前航天器、运载器脱落插头脱落后承载电缆自动或手动摆开至航天器、运载器起飞漂移区外。电缆摆杆可安装强脱机构和防回弹机构。强脱机构用于脱插的强制机械解锁；防回弹机构用于脱插脱落后强制定位，防止回弹碰撞箭体。

气象系统。气象系统主要由地面观测分系统、高空探测分系统和气象预报分系统等组成。地面观测分系统主要完成常规地面气象观测和任务实施期间的阵地现场地面气象观测，为民商航天发射提供及时、正确、可靠的地面气象观测数据。高空探测分系统主要完成常规气象探测和任务实施期间的高空探测，为民商航天发射任务提供高空大气参数。气象预报分系统提供民商航天发射任务及日常生产生活服务短期天气预报、中期天气预报、长期天气预报，及时发布危险天气警报，为选择发射窗口、产品转运和发射时机提供气象服务。

（8）加注系统

加注系统是用于箭上加注和泄出推进剂、运输和贮存推进剂、处理或安全排放推进剂废液和废气的综合系统。目前，民商运载火箭均为小型固体火箭，涉及加注工作的是末修姿控发动机加注，加注模式是可移动式 DT－3 贮罐加注。正在研制中的民商液体运载火箭朱雀二号，计划于 2020 年年底进行首飞，加注模式为液氧甲烷槽车加注。规划中民商液体运载火箭还有北京星际荣耀空间科技有限公司的小型液体运载火箭双曲线二号和大中型液体运载火箭双曲线三号。

民商运载火箭末修姿控发动机加注系统主要由配气台、转运罐、中和液储罐以及相应的管路、阀门组成，一般采用称重法控制加注量。主要功能包括：

1）推进剂加注；

2）推进剂泄漏检测；

3）推进剂泄出；

4）管路吹除、清洗；

5）推进剂废液处理；

6）满足用户要求的工作环境，包括温湿度、防静电、工作空间和防爆设施，满足国家电能质量标准的电源等；

7）应急处置所需资源，包括应急预案、消防和救护设施设备等。

7.2　服务菜单

我国民商航天发射尚处于起步阶段，发射场的民商服务机制、服务模式、服务规范、服务管理等正处于探索阶段。我们在进行深入考查研究后，提出符合国家现有政策制度、开放国家发射场资源、国家和民企共建共用的“菜单式”服务机制，并在工程实践中得到初步应用和验证确认，必将随着我国民商航天发射体系的建立健全而发展进步。

7.2.1　服务类型

发射场系统主要向民商航天发射企业提供以下四类服务：一是民商航天器、运载器进入发射场后的工作场所和条件保障；二是民商航天器、运载器测试发射过程中的供配电、供配气、通信电视、指挥监控和气象测量预报等技术勤务保障；三是航天器、运载器在发射场进行的卸车转载、装配、起竖、扣罩、转场、对接、加注和发射活动的协同配合；四是紧急情况下的消防、救护和安全警卫等应急保障与处理。

（1）工作场所和条件保障

发射场提供给民商航天器、运载器的工作场所和条件包括技术区设施、发射区设施及其之间的运输道路等。

1）技术区是民商航天器、运载器在发射场进行卸车、转载、总装、检查测试、加注和扣罩等技术准备的集中工作区，也是民商航天发射任务测试发射的现场指挥中心，为了与测试发射工艺流程相匹配，发射场大型厂房和综合性建筑物集中在技术区，所有建筑设施布局合理，且便于管理使用。提供给民商航天发射的技术区重要建筑设施包括航天器总装测试及加注扣罩厂房、运载器总装测试厂房、发射平台工作厂房、水平转载准备测试厂房、火工品检测间、火工品贮存间、测发指挥控制楼、变电站、动力站、空压机站等，根据航天器和运载器需求，各工作场所配备接口和品质满足要求的供电箱、供气管路、通信线路、图像电视、吊车、空调、消防等设备，为航天器、运载器系统进入发射区前的技术准备、产品测试、航天器加注、运载器姿控加注、指挥控制、通信提供正常和应急服务。

2）发射区是航天器、运载器在发射场进行总装、检查测试、运载器加注、临射检查和发射等相关工作的集中工作区，发射区建筑设施布局充分考虑了安全性要求。提供给民商航天发射的发射区重要建筑设施包括发射场坪、前置设备间、瞄准间（场坪）、脐带塔及导流槽、变电所，液体运载器任务还包括推进剂贮存及加注设施，根据航天器和运载器需求，各工作场所配备接口和品质满足要求的供电箱、供气管路、通信线路、图像电视、吊车、空调、消防等设备，为运载器起飞前航天器、运载器系统的功能检查、运载器推进剂加注、临射检查、发射提供正常和应急服务。

3）技术区和发射区（简称技发区）各工作场所的大门为厂房、塔架封闭间的防风、防沙和保温等提供基本保障，空调水暖设备为民商航天器、运载器提供满足要求的温度、湿度和洁净度等工作环境保障，整流罩空调为航天器提供满足要求的温度、湿度和洁净度保障，工作平台、工作梯等为航天器、运载器等产品吊装对接以及测试期间工作人员和设备提供必要工作界面。

4）各厂房之间、技发区之间的运输道路为航天器、运载器、器罩组合体转运提供运输通道。

（2）技术勤务保障

技术勤务保障包括航天器、运载器测试发射过程中的供配电、供配气、通信电视和气象测量预报等。

1）供配电系统通过断路器（配电柜或配电箱内断路器通过电缆连接至用户设备）和插座（通过插座或防爆插座向用户提供电源）两种方式为航天器、运载器提供电源品质、相序、容量等满足要求的供电保障，在技发区配电室设置 UPS 电源，为重要系统或设备提供不间断电源。

2）通过工作场所的供气管路和配气台为航天器和运载器系统提供满足质量和压力要求的空气、氮气和高纯氮气等特殊用气。

3）通信电视系统通过电缆网、光缆网、IP 承载网、摄像装置、信号转换装置、显示设备等，为航天器、运载器测试发射数据、图像、语音、时间等信息提供传输通道和显示服务，向参试系统提供指挥调度、标准时间、标准频率和时间统一等保障。

4）气象系统为航天器和运载器的卸车、转运、加注、发射提供雨雪雷电、温度、风速、风向等气象预报服务，为航天器和运载器的转运、发射提供实时天气温度、地面风、高空风监测数据服务。

（3）协同配合

协同配合服务包括吊车、工作平台、电缆摆杆、加注设备操作，以及推进剂贮运及化验、测发信息指挥监控等。协同配合服务包括：

1）配合航天器和运载器方完成转载、装配、扣罩、起竖等工作，通常发射场设施设备操作由发射场人员承担，指挥由航天器、运载器方人员承担。

2）配合完成航天器和运载器吊装对接过程中的工作平台、电缆摆杆等服务保障。

3）提供航天器和运载器加注用推进剂贮运、化验服务，配合完成运载器系统加注过程中的全系统气检、推进剂调温、地面和塔上管路连接、地面加注设备操作等服务保障。

4）配合航天器、运载器方完成其测试发射过程中的信息获取、传输、处理、显示和决策指挥等服务保障。

（4）应急保障与处置

应急保障与处置服务包括联动消防、固定消防、医疗救护和安全警卫等。

1）通过配置于航天器、运载器测试场所的火灾探测与报警、联动消防控制设备提供火灾时的快速灭火服务，减小航天产品和试验设施设备损失。

2）通过消防车、固定消防、灭火器等，在航天器、运载器测试发射、推进剂加注、发射过程中为航天器和运载器方提供紧急情况处置和应急保障服务。

3）为航天器、运载器方提供紧急情况下的医疗救护和安全警卫服务。

7.2.2　服务菜单开发

航天发射场服务菜单开发程序如图 7－3 所示。

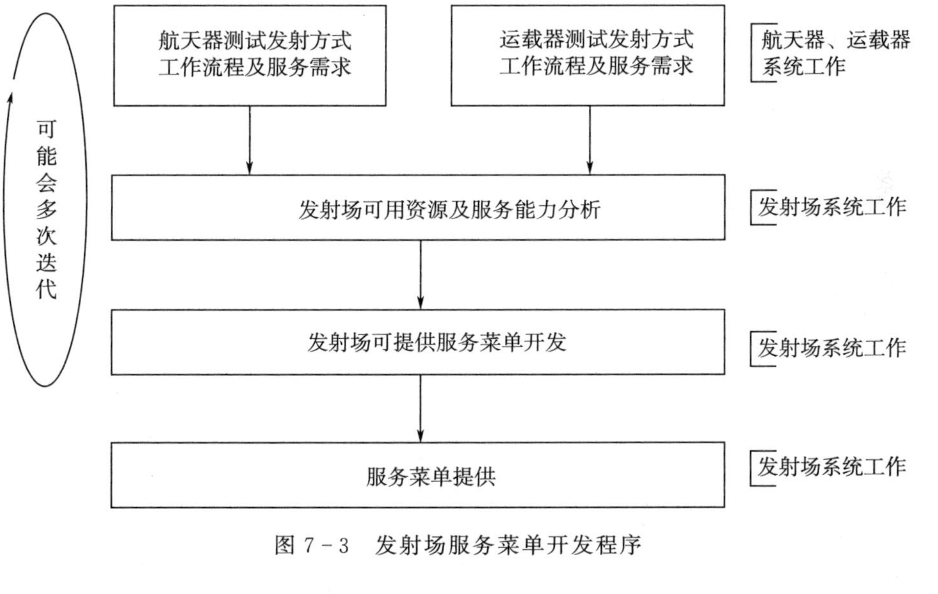

图 7－3　发射场服务菜单开发程序

服务菜单开发阶段的主要工作有：

1）航天器、运载器计划进场实施发射前，相关方向航天发射中心提供航天器、运载器的预计进场及发射时间、测试发射方式和工作流程、工作场所需求及环境保障条件，以及产品对发射场的供配电、供配气、通信电视、消防、推进剂、气象、运输、吊装等服务需求。

2）发射场系统收集、分析航天器和运载器对发射场的要求，确认现有发射场设施设备服务能力和预计发射时段内发射场设施设备的可用资源。

3）发射场系统依据综合分析结果，开发发射场可提供服务菜单。

4）向航天器和运载器系统反馈发射场可提供服务菜单。

表 7－1 以工作场所为例列举了发射场可提供服务菜单样式。

表 7－1　某次民商航天发射发射场可提供服务菜单（样表）

服务项目		编号	单价/(元/次)	服务订购(Yes/No)
技术区设施设备	产品卸车场坪	CDJ－2018－01	—	
	运载器水平转载准备厂房	CDJ－2018－02	—	
	运载器总装测试厂房 2#	CDJ－2018－04	—	
	航天器总装测试及加注扣罩厂房 2#	CDJ－2018－06	—	
	测发指挥控制楼 1	CDJ－2018－07	—	
	测发指挥控制楼 2	CDJ－2018－08	—	
	火工品贮存间	CDJ－2018－09	—	
	火工品检测间	CDJ－2018－10	—	
	…	…	…	
发射区设施设备	固体运载器发射场坪 1	CDF－2018－01	—	
	固体运载器发射场坪 2#	CDF－2018－02	—	
	液体运载器发射工位 1#	CDF－2018－03	—	
	液体运载器发射工位 2	CDF－2018－04	—	
	前置设备间 1	CDF－2018－05	—	
	前置设备间 2	CDF－2018－06	—	
	…	…	…	
转运设备	航天器运输车辆 1#	ZY－2018－01	—	
	运载器运输车辆 2#	ZY－2018－04	—	
	整流罩运输车 1#	ZY－2018－05	—	
	整流罩运输车 2	ZY－2018－06	—	
	…	…	…	
气源	高纯氮气	QY－2018－01	—	
	氮气	QY－2018－02	—	
	高纯氧气	QY－2018－03	—	
	空气	QY－2018－04	—	
	氦气	QY－2018－05	—	
	…	…	…	
推进剂	单推三	TJJ－2018－03	—	
	甲基肼	TJJ－2018－04	—	
	…	…	…	

续表

服务项目		编号	单价/(元/次)	服务订购(Yes/No)
其他	80 t 汽车吊	QT－2018－01	—	
	16 t 汽车吊	QT－2018－02	—	
	消防车	QT－2018－03	—	
	救护车	QT－2018－04	—	
	叉车	QT－2018－05	—	
	…	…	…	

注:技发区工作场所内的供配电与接地、供配气、吊车、大门、通信电视、温度、湿度、洁净度等在每个工作场所的服务项目中进行详细说明,转运车辆及道路、气源品质及保障能力、推进剂品质及保障能力以及其他服务项目单独描述。

7.2.3　服务订购与提供

航天发射场服务订购与提供的程序如图 7－4 所示。

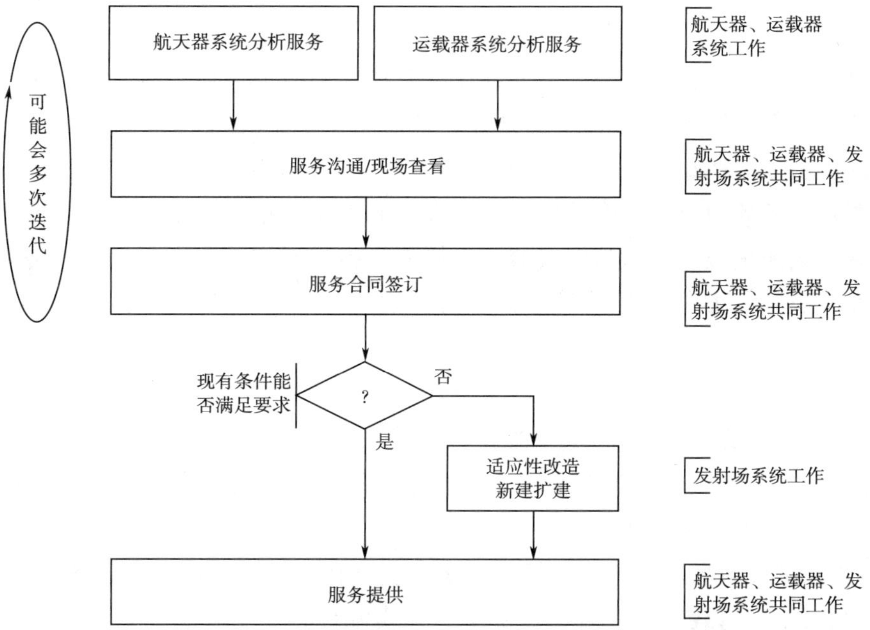

图 7－4　发射场服务订购与提供的程序

服务确定与订购的主要工作有：

1）航天器和运载器系统对发射场可提供服务菜单进行分析，进一步确认自身需要和成本核算，在发射场可提供服务菜单中选择服务项目。

2）当某些服务项目不在发射场可提供服务菜单中或发射场可提供服务菜单不能满足服务要求时，航天器和运载器系统应详细明确这些特殊服务项目和需求。如需发射场新建、扩建或改造某些设施设备，应向发射场提供详细要求、设计方案和图纸等。

3）航天器、运载器向发射场系统提交拟订购服务菜单、特殊服务项目及要求，并同发射场系统一起确认发射场服务能力和满足要求水平，必要时进行现场查看。

4）在各方达成一致意见后，拟制订购服务菜单（含特殊服务），签订服务合同（发射场服务合同通常作为发射服务合同的一部分）。

服务准备与提供的主要工作有：

1）服务合同签订后，发射场系统根据合同要求和甲方提供的详细要求、设计方案和图纸等进行基建技改。

2）任务准备阶段，发射场系统进行全面检修检测、物资器材筹措等服务准备工作，与航天器、运载器系统一起进行指挥监测信息和接口约定的协调、对接。

3）任务进场前，邀请航天器、运载器系统对任务准备情况进行联合评审。

4）任务进场后，按需提供服务，共同完成航天器及其运载器测试发射任务。

7.3 服务方案设计

基于我国民商航天发射现状和民商航天发射场服务的任务、内容等，按运载器所用推进剂种类可分为液体运载器发射服务和固体运载器发射服务，按工作区域任务划分可分为技术区服务、发射区服务和转场运输服务。针对不同的服务类型，发射场提供服务的系统、系统提供服务的项目、服务项目执行的程序等也不尽相同。图 7－5 简要示意了民商液体运载器发射服务项目，民商固体运载器发射服务项目略有区别。这里主要讨论供配电与接地服务，供配气服务，通信电视服务，测发、指挥、监控，空调保障服务，推进剂加注，气象保障服务，报警与消防等服务项目的方案设计。

7.3.1 供配电与接地服务

航天发射场为民商航天器和运载器提供以下供配电和接地服务：

1）为航天器、运载器在发射场卸车、转运、吊装对接、加注和测试等提供电源品质合格的测试、照明和动力电源。

2）为各测试发射场所重要设备提供电源品质合格的不间断电源（UPS 电源）。

3）为航天器、运载器在发射场技术准备和实施发射过程中提供各类满足技术要求的接地装置。

4）为各测试发射设施提供满足技术要求的防雷接地装置。

5）为产品、设备以及人身安全提供安全可靠的保护接地装置。

6）为配电系统正常运行提供满足技术要求的工作接地装置。

（1）供配电方案

航天发射场采用国家电网和活动油机发电两种供电方式，重要设施设备还配备有不间断电源。固定电网供电一般经过 32 kV/10 kV/0.4 kV 三级变电，配送至各建筑物低压配电室，为提高供配电可靠性，各采用两路电源同时工作且互为备用。低压配电室接线如图 7－6 所示。

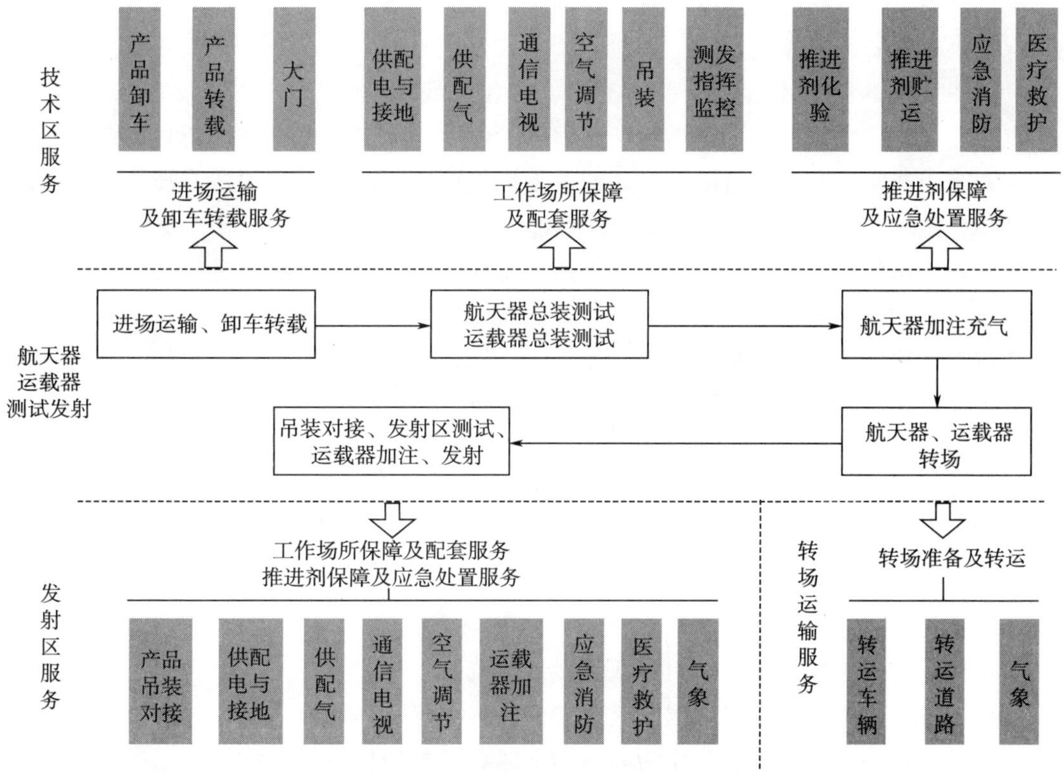

图 7－5　液体运载器民商发射任务发射场服务项目简要示意

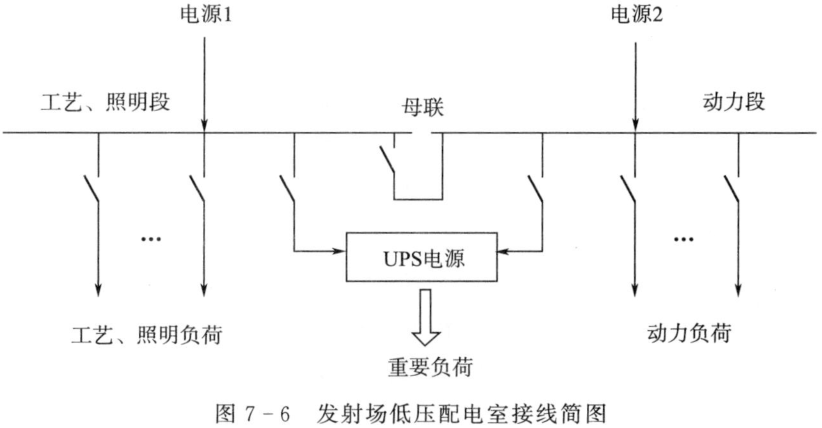

图 7－6　发射场低压配电室接线简图

两路电源同时工作且互为备用，正常工作时一路电源供动力负荷，另一路电源供工艺、照明负荷，以防止大型动力设备干扰工艺测试设备工作。当一路电源出现故障时，可通过母联断路器“手动”或“自动”投切操作，由另一路电源供动力段及工艺、照明段重要负荷电源。低压配电室低压成套开关设备采用单母线分段接线方式，运行时母联断路器与两进线断路器实现电气联锁，两进线断路器同时合闸，即两路电源分别向各自负荷供电时，母联断路器不能电动合闸；两进线断路器之一合闸时，母联断路器可“自动”或“手动”电动合闸，由一路电源供电。对于特别重要负荷，增设在线式不间断电源（UPS）系统，保证供电的安全可靠性。

发射场采用单相三线制（L、N、PE）、三相五线制（A、B、C、N、PE）供电。断路器直接输出是指配电柜或配电箱内断路器通过电缆连接至用户设备，用户设备由用户单位负责，采用断路器直接输出形式时，配电系统应保证连接可靠、电源品质、相序、容量等满足用户需求。插座输出是指通过插座或防爆插座向用户提供电源，墙壁插座箱（插座）和防爆插销为配电系统负责设备，外接设备或转接板为用户负责设备。

（2）防雷与接地方案

防雷与接地的作用主要是防止人身遭受电击，防止设备和线路遭受损坏，预防火灾和防止雷击，防止静电损害和保障电力系统正常运行。

①共用接地

发射场各建筑物采用中性接地、信号接地、保护接地、防雷接地、防静电接地、等电位接地共用的联合接地方式，利用建筑基础钢筋，并沿建筑物四周埋设镀锌扁钢带作为水平接地装置，水平接地装置与基础钢筋网相连，构成共用接地装置。

②防雷接地

防雷接地装置包括接闪器、引下线和接地装置。

发射场各厂房楼顶敷设避雷网、避雷带作为接闪器，利用构造梁、柱、巨型结构筒体等中的通长主筋或建筑物外钢筋作为防雷引下线，与共用接地装置相连。

液体运载器发射塔架塔顶设置避雷针，利用塔体结构钢筋作为引下线，与共用接地装置相连。固体运载器发射场坪一般设置避雷塔。

③防静电接地

发射场常用的防静电接地设备为防静电接地棒，采用金属铜棒或不锈钢棒以导线与共用接地装置连接而成，主要设置在重要测试场所、测试间的入口处。

④接地箱（盒）

接地箱（盒）为接线端子、接线柱、铜排、铜质连接螺栓以及相关联辅助件、外壳和支持机构件的组合体，其功能是为各种设备提供各类功能性接地和保护性接地。

发射场各测试场所均设立有接地盒，部分主要测试场所设立有接地分线箱，作为测试场所接地盒与共用接地装置转接用。根据需要，接地箱内配置数根铜排，上设铜螺栓，通过导线连接方式，一端与接地盒相连，一端与接地装置相连。

发射场低压配电系统接地采用 TN－S 系统，即采用变压器中性点直接接地的三相五线制，变电站低压配电室低压成套开关设备内设零排（N 排）和保护接地母排（PE 排），零排和保护接地母排自配电柜出线后不再相连。图 7－7 为发射场低压配电系统三相五线制接地示意图。

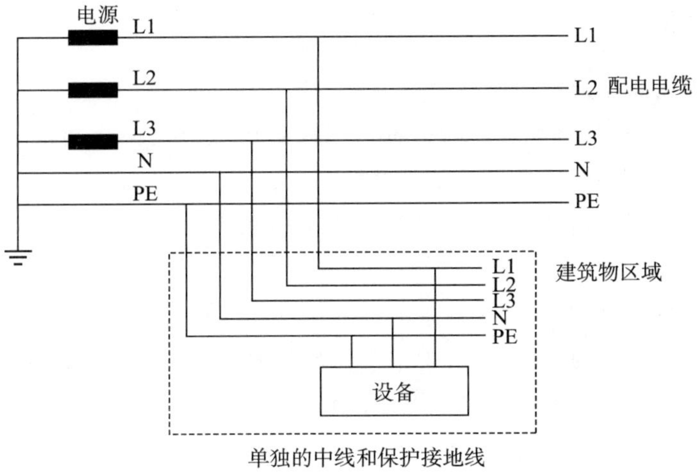

图 7－7　发射场低压配电系统三相五线制接地示意

7.3.2　供配气服务

航天发射场为民商航天器和运载器提供所需的供配气服务一般包括空气、普通氮气和高纯氮气等。

空气供配。通过高压空气压缩机将大气压缩成高压空气并净化，然后充至气瓶库高压空气球形气瓶储存，再通过供气管路和配气台为航天器和运载器系统提供满足质量和压力要求的空气。发射场可提供 5～23 MPa、0.2～5 MPa 和 0.1～1.6 MPa 三种压力范围的空气。

普通氮气供配。制氮站生产的液态氮转存到发射场的液氮储罐中，通过高压液氮增压泵增压，高压液氮汽化器汽化成高压氮气，经加热器加温后充至气瓶库高压氮气球形气瓶储存，通过供气管路和配气台为航天器和运载器系统提供满足质量和压力要求的普通氮气。发射场可提供 5～23 MPa、1～23 MPa、1～5 MPa、0.2～5 MPa、0.3～1 MPa 五种压力范围及 16.5 MPa 的普通氮气。

高纯氮气供配。气瓶库高压氮气球形气瓶中高压氮气经配气台减压，送氮气净化装置净化后，通过高纯氮膜压机增压充至气瓶库高纯氮气球形气瓶储存，通过供气管路、配气台或气瓶车为航天器和运载器系统提供满足质量和压力要求的高纯氮气。发射场可提供 5～23 MPa、1～23 MPa、1～15 MPa、1～5 MPa、0.3～1 MPa、0.2～5 MPa 和 0.1～1.6 MPa 七种压力范围的高纯氮气。

发射场除提供固定点位的供配气服务外，还通过气瓶小推车提供移动式供配气服务。气瓶小推车是发射场使用的移动式贮气设备，可防雨、防风、防日晒，能在－15 ℃～＋50 ℃ 的环境温度下正常工作，主要用于贮存氮气或空气，并通过管路供给用户使用。车上有操作面板，以便于操作和监视介质压力变化。

当上述供配气压力不能满足使用要求时，航天器和运载器系统可自带配气台调整使用压力。

7.3.3　通信电视服务

航天发射场为民商航天器和运载器提供以下通信电视服务：

1）为航天器和运载器的测试发射数据、图像等信息提供传输通道，提供待发段和上升段等关键过程中的重要设备或重要场所电视图像。

2）为航天器、运载器和发射场等系统提供语音指挥调度保障，可根据任务需求灵活设置调度指挥关系。

3）向航天器和运载器系统提供标准时间和标准频率信号。

4）接收、传输运载器起飞信号，形成起飞绝对时 T0 信息，并向发射场 C^3I 系统及指控中心传送，保证运载器起飞后测量、控制的精度。

5）为航天器、运载器试验任务和日常工作提供电话通信保障服务。

6）提供覆盖全发射场区的广播通信保障。

（1）通信方案

发射场通信系统按业务功能划分，主要包括指挥调度子系统、时间统一子系统、程控电话子系统、电缆网、光缆网、IP 承载网和电源等。电缆网、光缆网、IP 承载网和电源位于通信系统基础支撑层，指挥调度、时间统一、程控电话等系统属于业务应用层。

①指挥调度

指挥调度由调度交换机、群操作控制台、总操作控制台、调度维护台、调度录音台、调度电源和各种语音终端设备组成，设备连接关系如图 7－8 所示，承担测试发射任务过程中测试、联调及发射组织指挥的语音通信保障，调度设备通过通信基础传输网络进行互联组网，能够按照实际指挥层级关系要求，建立多级语音调度指挥关系，能够提供调度语音的通播、屏蔽、分割、越级、专向、会议等调度功能，实现大容量、大范围、多层级、灵活可控的语音调度指挥网络。

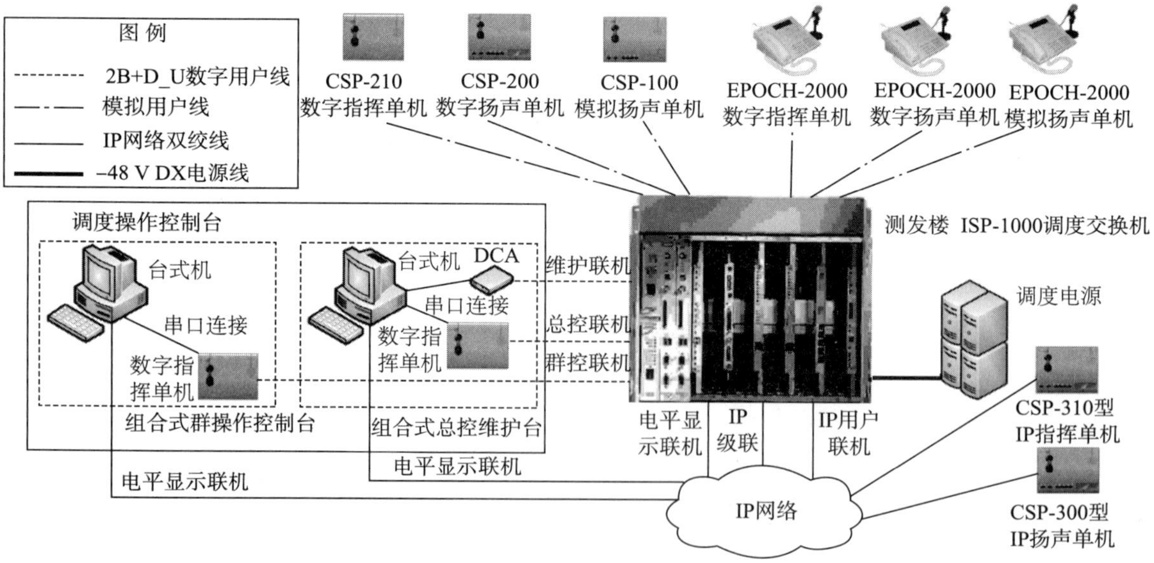

图 7－8　指挥调度设备连接关系

在大容量数字调度系统中，调度指挥关系的构建是在调度交换机主机内部完成的。调度主机内部在软件控制下，采用语音合成算法，实现调度群通播等功能，利用数字级联端口，实现群间级联，从而构建起多群、多级结构的调度指挥关系。

②时间统一

时间统一作为发射场统一的时间、频率基准源，负责向测试发控系统和测量控制系统各用户设备提供标准时间和标准频率信号，使各系统能在统一的时间尺度和频率基准下协调一致地工作。

时间统一分系统接收北斗和 GPS 卫星授时信号，对时统设备内部由石英频标源产生的频率和时间信号进行校正，产生包含标准北京时间信息的时间编码（B 码），提供给各用户系统设备，将用户系统设备之间时间同步误差限制在允许范围之内，从而保证各参试系统设备在统一的时间尺度下工作，提高数据及事件信息记录的时间准确性。另一方面，时间统一系统还负责探测运载器起飞时的起飞零点时刻（T0），形成准确的运载器起飞零点时刻（T0）北京时间信息，发送给测控系统设备，保证相关设备有精确统一的起飞零点时刻时间参考基准，从而保证运载器起飞后测量、控制的精度。

发射场测发楼各配置一套时间统一子系统，它由标准时间和 T0 信号检测两部分组成。标准时间部分由 GPS 天线、BD（北斗）天线和时统设备组成。T0 信号检测部分由起飞信号检测台、起飞信号检测传输终端和 T0 控制台组成。航天发射场时间统一系统设备组成及信息流程如图 7－9 所示。

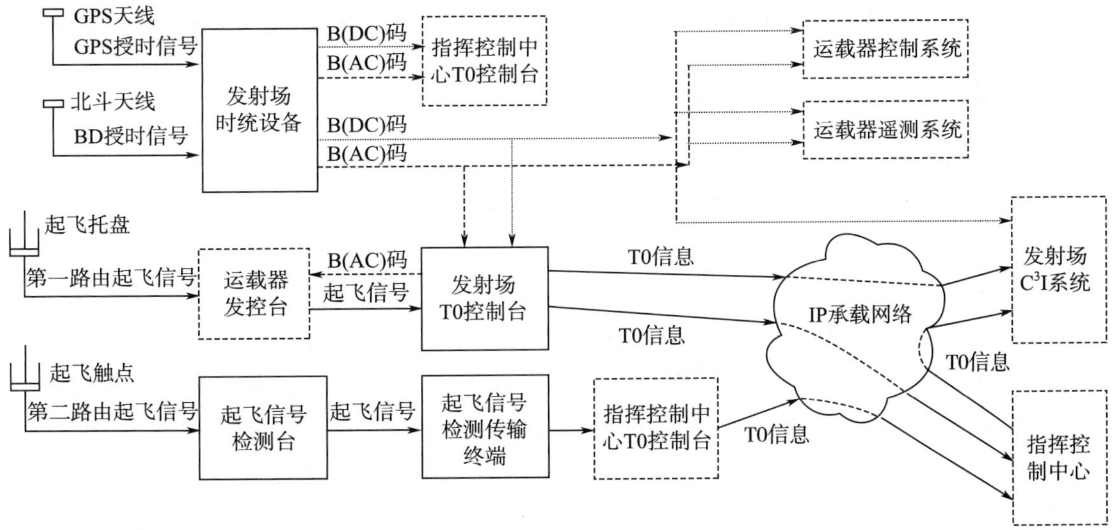

图 7－9　时间统一系统设备组成及信息流程图

T0 信息的产生及传输如图 7－10 所示。

在发射场测发楼和指控中心各配置 1 台 T0 控制台。测发楼 T0 控制台主要用于测发系统联调和任务实施，指控中心 T0 控制台主要用于测控系统联调和任务实施。起飞信号的传输和 T0 信号的生成与传送采用双路由互为备份方式。运载器起飞时，一路起飞信号

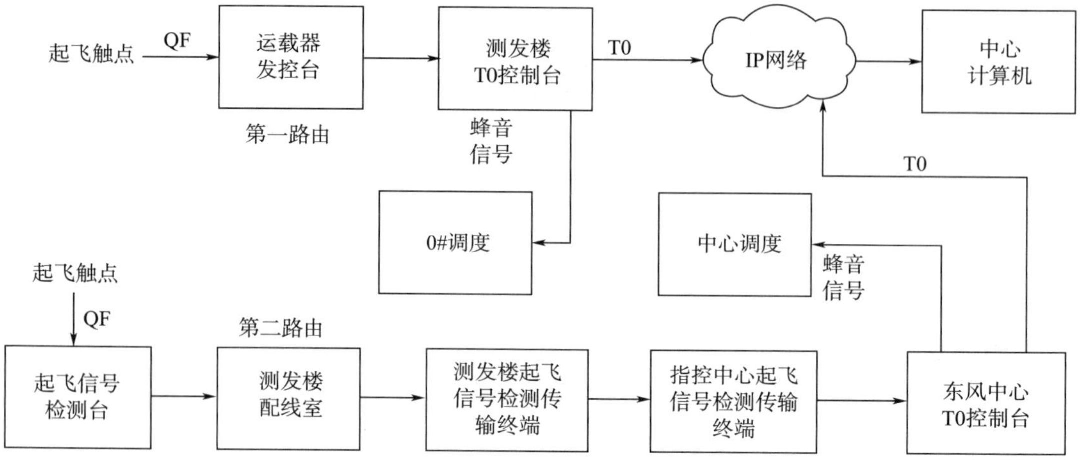

图 7-10 T0 信息的产生及传输示意图

经控制系统发控台到测发楼 T0 控制台触发形成 T0 信息，T0 信息从测发楼 T0 控制台经试验任务 IP 网送到指控中心计算机；另一路起飞信号从起飞触点经电缆线路、起飞信号检测台到指控中心 T0 控制台触发形成 T0 信息，T0 信息通过试验任务 IP 网送到指控中心计算机，指控中心计算机同时完成两路 T0 信息的实时接收和判别，在接收 T0 信息正确的前提下，遵循先到先用原则。

（2）电视方案

电视系统由实况电视和 IP 电视 2 个子系统组成，其主要任务一是采集航天发射任务待发段和上升段关键场景的高质量实况图像，并将图像信息传送至指挥控制中心；二是采集航天发射任务关键过程中重要设备或重要场所的图像，并将相关图像信息进行数字编码转换为视频流，通过试验任务 IP 承载网传输视频综合管理平台分发至相关用户。

①实况电视

实况电视子系统主要包括前端摄像机（含附属设备）、SDI 数字视频光端机、SDI 数字视频切换矩阵、数字视频显示器和 D/A 转换器等。SDI 视频切换矩阵和矩阵控制终端用于实现对输入视频图像的切换输出，是卫星发射任务实况电视子系统的关键设备；D/A 转换器用于将 SDI 视频转换为模拟视频，为模拟电视墙和投影提供图像信号。实况电视子系统以测发楼电视机房为中心，实况电视图像通过前端设备采集后送至测发楼电视机房，并根据需要分发至各用户。另外，指控中心电视系统根据任务需求选择实况图像通过 SDI 光端机送至任务实况电视子系统。

②IP 电视

IP 电视系统依托试验任务 IP 承载网建立，各测试厂房、发射区等图像经网络视频编码器形成 IP 数字视频流，通过 IP 网分别送至测发楼电视机房控制终端、测试大厅和其他用户客户端，以及指控中心用户使用。主要设备包括前端摄像机、模拟视频光端机、网络编解码器、网络交换机、管理终端、视频浏览终端等，采用三级中心级联组网，通过视频综合管理平台实现管理、使用功能。

IP 电视系统采用 IP 网络数字视频技术和设备，采用 TCP/IP 协议来传输处理图像、声音和数据，以 IP 地址来识别监控设备，实现远程综合监视、管理、权限分配、参数设置、信息查询和系统信息统计等。

7.3.4　测发、指挥、监控

航天发射场为民商航天器和运载器测试发射过程提供以下指挥监控服务：1）收集航天器、运载器地面测试信息及其上升段测控信息，采集发射场地面勤务和气象信息，进行信息综合处理。2）通过公用投影和个人终端显示航天器和运载器测试信息、试验任务进程信息和气象信息。3）通过各系统测试信息和各种应急处理方案、安全预案、辅助决策结果等，为各级指挥员和专家提供计算机指挥手段、指挥辅助决策和综合信息。

（1）数据处理和服务分系统方案

数据处理和服务器分系统（简称服务器系统）包括综合应用和数据支持两部分，其中综合应用部分是 C^3I 系统的数据处理中心，为系统提供时间统一、指挥辅助决策、故障诊断、在线状态检测、待发段逃逸救生应急辅助决策、遥测自动判读、基本信息处理和存储等功能；数据支持部分主要提供测试数据存储、入库和配置管理功能。服务器分系统结构如图 7－11 所示。

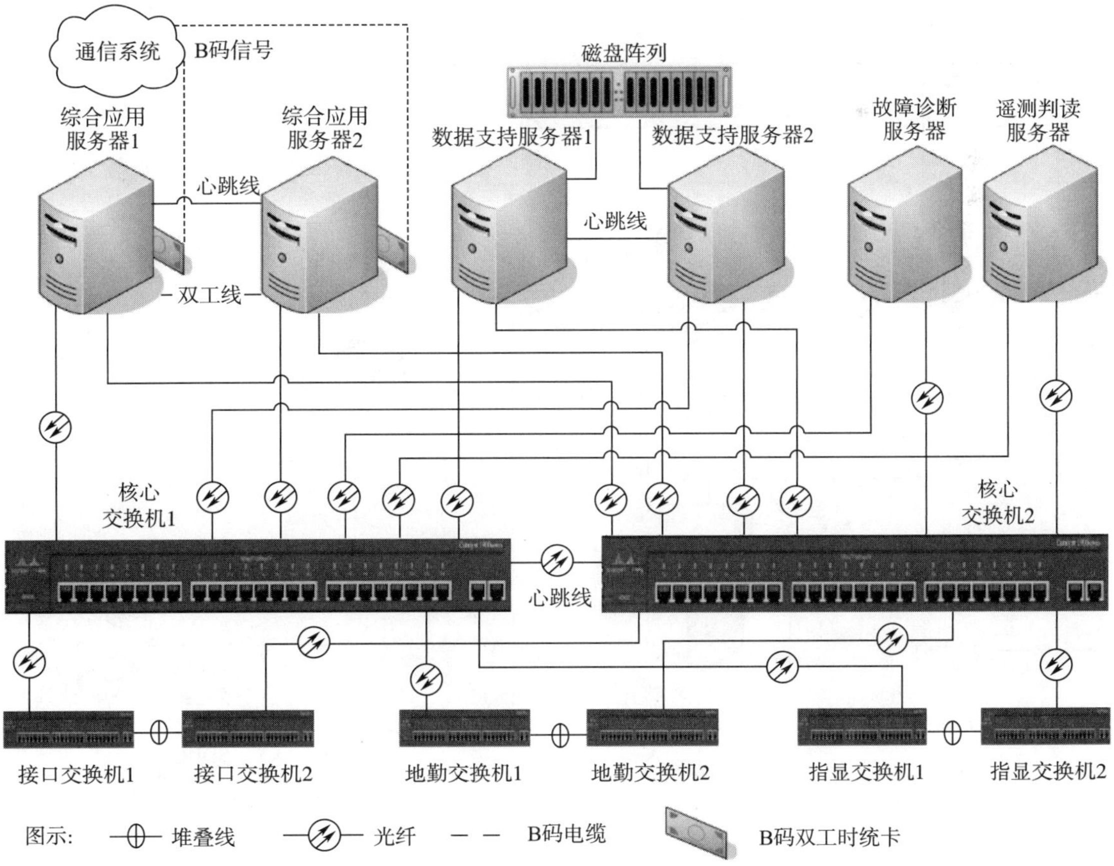

图 7－11　服务器分系统结构图

服务器分系统主要设备包括两台综合应用服务器、两台数据支持服务器和一台磁盘阵列，故障诊断服务器和遥测判读服务器归综合应用部分使用，其中综合应用服务器各安装一块B码双工时统卡。每台服务器通过光纤与两台核心交换机连接，两台综合应用服务器和两台数据支持服务器之间分别通过一条网线直连（心跳线）实现“软双工”功能，另外两台综合应用服务器之间通过专线连接两块B码双工时统卡实现“硬双工”功能，通信系统的两路B码信号接入B码双工时统卡，为系统提供B码信号，数据支持服务器通过光纤分别连接磁盘阵列。

综合应用和数据支持服务器同时接收接口分系统、地勤监控分系统的信息，其中综合应用服务器实现信息的预处理和信息融合，进行数据关联、综合和故障诊断，生成完整、准确、及时和有效的综合信息，并根据需要将综合处理结果发送给指挥显示和接口分系统，同时接收通信系统的B码信息，生成双工信息；数据支持服务器将测试信息处理为结果信息进行存储和写入数据库；遥测判读服务器在任务结束后产生判读结果并向指定接口发送。

（2）指挥显示分系统方案

指挥显示分系统为试验任务提供综合信息显示保障，硬件结构如图7－12所示。

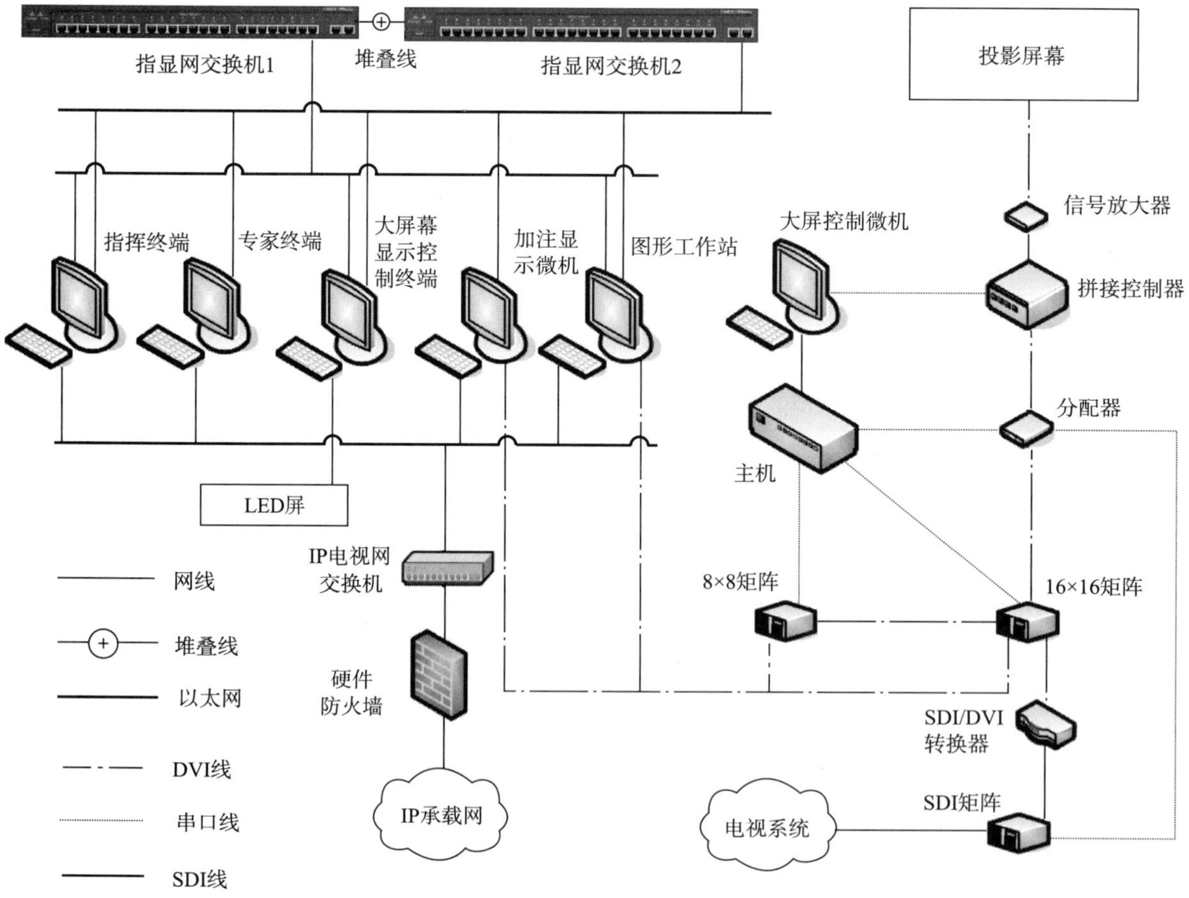

图7－12　指挥显示分系统硬件结构图

主要设备包括指显网交换机、IP 电视网交换机、硬件防火墙、图形工作站、加注显示微机、专家终端、测发指挥员微机、控制微机、显示子系统。指显网交换机之间通过堆叠技术实现双工热备份，并分别通过光纤与 C^3I 系统核心交换机连接。

指挥显示分系统同时接收 C^3I 系统核心交换机转发的各类测试数据信息、指挥命令信息、辅助决策信息和电视系统发送的 SDI 数字视频监控信息、IP 电视数字视频监控信息等，经过处理，最终提供给各专家终端、指挥员终端、显示子系统进行显示，由测发指挥员微机下达指挥命令，通过核心交换机向综合应用服务器转发。

（3）地勤监控分系统方案

地勤监控分系统由负责信息收集的 L2 网络设备和负责信息处理的以太网设备组成，包括地勤交换机、加注监测微机、供配电监测微机、UPS 监测微机和地勤监测微机，以及 L2 网/以太网通信微机、总线端子、光连模块、中继器和远程隔离收发器等附属设备，系统结构如图 7－13 所示。

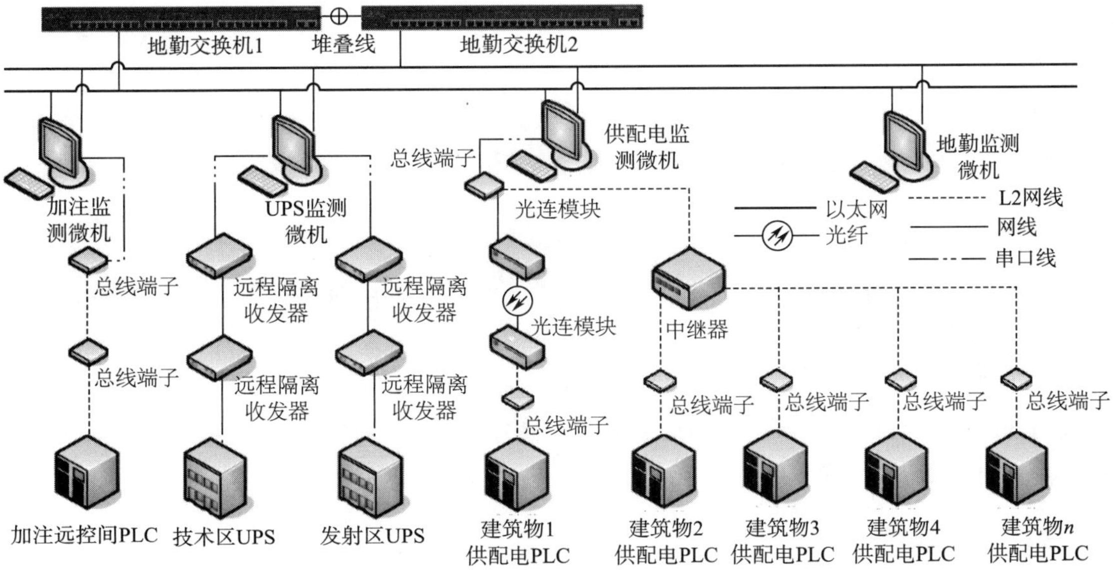

图 7－13　地勤监控分系统结构图

地勤监测微机接收来自地勤网的加注信息、摆杆信息、阀门信息、供配电监测信息、UPS 监测信息和地勤应答指令等，同时将火箭动力信息发送到地勤网。L2 网/以太网通信微机接收来自地勤各分系统前端设备采集的加注信息、摆杆信息、阀门信息、供配电监测信息等，同时向地勤以太网发送接收到的信息。

（4）接口分系统方案

接口分系统主要设备包括航天器、运载器地测、运载器动力、消防摆杆、通信 T0 控制台、指控中心和气象等接口微机和交换机，系统结构如图 7－14 所示。

接口分系统接收各外系统测发或测控信息并向服务器分系统发送，经服务器分系统处理后，向对应的外系统发送约定的信息，信息流向有 3 类：

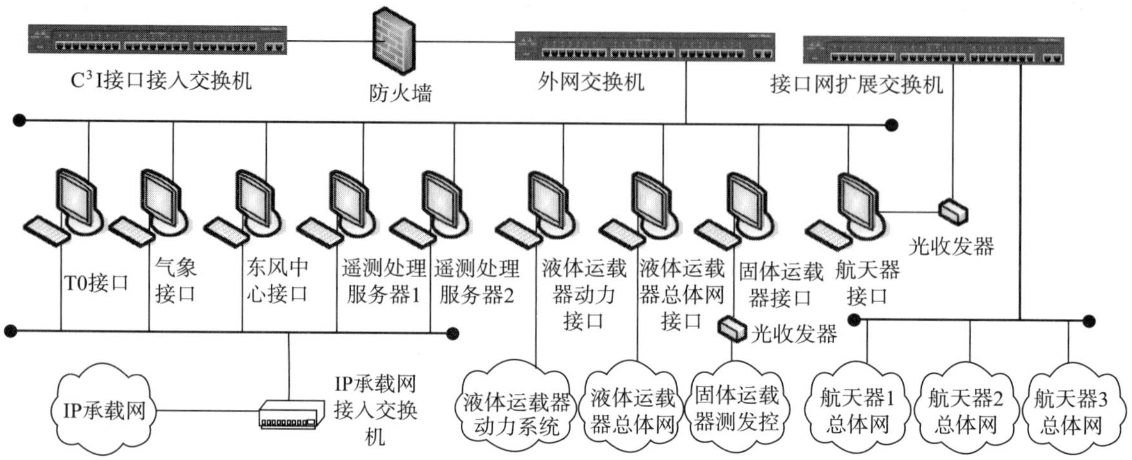

图 7-14　接口分系统结构图

1）单项接收型：接收运载器、飞行器、T0、遥测数据、气象信息，不向这些系统发送信息。

2）双向收发型：接收指控中心测控信息和运载器动力系统信息，同时向其发送信息。

3）单项转发型：指控中心接口接收航天器遥测原码，直接向航天器接口转发，航天器接口收到后直接向航天器系统转发。

（5）安全管理分系统方案

安全管理分系统主要包括硬件防火墙、防病毒服务器和主机管控服务器，主要完成对整个系统所有设备的安全管控、病毒隔离等工作。其中硬件防火墙采用“白名单”策略进行配置，外系统防火墙和 IP 承载网防火墙中所有规则都采用源、目的、端口配置访问控制规则，IP 电视防火墙登录服务和瑞星升级服务采用源、端口配置访问控制规则，IP 电视组播规则采用端口配置访问控制策略。

7.3.5　空调保障服务

发射场空调保障的任务是为有效载荷、航天器及其运载器测试提供适宜的温度和湿度环境条件。根据空气处理设备的集中程度，空调保障方案可分为集中式、半集中式、分解式和整流罩。

集中式将所有空气处理设备（风机、过滤器、加热器、冷却器、加湿器和制冷机组等）都集中在空调机房内，空气经处理后，由风管送到各空调房间，实现夏季供冷、冬季供暖和春秋季通风换气的全年性空调效果，能够保证向房间内输送新风，使房间内始终保持空气清新、洁净卫生。发射场技术区主要建筑均采用集中式空调系统。

半集中式将新风由集中式空调器处理到一定状态，送往空调房间，然后由空调房间内的空气处理末端设备对进入空调房间的送风再进行一次处理，进而使其温湿度达到房间的要求。发射场部分建筑物采用的是半集中式空调系统。

分解式使用壁挂式、柜式分体空调器为有特定要求的房间和工作场所提供温湿度保障方案。

整流罩空调保障是为保证航天器整流罩内环境要求而特殊安装的送风系统。送风口参数满足温度 10～30 ℃可调（控制精度±2 ℃），相对湿度 40%～50%，洁净度 1 万级，每 24 h 非挥发性残留物不大于 1×10^{-6} g/cm^2，每个送风口送风量 1 000～1 500 m^3/h，流速为 5.7～8.5 m/s。

7.3.6　推进剂加注

有关航天器的加注方案见 6.5 节。考虑到民商运载火箭加注一段时间内以固体运载火箭的姿控动力系统加注为主，这里重点讨论姿控动力系统加注方案。

（1）加注工作流程

加注准备，主要包括：

1）文件准备；

2）加注方案预案评审；

3）技安检查；

4）加注设备准备；

5）推进剂准备；

6）加注保障条件准备；

7）加注演练。

加注开始前工作，主要包括：

1）加注设备检查，包括配气台检查、阀门密封性能检查、加注管路检查；

2）火箭及姿控动力系统产品状态确认，确认箭体处于断电状态，接地良好、火工品短路插头安装到位；

3）连接加注管路；

4）加注管路吹除，包括加注管路、吹除管路、半膜反挤管路、加注系统自身管路；

5）加注管路气密性检测。

加注，主要工作流程如下：

1）加注管路充填；

2）推进剂加注，通常采用称重法控制流量和加注总量；

3）加注管路吹除，单个贮箱加注完成后需将管路中推进剂挤回推进剂贮罐；

4）恢复姿控动力系统堵头安装；

5）管路分解再装后的气密性检查，当有多个贮箱需要加注时，上一贮箱加注完成后，需要将加注系统管路与下一贮箱连接，之后对加注系统管路再次进行气密性检查。

加注结束后工作，主要包括：

1）加注设备撤收和清洗；

2）推进剂泄漏监测。

（2）故障处置

按加注故障预案进行故障处置，预案中通常应包括以下故障模式：

1）推进剂转贮罐、加注管路、姿控动力系统发生微漏；

2）推进剂转贮罐、加注管路、姿控动力系统发生大量泄漏且未着火；

3）推进剂转贮罐、加注管路、姿控动力系统发生大量泄漏且着火；

4）加注后，系统管路泄漏或/和贮箱大漏导致系统着火。

（3）推进剂泄出

必要时，按泄出方案进行推进剂泄出，泄出工作主要流程如下：

1）连接管路到推进剂转贮罐；

2）进行管路气密性检测；

3）推进剂回挤；

4）回挤完毕后，姿控动力系统贮箱泄压至贮箱保持压力；

5）拆除连接器、安装堵头；

6）配气台放气，撤离回挤，排放管路。

7.3.7 气象保障服务

发射场气象保障的任务是提供民商航天发射任务及日常生产生活服务短期天气预报、中期天气预报、长期天气预报，及时发布危险天气警报，为选择发射窗口、产品转运和发射时机提供气象服务；同时完成高空大气参数的探测，为进行大气折射指数的修正、高空风的修正、加注量的计算等提供测量参数等。

（1）地面观测方案

地面观测技术主要进行浅层风测量、地面电场监测、常规地面观测、传感器检定、静止气象卫星云图接收及处理等工作，平时主要进行发射场地面温度、湿度、气压、雨量、高空云量、风速、风向、电场强度以及 0～80 m 高度的风速、风向、温度、湿度数据的实时观测，任务期间除进行正常的观测保障外，还需在射前 5 h 或 3 h 每半小时进行一次加密观测，射前 1 h 每 10 min 进行一次观测，另外还提供 0～12 000 m 高空的风速、风向数据，并在航天器、运载器转运、吊装时进行现场气象保障。并且定时对各传感器进行校验检定，确保各项设备采集的数据及时准确有效。

（2）高空探测方案

高空探测技术是通过高空探测雷达、测风雷达、风廓线雷达等探测设备进行高空气象要素探测，平时在早晚各进行一次高空气象探测，主要提供 0～25 000 m 高空的温度、湿度、气压、风速、风向、大气折射指数、大气折射率差等气象数据，任务期间除进行正常的高空探测保障外，还需在射前 9 h、6 h、3 h 及射后 0.5 h 各进行一次加密高空探测，并在射前 6 h 进行一次高空电场探测，提供 0～12 000 m 的高空电场数据。

（3）短期天气预报方案

短期天气预报时效为 6～72 h，预报内容通常包括：云、风、能见度、气温等气象要素，天气现象（如降水、雷暴、风沙等）以及云的状况，包括云量、云状、云高、云的厚度、云的层次及云量的转折时间等。采用以下方法进行预报：

1）天气图方法是依据云图对未来天气形势进行估计，结合本地区的自然地理条件以及气象要素的日变化规律，确定预报期内各种气象要素的变化。

2）统计预报方法是应用天气演变的统计规律做预报，通常包括单个气象要素的统计和相关统计。实际预报中，常将天气图方法与统计预报方法相结合。

（4）中期天气预报方案

中期天气预报时效为 4～10 天，仅预报天气的平均情况或演变趋势，采用以下方法进行预报：

1）掌握天气气候特点。要求熟悉预报期内的气候平均情况，了解重要天气出现的特征和概率、一般趋势、逐年变化的特点以及中期天气过程演变的一般规律。

2）分析大型环流演变。重点注意环流有无明显的转折以及不同环流形势对未来大范围天气现象（如降水、大风、降温等）的影响。在以上基础上，对照中期天气过程模式，做出天气趋势和天气过程的具体预报。

3）应用中期数值天气预报结果。数值预报产品对掌握形势演变非常有用，尤其是对 3～5 天的预报，一般采用完全预报方法（PPM）和模式输出统计法（MOS）进行客观定量的具体要素预报。

4）单站气象要素实况演变分析。这是对大型天气过程分析所得到的预报结果进行补充订正的重要方法。

（5）长期天气预报方案

长期天气预报时效为 11 天以上，只能预报气候概况、趋势和过程、月平均温度和月降水量。采用以下方法进行预报：

1）各月气候概况。根据发射场历年的气候资料统计出来。

2）趋势预报。主要应用综合曲线的变化规律，首先补齐制作月之前的各月资料，点绘到曲线图上，然后根据曲线的变化规律，定性地估算出所做预报月的各气象要素的变化情况，从而得出各气象要素的趋势预报值。

3）过程预报。利用长期预报的方法及工具，如韵律、节气、关键日、阴阳历叠加、天气谚语等方法做出过程预报。

7.3.8　报警与消防

（1）火灾探测与报警

发射场火灾探测与报警是通过分布于各厂房的感温、感烟和感光探测设备，检测火灾发生信息，发送给火灾报警控制器。

火灾探测器是火灾报警系统中探查现场、发现火灾的设备，以智能感烟探测器为主，高大空间、工程厂房内设置点型红外火焰探测器，在公共活动场所的主要出入口处设手动报警按钮（带消防电话插孔），消火栓内设报警按钮（编码型）。发射场配置的火灾探测器均为总线制探测器，具备总线编址功能，类型包括智能离子感烟探测器、智能感温探测器、红外感烟探测器、防爆紫外火焰探测器、防爆离子感烟探测器、防爆感温探测器等。

火灾报警控制器是火灾报警系统的核心设备，主要功能是为各种火灾报警探测器提供工作电源，监视探测器及自身的工作状态，处理探测器报警信号，指示火灾报警的发生部位，控制声光警报装置发出火灾警报，启动消防设施自动灭火。发射场各建筑物火灾报警控制器为总线式控制器，控制器与探测器及输入输出模块通过总线方式连接，各报警控制器之间也通过总线组成主从式网络结构，实现火灾信息集中监测。

（2）消防联动控制

消防联动控制是将火灾报警和灭火相结合，主要功能是接到火灾报警后，及时联动启动消防泵、开水雾电动阀进行消防，将火灾扑灭于初期阶段。另外还设有电梯归首、停空调、停照明、地下室排烟、大门排烟和防火卷帘门降底等防止火灾蔓延和有利于灭火及人员撤离的辅助联动方式。

（3）固定消防

液体运载器发射任务中，发射工位配置有固定消防系统，主要承担导流槽和发射台冷却消防、火箭推进剂加注口消防和脐带塔消火栓消防任务。按照消防部位及功能，固定消防系统划分为发射冷却系统和发射消防系统，发射冷却系统用于发射时进行导流槽消防和发射台消防，发射消防系统用于进行加注口水喷雾消防和消火栓消防。

7.4 服务保证

7.4.1 服务资源保证

从民商航天发射对发射场的需求看，发射场资源保证包括人员数质量保证、设施设备保障、任务文书保证和任务软件保证等。民营商业航天发射“菜单式”服务资源保证不同于国家主导的航天发射“绑架式”服务（所有相关资源几乎全部都参加任务），服务资源保证强调在保证质量的前提下够用就行。

（1）人员数质量保证

民商航天发射的商业特点决定了发射场服务人员配置在于精干，民商航天发射的多样化、低成本、高密度和少依托的发展趋势决定了发射场服务人员配置需要一支业务精干、人员稳定的队伍，因此，民商航天发射发射场服务人员数质量保证需要重点考虑构建稳定高效的型号团队，实施多能化的针对性训练。

构建稳定高效的民商航天发射发射场服务型号团队。考虑针对某类民商航天发射组建发射场服务团队，一方面利用团队扁平化管理、快捷响应变化和高效协同工作的优势，满足民商航天发射多样化、高密度等特点带来的新要求；另一方面，通过相对稳定的团队成员，提高相关知识和技能的专业化程度和实现可继承式发展。

实施多能化的针对性训练。为有效降低民商航天发射发射场服务成本，发射场服务团队成员的配置应以需要同时协同工作的人数为界限，要求每个成员都应具备多岗工作的能力，即一次航天发射所需的供配电、供配气、空调、吊车、大门等多项服务保障工作均由型号团队完成。为此，在基础性训练的前提下，更加注重民商航天发射发射场服务型号团队的针对性训练，相关考核应覆盖所有团队成员、所有岗位。

（2）设施设备保障

由于民商航天发射发射场服务保障采用服务菜单订制模式，依据相应的发射场服务流程，民商航天发射发射场服务设施设备保障的工作重点包括服务设施设备确定、基建技改和设施设备服务状态确认、物资器材和备品备件筹措与确认等。

1）服务设施设备确定。为确保服务设施设备确定的准确性，发射场应充分与运载器、航天器等民营商业航天企业沟通，确认发射场服务的项目、内容和具体的标准。发射场依据双方或多方确认、签订的发射场服务菜单，确定、评审为满足服务要求所需投入的设施设备和相关的基建技改等。

2）基建技改确认。当某些服务项目不在发射场可提供服务菜单中或发射场可提供服务菜单不能满足服务要求时，提出要求的企业应与发射场一起评审确认需要实施的发射场新建、扩建或改造项目，适用时，提出要求的企业应向发射场提供详细要求、设计方案和图纸等，发射场系统根据合同要求进行基建技改，并确保质量。

3）设施设备服务状态确认。发射场设施设备检修检测是任务准备的一项重要工作，通过检修检测，发现和消除问题或隐患，确保设施设备在航天产品进场前状态良好，工作可靠，技术参数合格。与国家主导的航天发射任务不同的是，发射场不针对民商航天发射任务进行专项的设施设备检修检测，一般利用设施设备年度检修检测成果，于民商航天发射航天器、运载器进场前对服务设施设备状态进行确认。设施设备状态确认一般采取查看记录、现场查看、运行检查等多种形式，重点对状态转换、关键设备、关键指标、关键程序进行确认，确保各项技术指标均满足合同和协议要求。

4）物资器材和备品备件筹措与确认。根据服务需求，提早筹措民商航天发射发射场服务所需物资器材和设施设备备品备件，确保其品种、型号、数量、质量等均满足要求。采取上机考核、以往任务使用情况确认等措施，确保发射场服务过程“急必有备、备必可用”。

（3）任务文书保证

发射场应根据发射场服务项目和内容，清理技术状态变化对发射场服务操作的影响，梳理发射场组织指挥、操作规程、方案预案、试验记录等文书，采取以下方式进行文书正确性确认：对于技术状态没有变化的文书，一般沿用或部分沿用，并履行沿用审批手续；对于新研、新改设备操作规程和涉及状态变化的文书，一般进行重编或修订，并进行重点审查，确保所有变化后的要求都落实到相关文书中；对于确保联合指挥、联合处置类文书，须经航天器、运载器系统确认，履行会签审批手续。由于民商航天发射任务周期短，适用时，均应在航天产品进场前完成。

（4）任务软件保证

发射场应根据发射场服务项目和内容对软件任务需求和技术状态进行清理，重点对软件技术状态、配置管理、软件版本等进行确认，对计算机软件进行安装和运行考核，对嵌入式软件进行比对。

为确保任务软件运行环境安全，发射场应对任务软件运行环境和参数设置进行确认，落实病毒防控措施，封闭 USB 端口和光驱，定期对参加任务的计算机同时进行全网病毒查杀。

7.4.2 服务环境保证

发射场应为民商航天器、运载器等航天产品在发射场的工作提供条件保障，如装配、测试、加注、转场和发射工作中所需的温度、湿度、压力、洁净度、电磁环境、振动、冲击和发射区域的能见度、云量、降雨、地面风速、高空风、大气电场和电磁环境等。上述环境条件保障措施主要有：通过厂房和封闭的塔架为防风、防沙和保温等提供基本保障，通过空调水暖设备为航天器及其运载器提供满足要求的温度、湿度和洁净度等工作环境保障，通过整流罩空调为航天器提供满足要求的温度、湿度和洁净度保障，使用工作平台、工作梯等为航天器、运载器等产品吊装对接以及测试期间工作人员和设备提供必要工作界面，通过气象条件监测和天气预报，为航天产品转场、发射选择满足气象条件要求的合适的工作时段。

以下是某发射场保证温度、湿度和洁净度满足民商航天发射要求的措施：

1）航天器、运载器系统订制服务菜单时须考虑发射场建筑物空调系统配备情况和设计能力。即对温湿度、洁净度有要求的工作项目只能在发射场提供的具备条件的建筑物菜单中选取。

2）发射场在提供服务保障前确认温度、湿度和洁净度调节设备状态良好、工作正常。

3）提前与航天器、运载器系统做好沟通，填写协调保障通知单（样单见表 7-2），保障前一天提交发射场，双方确认并经指挥所同意后，发射场按协调保障通知单要求进行环境保障。

表 7-2　协调保障通知单（样表）

<table>
<tr><td colspan="2">任务代号</td><td rowspan="2">协调保障通知单</td><td>编号</td><td></td></tr>
<tr><td colspan="2"></td><td>有效期限</td><td></td></tr>
<tr><td colspan="2">申请单位</td><td></td><td>签字</td><td></td></tr>
<tr><td colspan="2">发往单位</td><td></td><td></td><td></td></tr>
<tr><td rowspan="3">协调保障</td><td>时间</td><td></td><td></td><td></td></tr>
<tr><td>地点</td><td></td><td></td><td></td></tr>
<tr><td>原因</td><td></td><td></td><td></td></tr>
<tr><td colspan="2">协调保障内容</td><td></td><td></td><td></td></tr>
<tr><td colspan="2">保障单位意见</td><td></td><td>签字</td><td></td></tr>
<tr><td colspan="2">指挥协调组意见</td><td></td><td>签字</td><td></td></tr>
<tr><td colspan="2">完成情况
（申请单位填写）</td><td></td><td>签字</td><td></td></tr>
<tr><td colspan="2">备注</td><td colspan="3">保障工作结束后，由保障提供单位留存。</td></tr>
</table>

7.4.3　服务质量安全保证

民商航天发射场服务质量安全保证以顾客满意为中心，以安全至上为根本原则，主要活动和工作有：阶段放行、质量安全问题处置、用电品质与安全和重要活动安全（包括卸车安全、转运对接安全、加注安全等）。

（1）阶段放行

典型民商航天发射阶段工作放行包括航天器加注放行、液体运载器加注和固体运载器转场放行、发射放行。

1）加注放行。航天器加注前，发射场须组织确认发射场服务所需的：

a）加注保障方案；

b）加注人员；

c）相关设施设备；

d）工作环境。

确认上述内容满足要求后才能进行航天器加注。

2）液体运载器加注和固体运载器转场放行。液体运载器加注前和固体运载器转场发射前，发射场均须组织确认发射场服务后续工作所需的：

a）设施设备工作是否正常；

b）定岗定位人员、物资器材等准备是否到位；

c）计划、方案预案是否经验证正确；

d）所有问题是否有不影响服务质量的结论。

只有上述情况均为肯定性结论或经评审确认不影响后续工作时，液体运载器才能加注、固体运载器才能转场。

3）发射放行。运载器点火发射前，发射场系统须依据任务最低发射条件，确认发射场系统满足最低发射条件的情况并报任务指挥长决策。

（2）质量安全问题处置

发射场系统发生质量安全问题，应依据问题的性质和严重程度按规定的程序处置，处置结束后报发射区质量安全组进行验证确认。质量安全问题处置须“定位准确、机理清楚、措施有效”。涉及人身安全和发射场设施设备安全的问题必须有明确的不会导致人员伤亡、设施设备损毁和不影响任务主要目的达成的明确结论。

（3）用电品质与安全

发射场须采取措施保证提供的电源品质和供电装置满足双方或多方协议的要求，并保证用电安全。

某发射场保证航天器、运载器在发射场用电安全的措施示例：

1）在航天器、运载器等航天产品进场前，航天产品所需配电箱、插座、接地柱、防爆插销和工业连接器等设施设备应经过检修检验且满足要求，并在醒目位置张贴合格证。

2）航天器、运载器等用电用户可在设备展开前向发射场提出技安检查申请，填写

《技术安全检查申请表》，与发射场一起对电源品质和供电装置进行检查，检查合格的装置应张贴准用证。严禁使用未经技安检查（未贴准用证）的插座、接地柱、防爆插销、工业连接器等。

3）航天器和运载器等用电用户应在测试设备首次加电前自觉对相关安全制度落实情况进行检查，并对用电功率等进行复核。

4）航天器和运载器等用电用户在使用防爆插销（工业连接器）前须填写《防爆插头（工业连接器插头）申领/检查登记表》，核实后在发射场相关处领取防爆插头（工业连接器插头），由发射场专业人员接线和连接，航天器和运载器等用电用户仅负责分合闸操作，分合闸操作由经过培训的专人负责。

5）所有用电设备必须进行标校，并在有效期内。电源转接板经检定合格，合格证在有效期内，且电源转接设备禁止转接两级（含两级）以上。

6）航天发射场配电系统遵循动力用电与测试、照明用电分开，测试用电与非测试用电分开供电的设计原则。为了保证产品测试用电安全可靠，禁止在测试房间内测试用电插座上接饮水机、电风扇、电暖气等非测试设备，严禁在发射场使用大功率生活用电设备。

7）各厂房采用联合接地，其接地类型主要有中性点工作接地、保护接地、信号接地、防雷接地、防静电接地及等电位接地等几种接地方式，使用前应选用正确的接地类型。为避免相互干扰，同一设备严禁使用两种及两种以上的接地类别。

8）用电过程中，如发现有开关振动、过热或插座过热、接触不良等异常现象，应及时与发射场保障人员联系，严禁私自拆除断路器和插座等配电设备。

9）在设备加电前请核对配电箱、插座箱（插座）容量与用户设备是否相匹配；在同一工艺房间内有多台测试设备时，应尽量平均使用不同相的插座供电，以保持三相负载基本平衡。

10）为避免大电流冲击配电系统，用户应在有大量工艺设备（如计算机）的房间遵循顺序加电和断电的原则，严禁一次性通过总断路器将所有设备同时加电或一次性通过总断路器将所有设备断电。

11）防爆插销有 36 V、220 V、380 V 三种电压等级以及 16 A、32 A、63 A 等容量规格，工业连接器有 380 V 一种电压等级以及 16 A、125 A 等容量规格，使用时需核对电压等级，并由专业电工接线；家用和类似用途插座有 36 V、220 V、380 V 三种电压等级以及 10 A、16 A、20 A、25 A 等多个容量规格，使用时需核对电压等级，插头容量应与之一致，并使用相配套的插头。

（4）重要活动安全

在运载器、航天器进场前，卸车、转运、吊装对接、航天器和运载器加注等重要活动所需的吊车、大门、强排风、消防器材、吊车、非标设备、防爆插座、转运车辆、接地等设施设备应已做过检修，并张贴检修合格证。

航天器和运载器系统应在加注前组织人员学习各类文书、预案，做好各项准备工作，并确认状态。

重要活动开展前，发射场方和航天器、运载器方联合对相关设备进行技安检查、状态复查确认，并张贴准用证。表 7－3 是某总装大厅技安检查记录样表示例。

表 7－3　某总装大厅技安检查记录样表

编号：　　　　　　　　　　　　　　　　　　　　　　时间：

序号	对象	标准	检查结果	检查人
01	转运间 1 台起重机械	操作人员持证上岗，证书在有效使用期限内		
02	69 个 220 V 插座	左零右火中间地，电压值实测值在±5%的波动范围，零地电压值符合标准，插座外观良好，无烧蚀现象		
03	24 个 380 V 插座	插座相序正确，电压值实测值在±5%的波动范围，零地电压值符合标准，插座外观良好，无烧蚀现象		
04	防爆插座	防爆插头内接线线序与插座内一一对应，插头与插座电压等级相符，并有防松脱、晃动措施		
05	29 个接地桩	接地桩对地阻值均满足不大于 1 Ω 的要求		
06	防静电措施	静电泄放棒连接可靠、导通正常		
07	7 个干粉灭火器 4 个二氧化碳灭火器	在有效使用期限内		

试验队代表签字：　　　　　　　　　　　　　　　发射场代表签字：

7.5 服务改进

概览未来一段时间内国内商业航天发射规划，结合国内商业航天发展态势、商业航天技术研究和开发计划，可以预测，未来一段时间内与国内民商航天发射相关的发射场发展前景会主要表现在新型商业航天发射场建设和多种发射服务模式并用两个方面。

（1）新型商业航天发射场建设

从商业运载器的开发和逐步投入市场的情况看，一方面，新技术要求建设与其相适应的发射场，如快速低廉的商业运载器对简易发射场的需求、使用液氧/甲烷作为推进剂的商业火箭对新的加注系统的需求、可重复使用商业运载火箭对回收着陆场的需求等。另一方面，发射资源紧缺要求建立专用的商业航天发射场，国家主导的航天发射频度正呈加速发展的趋势，同时，民商航天发射在未来几年内将迎来井喷式发展，在目前利用国家主导的航天发射资源空闲期实施民商航天发射的模式必然会严重制约国内商业航天的发展，因此，建立专用的商业航天发射场的呼声正越来越高。民商航天发射场建设为适应多型号、多类型的民商航天器、运载器和多种多样的航天发射模式，建设具备能够发射不同类型、不同轨道、不同质量的民商航天器、运载器，具有高效率、高成功率、高经济性、无污染特性的现代化通用性发射场，以最大限度地缓解发射场资源紧缺的局面、降低民商航天发射成本、获得良好的经济效益和社会效益已成为行业共识。

达成上述目的的主要途径有两个，即建设通用性商业航天发射场和构建拥有完整发射链条的综合性航天港。

建设通用性商业航天发射场。改变由航天器和运载器要求决定发射场建设的方式，构建通用的新型航天发射场。尝试使用先进的测试、通信、控制、发射技术和远程操作、监控及数据分析处理技术，通过工作区域标准化、设施设备标准化、系统接口标准化、工作环境标准化、数据格式及处理方法标准化，建立几乎适用于所有航天器、运载器装配测试、加注发射和几乎能满足所有测试发射模式的通用性商业航天发射场，同时其具备高效率、高安全、高可靠和维护使用方便快捷的特性并兼顾长远发展。

构建拥有完整发射链条的综合性航天港。拓展发射场功能，建立多功能的航天港。适应运载器固体推进剂、常规液体推进剂、低温推进剂发射需求和多种类型的航天器在发射场工作的要求，在发射场建设固体推进剂、低温推进剂生产设施设备，以及运载器总装厂房、航天器及可重复的运载器着陆设施，变单一发射功能的航天发射场为集生产、装配、维修、发射、回收为一体的航天港，以降低生产、运输和发射场集成装配成本，降低航天发射费用。同时，航天发射场兼作发动机试验台，以及增设旅游、科教设施，将发射任务和平时民用产业结合起来，提高航天发射场的总体经济效益；采用先进的废液废气处理技术，解决发射场液体推进剂对环境带来的污染，实现“绿色航天”。

（2）多种发射服务模式并用

结合通用性发射场建设，除采用目前国家航天发射场牵头组织民商航天发射的模式外，可尝试通过以下服务模式促进民商航天发射服务发展。

1）实施区域化民营管理模式。将航天发射场某一区域划归民营商业航天公司开发建立民营航天发射场，由民营商业航天公司进行自主化管理、运营，以最大限度、最优效率释放市场活力；发射场作为指导方参与其中，并在民商航天发射任务期间保证该区域整体安全可控。

2）民营商业公司与航天发射场合伙共建民商航天发射场。充分利用双方优势，形成“资本推动、资源共享、技术互鉴、成果共享、政策托底”的局面，发挥“军商＋”效果，推进航天领域融合创新发展。

3）民营商业公司租赁航天发射场相关设施设备进行民商航天发射，任务流程和进度由民商航天公司主导；发射场作为出租者，负责提供相关场地和设施设备。

参考文献

[1] 万全，王东峰，刘战卿，张桂洪．航天发射场总体设计［M］．北京：北京理工大学出版社，2015.

[2] 何家声．航天发射地面支持技术［M］．北京：北京理工大学出版社，2015.

[3] 刘浩，李喜仁，丁旭昶，陈亚军．航天发射装置概览［M］．北京：北京理工大学出版社，2015.

[4] 冉隆燧．航天工程设计实践［M］．北京：中国宇航出版社，2013.

[5] 张立清，张永华，王金安．发射场液体推进剂工作事故预防概论［M］．北京：国防工业出版社，2013.

[6] 崔吉俊，等．航天发射试验工程［M］．北京：中国宇航出版社，2013.

[7] 徐克俊．发射工程学概论［M］．北京：国防工业出版社，2003.

[8] 陈之曰．测试发射勤务技术［M］．北京：国防工业出版社，2006.

[9] 崔吉俊．载人航天发射技术［M］．北京：科学出版社，2007.

[10] 杨保华．中国商业航天的实践与探索［J］．中国航天，2018（01）：06－10.

[11] 李宏伟，崔克萍．国内商业航天发展趋势特点和存在问题分析［J］．卫星应用，2018（10）：16－21.

[12] 曹梦，蓝天翼．对我国商业航天发射服务的思考和建议［J］．卫星应用，2019（02）：17－19.

第 8 章　民商航天发射测控通信服务

航天发射测控通信系统是对航天器与运载器发射飞行状态进行跟踪测量并控制其运动和工作状态的专用系统，目前在我国这套系统主要掌握在国家手中，民商航天发射使用时需要申请和租用。本章从概论、服务菜单、技术保障、服务保证和能力提升五个方面系统地论述民商航天发射测控通信服务。概论部分简要介绍民商航天发射测控通信服务定义及特点、主要任务和建设调配原则、测控通信网组成及作用。服务菜单部分从服务类型和程序两个角度论述服务菜单建立、提供和订制的过程与方法。技术保障阐述遥测遥控、跟踪测量、实况景象记录和任务通信等方面的技术实现途径。服务保证论述资源保证、方案预案设计和联试与质量评审等内容，最后，从自主测控和天地一体化测控两个方面讨论测控通信能力提升问题。

8.1　概论

8.1.1　测控通信服务定义及特点

航天测控通信系统是保证航天器正常飞行所必不可少的技术手段，是对运载火箭和航天器发射过程进行跟踪、测量、监控和信息交换的专用技术综合体，主要任务是测量、控制和通信。以往的航天测控通信系统除了运载火箭和卫星等航天器上的设备之外，系统主体部分均设置在地球上，故也称为“地基测控系统”。随着航天技术的发展，利用跟踪与数据中继卫星系统和导航定位授时卫星系统（如 GPS、GLONASS、北斗等）等中高轨道卫星，进行转发、测量的天基测控网在航天测控通信中扮演越来越重要的角色。

民商航天测控通信系统分为星、箭部分和地面部分，由若干个分系统组成，主要包括遥测系统、遥控系统、跟踪测量系统、景象记录系统、计算机数据处理和指挥调度系统、通信系统、时间统一系统等。这些系统汇集组合成若干个乃至十数个具有不同功能的地面测控站或测量船或天基测控单元，与任务中心一起形成了测控通信网，可实现对发射过程中的星箭进行跟踪测控、景象记录和数据传输。民商航天发射测控通信服务的主要内容包括：获取运载火箭和卫星等航天器实际飞行弹道、工作状态、空间环境参数、大气层内外的动作等方面的数据，并向运载火箭和卫星等航天器注入各种飞行指令等。

与国家主导的围绕确保任务最终成功而实施的传统航天发射不同，民商航天发射是在各种约束条件下，围绕商业目的而展开，其测控通信保障具有按需订制、不可见的联调联试、即时服务和状态转换快速频繁的特点。

按需订制。传统航天发射只要是有条件参加的测控通信资源都会参加，这样做的原因，一是保证在任务实施过程中拿到尽可能多的数据，二是通过设备之间的相互备份提高可靠性，三是可以达到检验设备状态、训练人员队伍的目的。而商业航天发射不同，因为每多上一台设备、多参加一个人员，都会导致任务成本的增加并最终导致利润的减少。因此，民商航天发射测控通信服务采用订制方式，即民商航天产品研制部门根据任务需要确认必须获得的数据，然后向相关方（发射场、航天运控组织等）提出测控通信服务需求，相关方根据用户（航天产品研制部门）要求形成测控通信保障方案和计划，为用户提供相关服务。

不可见的联调联试。为保证传统航天发射测控通信系统能够圆满完成任务，除了用大量的设施设备相互备份外，另一典型的做法是大量的联调联试，先是通信系统组织的站内通信联试、中心内通信联试、中心间通信联试，然后是测控和通信系统一起组织单向联试、中心内联试、中心间联试，涉及载人任务时还有各种大小回路联试。每次联试都会导致时间的消耗、任务成本的增加，而这些在市场机制中是顾客不愿意付费的部分，即民商航天发射只会为使用时间付费，不会为联调联试时间付费，因此，测控通信系统联调联试在民商航天发射任务层面应该是不可见，它只能成为某一组织内部的行为。

即时服务。与持续数周或数月的大型传统航天发射相比，民商航天发射当前多为中小型，持续周期较短（一两周或数天），对测控通信系统规模要求也远小于传统航天发射，通常是利用现有测控通信系统的设备布局，因此，不可能有充分的准备时间像传统航天发射那样进行设施设备机动、开展设施设备检测、实施联调联试、进行方案预案评审，甚至在射前还在进行关键设施设备状态复查，从民商航天发射任务层面看，测控通信系统始终处于良好状态，可以在约定的时间内随时启用、可用。

状态转换快速频繁。一段时间内，对测控通信系统甚至是单台套设备而言，同时在执行多型号的航天发射任务、航天器长管任务、空间目标跟踪测量任务以及其他类型的试验任务等，不同类型的任务可能要求同一测控通信设施设备使用不同的工作状态，需要其在不同工作状态之间进行频繁的转换，这样会对测控通信设施设备的检查维护、操作使用等提出不同于传统航天发射的特殊要求，尤其是在传统航天与民商航天发射交叉并行执行时。

8.1.2　主要任务和建设调配原则

民商航天发射任务测控通信系统需要依托商业航天测控通信网络，对运载火箭和航天器发射飞行过程进行跟踪、测量和控制，保证航天器按预定状态和计划进入轨道并正常运行，其主要任务有：

1）完成火箭起飞至星箭分离期间的跟踪测量，接收、记录、处理遥外测数据；

2）实时监视火箭的飞行情况，为各级飞行试验指挥机构和首区、航区指控站提供实时飞行信息和安控判断信息；

3）火箭飞行故障时，对故障箭实施地面遥控安全炸毁，并提供故障弹道数据；

4）利用入轨段测量信息，测定卫星初始轨道；

5）对运载火箭遥外测数据进行事后处理；

6）为各任务单元提供通信保障。

民商航天发射测控通信网建设需根据运载器和航天器飞行任务的测控通信需求和科技发展水平，针对测控通信能力不足进行补充建设和改造；测控通信资源调配则需根据民商航天发射飞行任务的需求和测控通信资源现役实力，充分利用测控通信设备的跟踪测量和通信接力性能，合理布站，既要满足测控通信覆盖率、测量精度和关键动作景象记录等要求，又要尽可能减少航天测控通信站数量和相关资源的投入，使成本最小或最优。测控通信网建设和调配的主要原则有：

1）以国家商业航天发展战略为依据，统筹规划建设商业航天测控通信网；

2）近期和长期发展相结合，在满足当前任务的前提下，留有扩充升级余地；

3）强化顶层设计，优化体系结构，提高商业航天测控通信系统整体能力和建设效益；

4）坚持适用、可靠、先进、经济的原则，优先考虑对现役测控通信设备进行改造升级；

5）满足商业航天发射任务对测控通信系统的要求，包括测控功能、测量精度、覆盖率和通信质量等；

6）测控体制、传输协议等尽量与国际接轨，具备国际联网的能力，与国际组织相互提供测控支持；

7）遵循系列化、通用化、组合化、自动化等原则，努力提高设备的可靠性、稳定性和可维性；

8）兼顾其他发射试验任务测控系统需求；

9）基于现役测控通信设备，在满足测控站观测几何和电磁兼容条件下，在航天器飞行轨迹两侧周围，就近调配测控通信资源；

10）在技术成熟的条件下，推进天基测控通信系统的建设与融合应用。

8.1.3 测控通信网组成及作用

航天测控通信网由航天发射任务指挥控制中心、分布在各地的若干航天测控站（包括海上测量船）以及空中空间测控平台（如测量飞机、跟踪与数据中继卫星、导航定位授时卫星等）组成，如图 8-1 所示。

（1）任务指挥控制中心

航天发射任务指挥控制中心承担的主要任务有：

1）收集、处理和发送各种测量数据和实况景象；

2）监视航天器的飞行轨迹、姿态以及设备的工作状态；

3）实时进行紧急情况决策；

4）实时指挥调度各系统协同工作；

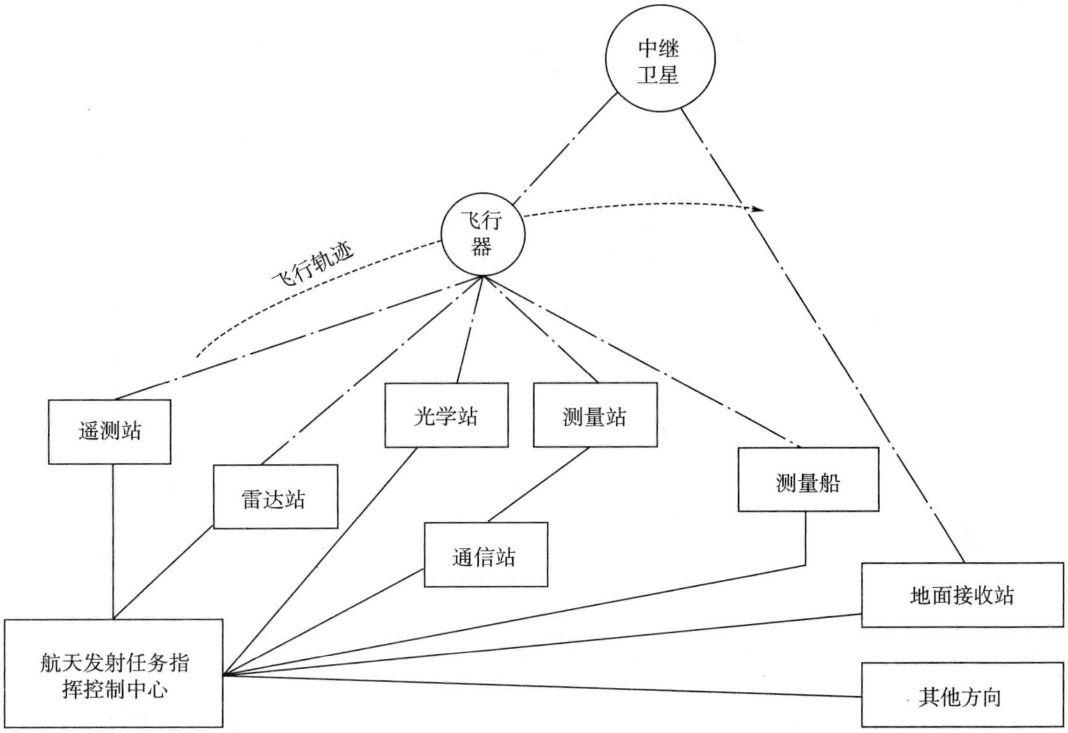

图 8-1　航天测控通信网示意图

5）实时发送控制指令，确定轨道参数，发布轨道预报。

航天发射任务指挥控制中心由数据处理系统、软件系统、通信系统、指挥监控系统和时间统一系统组成。数据处理系统包含多台大型高速计算机和软件系统，实时处理或事后处理由各测控站汇集来的数据和景象；软件系统包括管理程序、信息和数据处理程序等，指挥控制中心通过计算机软件对整个测控通信系统和航天器进行控制和管理；通信系统包括地面通信和空间（卫星）通信系统，由各种通信设备和数传设备组成，负责指挥控制中心与各测控站、发射场、回收区之间的通信联络和数据传输；指挥监控系统由各种监控台、屏幕显示等设备组成，直观地显示各测控站的设备工作状态、航天器运行情况，使指挥控制人员随时掌握航天器的飞行状态，并实时下达指挥命令和发出控制指令；时间统一系统由高精度时钟、标准时频信号源及相应的接口设备组成，为控制中心和各测控站提供标准时间和频率。图 8-2 是航天发射指挥控制中心功能简要示意。

（2）航天测控通信站

航天测控通信站包括固定站和活动站。根据测控区域的要求，测控通信站分布在很广的范围，其布站可在国土境内，也可在全球适合的地点。

航天测控通信站的任务是对运载器和航天器进行跟踪测量、遥测、遥控和提供通信服务等，它将接收到的测量、遥测信息传送给航天发射任务指挥控制中心，根据指挥控制中心的指示与航天器、运载器通信，并配合指挥控制中心完成对航天器和运载器的控制。测控通信站也可根据规定的程序独立实施对航天器和运载器的控制。航天测控通信站的设备

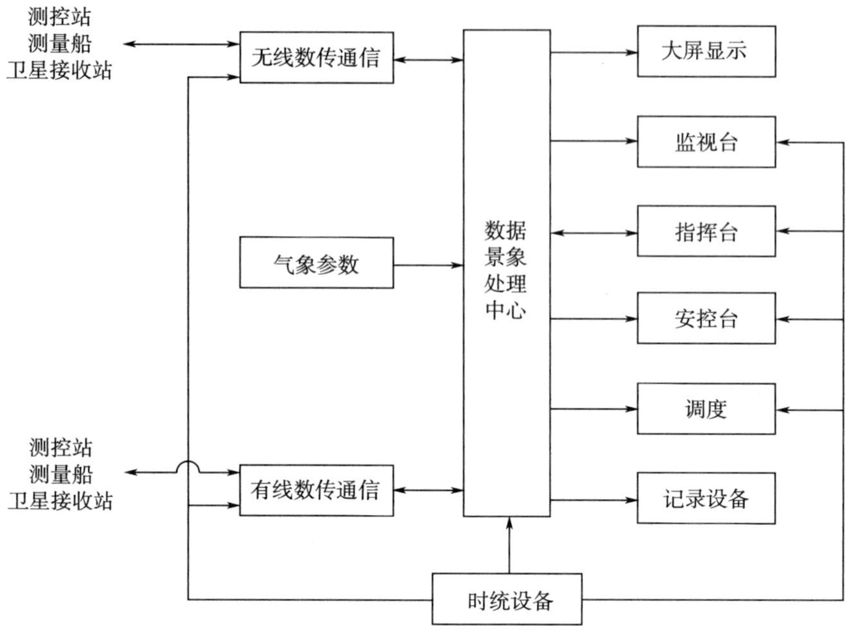

图 8－2　航天发射指挥控制中心功能简要示意

包括外测系统、遥测系统、遥控系统、通信系统、电视系统、时统系统、计算机系统以及辅助设备。外测系统的任务是对航天器、运载器进行跟踪测量，获取航天器、运载器的运动参数，确定航天器、运载器的轨道、弹道和位置。遥测系统的任务是接收从航天器、运载器发送来的关于其上设备的工作状态、空间环境参数、航天器和运载器的状态参数等。图 8－3 为测控通信站功能简要示意。

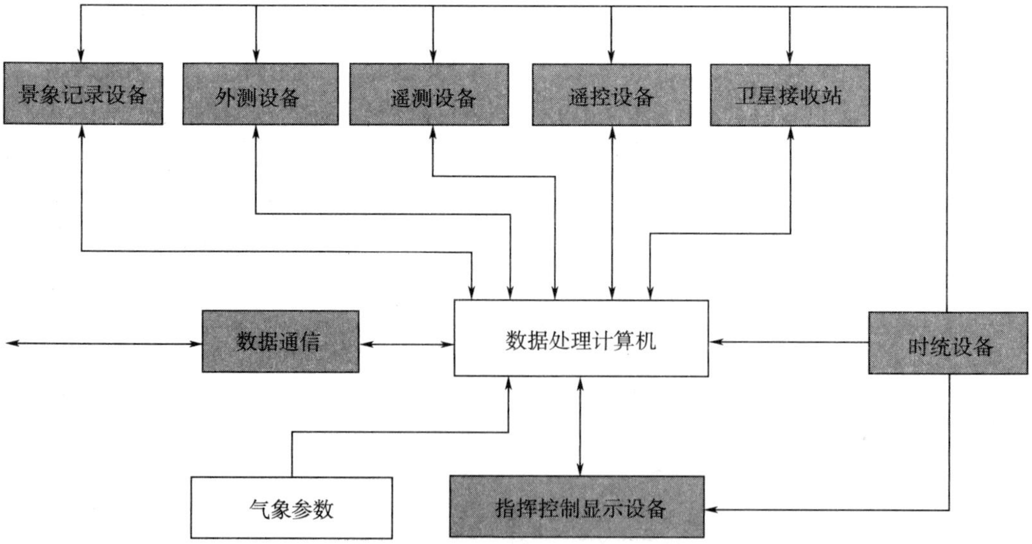

图 8－3　测控通信站功能简要示意

在发射任务指挥控制中心的大厅内装有各类显示设备，指挥控制人员可从大屏幕显示器上观察飞行器在发射飞行阶段的轨迹及飞行器的运动情况。指挥控制中心的信息计算装置把经过计算得到的飞行器综合引导弹道参数送到测控站，引导各测控站稳定跟踪飞行器或发出控制指令，完成航天发射过程的测量控制和通信任务。

（3）数据处理系统

数据处理系统是航天发射任务指挥控制中心和测控通信站的重要组成单元，主要由计算机和通用、专用外部设备及应用软件组成，完成对测量数据的加工、计算，图 8-4 是实时数据处理系统的简要框图。以指挥控制中心的数据处理系统为例，其主要功能包括：

1）将各种测量信息按预定的方案进行检择、计算分析和融合处理，加工成可用的信息，生成各种类型的弹道数据，其中综合弹道数据作为测控设备跟踪引导的数据；

2）显示、打印输出或自动标绘综合弹道数据，必要时，将综合弹道数据处理成二维和三维数据，作为数据源驱动动画显示系统；

3）对接收到的测量信息进行快速实时处理，对运载火箭和航天器进行飞行实时监控；

4）运载火箭在飞行过程中，将接收到的测轨数据和遥测数据进行处理，以此掌握运载火箭飞行轨迹状态、运载火箭各系统及卫星的工作状态，并做出正确判断；

5）将必要指令发送至运载火箭，同时将用户需要的轨道数据、运载火箭飞行关键动作特征点和内部工况数据、星箭分离点参数、卫星平台工作初始姿态调整数据等送至最终用户；

6）测控通信站通常还部署功能简单的数据处理系统，对其所属的测控通信设备进行状态监测和跟踪效果评测。

（4）监控显示系统

监控显示系统是指将指挥控制人员关注的信息进行汇集、加工、处理和显示，为其提供决策、指挥、控制依据的技术设施。监控显示系统实时接收和处理测控系统获取的遥测和外测信息及实况监视信息，将有关指挥决策的信息以曲线、图像、字符、表格、参数等形式显示给指挥控制人员，对运载火箭飞行情况和飞行轨迹做实时分析和判断。监控显示系统分为集中式和分布式结构，新型的分布式结构具有技术先进、可靠性高、适应性强、扩充性好等特点。采用分布式结构时显示工作站、图形工作站、记录打印工作站通过网络与主机相连接，主机把处理结果向任务 TCP/IP 网络广播，各工作站从 TCP/IP 网络上接收所需信息并按预定程序加工处理，在任务中心用户终端进行显示监控和状态评判，并形成 LED 显示屏和大屏幕上显示的字符和曲线，也可优选配送实况景象或多媒体图像。

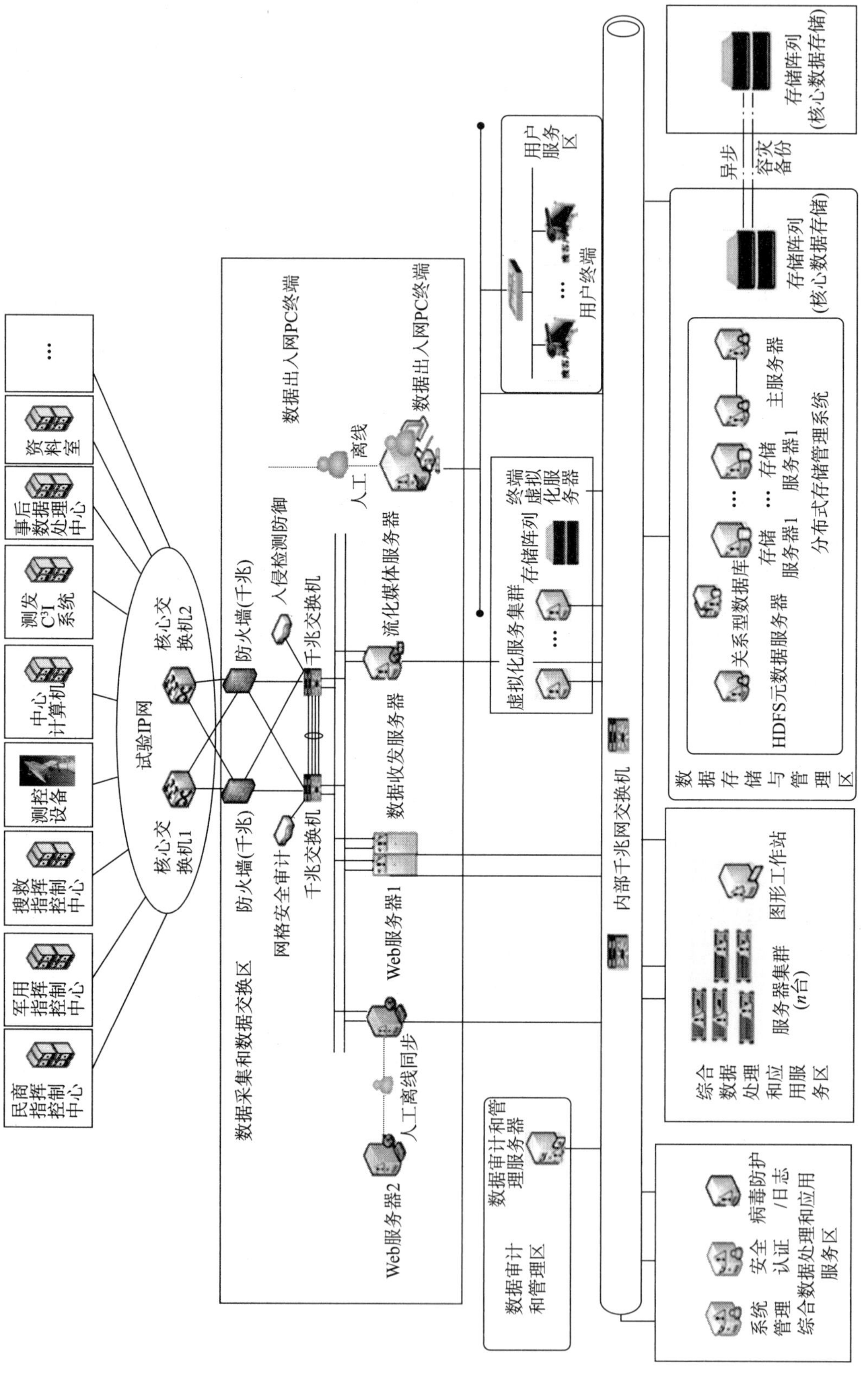

图 8-4　实时数据处理系统的简要框图

8.2　服务菜单

在我国，由于民商航天发射刚刚起步，测控通信服务的市场机制尚未形成，我们在进行深入考查研究后，充分利用国家现有政策制度，结合我国航天发射测控通信现有资源，提出测控通信民商航天发射服务菜单制度，在工程实践中得到了验证确认，并将随着我国民商航天发射市场机制的建立和健全而发展完善。

8.2.1　服务类型

测控通信系统对民商航天发射开放的服务类别主要包括跟踪测轨、遥测、遥控、景象记录、实时数据处理及监控显示、通信保障和卫星测控等七个方面。

（1）跟踪测轨服务

跟踪测轨即外弹道测量，外弹道测量在航天器发射中起着重要的作用。测轨分为外测和内测两类。外测是指利用飞行器外的测量设备，对飞行器的飞行轨道参数（如坐标、速度、加速度等）进行精密测量，测量方法很多，从大的方面可分为光学测轨和无线电测轨；内测是指在飞行器内部对某些参数进行测量，计算推知飞行器的弹道变化规律，内测数据要发回地面进行处理、计算，内测通常通过遥测实现。外测和内测互为补充、相互备份，共同完成民商航天发射阶段的测量通信任务。

（2）遥测服务

遥测的内涵是近测远传，即在航天器上安装传感器、仪器，就近测得其内部的工作状态、工作参数，然后将这些参数转换为无线电信号，远距离地传送到地面测控站的接收设备，经过解调、处理还原出原参数数据，并进行记录和显示。遥测对运载火箭、卫星的发射和正常运行有着举足轻重的作用。在运载火箭发射飞行过程中，根据遥测数据，发射场指挥人员和火箭设计人员可及时了解箭上各系统的工作情况和实际飞行条件下的性能，对于地面试验无法模拟或无法全模拟的一些性能数据，可根据发射飞行的遥测数据得到补充和修正。一旦运载火箭飞行失败或出现局部故障，采用遥测数据对故障进行分析，能快速准确地实现故障隔离和故障诊断，以便采取相应措施。在星箭分离和卫星入轨后的运行中，利用遥测可获取卫星初轨根数、监视星上设备的工作状况，利用遥测参数计算出卫星的姿态和分离点参数，为遥控调姿提供参考数据。

（3）遥控服务

遥控是对航天器实现远距离控制。在航天测控系统中，将地面的控制指令变换为无线电信号，远距离传输到航天器上，实现对它们的控制。按用途的不同，遥控可分为安全遥控和卫星遥控。安全遥控用于运载火箭发射过程中的安全控制，作为炸毁故障火箭的外部手段，简称安控。安控指令具有保密性高，实时性强，执行任务时间短，指令内容少等特点。卫星遥控用于卫星的变轨、交会、返回等的轨道控制，用于姿态控制以及备份件切换和开关的控制，用以保障卫星的正常工作和运行，还用于卫星的数据注入，启动卫星的自主程序等。卫星遥控指令具有内容多，执行任务时间长和要求复杂等特点。

跟踪测轨、遥测和遥控三个功能统一综合在测控系统中，相辅相成地共同构成一个具有信息反馈功能的控制系统，其中跟踪测轨和遥测完成数据的采集和反馈，遥控完成控制。

（4）景象记录服务

景象记录系统是利用光电设备的光学信号对运载火箭进行飞行轨迹参数测量、飞行状态景象记录和物理特性测量的专用系统。用于运载火箭测量的光学测量设备有光电经纬仪、光电望远镜、高速摄像机、红外辐射仪等。与无线电测量系统相比，光学测量的作用距离较近，传统光学设备不能实时输出外测信息，并易受气象条件的制约，因此，无线电外测系统逐渐代替光学测量系统成为测控系统的主要外测系统。但是光学测量系统具有定位精度高、直观性强、性能较稳定、不受黑障和地面杂波干扰的影响等优点，且现代光学测量系统大量应用电视、红外、激光等技术，使它在运载火箭发射上升段的弹道测量、实况记录及无线电外测系统精度鉴定中，仍发挥着重要作用。现代光学测量系统在民商航天发射任务中主要用于实时图像和初始段实况记录，供发射指挥实时辅助决策和事后故障分析时使用。

（5）实时数据处理及监控显示服务

实时数据处理系统是对获取的各种数据信息进行实时加工处理的系统，如外测数据处理、遥测数据处理、安控判决等，主要功能包括：

1）对参加任务的光学、雷达、遥测设备测量数据进行实时数据检择、平滑、滤波，实时形成中心计算机综合弹道、引导弹道、融合弹道及安控判决需使用的弹道；同时根据弹道结果完成火箭全程落点预示、火箭及卫星分离点参数、初轨参数（含偏差）等计算。

2）按照遥测大纲中规定的内容对遥测设备获取的遥测全帧数据进行挑点处理，形成遥测信息源优选结果。

3）适用时，对处于测控任务弧段之外的主动段弹道进行外推和显示。

4）按安控方案要求完成安控判决，形成安控判决结果。

监控显示系统是汇集实时数据处理系统的处理结果和光学设备电视图像等信息，经过加工处理后，完成指显大屏、一体化指显终端内容的显示。监控显示的内容可根据用户要求进行配置。

（6）通信保障服务

通信系统是指在执行航天发射任务中，提供数据、时频信号、话音、图像、指挥调度等通信业务的专用通信系统，一般包括场区内部通信系统和跨场区通信系统；在发射国外商业卫星任务中，还包括外事通信系统。发射场区内部通信系统由程控交换设备、光纤传输系统、微波传输系统、无线移动通信系统、调度指挥系统、电视监视系统、数据传输系统等组成。跨场区通信系统由卫星通信系统、短波通信系统、国家军用或民用干线电路、海事卫星通信终端等组成。外事通信系统由卫星通信系统、电话交换系统、数据传输系统和电视监视系统等组成。外事通信系统应与航天发射任务中的其他通信系统隔离，确保信息安全保密。场区内通信系统与跨场区通信系统相结合，形成航天发射任务的各个通信业务系统。

通信系统完成控制中心、测控站以及航天器之间的信息传输，包括通信中心、通信台站和各种线电路，通过有线和无线信道把航天控制中心与各测控站、航天发射场、在轨卫星以及回收区联系起来，形成航天测控通信网。

（7）卫星测控服务

结合卫星测控要求和我国测控网的现状，卫星测控网由地基 USB 设备和任务指挥控制中心组成。各参加单位在任务指挥所的统一组织指挥下，通过通信网有机结合、协调工作，与星载测控分系统相配合，共同完成卫星发射的各项测控和管理任务。

参加任务的测控通信站在规定的测控区域全弧段跟踪测轨，将测轨数据实时传送至任务中心。当多台测控设备有共视弧段时，仅其中一台发送上行信号，进行全功能测轨，提供 R、$\acute{R}$、A、E 外测信息；其他测控设备跟踪、接收下行信号，提供 A、E 测角信息。

任务中心根据轨道变化情况、定轨精度状况、测定轨精度要求等，利用各站提供的轨道测量信息进行轨道改进，计算精轨根数，并给出轨道预报和各参试测控站的跟踪引导信息。

参加任务的测控通信站在规定的测控区域均全弧段接收和记录卫星遥测数据，将遥测信息实时传送任务中心。任务中心按要求接收、处理、监视卫星各分系统工作状况和遥控执行情况，比对、计算星地时差，并按要求提供遥测处理报告。

参加任务的测控通信站承担卫星遥控指令发送和数据注入任务。任务中心根据卫星工作状况和卫星部门的要求以及遥控指令发送与数据注入准则，制定遥控发送计划，生成注入数据，任务中心实时监视有关遥测参数，根据遥控准则判断遥控执行情况。

卫星载荷数据由地面业务站负责接收、处理和分发。在卫星过境时，地面业务站进行过境访问，接收处理卫星下行的业务数据，并分发给业务需求用户。

8.2.2　服务程序

民商航天发射菜单服务的程序包括航天产品信息数据提供、菜单开发制作、服务订购和现场考察与对接等环节，图 8－5 给出了民商航天发射菜单服务程序。

（1）航天产品信息数据提供

为提高跟踪测量和控制的稳定性和完整性，箭上一般安装雷达信标机、雷达应答机、遥测采编与发射组元、GNSS 接收机、天线、安控指令接收机等测控合作目标，因此，计划实施民商航天发射的企业或航天产品研制部门向测控通信系统总体单位或航天发射中心发出测控通信服务需求时，应按约定提供航天产品数据、射向、飞行弹道、箭上合作目标和空间动作、预定轨道等信息。以遥测为例，表 8－1 是某次民商航天发射运载火箭遥测信息数据示例。

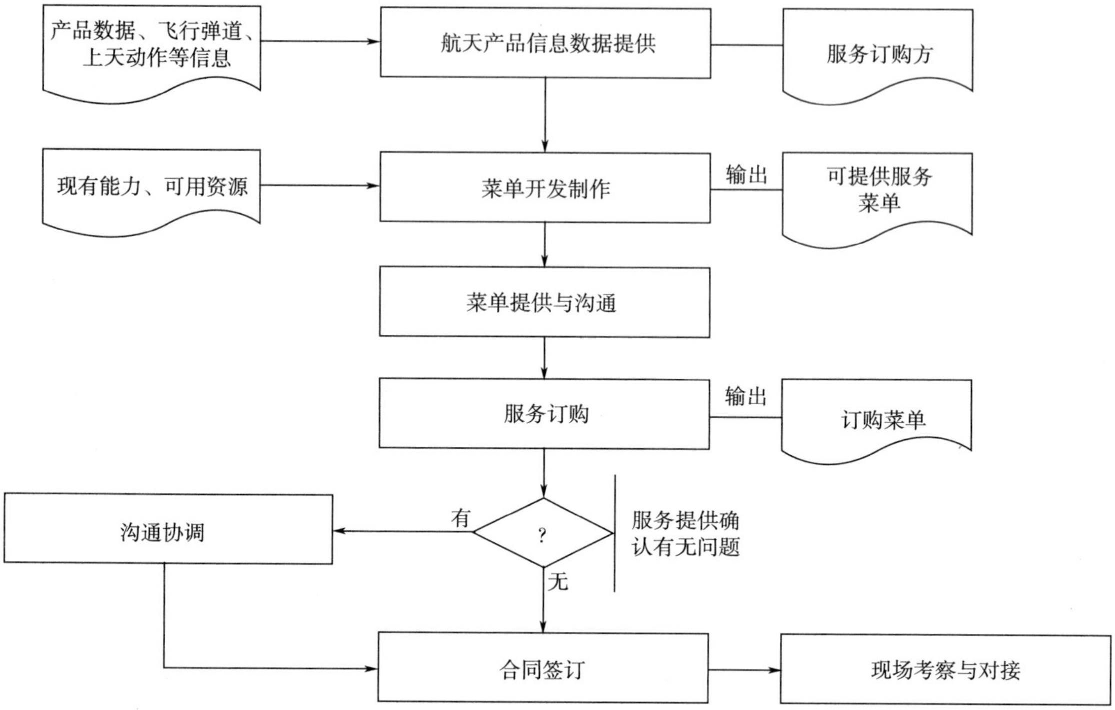

图 8－5　民商航天发射菜单服务程序

表 8－1　某次民商航天发射运载火箭遥测信息数据示例

序号	名称	指标		备注
1	箭上 S 频段遥测发射机和天线	发射机 1 套 天线为 2 副，组成全向天线，理论方向见右图 发射机和天线均安装于控制舱	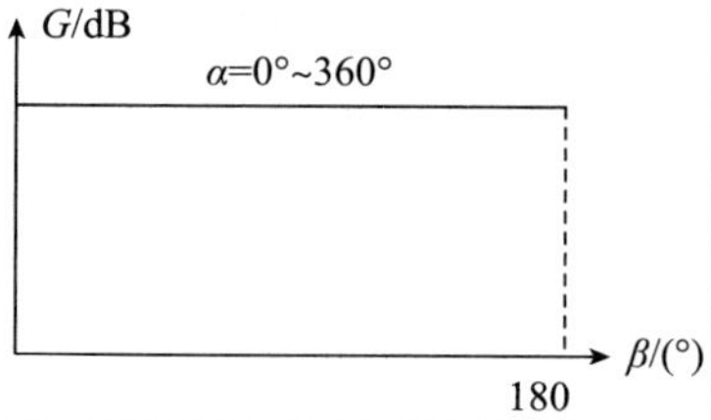	
2	遥测无线接口	箭上发射机点频	2 268.5 MHz	
		遥测体制	PCM－FM	
		FM 调制度	0.7	
		码速率	1.966 08 Mbit/s	
		发射功率	≥7 W	
		子帧长	96 字	
		子帧同步码	XXXXH	
		谐杂波抑制	二次谐波抑制度不小于 45 dBc 三次谐波抑制度不小于 40 dBc 输出杂波抑制度不小于 45 dBc	
		工作区间	点火前～星箭分离	

（2）菜单开发制作

测控通信系统总体单位或航天发射中心根据民商航天发射企业或航天产品研制部门提供的航天产品信息数据和测控通信需求，依据现有航天发射测控通信系统能力和可用于民商航天发射的资源开发出服务菜单。表 8－2 以遥测为例示例了服务菜单样式（截表）。

表 8－2　某次民商航天发射遥测服务菜单样式

服务项目	编号	单价/(元/次)	服务订购(Yes/No)
遥测设备 YQ－1125(含 GNSS 基准站)	YC－2018－01	—	
遥测设备 YQ－1126	YC－2018－02	—	
遥测设备 YQ－2527A(含 GNSS 基准站)	YC－2018－03	—	
遥测设备 YQ－2527B(含 GNSS 基准站)	YC－2018－04	—	

服务项目说明

编号：YC－2018－01；名称：YQ－1125 遥测设备(含 GNSS 基准站)

序号	名称	指标一	指标二	备注
1	布站位置	北纬：———.——	东经：——.——	
2	跟踪弧段	跟踪开始： 时间：——，距离：——，俯仰：——	跟踪结束： 时间：——，距离：——，俯仰：——	跟踪至信号消失
3	系统指标	解调门限：≤76.4 dBHz(FM，2 Mbps，0.7，$P_e \leqslant 10^{-4}$)		
		跟踪精度：≤0.1°		
4	信道及基带分系统	AGC 控制精度：≤1 dB		
		下变频器衰减量：≥45 dB		
5	时码器	自动守时功能	在外时统中断时可以自动守时	
6	记录分系统	检前记录回放误码率性能恶化：≤1 dB		

（3）服务订购

民商航天发射企业或航天产品研制部门根据自身的需要以及成本核算，在向各相关方咨询确认后，向测控通信系统总体部门或航天发射中心提交订制的测控通信服务菜单。

与订制的测控通信服务菜单相关的服务提供组织在接到订制菜单后进一步确认是否满足菜单要求，并就有关问题与订单发出组织进行沟通协调，在各方达成一致意见后签订服务合同（测控通信服务合同通常作为发射服务合同的一部分）。

（4）现场考察与对接

测控通信服务合同签订后，如果合同双方是首次合作或首次使用某类资源，建议合同发起方到服务提供现场考察或与服务提供方的技术人员进行相关细节的确认。

8.3　技术保障

从测控通信服务的主要任务、内容和现阶段我国测控通信系统的现状看，民商航天发射测控通信技术保障的主要手段有遥测遥控技术、光学和无线电跟踪测轨技术、实况景象记录技术、包括时间统一在内的综合任务通信技术等。

8.3.1 遥测遥控

(1) 遥测技术

遥测技术是经过传感器和仪器的感受与采集，对被测对象进行参数测量并把测量结果传送到接收地点的一种测量技术，能完成整个遥测过程的设备组合称为遥测系统。无线电遥测系统包括发送设备（装在运载火箭或航天器上）、传输信道和接收端设备（地面接收站）三个基本部分。系统组成如图 8-6 所示。

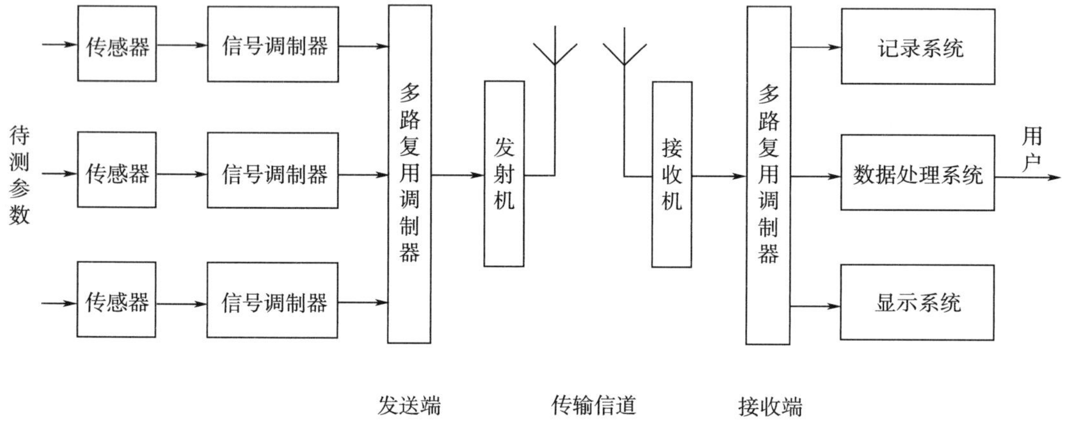

图 8-6　无线电遥测系统组成框图

在发送端，由传感器感受被测对象的参数，并按照一定的规范将其转换成某种电量输送给信号调节器。信号调节器将信号放大，输出规范电压信号，送给多路复用调制器。多路复用调制器将各路信号按一定体制组合起来去调制发射机载波后，通过天线向空间辐射。在接收端，接收天线收到信号后送入接收机，对载波进行解调，再经过多路复用解调器恢复出各路原始信号，由终端设备记录、处理和显示，并按要求将一部分遥测数据及时传送到指挥控制中心。

遥测系统同其他测量系统相比，具有传输距离的变化范围大，测量参数种类多、范围广、寿命长、可靠性高、功耗低、质量小、体积小等特点。

某民商航天发射过程中，由遥测系统获取的航天传感器发射功率和灵敏度工况参数变化情况示例如图 8-7 所示；由遥测获取的关键动作参数进行场景合成后，火箭飞行动作节点二维显示效果如图 8-8 所示。

(2) 遥控系统

对运载火箭的遥控主要是安全控制，即利用测控系统提供的实时落点参数和火箭飞行状态参数综合判断火箭飞行情况，根据射前制定的安全判断准则，确定是否对故障飞行的火箭实施炸毁，既确保不误炸正常飞行箭，也不漏炸必须炸毁的故障箭。

民商航天发射遥控或安控系统主要由指令数据形成设备、指令数据传输设备和指令数据检出设备三部分组成，如图 8-9 所示。遥控系统的任务是将地面指控中心发出的指令信号，通过无线电设备传送给运载器，使运载器按控制指令要求完成各种动作。因此，遥

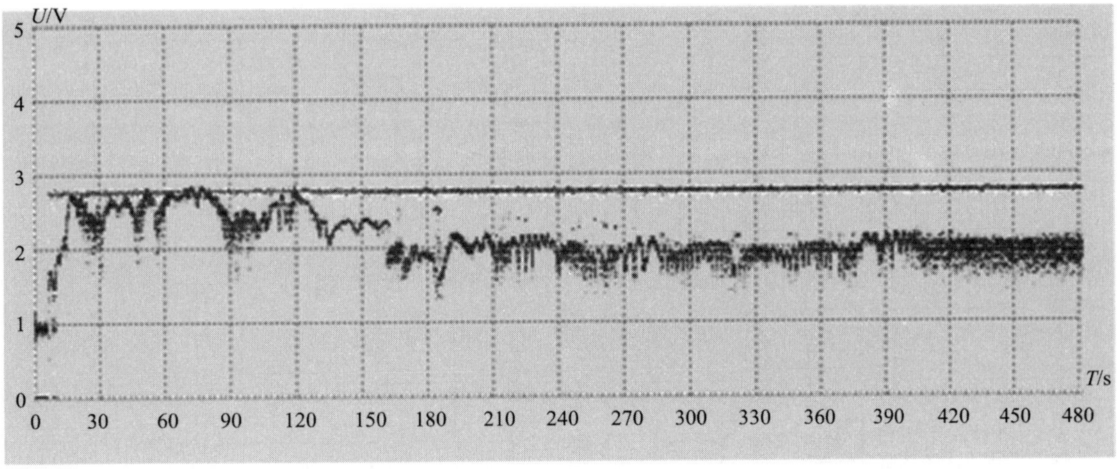

图 8－7　由遥测系统获取的航天传感器发射功率和灵敏度工况参数变化情况

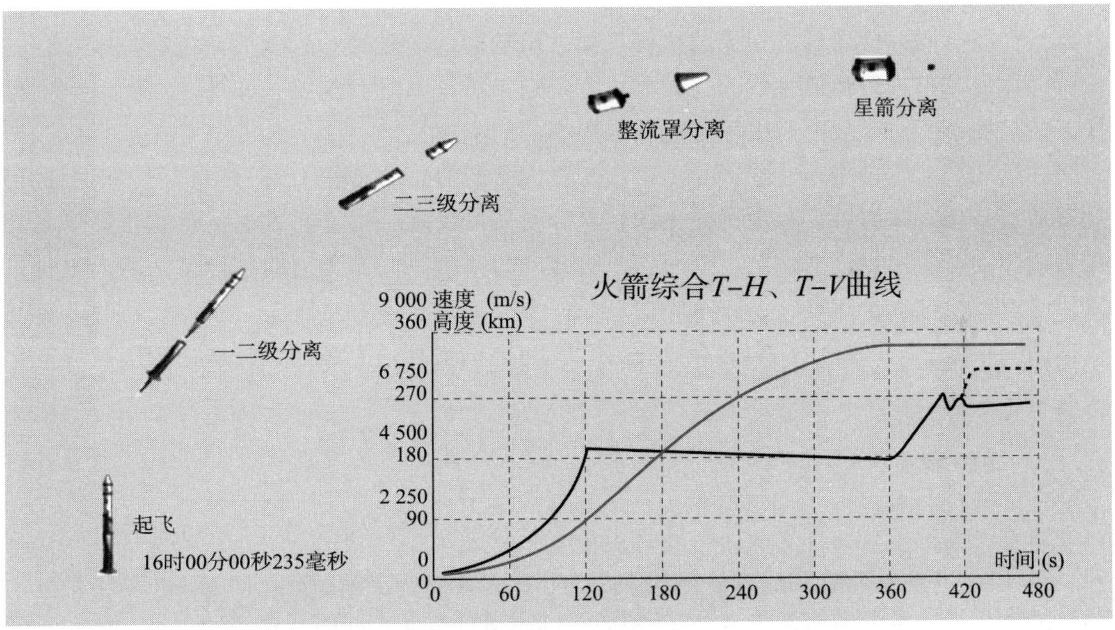

图 8－8　由遥测获取的关键动作参数进行场景合成后示意

控系统的工作过程就是指令形成、传输和译出的过程。

民商航天发射任务安控流程为：故障判决—安控决策—指令产生—指令传输—安控执行。在规定的安控区间（时间段）内，对必须炸毁的故障箭采用人机结合方式（即计算机自动判断与人工发炸毁指令相结合）实施安全控制，并有落点选择能力。人机结合判决和控制，即由人或计算机做出判决，人或计算机发出告警，然后人工解保，由计算机选择落点（在计算机失效时由人工控制）并适时发出炸毁（关机）指令。指令执行时主要通过安控台发出相应的指令，经安控设备向运载火箭发出，箭上接收机接收并传递给指令解码

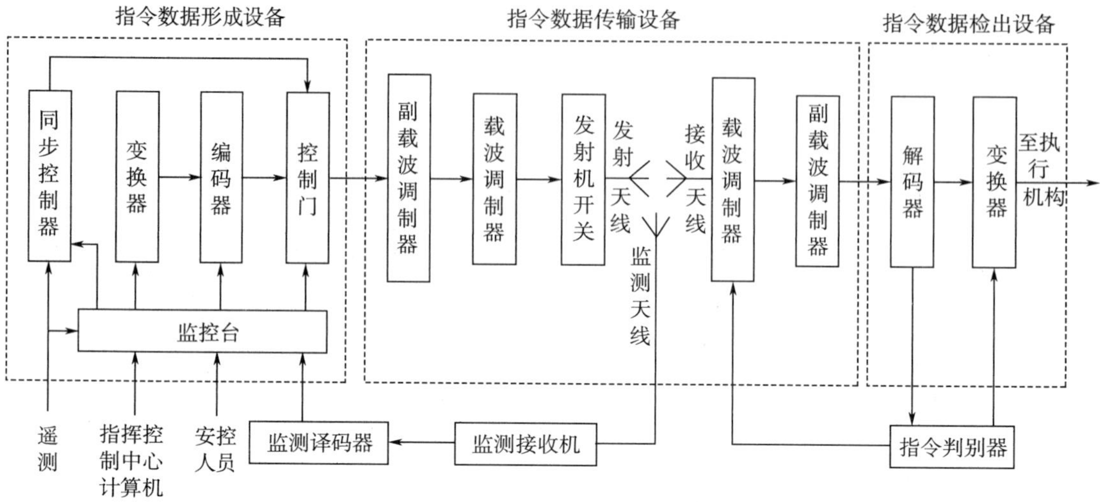

图 8－9　遥控系统组成及原理框图

器，指令经解码并检出后由相应的执行机构做出响应，必要时对故障火箭进行炸毁。在安控区间以外，只进行弹道参数的实时显示、落点预示，不进行安控。此外，在不影响安控任务的前提下，对于故障箭应尽可能获取更多的故障信息。

在运载火箭飞行中，遥测、外测系统获得大量的信息均可作为安控信息源，但应选用具有适当精度、高度可靠和实时性强的信息。初始段以瞬时位置和遥测信息直接显示参数作为故障判断的主要依据，发射阵地摄像设备和闭路电视可作为辅助手段。随后的飞行段以瞬时速度、位置、落点、姿态角等信息，作为故障判断的主要依据。近年来，由于 GPS 数据的高精度和高可靠性，GPS 数据已经作为重要的安控信息源，广泛应用于运载火箭主动段的安全控制任务。

8.3.2　跟踪测量

在直角坐标系中，空间目标的位置由三个坐标（x，y，z）确定；在球面坐标系中，确定目标位置的三个坐标定义为斜距 R（目标相对坐标原点的距离）、仰角 E（目标相对坐标原点所在当地水平面的夹角）、方位角 A（目标相对基准平面的夹角）。

跟踪测量系统的任务是利用某种测量手段，确定航天产品（包括航天器和运载器等）的空间位置随时间的变化过程，进而确定其飞行弹道和运行轨道。因此，相比于遥测遥控，跟踪测量系统又称为外测跟踪测轨，主要有光学测轨和无线电测轨。

光学跟踪测轨常用的设备有光电（电影）经纬仪、激光雷达等。光电经纬仪主要由摄影光学系统、瞄准系统、测角系统、记录系统、电视（或红外）跟踪测量系统、激光测距系统、伺服系统和机架等组成。可实现单台设备对目标自动跟踪，实时测量出目标的空间位置。激光雷达由于激光单色性好、方向性强和亮度高等特点，非常适用于光学测量。激光雷达有脉冲和连续波两种体制，可实时测角、测距和测速，精度远高于无线电雷达。目前最成熟、应用最广泛的是激光测距。

无线电跟踪测轨是利用无线电波对运载火箭或航天器进行跟踪测量以确定其飞行轨道参数。地面测量站的发射机产生无线电波，通过天线发向运载火箭或航天器，由运载火箭上或航天器上的应答机无线接收，经应答机处理后再由无线转发回地面（反射式雷达信号由目标表面反射回地面），地面接收天线接收并经接收机处理，最后由终端机给出测量参数。上述产生、发射、转发、接收、处理无线电信号并给出目标运动状态测量参数的一套设备统称为无线电跟踪测轨系统（有时也称无线电外测系统）。无线电外测系统具有全天候工作、测量精度高、能同时传送多种信息和可实时输出测量数据等优点，已成为商业航天发射任务测控系统的主要测控设备。无线电跟踪测轨系统其种类很多，常用的有各种频移测速系统、干涉仪系统和雷达系统。

某民商航天发射任务中，由雷达、光学交会和遥测等数据处理后的综合弹道如图 8-10 所示。图中显示，运载火箭在三级点火后姿态失稳，火箭未达到预定速度。测控通信系统所获数据为该火箭飞行试验任务后的故障分析、定位和设计改进提供了巨大帮助。

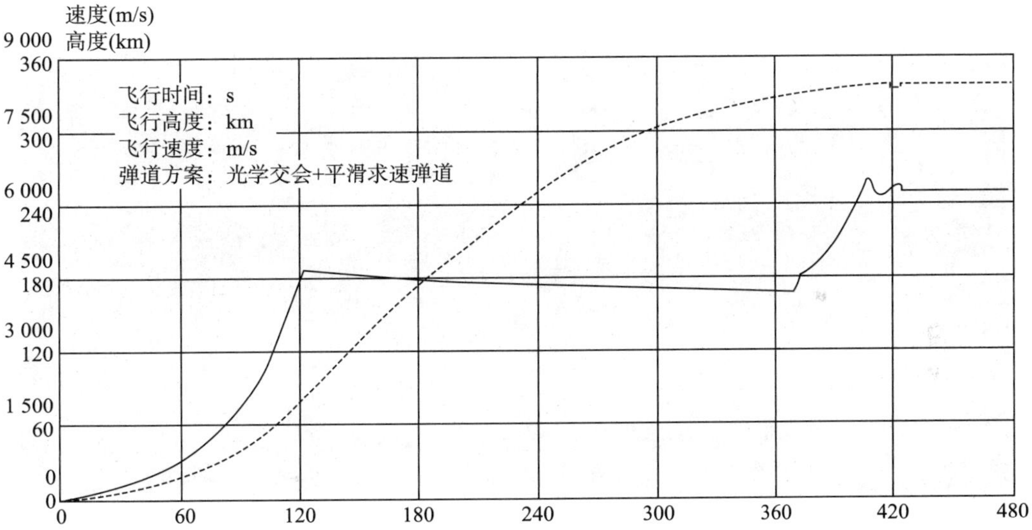

图 8-10　某商业火箭发射过程的综合弹道

8.3.3　实况景象记录

现代光学测量融合了几何光学、物理光学、电子学、天文学、自动控制技术、精密机械技术、计算机技术以及红外、电视、激光等现代光电子技术。实况景象记录系统在高精度弹道参数与目标特性参数测量过程中，还涉及大地测量、气象参数测量及测量设备误差标定等技术。先进的基础科学和现代高科技在实况景象记录系统中的应用，促进了实况景象记录系统的发展，而随着对实况景象记录要求的不断提高，又推动了这些科学技术的发展。

航天发射任务需要利用测控系统的光电设备拍摄记录火箭起飞、一级飞行、一二级分离情况，直至目标在视场内消失。若期间火箭发生故障，需详细记录故障段实况景象信息。航天发射测控系统中的实况景象记录系统主要是指以光学成像原理采集飞行目标信息，经处理得到所需弹道参数与目标特性参数，并获取飞行实况景象资料的专用测量系统，是民商航天测控系统的重要组成部分。具有如下优点：测量精度高；可测量飞行目标的光辐射特性参数；可获得飞行目标景象，直观性强，并可事后复现；不受黑障和地面杂波干扰影响等。但与无线电测量系统相比，光学实况景象记录系统的作用距离较近，并易受气象条件的制约。

在民商航天发射过程中，光学实况景象记录系统主要是对运载火箭进行飞行实况记录、弹道和轨道测量、物理特性参数测量，供飞行故障分析和监视使用。

飞行实况记录。光学实况景象记录系统以摄录图像的方式记录运载火箭点火、起飞、离架、程序转弯、助推分离（见图 8 - 11）、级间分离、星箭分离时的实况。记录的运载火箭运动状况及异常现象，可供实时监视与事后复现，为火箭性能评定与故障分析提供逼真的实况资料。此外，借助弹体上的标记还可测量运载火箭起飞时离架漂移量和状态滚动量。

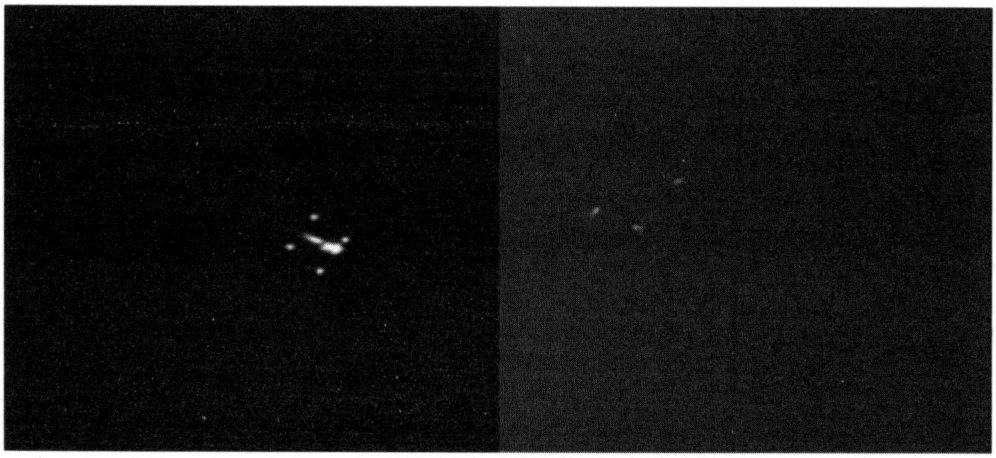

图 8 - 11　光学设备获取的助推分离景象（可见光和红外图像）

弹道和轨道测量。光学实况景象记录系统采用多站交会或单站定位体制获取运载火箭的高精度弹道参数。高精度弹道参数是评定航天器系统性能指标、分离制导误差与分析飞行器故障的主要依据，也是安全控制的实时信息源。此外，还可用于鉴定与校准无线电测量设备的精度。图 8 - 12 是光学设备外弹道跟踪情况示例。

物理特性参数测量。光学实况景象记录系统可测得运载火箭的光度和红外辐射特性等物理特性参数。光度特性测量主要测量运载火箭反射的太阳光，以及大气层反射的太阳光与地球反射的太阳光综合作用于运载火箭的反射光；红外辐射特性测量主要测量运载火箭自身发出的红外辐射、反射的大气红外辐射与反射的地球的红外辐射，通过对运载火箭物理特性参数的测量，对运载火箭的飞行状态进行有效识别，并为识别他方发射的运载器和航天器属性积累技术经验。图 8 - 13 是光学设备获取运载火箭分离景象示例，图 8 - 14 是红外景象获取的目标分离特性示例。

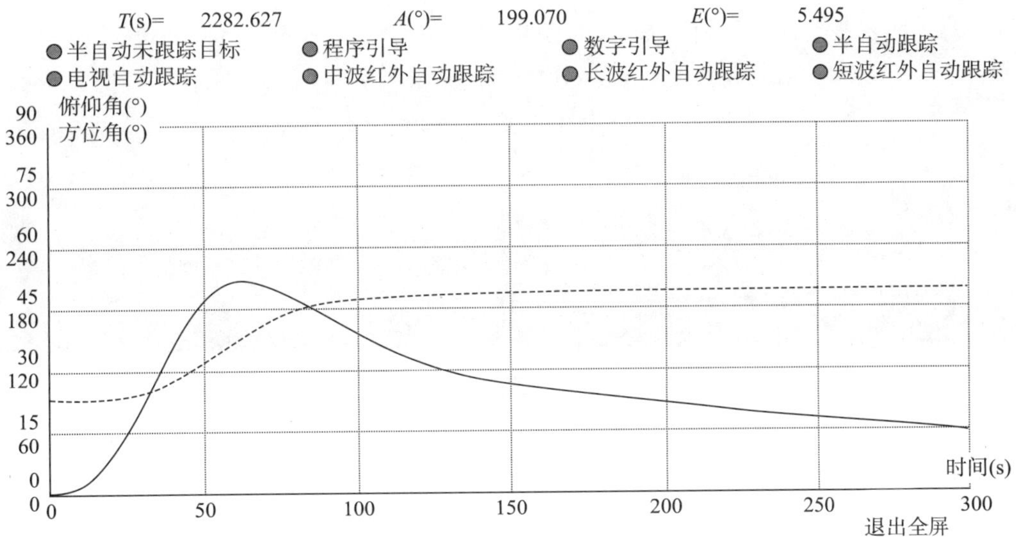

图 8-12　光学设备外弹道跟踪情况示例

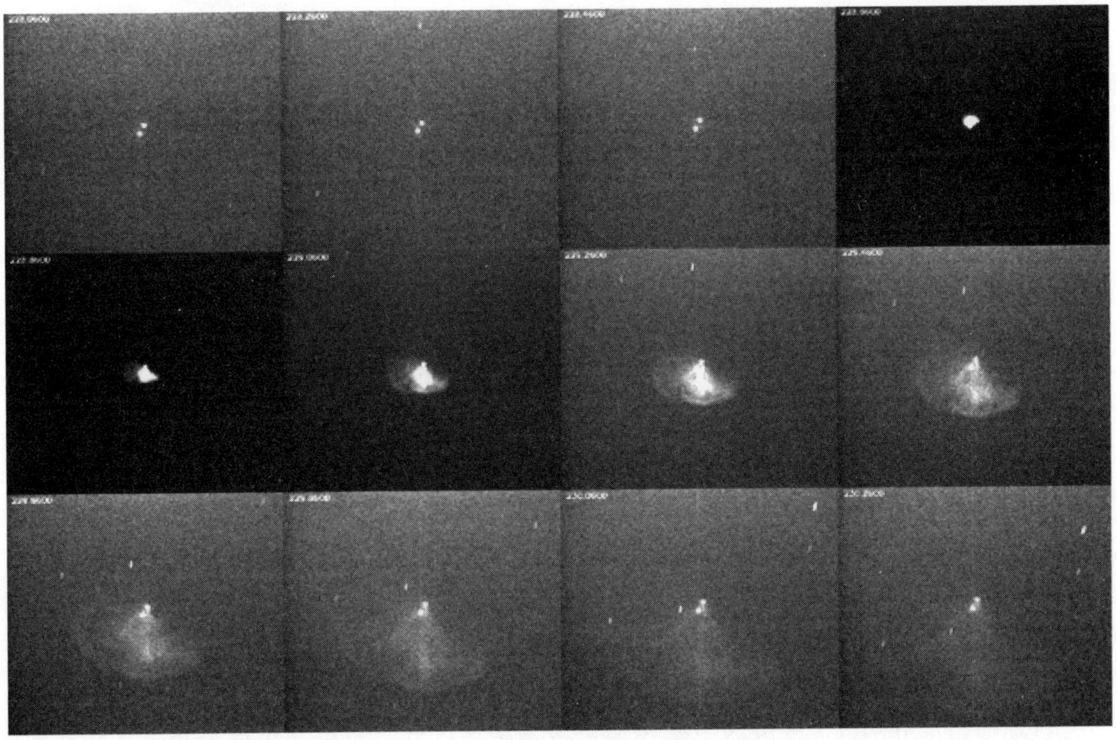

图 8-13　光学设备获取的多帧分离景象

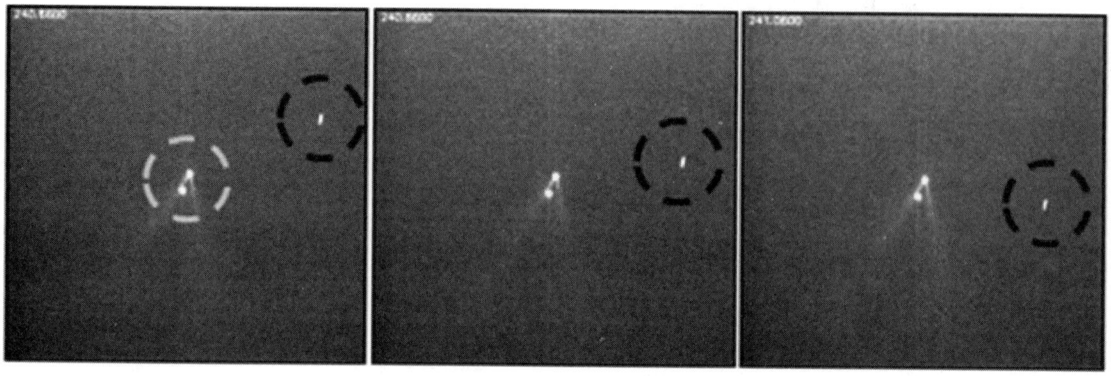

图 8-14 由红外景象获取的目标分离特性

8.3.4 任务通信

民商航天发射任务通信系统通过有线和无线手段将航天器系统、运载器系统、航天发射场系统、测控通信系统、气象系统、技术勤务系统以及其他参加发射任务的系统和单位连成一个有机的整体，使所有参加发射的设备协调统一动作、实现时间同步、保障各种信息的传输，使所有参加发射任务的单位和部门实现集中统一指挥和协同工作。其具体任务包括以下几个方面：1）调度指挥通信，保障各级指挥员对发射任务的实时指挥；2）完成指控中心、发射中心、测控中心、着陆回收场、运载器和航天器测控通信设备、测控站、卫星地面接收站和测量船等之间的数据传输任务；3）保障日常的勤务通信、气象通信和业务协调通信。航天发射中心一般都建有专门的通信中心站，该站是航天发射场通信与数据交换的枢纽。航天发射中心内部通信主要采用有线通信，发射中心与外部通信的手段有有线通信、无线通信和卫星通信等多种方式。

民商航天发射任务通信系统从逻辑上可以分为三层：第一层为信道，该层利用信息交换、调制解调、变频、功率放大、信号加密等技术，提供传输各类信息的电信号通路；第二层为传输平台或业务承载平台，该层在信道层的基础上，利用复用和交换等技术手段，传送各种数字信号，而不涉及数字信号所表示的内容；第三层为通信业务层，该层在传输平台的基础上，利用话音、数据、图像等通信业务系统和设备向测控系统提供各种通信业务。

按照区域划分，民商航天发射任务通信系统分为场区内（区域）通信系统和跨场区通信系统两部分。场区内通信系统是指发射场、指挥控制中心、测控站、测量船等内部的通信系统。其固定通信部分大多以光纤和电缆为主要传输手段，个别场合采用微波传输手段；机动通信部分则以无线电为主要传输手段。跨场区通信系统用于连接场区通信系统，完成场区间的通信。目前，跨场区通信主要采用卫星通信手段。为提高跨场区通信的可靠性，在陆地上，常租用国家电信网的电路或调用军用通信网的电路作为备份。在海上则以租用国际通信卫星转发器建立的电路作为主用电路，以国际海事卫星通信电路作为备份。对建在国外的测控站，则以租用国际通信卫星转发器建立的专用电路作为主用电路，国际海事卫星通信电路或国际公用网电路作为备份。

时间统一系统在航天发射中被视为任务通信的组成部分，是为航天发射工程提供高准确度和高稳定度的标准时间信号和标准频率信号的整套电子设备，有时简称时统。其任务就是保持航天器发射与测控系统时间和频率的高度统一。时间作为航天器、运载火箭、发射场和测控等系统活动的公共基准，要求在航天发射场的指控中心、发射阵地、各个测量站和通信中心等都配置时间统一设备。根据不同的测控精度要求和不同的测控体制，一般要求时间同步精度达到毫秒量级至纳秒量级，频率同步精度达到 10^{-7}～10^{-12} Hz 量级。

完整的时间统一系统包括两部分：一是授时系统，即国家时间频率基准及授时台，其作用是建立和发播国家级时间和频率基准信号；二是时统设备，由定时校频设备（接收机）、频率标准源和标准频率放大器、时间码产生和放大分配器等组成，必要时还包括时码信号传输设备和时码用户接口终端（时统副站）。定时校频设备接收授时系统发播的时间和频率基准信号，用来同步本地的时间码产生器的时间（即定时），校准本地频率标准源的频率（即校频）。频率标准源产生并保持有一定准确度的高稳定度标准频率信号，其输出一方面作为时间码产生器的信号源，同时经过标准频率放大器隔离放大后向用户提供标准频率信号。时间码产生器产生和保持所需同步精度的本地时间，并完成时间信号的编码，经时间码放大分配器放大区分后发送用户。时频用户根据需要可以直接使用时统设备送来的时频信号，也可用时统的时频信号来同步用户自己的接口终端，由接口终端产生所需的更多种时频信号。

8.4　服务保证

测控通信服务保证是指服务提供方向民商航天发射用户充分有效地提供满足要求的测控通信服务。民商航天发射测控通信服务保证的主要方法有：资源保证、方案预案设计、联调与质量评审等。

8.4.1　资源保证

从民商航天发射测控通信服务的角度看，资源保证包括设施设备保证、人员数质量保证和消耗类物资能源器材保障等。为保证测控通信保障服务投入与产出比最优，必须区别于传统航天发射设施设备零故障、人员零差错的保证模式，考虑使用更加简洁高效的方式达到预期目的。

（1）设施设备保证

国家主导的传统航天发射测控通信设施设备保证的核心是确保设施设备零故障，即确保系统完成任务的可靠性尽可能高，为此，一次航天发射任务常常要动用一切可以动用的设备，采用一切可以采用的利于提高系统可靠性的措施。受市场机制约束的民商航天发射，其设施设备保证的目的是确保参与民商航天发射的设施设备功能性能刚好满足要求，以便用最小的成本满足预期的要求，为此，设施设备保障工作的重点是：设施设备服务选购和设施设备功能性能确认。

从测控通信服务购买者的角度看，设施设备服务选购是选择最合适的服务。民商航天发射管理属于典型的项目管理，相关的测控通信服务具有“一次性”，因此，服务的选购不必考虑关注“过去”和“将来”，应根据需要选择最合适的，这包括设施设备的跟踪弧段、测量精度、可交付数据和完成规定任务的条件等，当然，价格是需要重点考虑的因素。与传统航天发射不同的是，民商航天发射的测控通信设施设备服务选购追求的不是质量最好、性能最优、可靠性安全性最高，而是在满足要求的条件下服务费用最低。如某民商航天发射运载器提供商在测控通信服务收费条件下，仅根据任务需求购买了必不可少的两台遥测设备的跟踪测量服务。

从测控通信服务提供者的角度看，针对某次民商航天发射测控通信服务设施设备保证工作，就是用最简约的方式保证设施设备功能性能良好。这包括设施设备功能性能确认和检修。

功能性能确认的核心是提炼出一组充分必要的检测用技术指标，充分性是讲只要这组指标满足要求就能确保设施设备工作正常，这样可以保证指标测试工作的有效性；必要性是讲这组指标的任何一项缺失，都不能确定设施设备能否正常工作，这样可以保证指标测试工作的经济性，表 8－3 列出了检测 YQ－××××遥测设备功能性能的一组指标。

表 8－3　YQ－××××遥测设备功能性能的一组指标示例

序号	名称	测试项目	技术指标	实测结果
1	系统指标	解调门限	$\leqslant$76.4 dBHz(FM,2 Mbit/s,0.7,$P_e \leqslant 10^{-4}$)	
		跟踪精度	$\leqslant$0.1°	
2	信道及基带分系统	AGC 控制精度	$\leqslant$1 dB	
		下变频器衰减量	$\geqslant$45 dB	
3	时码器	自动守时功能	在外时统中断时可以自动守时	
4	伺服分系统	伺服带宽	低带：$\geqslant$0.5 Hz	
			宽带：$\geqslant$1 Hz	
		交调量	方位：$\leqslant$20%	
			俯仰：$\leqslant$20%	
5	记录分系统	检前记录回放误码率性能恶化	$\leqslant$1 dB	

在确定好检测用技术指标之后，需要明确检测的方法，包括检测原理、检测程序、检测标准、所用工具和仪表、对检测人员的要求等。以遥测设备 PCM/FM 解调门限指标检测方法为例，检测方法如下：

检修人员：获得遥测解调终端岗位资质的人员；

采用原理：PCM/FM 信号信噪比与误码率之间的理论换算关系

$$P_e = Q\left(\sqrt{\frac{1.2E_b}{N_0}}\right)$$

指标要求：解调门限＜76 dBm/Hz（频率 f = 2 250.5 MHz，码速率 R_b =

1. 966 08 Mbit/s，中频带宽选择 $B_i=3.3$ MHz，调制指数 $m_f=0.7$，误码率 $P_e<1.0\times10^{-4}$情况下）；

仪器工具：频谱议（频带宽度大于 2.5 GHz）；

检修程序：

1）给遥测监控系统、遥测信道、基带解调终端、信号调制模拟源、频谱仪设备加电 20 min，待设备工作稳定后开始测试；

2）通过监控系统，分别设置调制模拟源的调制信号频率为 2 250.5 MHz、码速率为 1.966 08 Mbit/s，调制度为 0.7；设置基带解调终端中频带宽为 3.3 MHz、码速率为 1.966 08 Mbit/s、信号为加调状态；

3）调整调制模拟源信号强度，使解调终端保持信号锁定正常；

4）在解调终端实时统计信号误码率，并以 1 dB 强度步进调整调制模拟源信号强度，使得信号误码率小于 1.0×10^{-4}；

5）设置调制模拟源信号为去调状态，从频谱议上读取此时的信号功率（记为 P_s，单位为 dBm），读取噪声功率谱密度（记为 N_0，单位为 dBHz）；

6）计算 P_s-N_0 的值，即为遥测解调门限。

（2）人员保证

国家主导的传统航天发射测控通信人员保证的核心是确保“人因差错为零”，为此，一次航天发射任务常常要尽可能多地动用可以动用的有用人员，采取一切可以采用的有效措施，如采用“双岗制”（一个岗位分为一岗二岗，一岗执行，二岗监督、提醒、复查），开展“三检查”（一岗检查、二岗检查、指挥员复查）、“四检查”（查文件、查岗位、查设备、查状态）和“双想”（回想、预想）等活动。受市场机制约束的民商航天发射，其人员保证的目的是确保参与民商航天发射的人员数质量刚好满足要求，以便用最小的成本达成预期的目的，为此，人员保证工作的重点是：人员定岗和训练考核。

人员定岗包括任务分析设计和人员选配。任务分析的目的是揭示任务本质，不仅为任务设计奠定基础，更重要的是为人员训练、工作环境和工具保证、组织管理提供基本的信息输入，主要内容包括任务描述、人机交互分析和意外事件研究等。任务设计是依据任务分析的结果，在工艺流程和发射窗口等约束条件范围内，通过改变操作者所做的事情，来改善任务给操作者带来的不利因素，主要内容包括任务强度、睡眠管理和疲劳应对等。人员选配是根据任务分析和设计的结果，在组织可动用的人员范围内为任务各岗位选配合适的人员，合适包括满足要求和人工成本最低两个方面。

我国传统航天测控通信系统在人员培训方面积累了丰富的经验并取得了显著效果。依据其培训顺序和难易程度，航天发射测控通信岗位训练可分成基础性培训、针对性培训和提高性培训。基础性培训是针对某类岗位所需的基础知识、基本养成而开展的带有通用性质的岗前培训，包括组织文化层面的价值观、传统精神、工作作风和个人行为规范等，组织层面的规章制度、工作流程、组织指挥模式、各类计划的编制等，总体技术层面的测控通信系统构成、主要约束条件、主要技术指标等，同类岗位的通用技术等。针对性培训是针对具体岗位所需特殊知识、操作技能、生理和心理素质而开展的岗前和岗中训练，包括协同工作程序、设施设备操作、专业拓展技能和协调沟通素质等内容。提高性培训是针对设施设备、工作环境、人机界面、组织模式、操作方法等方面改进而开展的训练。提高性培训的内容非常广泛，除基础性培训和针对性培训的内容外，所有有目的性的提高操作者能力的活动都可认为是提高性培训的内容；提高性培训的主体对象是小型协作团队，主要方法是集智攻关。

（3）消耗类物资能源器材保障

减少物资能源器材的消耗涉及很多方面的内容，核心是保证物资能源器材的品质、贮存量和配置方式满足要求，同时，通过高效使用、重复使用等方式提高利用率，降低消耗类物资能源器材的保障成本。

8.4.2 方案预案设计

方案预案设计是将用户定制的服务转换为具有期望特性的总体技术方案、测控设备的跟踪测量方案、接口控制文件、应急处置预案、放行准则和计算机软件等的一组过程，包括设计策划与输入、过程控制和输出等活动过程。

设计策划与输入。在确定设计和开发的各个阶段，应考虑设计活动的性质、持续时间、复杂程度和顾客及相关方期望的控制水平，确定适用的评审、验证和确认活动。方案预案设计的输入包括用户定制的服务、适用的法律法规以及需要引用的标准和规范、任务失败可能导致的后果和其他方面的要求。

设计过程控制。依据设计策划的安排对设计进行控制，包括：实施评审活动，评价设计的结果是否满足要求；实施验证活动，以确保设计的输出满足输入的要求；实施确认活动，以确保测控通信系统达到预期的目的；针对评审、验证、确认活动中确定的问题采取必要措施。设计过程控制也包括变更的控制，测控通信方案预案设计单位需要对设计的更改进行适当的评审、验证和确认，并在实施前得到批准；对重要设计的更改，应进行系统分析和验证，评价更改对任务进程、结果和已完成工作的影响，并采取必要措施。

设计输出。设计输出的方案预案应经过确认满足输入的要求，且包括：监视测量要求和放行准则；所需保障条件和任务发射最低条件。

某民商航天发射测控技术总体方案纲要示例

1　概述（略）

2　输入（略）

3　与测控系统有关的主要技术状态

3.1　发射场系统（略）

3.2　运载火箭系统

3.2.1　总体技术状态（略）

3.2.2　主要飞行时序及参数（略）

3.2.3　箭载、级载测控合作目标（略）

3.3　卫星系统（略）

4　测控系统的任务和技术要求

4.1　运载火箭的测控任务及要求（略）

4.2　卫星的测控任务及要求（略）

5　测控系统总体技术方案

5.1　参试设备组成（略）

5.2　外弹道测量系统

5.2.1　光学测量（略）

5.2.2　脉冲雷达测量（略）

5.2.3　高精度测速系统测量（略）

5.2.4　GNSS 测量（略）

5.3　运载火箭遥测系统

5.4　卫星遥测系统

5.5　设备跟踪性能分析

根据运载火箭飞行弹道和参试设备布站，分析设备跟踪条件、设备跟踪仰角和跟踪距离与时间的变化关系（略）

5.6　地面安全控制系统（略）

5.7　实时数据处理及监视显示系统（略）

5.8　飞行试验评估中心（略）

5.9　发射段实时引导与信息交换（略）

5.10　卫星测控

5.11　电磁兼容性测试

6　测控系统准备工作要求

7　测控系统对通信系统的技术要求

8　测控系统对气象保障的要求

9　其他要求

10　可靠性及风险分析

8.4.3　联调与质量评审

联调（包括联试、对接、演练）与质量评审是验证、评审和确认民商航天发射测控通信方案预案适用性、科学性和正确性的主要方法，也是检验系统功能性能是否满足要求的主要手段。

（1）联试

联试是测控通信系统内部针对具体情况为确保服务质量而开展的内部活动，在民商航天发射实施过程中不是必须进行的活动。联试包括发射中心内测控系统联调和发射中心与测运控中心间测控系统联试。

发射中心内部测控系统联试。1）目的：发射中心模拟任务状态进行测控通信系统合练。用于检查中心计算机与相关设备之间信息关系、引导方案的正确性、可行性等，演练测控系统的协调性。2）实施：在测控系统联调前组织相关线电路的通信系统联调；中心计算机完成与各测控设备之间信息的交换工作，检查各测控设备发送数据的正确性，监视各测控设备的工作状态；通信系统向各测控设备发送时统信息，完成保持通信信道畅通等通信保障工作。3）验证：参加中心内测控系统联调的各级各类人员，应按分工要求检查比对联调的结果，保证测控设备、线电路工作状态正确，联调达到预期目的。

发射中心与测运控中心间测控系统联试。1）目的：进行各中心计算机之间接口关系和接口软硬件的正确性和有效性检查，各中心计算机对所发送和接收的数据信息转换、监视和显示正确性进行检查，以及各种数据信息发送和接收的时序性和协调性进行检查，对全系统的功能和信息进行检查，并模拟实战任务状态进行整个测控系统的联调，对总体技术方案、实施方案、信息交换和处理显示的正确性，测控系统工作的协调性、稳定性和可靠性等进行检验。2）实施：中心计算机完成同其他中心计算机之间接口关系和接口软硬件的正确性和有效性检查；各中心计算机对所发送和接收的数据信息转换、监视和显示正确性进行检查，以及各种数据信息发送和接收的时序性和协调性进行检查；对全系统的功能和信息进行检查；通信系统负责保持通信信道的畅通等通信保障工作。3）验证：参加发射中心与测运控中心间测控系统联试的各级各类人员，应按分工要求检查比对联调的结果，保证测控设备、线电路工作状态正确，联调达到预期目的。

（2）对接

对接是测控通信系统与运载火箭、航天器上的合作目标之间所进行的匹配性检查，包括天地对接和安控对接演练。

天地对接是依据对接大纲、方案、细则和协同指挥程序，由地面遥测系统接收、解调箭上、星上合作目标发送的数据，并进行相应的处理、显示，用以验证测控系统与箭上、星上合作目标的匹配性，检查遥测信息格式和处理方法的正确性。

逃逸安控码组对接是根据任务工作计划、对接实施细则，按约定完成逃逸安控码组的安装，然后，在地面安控设备与箭上合作目标之间建立信息传输链路，检查确认安控指令发送接收情况，确保地面安控设备与箭上合作目标之间协调匹配。

（3）演练

演练同联试工作一样，是测控通信系统内部为快速响应异常和紧急情况而开展的内部活动，在民商航天发射实施过程中不是必须进行的活动。演练包括应急预案演练和逃逸安控演练。

应急预案演练按照任务应急预案及演练项目由责任单位组织实施，演练各设备应急预案的正确性和可操作性，演练岗位人员紧急情况下应变能力。

逃逸安控演练由中心计算机模拟运载火箭和载人飞船故障模式，演练逃逸安控方案和细则的正确性、可操作性，演练逃逸安控判决团队协同工作的能力。

（4）质量评审

通常在固体火箭转场发射或液体火箭加注发射前，测控通信系统为确保其所提供的服务满足顾客要求而进行阶段质量评审。阶段质量评审是对测控通信系统状态进行诊断的过程，应对照放行准则逐项进行评价确认，并提出结论性意见。

8.5 能力提升

卫星轨道的确定和控制能力是航天发射测控的核心技术，也是评价一个国家航天测控能力的主要依据。近年来，随着航天技术的快速发展，各国发射卫星的数量与型号迅速增加，卫星运行状态从单星、星座向卫星群发展，卫星轨道从地球轨道向深空轨道发展，航天测控通信领域正在朝着航天器、运载器自主测控和天地一体化测控模式两个方向快速发展。

（1）自主测控能力

目前航天发射测控和大多数航天器运控都是采用地面遥测遥控的方式进行控制。但是由于航天技术不断发展，在通信广播、导航定位、气象观测、资源勘查、环境监视、海洋监察、军事侦察和空间探测等各个领域航天技术都具有重大应用价值，随着应用类型数量急剧增加和航天发射活动频次骤增，航天发射测控通信的任务量和星箭地间的通信数据量增大，在轨运行管理费用也大幅提高；对于由多颗卫星组成的卫星星座，考虑到各个卫星间相互关联，管理和操作费用还将呈非线性递增趋势；随着航天器功能的提高，控制管理的复杂程度也相应增大，由于操作人员疲劳等原因而导致人为错误的概率也会增加。基于以上原因考虑，如果卫星缺乏自主运行能力，必将增加地面测控站的建设费用、测控专用设备费用和测控操作人员费用等运行成本。

航天器运行测控的发展趋势是：长期自主稳定运行为主，地面遥控介入为辅，要求航天器具有长期自主运行能力。对商用任务：不能中断通信，当发生故障时，系统应具有自主判断、自主切换能力，维持正常运行；对军事任务：无论对以“利用空间，支援作战”为目标的初级任务，还是以“控制空间，掌握制天权”为目标的高级任务，都应尽量减小对地面站的依赖，提高航天器的自主能力，即使在地面站被摧毁的情况下，仍然能够自主生存。缺乏自主运行能力，将大大影响航天器的系统性能，甚至失控。

（2）天地一体化测控模式

空间科学试验卫星一般为近地卫星，测控时段短，由于目前通过地面站网（数据接收站和测控站）直接进行数据接收（卫星遥测、数传科学数据）和指令上行，卫星只有在过地面站信号覆盖区时才可以进行测控和数据接收，从而导致进行科学试验的时间非常有限，并直接影响科学试验进程控制的实时性和连续性。另外，我国的测控管理体制不允许用户从用户中心直接发送指令进行实时控制操作，使遥控操作试验支持面临很大的困难。针对测控、接收时段太短问题，可以利用中继卫星进行测控和数据接收，三颗中继卫星的测控范围可以覆盖全球。只要在测控计划中安排出一段时间，即可开展科学试验。针对测控工作机制的问题，结合我国测控体制的实际情况，可以考虑采用由卫星测控中心准实时透明转发的方式进行闭环控制。这种解决方案已经在某些科学试验卫星的运控实践中进行了有效的探索，具有良好的可操作性和可行性，可以满足空间科学试验地面任务支持的需求。

随着天基测控网的建成，与航天测控网、天文科学观测网、空间目标监视网三网合一的逐步推进，天地信息向一体化、标准化设计迈进。目前我国卫星的数据业务已经从PCM测控阶段进入了标准化的CCSDS分包测控阶段，许多国外航天器已经采用了AOS高级在轨系统，实现了天地一体化的数据网络业务服务。

天地一体化模式可实现定轨、指挥、控制、空间情报等的紧密融合，更有利于及时获得空间综合态势和指挥信息，实现高效和协同操作。

参 考 文 献

[1] 于志坚．航天测控系统工程［M］．北京：国防工业出版社，2008.

[2] 雷厉，朱勤专．飞行器测控通信技术发展趋势与建议［J］．飞行器测控学报，2014，33（6）：463－468.

[3] 王志魁．美国天基靶场的开发［J］．飞行器测控学报，2004，23（4）：31－36.

[4] 李华，马远库．适应空间作战需求的机动航天测控站建设方向研究［J］．靶场试验与管理，2012（6）：7－11.

[5] 关晖，宁永忠．我国在轨卫星测控发展历程及展望［J］．国际太空，2018（46）：55－59.

[6] 李轩，温志军，高越．飞行器测控系统数据分发服务研究［J］．测控技术，2017，36（4）：48－52.

[7] 殷复莲，卢满宏，郭黎利．测控通信干扰抑制技术综述［J］．宇航学报，2009，（30）5：1757－1764.

[8] 陈峰，武小悦．天地测控资源一体化调度模型［J］．宇航学报，2010，（31）5：1405－1412.

[9] 成求青，李波，余浩章，邓洛凤．导弹测控系统总体设计原理与方法［M］．北京：清华大学出版社，2014.

[10] 朱振才，张科科，陈宏宇，胡海鹰，李宗耀．微小卫星总体设计与工程实践［M］．北京：科学出版社，2016.

[11] 吕久明，谷锁林，张艳兵，等．太空快速响应发射场能力建设［J］．国防科技，2018，39（6）：15－19.

[12] 常显奇，等．军事航天学［M］．北京：国防工业出版社，2005.

[13] 于志坚．我国航天测控系统的发展趋势［J］．靶场试验与管理，2006（2）：1－4.

[14] David L. Adamy. 电子战原理与应用［M］．王燕，朱松，译．北京：电子工业出版社，2018.

[15] 刘嗣勤，王琼．机载测控站雷达测控性能研究［J］．电子科学技术，2017，4（5）：37－39.

[16] 唐述强．天基测控抗干扰技术研究［J］．安徽大学学报（自然科学版），2006，（30）6：45－48.

[17] 雷厉．航天测控通信技术发展态势与展望［J］．电讯技术，2017，57（12）：1464－1470.

[18] 杨红俊，罗巧云．美国小卫星利用天基测控系统的研究［J］．飞行器测控学报，1999，（18）4：22－27.

第9章　民商航天发射改进与创新

民商航天发射在我国属新生事物，一方面必须遵循航天发射固有规律，另一方面又必须按照市场规律办事。本章从商业航天的发展趋势、民商航天发射技术和管理创新以及我国商业航天发射的未来发展四个方面论述了民商航天发射改进与创新。商业航天发展趋势部分描绘了产业发展、跨界融合、作战运用和机遇与挑战四个发展方向。民商航天发射技术创新部分论述了技术创新的机理，描述了影响和制约技术创新的外部因素，论证了技术创新的主要内容，讨论了民商航天创新发展的指导思想与原则、方向和内容、合作方式与途径。民商航天发射管理创新部分论述了管理创新的机制，论证了建立健全商业航天法规标准、改进发射场建设运行模式，并从组织机构设置与职责、组织指挥模式、测控管理方式、质量安全环境管理方式、服务保障收费模式等方面讨论了民商航天发射组织管理创新的内容。最后，讨论了我国商业航天未来发展的前景与战略。

9.1　发展趋势

商业航天是人类航天活动发展到一定阶段的必然产物，也是航天产业发展的大趋势。商业航天具有快速响应、低成本和可灵活批量制造等特点，为航天事业持续繁荣发展提供了新动力。近年来，以美国、欧盟为主的世界主要航天国家大力推进商业航天发展，制定了符合各自国情的商业航天发展规划，使航天产业发展逐步由以军事和政府部门服务为主转变为以经济和社会发展服务为主，商业航天正在与民用航天、军事航天一起，成为航天的重要组成部分，在全球航天领域扮演着越来越重要的角色。国内在国家政策引导下，一大批创新民营航天企业蓬勃兴起，为航天产业发展注入了全新的思维方式、发展理念和商业模式，有力地促进了新形势下以商业化、创新驱动为标志的新航天时代，开启了航天产业发展的新篇章。

（1）产业发展

近年来，世界航天大国充分意识到商业航天巨大的潜在价值，大力推动商业航天的发展，商业航天在整个航天产业中所占的份额越来越大，航天技术商业化趋势越来越明显。据美国航天基金会2018年7月19日发布《The Space Report 2018》数据显示，全球航天经济总量多年保持稳定增长，2017年比2016年增长7.4%，比2012年增长800多亿美元，5年增长27%；其中商业航天收入占比不断扩大，2017年商业航天收入约占总量的80%。由此可见，商业航天已成为世界航天产业的主要构成和全球航天经济发展的主导力量。2017年1月，美国联邦航空管理局商业航天运输办公室发布《2017年度商业航天运输报告》，预计2017—2026年，全球年均将进行41.2次商业发射，2 390个有效载荷以商业方式发射。据预测，2020 年全球商业航天市场将超 1.7 万亿元规模，我国商业航天市场将达到 8 000 亿元，商业航天产业有望迎来重大发展机遇，而商业航天发展的新思维、新理念与新模式也将对传统航天产业产生巨大冲击和影响。

（2）跨界融合

在全球新一轮科技革命和产业变革形势下，互联网正在深刻影响世界航天，特别是商业航天的发展，“航天＋互联网”的跨界融合已成为商业航天发展新趋势，互联网正在对航天发展产生颠覆性的创新。主要体现在：运用互联网思维发展商业航天，运用互联网平台提供应用服务，探索建立太空互联网，互联网企业进军航天市场等。商业航天对国民经济发展有着巨大的促进作用，发展商业航天能够有效提升国家投入的效益，并促进航天产业融合发展。商业航天按照市场模式运作，有众多的参与者，从而可带动相关行业的发展。随着 5G 时代的到来，将“大、智、云、物、移”（大数据、智能城市、云计算、物联网、移动互联网）等概念打通贯穿起来，实现有机融合和系统集成，商业航天为海量物联网通信、智慧城市建设、环境监测等提供多个应用场景，为智能无人驾驶、高效工业自动化、高可靠的通信带来可靠性保证；同时，随着卫星成本的降低，及时处理好与地面系统的兼容关系，将打开数千亿元的蓝海市场。

（3）作战运用

未来对商业航天的认识不仅仅局限在降低成本、提高效益上，商业航天还蕴藏着巨大的军事潜力，在商业航天利用上与军事航天的界限逐渐模糊。近年来，美国加大利用商业航天资源与服务，以满足不断增长的军事航天需求，并走在世界的前列，代表全球商业航天发展应用的新动向。一方面，美国积极培育商业航天市场，以期激发航天工业基础能力，缓解政府预算削减对国家航天工业的冲击，巩固世界航天市场霸主地位。另一方面，在进入空间、利用空间甚至控制空间多个领域，加大利用商业航天部门和私营企业提供的空间产品与服务，作为传统军事航天能力的重要补充。美国商业卫星在各种军事行动中，提供了大量高分辨率目标图像，为美军提高定点打击效率以及争取外交主动权方面提供了重要支撑。在空间态势感知方面，商业航天公司利用开发大数据管理软件方面的优势，为政府部门提供空间态势感知服务，可有效弥补空间态势感知能力的不足。

（4）机遇与挑战

世界主要航天国家相继出台相关政策和法律法规，鼓励并推动商业航天的发展，业务范围从传统的商业卫星发射、商业卫星应用，扩展到商业载人航天飞行等领域。当前国内国土资源、地理测绘、能源开发、城乡建设、应急救灾等行业领域对卫星通信应用、卫星导航应用和卫星遥感应用提出了更加多元化的要求，民营企业和“一带一路”沿线国家和地区对商业卫星发射的需求也日益增加，商业航天发展面临更大机遇，前景更加广阔。但是，国内商业航天市场规模仍然较小，相关法律法规不健全，全产业链不成熟，商业航天的发展仍然面临前所未有的挑战。另外，商业航天公司依靠其低成本、高效率、创新的技术和管理模式抓住市场机遇，在逐渐发展壮大的同时，新兴商业航天公司也不可避免将碰到航天固有的高风险。2016 年 9 月 1 日，猎鹰 9 号火箭进行整箭地面点火试验时发生爆炸，星箭俱毁。此前，猎鹰 9 号火箭已成功执行了 18 次发射任务，是高可靠商业航天的典范，本次发射失败使得商业航天的发展进一步受到外界质疑，发射失利在造成巨大经济损失的同时，对其质量管控措施的有效性产生了担忧，甚至对商业航天产品的质量产生了怀疑。2018 年 10 月 27 日，中国首枚民营运载火箭朱雀一号在酒泉卫星发射中心发射升空，一二级工作正常，整流罩分离正常，但三级在飞行过程中出现异常，搭载的未来号微小卫星未能入轨。

9.2 技术创新

美国泰勒·考恩（Tyler Cowen）在《大停滞?》一书中描述，“登上月球引起了人们极大的兴奋感，被认为象征着一个新时代的来临，但事实上，登月这件事更多是旧科技发展到巅峰的标志。”纵观世界航天发展，整体上遇到了技术瓶颈、管理瓶颈、投入瓶颈，就航天技术来说，主要与信息技术相关的卫星领域发展较快，与动力技术相关的航天运载领域发展较慢。民商航天发射技术创新的核心是借助市场竞争机制，激发技术创新的动力和活力，实现航天发射技术的突破性发展。

9.2.1 技术创新机理

技术创新既是控制产业链、国际高端分工地位和行业核心竞争力的重要因素，又是各主要航天国家推动航天产业经济增长的内生动力或原动力，已成为整个航天产业发展的基本依托之一。实践证明，使命规定目标，职能决定方向，职能使命和发射任务需求从根本上统领和牵引着民商航天发射的创新发展。面对商业航天发展的新需求，国内民商航天发射领域要根据国家航天技术发展规划和航天器、运载器对发射技术的新要求，探索、创新民商航天发射技术，力争在商业航天发射国际分工和国内商业航天发射市场开发与发展方面有民商航天发射的一席之地。

民商航天相对于其他航天而言，在技术创新、提高效率和降低成本方面具有明显优势，但同时也存在基础薄弱、技术人才储备不足、资金匮乏等问题，需要在各个环节更加注重技术创新活动，提高核心竞争力。图 9－1 描述了民商航天发射技术创新体系。

图 9－1 中显示，商业航天市场的快速发展和巨大需求是牵引民商航天发射技术创新的重要力量，商业卫星技术及其应用和运载火箭技术创新是推动民商航天发射技术创新的主要动力，国家法律法规和政策支持是民商航天发射技术创新的根本保证，同时也为民商航天发射技术创新划定了战略性的范围。

图 9－1 中显示，民商航天发射技术创新的主要方式包括：技术理论创新、发射模式创新、新型运载火箭发射创新、可重复使用与回收创新、新型测试技术创新等。

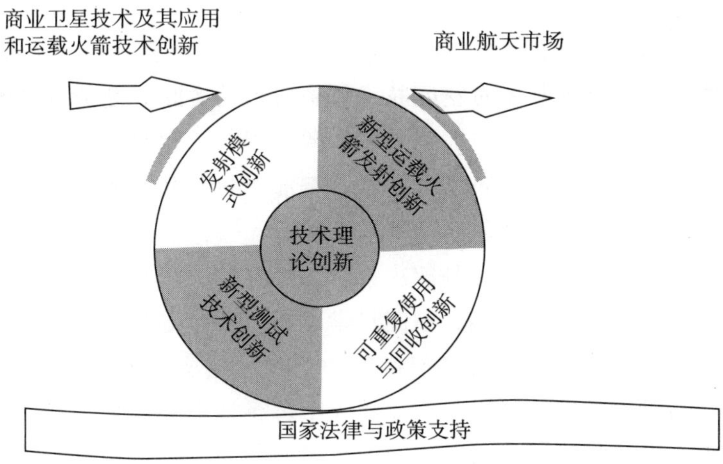

图 9－1　民商航天发射技术创新体系

9.2.2　技术创新的外部因素

对民商航天发射技术创新有直接影响的因素主要有航天市场，卫星技术及其应用创新，运载火箭技术创新，国家法律法规和政策的支持。

（1）航天市场

民商航天发射快速发展的根本原因在于对商业利益的追逐，因此，民商航天发射技术创新的根本动力在于民营航天企业通过应用新技术可以在航天市场中取得竞争优势，因此，航天市场的发展方向与趋势对民商航天发射技术创新具有牵引作用。当然，民商航天发射技术创新也会进一步刺激航天市场的发展甚至开发出新的航天市场。

在看得见的未来，全球商业航天发射服务市场规模将持续增长。除以政府和民用为主导的载人航天、空间探测、信息支援等航天器发射需求外，还有以社会各行各业需求为主的商业发射需求。其中，微小卫星具有研制成本低、研制周期短、功能密度高、应用广泛、可定制化等特点，已成为全球商业航天发展新热点。据 2016 年欧洲咨询公司发布的微小卫星市场预测报告显示，预计 2016—2025 年将有超过 3 600 颗微小卫星升空，此外还有若干百星量级的商业星座项目也正在酝酿之中，这些项目对商业航天发射的需求呈急剧增长态势。微小卫星的大范围应用不断要求有更低的发射成本，更快速灵活的发射方式及更多的发射机会，以满足商业市场对快速星座组网、技术演示验证、空间科学试验和空地信息感知等多方面的需求，迫切需要以快速响应为主要特征的运载火箭提供商业化发射服务。对太空的利用，微小卫星发展的迅猛劲头和未来潜在的强大市场，对新一代的航天发射提供了良好的需求市场和发展空间。

（2）卫星技术及其应用创新

卫星技术及其应用对航天市场规模和发展具有重大影响作用，同时，率先进行技术创新和应用先进技术的企业，会在航天市场竞争中处于有利位置。而卫星技术及其应用创新必然会对民商航天发射技术提出新的要求，并进而推动民商航天发射的技术创新。

一定时期内，卫星技术及其应用创新会主要集中于基础前沿技术、先进卫星平台技术、新型载荷技术和跨界融合技术。

基础前沿技术。基础前沿技术是空间技术创新发展的源泉，基础科学和前沿技术的突破，都有可能引起人类征服和利用空间能力的大幅度提升，包括但不限于：大数据与云计算、量子技术、太赫兹技术、认知科学与技术、智能材料与超材料、微纳光电技术、自由空间光通信技术。

先进卫星平台技术。创新的重点是解决平台的稳定性、可靠性较弱，精度和敏捷性不足等瓶颈问题。面向未来通信、遥感、空间科学、在轨服务等领域对卫星平台高精度、高稳定度、高承载比以及智能自主、可扩展可重构等高品质要素的迫切需求，聚焦智能化、长寿命、低成本、高可靠等性能要素，打造超大型可重构卫星平台、超高精度超高稳定度卫星平台、可维修和可服务卫星平台，提升卫星平台品质，扩展平台能力包络，进一步增强平台对新领域任务的支撑能力。

新型载荷技术。创新的重点是拓展新型载荷技术手段，面向应用服务，突出效费比，完善载荷型谱。围绕空间系统未来发展，开发静止轨道 3 m 分辨率光学载荷、大气海洋一体化测风雷达、高光谱分辨率载荷、激光三维成像载荷、云雨三维测量载荷等，加大载荷效能仿真和数据处理技术研究，提升遥感载荷分辨率，提高定标、定位和探测精度，支撑遥感载荷数据深化应用。发展新一代大容量宽带卫星通信和广播技术、地球静止轨道（GEO）卫星移动通信技术以及星间激光通信及组网技术、太赫兹通信技术等新型通信有效载荷技术，提升通信有效载荷容量和移动通信、多功能复合通信和星际高速率互联能力，形成新一代天线和射频部组件等关键产品技术储备。瞄准更长远空间应用，开展新概念、新原理、新体制有效载荷技术研究与探索，在技术体制、关键产品和业务化应用等方面形成原创成果。

跨界融合技术。创新的重点是深化商业航天应用，推动商业化航天服务和多源数据融合共享，支撑重要行业深化应用和大众服务。利用大数据、智能处理、移动网络、云计算等新兴技术，构建大数据一体化应用体系，推动天地一体、多维信息智能同化与实时融合。构建支持由通信网、互联网、传感器网构成的泛在信息网络，从技术视角向应用视角转型，满足区域协调、深度融合、大众消费等多样化需求。

（3）运载火箭技术创新

运载火箭技术创新与民商航天发射技术创新具有直接关联性，民商航天发射技术创新主要用来满足或更好地满足运载火箭的发射要求，同时，发射技术水平也会束缚民商运载火箭的技术创新，如空间发射平台技术正在限制着空射运载火箭的技术创新。

相比国家主导的航天发射，民商航天发射对运载火箭有以下方面的需求：

1）快速响应卫星用户需求。传统上，国内航天发射一般都由用户在大总体确定后进行火箭定制，两到三年甚至更长时间后才实施发射，现在商业火箭需要高密度发射、快速组网和补网。比如：长征七号火箭包括其他将来的商业火箭，用户需求最短 30 天，这要求事先把运载火箭生产好，提供标准接口，进而实现从合同签订到运载火箭点火发射只需

30 天的目标。

2）运载火箭灵活便捷可靠。首先，火箭卫星组合要灵活，既可以定制发射（专属发射），也可以搭载发射，甚至众筹发射（众筹发射是指可以提供标准的接口让多个卫星用户共租一发火箭实施多卫星发射）。其次，轨道适应性要灵活，小型火箭可以做到自主环境保障或对发射场依赖很小。第三，操作便捷，就是现场操作要简单，比如：长征十一号火箭从进场到发射一共 9 天时间，后续随着形势的发展，对时间的要求将会继续缩短。

航天运输系统是一切空间活动的基础，航天运输系统的能力、技术水平及以其为基础开展的重大航天活动，是一个国家航天实力和水平的重要体现。发展民商航天，需要大力推进运载技术创新。未来，大推力火箭发射仍占主导地位，简化发动机设计和数量，模块化、标准化、环保设计是未来发展趋势；小型火箭发射需求将不断加大，同时低成本和短周期将带来全球发射次数快速上升，但门槛相对较低，竞争将会更加激烈。当前，国内能够研制火箭的企业基本上还是依托国有工业部门的强大资本和技术实力，民商运载火箭研制和技术创新任重道远。

原始创新是赢得未来的关键。只有强化原始创新、从源头做起，才能够获得具有战略意义的颠覆性技术，夺得未来竞争的先机；也只有打破长期以来跟踪研仿的思维定式，真正建立起独立自主的创新体系，才能形成核心技术竞争优势。国内传统企业在商业火箭的研制上已经认识到潜在的商业价值和生存的危机感，在技术上、成本上和效率上不断加快创新步伐。如：航天科工火箭技术有限公司不断追求技术创新与低成本制造，提出并通过 4 个标准来评判技术创新程度：1）性能相同，成本降低 5%以上；2）成本不变，性能提升 50%以上；3）导致业态重构的原始技术创新；4）导致产业颠覆的跨界技术创新。同时，我国正在通过多种渠道培育、搭建商业发射火箭的研发生产体系，通过建成商业化的低成本制造生产线，尝试将固体推进剂成本从现在的 200～300 元/千克降低至 100 元/千克以下，无毒无污染的新型液体推进剂成本降低至 20 元/千克以下，有效载荷发射成本从当前 2 万～3 万美元/千克的国际平均水平降低至 0.6 万～1 万美元/千克。

（4）国家法律法规和政策的支持

长期以来，航天发射一直是由国家主导并限制民营企业进入的领域。随着国内政策在 2015 年前后开始松动和国家为构建“航天强国”提出的战略规划以来，追随着国外商业航天的步伐，国内诞生了一批在航天商业化方面尝试探索的企业，包括代表国家航天力量的中国航天科技、科工集团有限公司，以及像星际荣耀、蓝箭空间、零壹空间等民营公司。有关国内商业航天的法律法规和许可政策参见 2.2 节和 2.3 节。

9.2.3　技术创新的主要内容

响应航天产业和市场快速发展的需要，受卫星技术及其应用创新、运载火箭技术创新的直接影响，与国家航天战略保持一致并受法律法规政策的制约，当前和未来一定时期内，民商航天发射技术创新主要集中于航天发射技术理论、新型测试发射技术、可重复使用回收技术、新型运载火箭发射、多样化发射模式。

（1）航天发射技术理论

立足航天发射场现有发射能力，积极进行各型号火箭测试发射理论研究、新型火箭测试发射能力快速形成研究、快速组网补网发射理论研究、设施设备可靠性评估和寿命预测理论研究、航天任务测试发射过程精细化管理技术研究，推动航天发射试验任务向快速、高效、安全、可靠的方向发展。

以组织指挥通畅、风险防控到位、质量管控严密为出发点，探讨在新技术、新体制应用的情况下，如何科学设置产品测试项目、方法、流程、状态；研究未来航天发射场多发射工位、多飞行器并行组织指挥理论，以先进的组织指挥促进联合指挥保障。

突破高密度发射、应急机动发射流程优化理论，积极探索未来飞行器发射及回收等新技术；逐步开展卫星、载人飞行器、探月飞行器、星际飞行器、新型带翼飞行器发射及回收理论研究。

通过稳步推进信息化建设理论研究，以信息化推动智能化，实现未来航天发射综合运用网络信息系统，实施智能联合指挥控制。

把握时代发展，广泛开展新型进出空间装备理论研究，推动开展航天新技术发展试验、航天装备鉴定试验、临近空间飞行器放飞及回收试验，解决关键技术难题。

（2）新型测试发射技术

航天测试发射技术属于航天工程技术的分支，以基础科学和技术科学为基础，集中应用了多种科学技术的最新成就。同时，航天测试发射技术又是一门研究火箭和航天器发射原理、发射方式和发射设施的设计、制造、试验、使用的工程技术，是一门综合性、系统性极强的交叉学科。因此，随着与之相关的科学技术的探索和发展，航天测试发射技术也应紧跟现代科学技术体系的发展，把最前沿的理论和技术应用于发射场系统中。

新型测试发射技术创新应重点：1）开展大中型固体、新型液体运载火箭低成本总体技术，新型液氧煤油发动机、胶体推进剂发动机、液氧甲烷推进剂发动机以及运载火箭可重复使用技术研究和仿真、试验验证。2）持续开展推进剂安全防护、质量检测和生产贮运等技术攻关，开展设施设备信息化、智能化技术研究，提升设施设备自动化智能水平，为发射场信息化建设提供支撑。3）通过项目改造和新系统建设，利用先进平台，基于状态可视，实现主干或大型装备系统的集中监控和故障的远程智能诊断。4）通过智能信息系统，实现任务信息实时融合、快速处理和综合利用，提升航天器发射任务快速评估能力。

（3）可重复使用回收技术

在航天领域实现包括运载火箭、宇宙飞船在内的航天装备可重复使用一直是人类航天领域技术创新的追求。火箭一般是一次性运载工具，其助推器在高空分离后呈自由落体下落，一方面会对落区造成伤害，另一方面存在成本上的浪费。为此，世界各国都致力于火箭助推器回收及重复使用技术的研究，我国已经多次实现了载人飞船的成功回收，在此方面拥有一定的研究经验；但助推器安全可控回收的目的与飞船回收有一定差异，助推器回收的最大特点是要实现“定点”，就是箭体残骸落点可控。国外对各类回收技术开展了较为全面的研究，并不断开展相关技术研究和验证，民商航天发射领域应积极开展对国外运载火箭子级回收技术的跟踪研究，在相关研究步骤上，率先开展小型子级回收运载火箭的研究，突破子级回收技术，进而拓展到中大型运载火箭，实现重型运载火箭的子级回收，最终全面实现运载火箭的子级回收。在运载火箭重复使用回收方面，SpaceX 公司走在最前沿，2015 年 12 月 22 日猎鹰 9 号首次完成一级回收，2017 年 3 月 30 日，翻新的“二手”火箭猎鹰 9 号成功将商业卫星发射上天。

（4）新型运载火箭发射

运载火箭的技术水平代表着一个国家自主进入空间的能力，更是开展空间活动的前提。运载技术在航天技术领域始终处于基础地位，世界航天大国都非常重视运载技术的发展。未来世界强国运载火箭技术发展的总趋势是：在更新换代的基础上不断出新、大幅提高快速响应和适应能力、重型火箭仍是重要选择、可复用技术应用加快等，使运载火箭具有高可靠、无污染、低成本、维护使用方便，以型谱化为方向提高通用化、系列化、组合化水平。新型运载火箭的发展趋势决定了民商航天发射技术创新必须考虑：1）航天器发射场要满足发射具有高运载能力的大直径的火箭和大型捆绑火箭；2）适应现有火箭更换无毒无污染推进剂后的发射要求，以及快速响应发射要求；3）具有完备的与发射任务相适应的系统配套工程和支持各种可重复使用运载器起降的能力；4）着眼未来太空发展方向，探索未来新型航天器发射和保障技术，包括星际飞行航天器发射技术、新能源航天器发射技术、新型推进剂安全管理与控制等技术。

（5）多样化发射模式

目前航天发射主要有陆基、海基和空基 3 种发射方式。在快速进入空间方面，机动发射可作为地面发射场固定发射的有效补充，空中发射技术摆脱了传统发射场的限制，提高了发射地点的灵活性和时间选择的有效性，可以满足应急作战发射的需求和增大战场生存能力。机动性、快速发射能力和低成本是空射火箭与陆基和海基火箭相比所具有的最为突出的特点，空中发射技术将成为未来发展的热点与重点。民商航天发射技术创新需要考虑：1）将航天器、运载火箭、发射场技术保障和测量通信保障作为一个整体考虑，统一接口、协同配合、同步发展，建成技术更加完善、使用更加方便、通用性更强的航天发射场；2）提升多发射工位、多飞行器并行测试发射技术水平；3）研究未来测试发射固体、液体、固液混合火箭，有翼、无翼空间飞行器，高速、低速临近空间飞行器的关键技术，包括窄窗口和零窗口发射、复杂气候环境下发射、多轨道发射技术；4）立足国家长远发展需要，研究快速响应、应急补网发射技术，采用固定、机动发射模式，形成应急机动固/液火箭快速发射能力，探索建设空基发射能力，增强临近空间试验能力。

9.2.4 技术合作创新发展

商业航天是协同创新的突破口和试金石。航天发射技术合作的深度发展，既符合国内政策要求，也是加速推进航天强国战略发展、扩大国际航天合作交流、提升航天发射综合能力的迫切需要。

（1）指导思想与原则

以增强和提高商业航天发射能力为遵循，使技术合作能够为商业航天发展贡献力量，同时使国内航天发射在提高核心能力方面迈上新的台阶，在多出高档次成果和多出高层次人才等方面取得新的成绩。基本抓手是以建立联合实验室为牵引，以研制、试车和发射大中型固体火箭一体化平台为龙头，以小卫星（微纳卫星）研制为主线，以新技术验证为纽带，辐射和带动其他合作项目。

贯彻“互惠互利、突出重点、先行先试”的原则。互惠互利就是利用发射场在国内外的知名度，以及在环境、人才、技术、装备等方面的优势，利用民商企业的资源、政策优势，互通有无，互帮互建，使发射场和民商企业在全国的社会影响力和经济效益最大化。突出重点就是把以建立联合实验室作为合作重点工程，安排联合实验室基础工程论证规划，提前就联合实验室研究方向等内容进行磋商，使工程建设和技术研究同步进行，力争建成国家级技术创新实验室。先行先试就是把急需解决的技术创新研究项目作为优先任务，抓紧研究，成熟一批推广一批，然后逐步捆绑和牵引其他基础性研究项目，建立长效合作机制，逐步推动合作的深度和广度。

（2）方向及内容

技术合作要基于当前和今后一个时期内的发展趋势，同时考虑商业航天发射在技术、管理等方面的发展需要，尽量寻求融合双方能力的增长点和最佳结合点。主要围绕小卫星研制、大中型固体火箭研制试车发射一体化、发射搜索体系建设、智慧化发射场建设、大数据利用和开发等方面确定研究方向。

智慧商业航天发射场建设。详细分析智慧城市建设需求，开展智慧商业发射场建设规划和顶层设计，描绘智慧商业发射场建设的线路图和实施步骤。研究多渠道的融资建设模式和运营管理模式，逐步将商业发射场建设成为发展更科学、管理更高效、社会更和谐、生活更美好的新型智慧化城镇。

火箭一体化发射试车平台。在发射场建设火箭测试试验设施，实现“试车、试验、发射”一体设计，一体化运行和管理，力争在短期内突破大推力火箭发动机研制难关，跨越式提升我国运载火箭的运载能力。

联合发射回收搜索。研究和应用搜索与救援所需的通信、特殊车辆、无人机等装备，提高全时域待命、全地域到达、全天候搜救的能力，完成航天器返回搜索与救援、残骸回收和人员救援等任务。

大数据开发利用研究。面向手机、互联网、电商、金融、医疗卫生、交通、政务、电信、电力、能源、工业等行业的大数据分析与应用技术开展研究，直接服务于商业航天发射场技术。

联合研制微小卫星。利用民用技术和商用器件，联合研制小卫星（微纳卫星），掌握卫星测试技术、小卫星评估鉴定技术，建立卫星测试鉴定体系，进一步提高航天发射场的核心能力。

(3) 合作方式与途径

基于现有条件和未来一段时期内商业航天发射的发展趋势，技术合作的方式与途径主要有：基础建设、服务保障和实体运行管理。

基础建设。成立联合实验室是技术合作创新的基本抓手，一般将联合实验室主体设在发射场，便于发射场统一规划，协调办理建设用地审批手续，并能够在联合实验室研究方面提供人才、技术支持。在双方共同协商提出联合实验室建设方案的基础上，商业航天企业充分发挥地方政策优势和财政优势，提供必要的基础建设、技术开发和技术引进资金，完成基础工程和基础设施建设。

服务保障。技术双方发挥各自的资源优势，各尽所能，提供便利条件，如：在小卫星研制、发射和服务管理方面，充分利用发射场与工业部门、科研院所和高等院校联系紧密的优势，采用发射场牵头、地方参与的研制、设计、制造合作模式；需要搭载服务时，由发射场协调向管理机构申请，组织实施发射任务，承担搭载接口协调、测量控制、数据处理和技术服务等职能，条件具备后，逐步走开独立自主组织发射模式。

实体运行管理。应当成立专门的合作办事机构，形成良好可持续的合作机制。办事机构负责实体的运行管理、技术协调和资金筹措等事宜，在资产管理上，资产归投资方，运行和管理归发射场。资金实行共管模式，按照投资计划，每年度以一定的投资规模搞好预算。形成的专利、技术成果归双方共享，产生的经济效益可以按照一定比例分享。

9.3　管理创新

相比国际市场上商业航天的日渐成熟，我国的商业航天事业也正在迎来一个前所未有的发展机遇。商业航天企业和项目吸引了各地方政府和资本方的关注，并借助国家政策发展战略驶入了“快车道”。但是，仔细分析我国商业航天发展现状可以发现其在快速发展中面临许多难题。如还没有一家民营航天企业可以与 SpaceX 公司、轨道科学 ATK 公司等同台竞技；还没有一家民营航天企业的技术研发实力和质量管控体系可以与国际同行“掰手腕”。民商航天发射属于市场行为，民商航天企业的客户构成复杂，我国现有民商航天发射的组织管理存在很多问题，与商业航天的快速发展极不适应，需要尽快实施重大改革与创新。

9.3.1　管理创新机制

民商航天发射管理创新不同于组织或企业的管理创新，它涉及国家、政府、社会和企业等多方的行为，是在特定的时空条件下，通过国家法律、政府政策、企业行为的共同作用，对民商航天发射领域的资源要素（人力、设施、资本、信息、能源等）进行优化配置，以实现人们对民商航天发射的新诉求。

民商航天相对于传统航天而言，能够充分利用市场优势，摆脱官僚体制的羁绊，通过计划、组织、指挥、协调、控制、反馈等手段，快速实现资源的优化配置，但由于在我国属于新生事物，存在政策法规不完善，体制机制不健全，管理经验缺乏，与现有体制不协调等众多问题，需要从政策法规、建设模式、组织管理等方面进行创新发展，彻底解放民商航天发射的生产力。图 9－2 描述了民商航天发射管理创新机制。

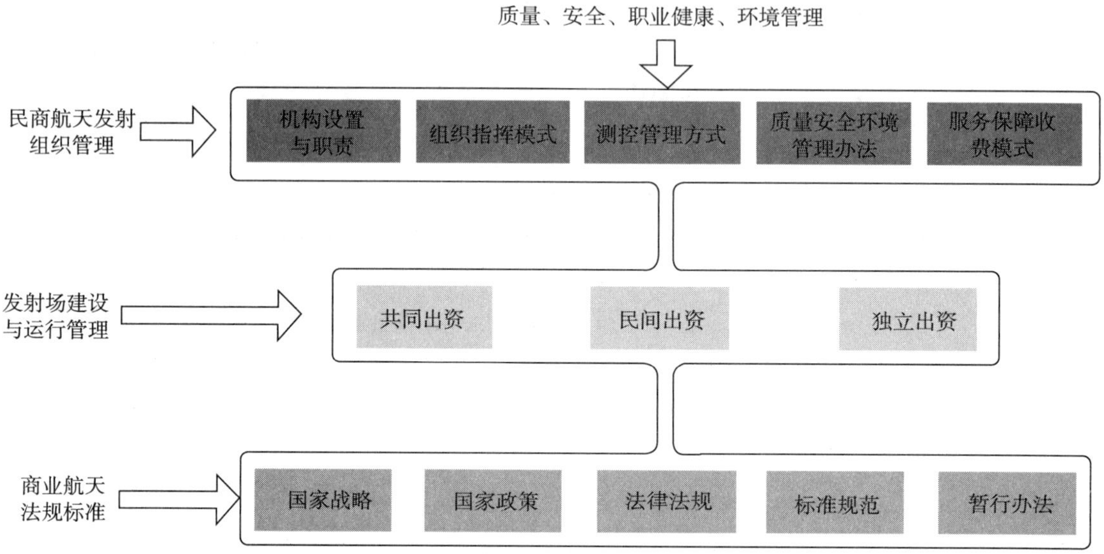

图 9－2　民商航天发射管理创新机制

图 9－2 显示，民商航天发射管理创新可概括为法规标准、建设模式、组织管理和质量、安全、职业健康、环境管理。

商业航天法规标准包括国家战略和政策、法律法规、标准规范以及政府和行业发布的各类暂行办法等。国家战略和政策、法律法规的许可和支持是民商航天发射得以发展的必要条件，完善的标准规范是民商航天发射活动规范有序的基础，也是支撑民商航天发射健康发展，避免恶性竞争和资源浪费的根本保障。

发射场建设与运行管理包括建设运行的总体原则、共同出资建设与运行管理、民间出资建设与运行管理、独立出资建设与运行管理等。由于我国航天发射场基础设施数量有限且为国家所有，而管理方不能提供有偿服务的要求使发射场成为制约民商航天发射的重要瓶颈，需要尽快改进创新发射场建设与运行管理的模式。从当前现实情况看，新建和管理商业航天发射场的模式主要有共同出资、民间出资和独立出资建设与运行管理三种模式。

民商航天发射组织管理改进与创新主要是针对国家主导的传统航天发射的组织管理模式不适用于民商航天发射的现状，结合民商航天发射的规律和特点，提出改进创新的重点在组织机构设置与职责、组织指挥模式、测控管理方式、质量安全环境管理办法和发射场服务保障收费模式。

9.3.2　建立健全商业航天法规标准

商业航天的兴起意味着航天从服务国防、探索太空等殿堂级领域逐渐变成连接社会的与经济活动更加密切的行业，在涉足商业航天领域的主体中，民营企业开始进入并逐渐成为航天领域的重要力量。在我国，2014 年，国务院 60 号文件，鼓励民营资本进入航天领域；2015 年，天地信息一体化写入“十三五规划”重点项目，商业航天正式破冰启航，这一年被称为中国商业航天发展元年，火箭研发、卫星制造、卫星应用等领域在政策上向民间资本开放，成为支持商业航天发展的重要推动力。

《2016 中国的航天》白皮书指出：完善现有航天发射场系统，统筹开展地面设施设备可靠性增长、适应性改造和信息化建设，增强发射场任务互补和备份能力，初步具备开展多样化发射任务的能力。由此可见，政府尤其是国家航天主管部门已经认识到了商业航天对于整个国家航天发展的重要性，特别是切实采取各种举措鼓励民营航天企业承担航天下游产品的开发经营。但是，真正落实到给民营航天企业保驾护航的措施有限，如：现有发射场发射任务逐年增多，民商航天发射在发射场资源紧缺的情况下与政府项目竞争发射资源，会极大地限制民商航天的发展；卫星测控权限还没有放开，加上管理方不得进行有偿服务，使商业卫星的测控管理还没有得到落实，等等。因此，民商航天发射的破冰之旅开启后的今天，民商航天发射正在“千呼万唤”相关法律的出台，相关标准的建立。

（1）推进商业航天立法建制

商业航天发射与航天强国的战略目标一脉相承，是我国航天事业的重要组成部分。高度关注商业航天发射需求，要把商业航天发射纳入国家航天发展的长远战略，坚持国家航天战略的根本牵引，探索形成与国家航天事业发展需求相一致、与战略态势相适应的航天产业格局；要坚持国家主导、需求牵引、规范指引的方针，厘清政府与市场、不同监管部门之间的权责界限，持续推进开放共享的航天体系，形成分工合理、优势互补、有机衔接、安全可靠的新型航天工业体系，持续提升航天发射的综合能力和效益，满足各类任务需求。

加快航天立法。深入研究我国商业航天活动的具体法律实践，研究商业航天活动与现行民商法制的配套衔接，探讨我国商业航天所必需的法律要素；通过航天立法，充分发挥“法治航天”的战略引领作用，消除一切束缚商业航天生产力发展的桎梏，优先解决重点领域无法可依的问题，依法破除制约商业航天发展的“天花板”“玻璃门”“弹簧门”现象；从法律层面细化民商航天相互协调关系，明确商业航天优先使用、租赁使用和购买服务等内容，推动构建强大的航天工业基础，更好地满足国家空间战略需求。

制定配套法规。建立较为完善的商业航天政策法规配套体系，既能够鼓励和扶持这一新兴产业，又要通过各类综合性和各专业领域的法律、政策、管理条例等，明确商业航天的地位与作用，对商业航天发射活动进行规范和监管；明确商业航天发射、商业卫星应用等环节的管理方法与流程，推动商业航天良性有序开展。商业航天发射服务涉及：发射服务合同、发射场服务及遥测服务合同、商业保险合同、发射许可证办理、运载火箭研制及分系统承包合同、发射致害侵权责任处理等。未来随着一系列航天新兴业务逐渐进入公众视野，包括：太空旅游、空间资源开发等，其中涉及大量法律实践，包括：行政许可与认证、致害责任、空间资源所有权及相关合同文本编制等。

（2）形成商业航天发展机制

航天是一个高投入高风险行业，一个好的商业航天企业的发展需要一个完整的技术团队、强大的资本、真实存在的市场、先进的运营管理、丰富的营销手段和相互配合的上下游企业等。总体来看，国内的商业航天市场规模较小，全产业链不成熟，商业航天的发展仍然处于起步阶段。国内商业航天企业的创新发展，对于减轻国家经费负担、优化航天产业资源配置、增加行业发展活力都有积极的推动作用，是践行和创新驱动发展战略、助推经济结构转型升级的重要手段。鉴于此，应当从国家层面考虑当前国内商业航天发展状况和运行体制。

从国家层面讲，民商航天是实现航天大国向航天强国迈进的重要补充，应当综合统筹、系统规划，且对于相对较弱的商业航天，在初级阶段，要得到国家和传统航天企业的扶持。

建立国家航天研究机构从事偏重于基础和探索型研究的航天研发机制。在航天精英人才培养、航天器关键技术突破、产品可靠性、元器件、原材料等基础领域加大投入，提高航天器设计水平，提升技术及产品成熟度，并建立常态化的将成果转移给国内民营航天企业共享的机制。借鉴美国1958年成立的联邦小企业局（SBA）的做法，成立商业航天管理协会，统一协调管理商业航天活动，有效发挥市场机制对航天资源的配置作用，集中社会资金与人才，协同突破技术瓶颈和产业化难题，循序渐进探索商业化运行模式，努力实现低投高效，高可靠地满足政府、民用和市场三大需求。

建立与商业航天发展相配套的机制，推出一些过渡性促进政策，为商业航天企业提供更多的参与机会，有序地促进商业航天企业的规范和快速发展。建立商业航天市场准入退出机制、公平竞争机制、保险与赔偿机制、安全监管机制等指导意见或暂行办法，创造有序、良性竞争的市场环境。同时，国家通过有效机制为商业航天提供比法律更为灵活和有力的政策支持，致力于打开商业航天发展的外部生态链，让民企进入航天上下游领域，参与公平竞争。在这方面，NASA的做法给予我们很多启示，2010年奥巴马废除了布什政府时期重返月球的“星座计划”，并提出在本世纪20、30年代派遣航天员登陆小行星和火星。为此，NASA需要集中全部力量才能完成这样的宏伟目标及其他深空探测项目，只能把近地轨道的空间活动交给私营企业，即把成熟技术交给私营企业，运用商业运营机制来完成近地轨道的空间任务。这种模式短期内取得了较好的效益，美国轨道科学公司和太空探索技术公司都在几年内迅速研制出自己的飞船，并成功完成对空间站运送物资的任务。

9.3.3 改进发射场建设运行模式

人类进入现代航天史以来，航天就是政府的专属领域。航天产业主要由政府出资驱动，用于国防和公共事业，各类航天器及其运载工具、发射场均属于国家所有。在此背景下，航天发射场也是在国家主导下成长起来的，其在发展初期主要用于满足政府民用的发射需求。早期的航天发射场，绝大部分都是由导弹发射试验设施演变而来的，从第二次世界大战期间德国在佩内明德建立世界上第一个导弹试验靶场至今，世界各航天大国相继建成了各具特色的航天发射场，专供发射各种导弹、卫星、空间站、载人飞船和航天飞机等使用。经过数十年的实践积累，航天发射技术方法和运行管理日臻成熟，传统航天发射场功能也由早期的导弹、火箭试验场经改扩建演变成为当前的经过精心规划与设计的现代化综合型航天发射场。当前，随着航天产业的快速发展，航天发射场的功能结构和组成以及配套设施建设需要逐步改变，其在进出空间的地位以及对国家航天发展战略的作用正日渐凸显。在发射场资源呈现出紧缺的状态下，民商航天发射计划必然会受到挤压，航天发射场正成为制约民商航天发射的关键因素之一，需要尽快改进发射场的建设模式，以适应快速发展的民商航天发射的需要。

航天发射场建设一定要服从服务于国家航天发展的长远战略，也要兼顾新兴商业航天发展的特殊要求。与俄罗斯、印度、日本等航天大国一样，我国没有由民间资本投资的商业航天发射场，当前和今后一个时期不可能由民间资本或民营企业单独出资建设专用的商业航天发射场。这是因为，一是航天发射场是国家的战略资源，航天发射能力是国家的战略能力，民商航天发射作为国家航天发射能力的有力补充，必须进行集中管理、集权管理。二是我国现有四个航天发射场及航天测控网均具有扎实的技术基础，其布局和配置均采用经过重重审核和大量任务考核的方案，在管理方继续保持管控能力的前提下，依托现有发射场开展商业发射场建设可以快速满足民商航天发射的需要，且可以减少重复投资。在对民商航天发射资源需求和航天发射场建设条件及运营模式进行大量研究论证后，提出当前商业航天发射场建设运行的总体原则和三种创新模式，即共同出资建设、民间出资建设和独立出资建设。

（1）建设运行的总体原则

商业航天发射场建设运行的总体原则应坚持通盘考虑和相对集中、过渡阶段与长远建设相结合。

坚持通盘考虑和相对集中。目前，我国已经建成酒泉、太原、西昌、海南四个综合性发射场，形成沿海内陆相结合、高低纬度相结合、各种射向范围相结合的发射场能力体系格局。四个发射场均从事过商业航天发射。2016 年 6 月，文昌航天发射场首次执行航天发射任务，标志着中国自主设计建造、绿色生态环保、技术创新跨越的新一代航天发射场正式投入使用。开展酒泉、太原、西昌三个发射场适应性改造，基本形成沿海内陆相结合、高低纬度相结合、各种射向范围相结合的航天发射场布局，能够满足载人飞船、空间站核心舱、深空探测器以及各类卫星的发射需求。在这些发射场中，文昌发射场承担着长征五号、长征七号的发射任务。这两个型号虽然首飞成功，但距离成熟还有很长的路要走。因此，文昌发射场很难分出资源来接纳商业航天火箭的发射。太原发射场只有一个液体火箭发射工位，各类高分、遥感、资源系列卫星的发射任务繁重，基本不可能有闲暇接纳民商航天火箭。西昌发射场有两个发射工位，用于长征三号各系列火箭的飞行，将各类通信卫星、北斗系统卫星和嫦娥探测器送入轨道，同样任务饱满，没有多余资源可以用于民商火箭发射。酒泉卫星发射中心有良好的自然条件和完善的基础设施，有条件、有能力接纳民商航天发射，特别是作为我国唯一的载人航天发射场，本来就定位于对外开放的发射场，更有利于开展国际合作，承担低轨卫星的对外发射服务，因此，应重点考虑将酒泉卫星发射中心打造成民商通用的航天发射场。

坚持过渡阶段与长远建设相结合。在当前和今后相当长一段时期内，我国商业航天发射活动中不会支持完全独立的由政府职能部门许可的商业航天发射场。而是在国家现有政策扶持下，在现有 4 个航天发射场的基础上，通过租赁方式向民商发射服务公司提供发射场管辖范围内土地使用权和通过收取消耗费用方式提供水暖电基础保障，由民商航天服务公司全资建设航天发射场，或以民商航天公司投资为主、国家投资为辅投资建设航天发射场，是一种可行的选项。鉴于这种形势，在商业航天发射场建设上应当坚持协调机制，统筹民用、商用空间力量的发展，以利于整合空间力量的建设资源、提高建设效益，避免重复建设和不必要的浪费。具体讲：1）商业航天发射场建设由管理方规划并提供土地，地方政府、企业、公司等出资；2）发射中心参与商业航天发射场设施、生活保障设施等建设方案设计，发射活动实施中提供测控、通信、特燃特气、气象、水暖电等保障；3）由发射中心和出资单位协商成立相应管理机构，负责商业航天发射场管理与维护；4）民商发射由商业航天服务公司组织实施，支付租用或发射服务费用，服务费除用于发射场维护和可持续发展外，其他收益归出资单位。5）由航天产品研制部门支付相应费用，发射中心组织实施发射，并享有优先使用权。

（2）共同出资建设与运行管理模式

根据我国国情和航天发射场的现实状况，主要是考虑国内民商航天发展尚处于起步阶段，民营航天企业的经济实力、技术实力有限；当前航天发射场没有专用的商业航天发射设施，新建专用的商业航天发射场经费无法落实，配套实施短时间内难以到位的情况；商业航天发射服务公司可以申请部分国家资金支持，多方出资共同完成发射场建设。这种模式的资金筹措为：国家出资建设道路、供水、供电、通信等公共设施，商业航天公司负责出资建设厂房、发射工位等试验设施。国家出资部分的建设项目由管理方按现行管理模式组织实施，商业航天发射服务公司出资部分的建设项目由公司按照发射中心的统一要求和规划组织实施。

这种模式建设的发射场和原有的发射场共用一些基础设施，运营管理和日常管理由发射中心代管，以有利于发射场资源的统筹管理，商业航天公司无须承担发射场运营管理责任和风险，可以节约管理成本，但也带来了发射中心维护和管理成本增加的问题，需要商业航天公司提供一定的运行维护费用。具体考虑为：在发射合同签订时，要考虑一定的运行维护费用，任务结束后，由航天发射中心组织设施设备状态恢复和受损修复，使之具备后续任务使用条件。当前，从培育商业航天发射市场、扶持商业航天企业发展角度考虑，在国家政策的支持下，可以尝试由国家承担发射场维护保养费用，使用企业只支付任务直接消耗费用。

（3）民间出资建设与运行管理模式

这种模式的建设要求由管理方根据统筹安排，提出商业航天发射场的区域规划方案，报请上级机关和国家部委批准后，采用商业融资的模式开展发射场设计和建设。建设完成后作为发射场基础设施，由管理方统一管理，主要用于实施商业航天发射任务。该模式存在着受体制限制和约束较少，可以引入民间资本更深入地参与商业航天，有利于发挥市场的积极性、主动性和创新性，有利于提高发射场现代化、智能化和信息化水平等优势。但存在着投资方权益如何保证、责任分工如何明确等问题，需要通过制度机制的进一步完善来加以解决。总体策划见表 9－1。

表 9－1　民间出资建设商业航天发射场的总体策划

工作项目	工作内容
规划论证	发射场建设论证工作由管理方牵头，着眼当前需求和未来发展趋势，立足区域统筹、模式统筹，瞄准现代化、智能化、信息化、标准化的发展方向，规划商业航天发射场，在充分征求地方政府、商业航天企业意见，并与主管机关和国家机关充分沟通协调的基础上，上报国家机关批准
建设管理	由管理方牵头成立商业航天发射场建设管理机构，成员由上级主管机关、发射场、商业航天企业等单位代表组成，负责发射场建设组织管理工作。成立商业航天发射场建设技术组，成员由总体单位、发射场、商业航天企业等单位专家组成，负责制定商业航天发射场建设方案，以及建设期间的技术审查、协调工作
设计管理	设计工作立足于提高发射场的先进性、专业性和扩容性的水平，由商业航天发射场建设技术组提出具体的设计要求，商业航天发射场建设管理机构通过招投标的方式委托专业设计机构开展设计，总体单位和发射场可以参与并提供技术支撑，设计方案由商业航天发射场建设技术组组织评审
经费管理	建设资金由商业航天企业进行筹措，具体管理方式可以与出资企业协商，灵活采取以下三种方式：商业航天企业通过合同方式将经费委托主管机关管理和使用，发射场建设管理机构负责经费使用计划和项目的招投标，主管机关按现有经费管理规定进行保障
验收交接	发射场相关设施建成后，由商业航天发射场建设管理机构组织验收活动，考核发射场的功能、性能和指标，验收通过后，组织发射场与商业航天出资企业签署相关协议，履行交接手续，将设施设备交付发射场

这种模式建设的商业航天发射场基本按照“谁出资，谁负责”的运行管理模式，管理方的主要作用是统筹发射场的使用计划和使用需求，虽然也在管理区域，但已经大大节约管理方的人员和管理成本，减轻管理负担。出资企业是运行管理的主体，负责发射场的日常管理与维护，可以由出资企业自行负责或者委托其他企业负责，出资企业拥有发射场运营管理的自主权和开展技术试验优先权。但是出资企业付出的人力成本、管理成本较大，还需要承担发射场运营管理责任和风险。对于不参与出资的企业使用发射场时，可能受到出资企业的限制和约束，也可能会出现不公平竞争，既需要与出资方协调，又需要与管理方协调，责任界面相对复杂，对组织管理和统筹协调带来一定挑战，还需要在实践中不断摸索经验。

（4）独立出资建设与运行管理模式

世界各国关于商业航天发射场的使用、管理和建设模式，基本都是选择了租赁发射场、搭顺风车、合资建设等基本模式中的一种。从长远看，单独建设商业航天发射场的可能性是存在的，也是大势所趋。随着现有航天发射设施设备的逐步老化，发射场任务高密度趋势更加凸显，以及商业航天发射业务量越来越多，各种矛盾交织在一起，势必会增强商业航天发射拥有独立发射场的呼声。在这方面，SpaceX公司探索出了一条有效的路径，为独立建设商业航天发射场模式提供了新的研究思路。

2007年4月，美国空军授予SpaceX公司一项为期5年的发射许可，SpaceX公司获得东靶场40号发射场租赁使用权，用于猎鹰9号火箭发射。同年10月，公司开始发射场改造，由于采用三水平模式，改造时将原发射场脐带塔、活动勤务塔、推进剂加注系统等全部拆除，仅利用了原发射台混凝土盖板、导流槽、水冷却系统、避雷塔、地下设备间和供电系统，新增了火箭装配厂房、煤油贮罐、液氧贮罐、氮气与氦气贮存等设施。2017年，SpaceX公司与卡纳维拉尔角（简称卡角）空军基地又洽谈了一处租赁合同，即在卡角租用4 800 m^2 场地建设厂房，用于回收后火箭的检测、维修，以加快火箭生产速度。租赁合同为5年，第1年月租为35 181美元，逐年递增，到第5年时月租为50 639美元，空军将给SpaceX公司28万美元的优惠。在这期间，SpaceX公司于2014年8月宣布，在得克萨斯州南部博卡奇卡海滩（Boca Chica Beach）建设一个自己的商业航天发射场，发射场将建设一个发射工位、一个控制中心和一个跟踪站，建设周期为18～24个月，投资超过1亿美元。SpaceX公司首席执行官伊隆·马斯克说："我公司日益增长的发射服务订单促使我们开发新的火箭发射场，许多美国的联邦州都在我们的考虑范围之内。我设想的投产后的新发射场应该就像是一个商业化的卡纳维拉尔角。"

随着未来商业航天的不断发展，发射需求将不断增长，共用现有的航天场不利于商业航天发射计划的实施和履约，建设商用航天发射场势在必行。未来我国航天业发展到一定规模后，商业航天发射需求逐渐增多，参与国际竞争的能力得到加强，航天发射场的建设和管理模式就不应局限于特殊化管理，可根据市场容量大小和技术发展水平，适应市场需要和国家安全利益，灵活采用私人合资、商业航天发射服务公司独立投资等完全商业化的运营模式。

9.3.4 创新民商航天发射组织管理

从传统意义上讲，航天发射场建设和航天发射活动属于国家行为，我国的航天发射活动大致按照决策层、管理层、实施层三个层级的体制运行。决策层包括国家层面，主要负责航天相关政策和法律的制订发布；管理层包括国务院相关部委、航天系统管理单位、国防科工局等相应执行机构，主要负责航天相关法规、规章的制订和发布，国家航天发展的规划论证和技术审查、行政许可、标准规范的制订与实施等；实施层包括各航天发射中心、中国航天科技集团有限公司、中国航天科工集团有限公司、军工企业和民营企业等，具体完成发射场建设及运营管理、产品研制生产、发射测控、运控应用等工作，在以民用航天发射为主体的管理模式下，同时兼顾商业（包括民商）航天发射工作。

就国内商业航天发射组织管理来看，还不能完全适应民商航天发射的要求，需要遵照民商航天发射自身规律，在组织管理体制机制上进行改进创新。总体考虑是：结合实际、放宽管理、把住发射许可审批和发射安全管控环节，重点改进创新组织机构设置与职责、组织指挥模式、测控管理方式、质量安全环境管理办法和服务保障收费模式，确保民商航天发射安全有序。

（1）现有商业航天发射组织管理

对于商业卫星发射服务组织管理，一般是由管理方和中国航天科技集团有限公司联合成立商业卫星发射服务协调小组（以下简称协调小组）。管理方和中国航天科技集团有限公司主管领导担任组长，管理方后勤部门和中国航天科技集团有限公司有关领导担任副组长，成员由管理方主管试验、测控、对外合作、后勤财务部门和中国航天科技集团有限公司宇航部、中国卫星通信集团有限公司、中国长城工业集团有限公司（简称长城公司）等单位的领导组成。主要职责是协调商业卫星发射服务有关事项，对遇到的重大问题提出意见建议；审议商业卫星项目实施方案；审议工程两总系统组成；承办卫星、火箭出厂事宜。协调小组日常工作由管理方主管航天发射的部门和中国航天科技集团有限公司宇航部负责承办。表 9-2 描述了相关工作的责任分工。

表 9-2　主要工作及其分工简介

工作项目	工作流程
技术管理	由工程总师牵头协调工程各大系统间技术接口和技术状态，各大系统总师负责本系统技术状态的确定，长城公司负责组织对外发射服务的技术协调
计划管理	根据项目合同要求，发射场上级主管试验部门会同中国航天科技集团有限公司宇航部等有关单位，协调确定研制生产、建设改造和发射计划，经协调小组审议并报总部和中国航天科技集团有限公司领导审定后实施
经费协调	商业卫星项目经费按照合同执行，合同涉及的经费事项，由协调小组审议并报上级首长和中国航天科技集团有限公司领导审定
节点把关	中国航天科技集团有限公司组织卫星和运载火箭出厂评审，协调小组成员视情参加。评审通过后，中国航天科技集团有限公司所属单位向主管机关和中国航天科技集团有限公司上报出厂请示，主管机关和中国航天科技集团有限公司联合批准产品出厂请示
组织模式	商业卫星发射任务采用与国内民用卫星一致的发射任务组织模式。上级主管机关对发射任务实施统一组织指挥，向各有关部门和单位下达执行发射任务的通知，向国务院、上级机关报告有关情况

当前，商业航天发射管理模式基本沿用民用卫星发射任务组织管理模式，但不设协调小组，增加了上级主管装备部门发射许可审批内容。这种组织管理模式体现了一种严密的组织行为，但占用资源较多，管理成本和时间成本较高，难以适应未来显著增加的商业航天发射任务要求，需要对组织管理模式进行必要的创新，建立一套精简高效、有别于现行民用航天发射任务的组织管理体系。

（2）组织机构设置与职责改进

在机构设置上，为规范管理民商航天发射任务，统筹调配任务资源，统一协调任务发射计划，总体上成立两级管理机构较为合适，即顶层商业航天发射组织管理机构和发射中心商业航天发射协调管理机构。

顶层商业航天发射组织管理机构主要负责：制定我国商业航天发展规划；统筹管理发射场和测控系统资源，受理、审批商业发射许可申请，制定商业发射计划，协调发射空域申请；定期向商业航天公司、科研院所公布发射计划和商业搭载资源，提高运载火箭利用效率；统筹规划、协调管理商业发射空间轨道资源和频率资源，对进入空间物体进行编目管理；对接商业发射对发射场、测控系统的保障需求，统筹管理商业发射场和测控系统服务保障和规划、建设事宜，确保商业发射公司获得公开透明的发射、测控服务资源信息；管理商业卫星数据共享服务和紧急状态商业卫星资源管控等事宜。

顶层商业航天发射组织管理机构下设总体技术审查机构，主要职责：在商业航天发射管理机构的领导下，作为航天系统部商业航天发射管理机构的技术依托，为商业航天发射管理机构制定商业航天发展规划、审批商业发射申请、协调管理空间轨道资源和频率资源、对进入空间物体编目进行管理、管理商业发射场与测控系统服务保障与建设、管理商业卫星数据共享服务等事宜提供技术支撑。

航天发射中心商业航天发射协调管理机构主要职责：代表发射场完成商业发射任务技术接口协调与服务合同谈判；负责航区落区安全勘察与协调；商业发射任务执行时，协调组织完成商业发射任务合同中发射场负责工作；协调保障发射场测发、测控服务资源；协调组织商业发射场规划建设、运行管理等具体事宜。

（3）组织指挥模式改进

国家主导的传统航天发射组织指挥模式是：管理方负责任务的组织实施、质量管控、安全管控等，航天产品研制部门以试验队的身份参加各类组织机构，在发射场的所有活动都在管理方的主导下开展。这种模式经过长期的任务检验，能够保证任务顺利实施、过程严格受控和质量安全可靠，然而对于民商航天发射任务，这种模式存在诸多不适应的地方，需要针对民商航天发射组织实施的特点和规律做出以下改进。

一是需要进一步提高效率，减少指挥层级，简化联合指挥部机构设置。民商航天发射联合指挥部为松散型矩阵结构，同等规模的航天发射人员只有传统航天发射指挥部的1/5，仅负责发射窗口协调、任务节点进度控制和发射场区的安全保证，其他工作交由各系统自主完成，尤其是民商航天企业在发射场的工作。如民商航天公司自主完成航落区安全勘察与损害赔偿；航天产品在发射场的装配集成、测试验证和与相关各方的沟通协调；与航天产品工作相关的资源调配和进度管理、质量安全控制、转阶段评审等。在涉及需发射和测控中心提供保障时，发射和测控中心应大力支持。

二是需要进一步简化程序，取消非增值或几乎没有增值作用的审核把关，减少重复性工作，精简指挥链条和指令的传达环节，提高指挥效率。如发射中心针对民商航天发射只设阵地一级指挥所，设任务联络官，按照商业合同的方式具体负责：发射场与火箭、卫星等系统之间的技术接口协调；航落区勘察确认与首区、落区疏散协调；发射计划审批、空域申请、落区通报、涉外通报协调等；火箭、卫星等航天产品在发射场工作的安全性保证方案审查等。

三是优化资源配置，使用简约的测发、测控设施设备配置。在冗余备份问题上，删减一切超出可靠性要求的备份手段，删减一切超出功能要求的多余措施，尽可能缩减发射服务消耗和人力成本，减轻企业不必要的成本负担。如单台套设备可靠性已达要求，就要删去相应的备份手段；遥测数据已经满足要求，就不必再使用光学景象和外弹道测量；已经验证过的单元、分系统等在确认结果仍有效的情况下，就不再重复验证确认。

四是适当放宽对民商航天企业在发射场工作的约束，加强与相关企业、公司对接和谅解，在确保发射场安全的前提下，尽可能不干预民商航天企业的工作。如航天产品在发射场的工作项目、工作流程、工作环境，系统内的技术状态控制、进度计划、质量安全保证等。

（4）测控管理方式创新

航天测控主要完成火箭和卫星跟踪测量、遥测、遥控等任务，实现火箭飞行状态掌握和安全控制，以及在轨卫星的轨道测量与确定、运行状态管理、工作状态控制、载荷数据接收与分发等，为卫星发射回收、在轨使用提供不可或缺的支撑作用。《2016 中国的航天》白皮书指出：完善现有航天测控系统，建设运行第二代中继卫星系统，提高航天器测定轨精度，提升在轨航天器测控管理能力，加强测控资源综合运用，提升航天测控资源运行使用效益，构建安全可靠、响应迅速、接入灵活、运行高效、服务广泛的天地一体化航天测控体系。面对未来商业航天的兴起和发展，我国航天测控系统需要根据新的任务需求调整管理模式，制定合理的商业航天测控规范，为民商航天发射提供更加高效、便捷的测控支持服务。

加强商业卫星管理服务。出于保证国家安全和商业卫星在轨飞行安全的考虑，应加强商业卫星管理服务，主要包括：1）频率管理服务。一是卫星轨道和频率资源都是稀缺的战略资源，需要提前申请并储备；二是为防止在轨卫星相互间出现无线电干扰，需要对卫星测控、数传频率统一进行顶层规划设计、协调管理；三是按国家安全、经济发展等不同需求进行等级划分，当卫星频率需求发生冲突时按划分等级分配轨位。2）空间目标编目管理服务。随着空间目标数量的不断增多，空间目标编目、碰撞告警变得越来越重要；应对所有卫星统一进行探测、跟踪和识别，对空间目标的轨道特性、几何特性和物理特性进行统一编目管理，并向商业发射、商业卫星应用提供碰撞告警服务。3）发射与回收服务。重点突出发射和回收的安全性管理，尤其是火箭飞行的安全性，要逐步实现“箭上自主安控为主，地面遥控安控为辅”的安控模式；卫星进入空间、从空间返回都事关领土、领空安全，应进行统一管理服务。

适度鼓励商业航天测控发展。从国外情况来看，在轨运行测控主要由卫星用户或卫星研制单位自行完成。对我国而言，航天产业对商业资本的开放，必然要求航天测控也对商业资本开放。商业航天测控发展模式向国外看齐，一方面有助于降低测控服务成本、提高测控服务效率，另一方面有助于更好地参与国际竞争，开展国际合作。从国内发展情况来看，未来商业航天的兴起会导致在轨商业卫星呈爆发式增长发展态势，而现有测控资源能力接近饱和，只能适当支持部分商业航天的测控需求，因此，适度鼓励商业航天测控发展并参与商业航天发射与在轨商业卫星的管理势在必行。

探索商业航天测控管理新模式。适度鼓励商业航天公司自行建造商业卫星任务中心、自行建造测控站、自行保障商业卫星在轨飞行控制。商业卫星任务中心支持与卫星测控中心联网运行，必要时，卫星测控中心可通过商业航天测控地面站发送控制指令到商业卫星，商业卫星的健康状态可直接发至卫星测控中心。加强商业航天测控地面站国际合作，境内商业航天测控可自行建站，境外既可以开展地面站国际合作，也可以自行建站，境内站与境外站可交互支持。

（5）质量安全环境管理办法改进

航天产品探索性、先进性、复杂性、高风险的突出特点，以及商业航天追逐最大投资回报的天性，决定了民商航天发射的质量安全环境管理既要充分考虑各主体的需求，又要处理好与用户、企业本身、外部供应商和有关机构的关系；既要满足商业航天追求利润的天性，也要兼顾航天产品高质量、高可靠的内在要求。

构建民商航天发射标准体系。目前，我国民商航天发射技术和管理标准基本处于空白，为保证民商航天产品的质量安全以及将对社会和自然环境的不利影响降到最低，需要包括航天发射中心、民商航天企业在内的相关各方，结合民商航天发射的特点，建立健全民商航天发射标准体系，以规范民商航天发射的质量、安全和环境管理工作，并尽可能把相关工作在航天产品出厂前做好，减少在发射场的工作项目，缩短在发射场的任务周期。构建民商航天发射标准体系应：1）优先采纳成熟标准，确保产品质量。相关各方应积极研究国际航空航天质量协调组织（IAQG）、NASA、ESA，以及国内航天行业和相关行业的成熟标准，采纳其中适用的标准或将其转化为民商航天发射标准。2）固化先进技术与管理模式，引领民商航天发展。对于成功采用的新技术、新材料等，条件成熟时，相关各方应及时将其固化为行业技术标准；同时，也要根据民商航天发射不断涌现出来的新特点和实践经验，逐步固化成功的经验和做法，不断完善民商航天发射的管理标准，有效支撑民商航天发射质量、安全和环境管理工作。

科学管控质量安全环境的管理投入。以追求利润为目的的商业本质，决定了民商航天发射的质量、安全（包括职业健康）和环境工作必须坚持系统思维，综合权衡产品全寿命周期的质量、安全和环境管理的经济性。一是以高质量、高安全和无污染降低质量、安全和环境问题带来的损失。民商航天发射一旦因产品质量安全问题导致进度推迟，甚至发射失利，除巨额经济损失外，企业的信誉也将严重受损，势必严重影响企业的市场竞争力。航天发射环境问题为国际社会共同关注，损害环境的航天发射常常引起国际社会的声讨或批评。在国内，环境保护法日益严格，危害环境的行为会被禁止并对实际后果负有法律责任。因此，高质量、高安全和无污染，不仅能有效减小企业的质量、安全和环境管理成本（包括预防成本、鉴定成本、内部损失成本和外部损失成本），而且能够树立企业质量、安全和环境的信誉，增强企业的竞争力。二是用科学的手段在质量、安全和环境管理上取得成本最低。质量、安全和环境的经济性分析表明，存在一个最佳的质量、安全和环境管理投入点，使得质量、安全和环境管理的成本最低。国家主导航天发射由于受国防、政治、社会等因素的影响，在质量和安全管理上通常为确保发射成功而不计投入或过度投入，但以经济性为主要考量的民商航天发射，必须考虑质量、安全和环境管理的投入与产出的效益，通过科学分析评估和采用经济、实用、先进的工艺技术取得最好的效益。当前，民商航天发射质量安全管理中，尤其要解决我国传统航天中几乎不计成本的问题归零和层层重复的审核与评审带来的过度投入和非增值性活动。

加强产品技术选用管理。产品的质量安全和可靠性是设计出来的，不是统计出来的；是生产出来的，不是检验出来的；是管理出来的，不是试验出来的。因此，产品本身的设计、工艺和配套产品的性能等，是影响产品质量安全与可靠性的核心要素，特别是对商业航天产品而言，技术更是其质量安全和可靠性的立命之本。民商航天发射产品技术选择，一是要坚持选用成熟技术与采用新技术并重。优先选用成熟技术是降低工程技术风险的有效手段，特别是在民营航天企业发展初期，选用成熟可靠的技术至关重要。可参照NASA对关键技术进行技术成熟度评估的做法，对关键技术进行成熟度评估后，优先选用成熟技术。民营航天企业更需要用技术的进步引领产品质量与可靠性的提高，大胆采用先进技术，彻底提高产品可靠性。经验证明，新技术、颠覆性技术的成功采用，在有效降低成本和缩短研制周期的同时，可从根本上提高产品的质量安全与可靠性，大幅提高企业产品的市场竞争力。二是要吃透关键技术减少质量安全问题。在国内外航天发展的进程中，不乏因未吃透关键技术而造成重大质量问题和事故案例。因此，对于商业航天产品而言，不管是选取全新的技术，还是相对成熟的技术，吃透技术是前提。对新技术、新材料、新工艺的应用，要进行系统的技术风险分析和管控工作；对于选用的成熟技术和产品，也要进行新环境、新条件的适应性分析。

（6）服务保障收费模式改进

在20世纪80、90年代，中国运载火箭对外承揽商业卫星发射业务的过程中，发射服务商和管理方之间建立了合作关系，双方按照一定比例从发射服务的收入中分成，发射场除去支付必需的成本外，还可以获得一定的补偿。但是，目前国家在政策方面有了硬性规定，一些传统做法已经不再适应。从长远看，航天发射场是空间基础设施建设的基础、前提和必要条件，在新形势、新环境下，要打造航天产业，航天发射场需要从格局上进行统筹规划，实现服务保障模式的根本性转变；必须寻求一条适合国情和实情的发展道路，提出建成新的满足各种需求的合作、互利、共赢的管理模式。尤其是商业航天这支新兴航天力量正在成为贯彻落实航天强国战略的有力支撑，完全可以在统筹规划之下，借鉴国外先进经验和成功模式，建立一种新的、符合中国国情的新型服务保障模式。

针对民商航天发射这一新兴事物，改进航天发射和测控中心服务保障费用的基本策略是不以营利为目的，任务收取的费用一部分为发射场服务成本，另一部分作为商业发射场运营基金，可由发射场、出资建设的商业公司共同组成管理机构运营。比如：采用直接付费模式：民商航天公司发射前报资源需求和服务内容，发射场核算成本，根据发射任务工作量与火箭、卫星公司洽谈服务费用；服务换数据模式：以发射场提供的发射、测控服务换取商业卫星星座的数据，为信息支援服务，抵扣部分发射服务费用；服务换训练演练模式：主要是利用执行商业航天发射任务的机会，开展应急训练，抵扣部分发射服务费用。

9.4 未来发展

党的十八大明确提出："高度关注海洋、太空、网络空间安全"。2013 年 6 月 11 日，习近平主席在酒泉卫星发射中心接见天宫一号与神舟十号载人飞行任务参研参试单位代表时指出："发展航天事业，建设航天强国，是我们不懈追求的航天梦。"经过 50 多年的发展，我国航天产业形成了一定的规模和基础，拥有了完整配套的科研生产体系，具备了箭、星、船、器等各类航天产品的研发、生产、试验、发射和在轨运控能力，国际影响力不断增强，特别是积累了新形势下推进航天发展的宝贵经验，培养了一批优秀人才，在世界航天领域占有重要的一席之地，成为名副其实的航天大国。面对新的发展需求和发展机遇，我国已进入了加快推进从航天大国迈向航天强国的关键时期。当前，世界商业航天迅速发展，既给中国航天以机遇，也给中国航天提出了严峻的挑战。要坚持航天强国战略的根本指引，贯彻创新驱动战略观，树立大航天观、大空间观和新时代航天观，以国际大视野、全球大思维来统领，打破垄断和区域界限，突破单一观念的束缚，实现航天资源合理布局、最优配置、取长补短，实现整体最优，形成多样化航天并驾齐驱的良好局面，推动我国由航天大国向航天强国扎实迈进。

(1) 自主化创新

实践表明，要成为世界航天强国，就必须始终站在空间技术发展的最前沿，必须自主掌控核心和关键尖端技术，拥有引领世界航天发展的高价值技术创新成果。美国 DARPA 在军事技术创新方面取得的巨大成就，使得美国军事实力不断增长的同时，也让美国的世界地位稳固至今。我国航天技术能力虽取得长足进步，但人类在太空领域几乎所有的第一次突破和重大发现，都不是由中国人实现的，我国大多数航天企业仍将模仿创新作为研发的基本战略，真正在前沿领域具有原创性的创新并不多。与此同时，美国一直以来将中国视为竞争对手和潜在敌手，多年来看，美国一直保持严格的对华出口管制政策，遏制我国航天发展。美国新一轮航天出口管制政策禁止将任何航天产品、技术和服务出口和再出口到中国，未来中国航天发展将更加举步维艰。应充分借鉴美国 DARPA 等先进技术创新研究组织的顶层牵引作用，建立牵引我国航天科技发展的创新研究机构，带头开展新概念、新技术、新产品、新应用的领先研究论证，不断提高原始创新、集成创新和引进消化吸收再创新能力，推动核心关键尖端技术自主可控、引领发展。

党中央国务院先后颁布了《国家创新驱动发展战略纲要》《"十三五"国家科技创新规划》等一系列纲领性文件。以战略前沿领域创新突破带动新兴产业发展，已经成为共识。其中《国家创新驱动发展战略纲要》明确指出，创新是提高社会生产力和综合国力的战略支撑，必须摆在国家发展全局的核心位置。航天领域作为科技创新的重要领域，也面临着创新驱动发展的战略转型。航天企业是创新的主体和生力军，特别是新兴商业航天企业，必须深刻认识到跟踪模仿创新只能短期内解决"追赶"问题，减小与国际先进水平的差距，不可能消除差距，更不可能实现"赶超"。要真正提升航天国际竞争力，推动我国发展成为世界航天强国，就必须转变创新思路，增强主动谋划未来发展的紧迫意识，切实加强对原始创新、颠覆性创新的重视程度和投入力度，充分发挥国家重点机构等创新平台作用，围绕重大航天技术前沿领域，大力推动开创性、原始性创新，逐步在关键领域形成引领世界航天技术发展、引领用户需求的优势能力，为实现航天强国梦奠定坚实的基础。

（2）协同化发展

美国、欧洲等发达国家或地区民用与商业航天快速发展，不仅带动了航天科技创新，拉近了航天工业与社会的距离，其创新的管理模式和技术模式使得航天市场更加具有活力和竞争力，而且推动了国民经济异军突起，“军事牵引、市场竞争、产学研融合”正在成为航天产业新的发展模式。事实证明，航天商业化和商业航天的趋势不可阻挡，未来，各领域对天基信息系统的高度依赖，以及天地往返和在轨操作等空间服务的强劲市场需求，是驱动新兴的商业航天产业快速成长的强大动力，因此，在航天市场和经济影响方面，商用空间应用产值正在迅速超过军事空间应用。未来的商用空间产业和创新性长期飞行计划，要求航天发射提供高频次和低成本的发射服务，以及全方位的在轨操控和返回着陆服务。将商业航天发射与民用航天统筹规划，形成并驾齐驱的良好格局是航天产业做强做大的重要方向。

充分利用市场机制整合社会创新资源，促进航天产业链形成和经济发展，是全面贯彻航天强国战略，探索航天强国创新发展的重要途径。要加快商业航天整个产业的发展速度，有效弥补传统大卫星系统的缺陷，更好地满足国家和社会对应用卫星的特殊需求，进一步健全完善天基信息支援体系，更好地满足对卫星的应急需求，全面提升卫星应用能力，切实增强天基信息系统服务国民经济、社会和国防的能力。要加快发展微小卫星产业，丰富和创新卫星防护手段，提升卫星生存能力，并通过微小卫星分散部署，避免“将所有鸡蛋放在一个篮子里”的危险，进一步增强空间系统生存能力，从而构建安全可靠的空间体系。

（3）国际化合作

当今世界，全球化的整体趋势没有改变，任何一个国家或一个产业的发展都离不开其他国家和相关产业的互动支持；世界经济、金融已深度融合，任何一个国家和相关产业，想在全球经济或金融危机中做到独善其身已不可能。航天产业已成为一项新兴战略性产业，航天强国战略是国家战略的重要组成部分。航天强国的主要标志之一就是航天事业实现产业化、市场化和国际化。世界航天强国已经深刻认识到，在航天领域开展大范围、宽领域、多层次的国际性商业化合作，一方面能集中有限的资金，另一方面能更好地发挥合作各方的优势，达到优势互补，共同推进人类对太空资源的研究、开发和利用。走出国门、走向国际，向全球市场谋求合作与发展，是从航天大国迈向航天强国的必由之路。

航天产业与其他产业一样，国际化进程中遵循“优胜劣汰、弱肉强食、适者生存”的法则，只有适应国际国内两个市场需求的航天产业才能更好地生存和发展。开展国际化商业航天发射合作，提供国际化发射服务，参与国际化市场竞争，实现跨越式发展，是铸造国际一流、世界领先的必然选择。中国航天事业从无到有、从小到大、从弱到强、从单一领域到全面发展，走出了一条中国式独特的发展之路。实践已经证明，只有牢固树立以风险、质量、成本和竞争为主要特征的管理意识，熟悉国际规则，按照国际商业航天发射标准规范办事，采取妥善、灵活、恰当的国际策略，才能在国际市场竞争中占领一席之地，树立大国形象，振奋民族精神。只要始终坚持“具有世界眼光、参照全球坐标、寻求本国路径”的原则，了解自己的特长与存在的不足，取人之长、补己之短，在复杂的国际环境与激烈的竞争环境下，努力实现航天事业的可持续发展，我国的商业航天发射在国际化大潮中必将迎来光明的前景。

参 考 文 献

[1] 吴照云．航天产业结构及其与市场运行机制的差异性分析［J］．当代财经，2004（10）：14.

[2] 吴照云．航天产业与市场运行机制的兼容性分析［J］．中国工业经济，2004（12）：3.

[3] 李罡，袁常华，范桃英．美报告全面分析全球航天产业［J］．中国航天，2014（7）：20－25.

[4] 张扬眉，伍晓京．《美国航天基金会2014年航天报告》概要［J］．卫星应用，2014（8）.

[5] 雷帅．美国商业航天运输及使能产业的经济影响分析和展望［J］．中国航天，2011（3）：5－8.

[6] 林蔚然．美国航天发展战略的调整及其影响［J］．中国航天，2004（9）：8－12.

[7] 尹玉海，田炜．美国航天飞机商业化的若干问题［J］．中国航天，2004（8）：17－19.

[8] 龙江，肖林，孙国江．SpaceX公司运行模式对我国航天产业的启示［J］．中国航天，2012（11）：7－14.

[9] 于淼，戴阳利，张召才．国外商业航天发展模式研究［J］．卫星应用，2017（1）.

[10] 陈龙．商业遥感已到瓜熟蒂落时？［J］．太空探索，20 16（7）：24－26.

[11] 长光卫星技术有限公司，http：//www. charmingglobe. com/.

[12] 张力军，魏静．我国首颗林业卫星“吉林林业一号”成功发射［EB/OL］，中国新闻网，2017. 01. 09.

[13] 中国商用高光谱遥感市场空白将成历史——SPARK双星今日凌晨成功发射［EB/OL］，上海微小卫星工程中心，2016. 12. 22.

[14] 科轩．中国航天科工成功发射“天鲲一号”卫星［EB/OL］．中国航天科工集团公司，2017. 03. 03.

[15] 葛宇．北京二号遥感卫星高分辨率影像令人称赞，即将正式提供服务［EB/OL］，泰伯网，2015. 10. 19.

[16] 2016中国的航天［R］．国务院新闻办公室，2016. 12.

[17] 陈芳，胡豁．中国长征火箭有限公司成立　开启中国火箭的“商业化时代”［EB/OL］，新华网，2016. 10. 19.

[18] 雨菲．商业航天的正确打开方式［J］．卫星与网络，2017（3）：12－14.

[19] 泰伯网．我国遥感产业出路何在？［EB/OL］．国家测绘地理信息局测绘发展研究中心，2016. 08. 15.

[20] 张振华，白明生，石泳，等．国外商业航天的发展及启示［J］．中国航天，2015（11）：31－36.

[21] 刘雨菲．航天商业化与商业航天的概念［J］．卫星与网络，2015（8）：22－24.

[22] 陈晓丽．报告称2015年全球航天经济总量为3230亿美元［J］．中国航天，2016（9）：51－53.

[23] 李跃生，苗宇涛，米凯，范艳清，胡云，孙薇．国外航天质量管理［M］．北京：国防工业出版社，2016.

[24] 吴勤，张梦湉．美国商业航天发展分析［J］．国际太空，2016（5）：6－11.

第 10 章　民商航天发射失利原因与成功启示

2018 年 10 月 27 日 16 时整，朱雀一号点火起飞，火箭飞行至三级工作段时姿态出现异常，卫星未能入轨。2019 年 3 月 27 日 17 时 39 分，OS－M Y1 火箭点火发射，二级火箭飞行过程中出现姿态失稳，火箭连同搭载的灵鹊一号试验星一起坠毁。接连两次发射失利，给刚刚起步的中国民商航天发射带来沉重打击。2019 年 7 月 25 日 13 时整，SQX－1 Y1 火箭在万众瞩目中点火，火箭飞行正常，卫星准确入轨，中国民商航天发射成功完成了“突围之战”。本章从民营商业火箭公司资本、人力资源、技术实力、基础设施和制度文化等方面的现状出发，分析民营商业运载火箭公司面临的困境，从质量体系完备性、设计方案正确性、试验测试覆盖性、检查验收充分性等方面出发，反思民营商业运载火箭公司质量管理中存在的问题。重点从质量控制方面思考成功背后的付出。最后，针对我国民商航天发射领域存在的问题，提出了构建资源共享数据库、开放国家航天基础设施、建立质量安全巡查和放行评审制度、完善发射场质量安全管控措施的建议。

10.1　现状与困境

经事后反复分析推演确认，朱雀一号飞行失利的原因是推力室钎焊缝泄漏或阀门与推力室对接面泄漏，OS－M Y1 火箭的故障主因是一二级分离后陀螺 Y 向输出异常。技术原因背后，隐含着民营商业运载火箭公司在资本、人力资源、技术实力、基础设施和制度文化等方面存在诸多问题，这些问题直接或间接地影响着民商运载火箭的质量安全，并成为两次民商航天发射失利的重要原因。

（1）资本

据不完全统计，截至 2018 年年底，国内共有 16 家火箭公司注册（2018 年新增 6 家），注册资本总和不足 5 亿元。以蓝箭航天、零壹空间和星际荣耀为代表的第一梯队民营火箭公司，利用资本向民商航天领域的聚拢热潮积累了较为雄厚的资金，蓝箭航天和星际荣耀均累计完成 5 轮融资，融资总额分别为约 8 亿元和 7 亿元，零壹空间累计完成 4 轮融资，融资总额近 8 亿元。2018 年，处于第一梯队中的几家民商火箭公司虽然实现了一些主营收入，但收入远远满足不了持续不断的投入需求。据称，截至 2018 年 10 月，北京亦庄地区 7 家民营火箭公司当年的主营收入之和不超过 1 亿元。因此，民营火箭公司的运营资本主要来源于资本市场，有人戏称，美国的民营火箭是“富人”的专利，我国的民营火箭是“穷人”的游戏。

运载火箭领域投资大、回报周期长，在缺乏资金流动性的宏观经济形势下，为提振投资信心，民营火箭公司初创时不得不特别关注成本控制，并力求短期内展示民营商业火箭成果，进而导致民营商业新型运载火箭研发周期大幅缩短，取消了很多耗资较大的地面试验。比如，一种新型火箭的研制周期在国有公司通常需要 6 年甚至更长时间，而 ZQ-1 火箭从方案设计到实施发射，仅用了 1 年零 4 个月时间，OS-M Y1 仅用了不到 1 年时间；国有公司新型运载火箭的大型地面试验项目通常高达 100 多项，而新型民营商业运载火箭大型地面试验只有十多次或二十多次；这种“急功近利”的做法，难免会导致飞行方案定义、运载火箭设计、相关产品测试验证不充分的问题。

（2）人力资源

从民营商业运载火箭公司核心成员的搭配来看，一般是高端技术精英和金融精英混搭。比如，蓝箭航天的 CEO 张昌武先后在汇丰银行、桑坦德银行从事金融工作，有着丰富的投资运营经验；公司的董事长王建蒙是原中国卫星发射测控系统部航天系统工程高级工程师；公司首席技术官吴树范曾在欧空局工作近 15 年，是宇航系统高级工程师。

从人员体量上来看，从事民营商业运载火箭的蓝箭航天拥有员工 250 人以上，零壹空间近 200 人，星际荣耀约 110 人。

从人员背景上看，民营商业运载火箭公司的核心技术团队成员大多来自国有公司，在火箭研制领域一般有 8 年以上的工作经验，他们中的领军者，通常是国有公司某型号的副总设计师、主任或副主任设计师。在初创阶段的核心技术团队基本上是由国有公司同一团队“抱团”组成，核心成员大都完整经历过运载火箭、战术导弹等全流程研制。此外，民营商业运载火箭公司还通过聘请航天业界知名专家与导师作为顾问团队，为公司总体的战略规划、整体发展、技术研发和市场渠道等提供支持。

从人员构成上看，人员学历水平普遍较高且平均年龄较小。蓝箭航天和星际荣耀的研发人员平均年龄在 35 岁左右，平均工作年限多于 8 年，硕士以上学历的人员比例超过 90%。拥有专业比较完整的核心技术团队，专业技术分布均衡，人员凝聚力较强。

运载火箭是十分复杂的系统，运载火箭发射也是高投入、高风险的行业，拥有完整的设计团队、工艺技术团队乃至高水平的工匠团队尤为重要。民营商业运载火箭公司核心团队成员几乎均为精英组合且专业完整，但核心成员来源复杂、背景复杂，成员间磨合时间较短，文化、主张、技术路线等方面存在冲突，人才流动过快的现象较为明显。

（3）技术实力

成立于 2015 年 6 月的蓝箭航天，在朱雀一号发射失利后，退出固体运载火箭市场，全力瞄准中型液氧甲烷火箭的研发制造，其发展战略为通过开发液氧甲烷发动机和可回收技术，提升公司产品的价格优势。自 2016 年液体发动机方案立项以来，完成了 10 吨级推力室多轮点火试车、80 吨级液氧甲烷发动机半系统试车等重要试验，基本掌握了液氧甲烷发动机核心技术，计划于 2020 年年底进行朱雀二号首飞。

成立于 2015 年 8 月的零壹空间分别于 2018 年和 2019 年实施了亚轨道和入轨飞行试验任务。其战略方向为在固体火箭稳定性和运载能力持续增强的基础上实现固体运载火箭标准化量产，同时提供固体发动机、空天电子产品、仿真应用软件服务等，其运载火箭型谱主要有小型固体运载火箭 OS-M、二助推捆绑固体运载火箭 OS-M2 和四助推捆绑固体运载火箭 OS－M4 等。目前已完成自研固体发动机试车和液体姿控发动机试车，OS－M Y1 发射失败后，计划 2019 年实施 2 次亚轨道任务。

成立于 2016 年 10 月的星际荣耀，同样以亚轨道火箭发射任务开局，以小型固体运载火箭起步，同步开展液体运载火箭和可重复使用等技术的研发工作，逐步打造满足不同运载需求的系列运载火箭，其运载火箭型谱包括小型固体运载火箭双曲线一号、小型液体运载火箭双曲线二号、大中型液体运载火箭双曲线三号及亚轨道载人飞行器等。截至 2019 年 4 月，已完成了液体姿轨控动力系统的推力室热试车，15 吨级液体发动机半系统试车等重要试验，计划 2019 年完成 3 次双曲线一号火箭发射，2020 年完成 5 至 8 次双曲线一号火箭发射，3 至 4 次双曲线二号火箭垂直起降验证试验。

在国内，由于历史、政治和资金等原因，国有公司占领着几乎所有的技术制高点，民营商业运载火箭公司要与国有公司同场竞技，必须采用新的发展思路，拥有独特的技术实力。具体来看，第一梯队民营商业运载火箭公司主要致力于电气系统高度集成、低成本液氧甲烷发动机技术、传统技术集成与成本压缩等技术研发方向，期望在差异化、特色化技术领域深耕，并逐渐形成优势。民营商业运载火箭公司的核心技术人员源于国有公司，国有公司有关运载火箭的核心技术有多少已经或将要输送到民营商业运载火箭公司，很难统计和评价；但完全采用成熟技术的民商运载火箭接连两次发射失利，从侧面反映出了民营商业运载火箭公司的技术实力不容乐观，同时，由于民营商业运载火箭公司成立和运营的时间较短，拥有的先进的具有自主产权的运载火箭核心技术还很少，公司能否按照设计的技术路线顺利发展，可能还需要时间来回答。

（4）基础设施

第一梯队的民营商业运载火箭公司均建有总体设计平台，拥有比较完备的办公条件，能够满足设计、办公和运营的实际需求。而产品试验、生产、测试、装配、运输及发射服务等所需设施设备主要依靠租用和外协合作解决，仅有个别公司拥有部分配套设施设备。

星际荣耀拥有电气匹配实验室、半实物仿真实验室，构建有总体协同设计环境、三维协同设计环境和飞行虚拟试验系统。公司规划筹建的“iSpace 天镜”系统仿真实验室，具备支持固体/液体运载火箭 GNC 与动力联合半实物仿真试验、运载火箭性能指标验证等能力，可望不久后建成并投入使用。

蓝箭航天与星际荣耀的基础设施基本类似，此外该公司还在浙江湖州自建了国内首个私营火箭智能制造及测试基地和首个民营重型发动机试车台。

零壹空间建立了具有可开展先进导航、制导与控制算法验证试验的飞行控制系统半实物仿真实验室、可有效支撑电气系统综合匹配试验的电气/软件综合开发实验室，具备约 20 万亿次/秒的气动热计算等各类高性能计算/仿真的大型计算机超算中心等基础条件，能够有效满足现有科研、试验、检验需求。此外，该公司在重庆建设有火箭生产制造基地。

总体看，我国民营商业运载火箭公司配套的基础设施还比较薄弱，缺少航天产品试验、生产、总装、测试用大型基础设施，虽然有配套完备的国有航天产业基础设施可以租借，但因相应的费用较高，为有效降低产品成本费用，使得民营商业运载火箭公司在大型试验测试项目上不惜冒险省去某些在业界看来必不可少的地面大型试验和检查测试项目，为民商运载火箭飞行埋下了隐患。

(5) 制度文化

第一梯队的民营商业运载火箭公司，如蓝箭航天、零壹空间和星际荣耀，在经历发展初期的探索和迭代之后，核心价值观、发展理念和公司制度正在逐步建立。

在公司宗旨方面，第一梯队民营商业运载火箭公司逐步确立了公司的使命、愿景、价值观念和发展战略、中长期规划路线。如星际荣耀的使命是“让航天广泛深入地融入日常生活”，愿景是“全球商业航天引领者”，口号是“用航天技术改变未来生活”。

在组织制度层面，第一梯队民营商业运载火箭公司的资源、业务、项目、质量、财务等管理制度基本完备，各项制度、措施也日趋稳定。如蓝箭航天的质量管理，在朱雀一号飞行试验失利后，公司认识到质量管理的重要性，成立了质量技术部，明确了质量人员独立行使职责的权利，并有针对性建立了诸如外部供方控制、检验验收、纠正预防措施控制、不合格品控制、监视测量装置控制和诚信管理等方面的制度规范。

在组织执行力和个人行为自觉方面，民营商业运载火箭公司管理体系扁平化，决策审批等没有繁复程序和官僚风气，落实更高效；但与体制内相比，员工行为规范，尤其是质量控制行为规范，远未达到自觉的程度，比如操作的规范性、指挥的程序性、现场管理的有序性等方面都有差距。

制度文化在航天发射领域尤为重要，众所周知，人类航天史上两次灾难性事故挑战者号爆炸和哥伦比亚号解体，都与当时 NASA 的冒险文化有重大关联。而今，中国民商火箭连续两次发射失利，同样与民营商业运载火箭公司领导层激进冒险的行为有很大关联。

10.2　质量与思考

中国航天发射成功率在国际上居于前列，得益于中国航天成熟的质量管理和严格的质量控制。反思民商航天发射，引入了市场机制后，在质量管理和质量控制方面，政府、行业乃至发射场除了进行安全许可批准外，对民商航天产品质量几乎没有任何标准、要求和检验，或者说，行业规范标准的适用范围不包括民商火箭企业及其研发的民商运载火箭。

(1) 质量体系完备性

在中国，运载火箭公司需取得科研许可资格证后才具备研制和发射运载火箭的资格，因此，朱雀一号的研发公司蓝箭航天和 OS - M Y1 的研发公司零壹空间均通过了 GJB9001C — 2017 的外部认证。但是，由于商业航天发射市场还不成熟，行业内技术壁垒高筑，加之公司成立和运营的时间较短（蓝箭成立于 2015 年 6 月、零壹成立于 2015 年 8 月），面临资金短缺、技术储备不足、纲举目张困难等问题，致使公司没有更多的时间和精力用于建立完善质量管理体系。

从两家公司的质量管理体系文件看，公司内部没有独立行使职权的质量部门和人员（蓝箭航天是在朱雀一号飞行失利后才成立质量技术部），质量管理体系文件未能与产品研制、生产、验收和发射场工作很好地融合。从公司提供的各类评审报告看，中国传统航天为确保运载火箭质量而开展的关键活动和过程，相应标准和规范基本上得到了继承，这种继承源于民营商业运载火箭公司各技术专业主管在国家航天部门、中国航天科技集团有限公司和中国航天科工集团有限公司的工作经验，表现在来自国有公司的总设计师、主任设计师越多，相关专业的质量保证规范就会越全面，但这种来自个人经验的质量管理距离国有公司的质量管理体系，在系统、科学、完整、有序和成熟度等方面还有差距。

民商航天公司领导和项目主管就质量管理方面，他们善于把控在本专业领域内如何实施有效质量控制，如何保证方案的正确性、产品的可靠性以及如何有效规避和降低风险。但很少有人去提质量管理体系，去提如何有效确保质量人员履行策划、实施、检验和改进的职能，忽视了质量管理的系统性、全员性和全过程性，淡化了质量管理体系的基础性工作。他们中甚至没有人关注质量策划中的关键点，如极性检查、强制检点、成败型灾难性故障模式、关重件、关键操作项目。从公司人员构成与经历来看，他们中很少有人从事过专职的质量管理。

充分、适宜、有效的质量管理体系是保持航天发射成功的“法宝”，领导重视是保证质量管理体系适用、管用和真用的根本，民营商业运载火箭公司如果想确保稳定的航天发射成功率，完善的质量管理体系才是根本。

（2）设计方案正确性

中国运载火箭型号研制周期显示，从正式立项到实现首飞一般需要 4～6 年时间。蓝箭航天从成立到朱雀一号首飞用时 3 年零 4 个月，朱雀一号的实际研制周期只是 1 年零 4 个月；零壹空间从成立到 OS－M Y1 首飞用时 3 年零 7 个月，OS－M Y1 的实际研制周期不到 1 年。

运载火箭方案设计是一项复杂的系统工程，设计团队只有具备丰富的职业经历，并在关键环节积累有丰富的经验，才能保证方案的正确性和系统的健壮性。蓝箭航天和零壹空间的技术中坚力量主要源于体制内设计师队伍，当某一专业领域没有招聘或寻找到合适的设计人员时，相关的设计方案可能就会存在重大隐患。而依靠招聘来组建民商运载火箭设计团队（公司成立时间短，无法通过内部培养满足要求）很难保证团队成员间技术水平相互匹配，整体不存在明显弱项；而招聘组建的团队短期内也必然存在团队成员间的相互磨合期，团队建设中的冲突和障碍等问题。

国内民商航天发射的法规标准不够完善，相应的市场机制尚未形成，导致体制内外的技术封锁非常严重。如民商航天企业的方案评审请不到体制内的技术专家，朱雀一号和 OS－M Y1 方案设计阶段国内大推力固体火箭发动机对民营公司限购，国有专业公司的技术和管理标准规范不向民商火箭公司开放。出于竞争关系和商业利益考虑，民营商业运载火箭公司之间、民营商业运载火箭公司与国有运载火箭企业之间也在人为地构筑门槛和壁垒，如限制主要技术人才的流动、杜绝关键试验数据共享、封锁专用规范标准的开放等，导致产品交付验收五花八门、评审放行准则标准混乱，给工程的透明性、行业的规范性造成很大难度，甚至某公司连参加方案评审的人员名单都不能公布。

反常的研制周期＋高筑的技术壁垒＋技术和管理标准规范缺失，上述因素的共同作用，也许就是导致朱雀一号和 OS－M Y1 的飞行设计方案先天不足的根本原因，如二者的一二级均采用相同的发动机，运载能力都很紧张，OS－M Y1 一二级分离的高度处于高风险区等。

（3）试验测试覆盖性

追逐利润是所有商业活动的根本动机，降低成本是民商航天发射的主要魅力之一。由于行业成长初期的不成熟性，民营商业运载火箭公司在成本控制、进度管理和质量保证方面没有找到合适的平衡点，为节省成本、加快进度而大幅减少地面大型试验的项目和次数，给运载火箭飞行试验埋下了隐患。

蓝箭航天和零壹空间两家民商火箭公司执行首次发射任务时，公司的基础设施薄弱，产品试验、生产、测试、装配、运输及发射服务所需设施设备主要向国有公司租用，在当时高技术壁垒的状态下，必然会导致诸多限制。如受装配测试设施租用时间限制而导致出厂总装测试周期短，相关人员训练不足。

与美国商业航天公司起步发展阶段主要依靠私人资本运营不同，中国民商火箭公司主要依靠外部资金运营与发展，为了能够使公司生存下来，公司在没有实现盈利前，必须持续不断地进行融资，进而导致民商火箭公司之间为各种第一的噱头而赶进度，在研制周期时间紧张的情况下，简化流程、减少测试项目和验收环节已成为民商火箭公司的普遍做法。朱雀一号失利的原因与末修姿控动力系统测试验收不充分直接相关，OS－M Y1 失利的原因与速率数据陀螺的测试验收有直接联系。

受制于商业秘密，我们无法公开两次民商运载火箭首飞试验测试的覆盖性情况，也不能公开其与国有公司运载火箭首飞进行比较的结果，但国有公司运载火箭首飞的高成功率应得益于充分的地面试验和高覆盖率的地面测试，民商运载火箭连续两次首飞失利的原因应与地面试验测试性不充分直接相关。

（4）检查验收充分性

实施有效质量控制的基础是正确的各类标准规范，而民商航天发射还没有就评审有效性认定形成共识，以及就火箭进场条件达成一致性意见，航天产品逐级交付、检查验收的流程和标准还不系统、不完善，上述情况正严重制约着民商航天发射产品检查验收的充分性。

政府、行业乃至发射场对民商运载火箭质量没有标准和要求，也没有实施任何强制检验。民商运载火箭进入国家航天发射场，没有产品质量审查的制度、规范和标准，实际的控制是只要不影响发射场安全和航落区安全，就可以进入国家航天发射场发射。

从民商运载火箭发射场工作来看，发射场与民商航天公司联合成立质量安全组，而其质量安全控制的理念是重安全轻质量。理性上讲，对民商运载火箭发射场工作应尊重市场规律，采取“宽容、包容和允许失败”的态度，事实上“珍惜荣誉”的责任感和“声誉授勋”的现实性，又让国家航天发射场在民商航天发射上失败不起。因此，从朱雀一号很少关注运载火箭质量到 OS－M Y1 国家航天发射场主动介入质量把关，从对质量问题宽容、包容到质量问题须有不影响任务的结论，国家航天发射场与民营商业运载火箭公司就质量和安全控制的界面处于摇摆状态。

同样，受制于商业秘密，我们无法公开民商运载火箭首飞的检查验收情况，也不能公开其与国有公司运载火箭首飞进行比较的结果，但国有公司运载火箭首飞的高成功率应该与充分严格的产品质量验收有关，而民商运载火箭首飞的检查验收条件明显弱于国有公司运载火箭。

10.3　技术与管理

2018 年 10 月和 2019 年 3 月的两次民商航天发射失利，不仅给刚刚起步的中国民商航天发射带来沉重打击，同时，也给举世闻名的中国酒泉卫星发射中心（以下简称中心）带来了巨大的压力。这个功勋卓著、让无数中国人自豪的发射场，决定对第三次民商航天发射任务采取最为严格的质量控制措施，以重振中国民商航天的信心。

OS－M Y1 发射失利后，中心迅速派出巡查组对民商火箭公司进行调研和质量巡查，巡查组从运营管理、人力资源、技术实力、基础设施和文化制度等方面，研究掌握民商火箭公司的现状，剖析两次民商航天发射失利的深层原因，分析民商运载火箭质量技术管理存在的问题，结合发射场多年质量控制形成的成功做法向包括星际荣耀在内的民商火箭公司提出改进质量管理的××条建议（此活动是中心首次实施）。

2019 年 5 月，中心派出质量安全督导小组赴 SQX－1 Y1 火箭研制单位，协助公司严把总装测试质量关，审查火箭测试覆盖性和飞行安全性等工作，形成督导报告，提出了××条改进建议。6 月，中心派专家参加 SQX－1 Y1 火箭出厂评审，在对评审程序有效性、评委资质和能力、评审内容完备性等方面做出全面评估后，同意评审组给出的火箭满足出厂放行准则要求、具备出厂条件的结论。

7 月，SQX－1 Y1 进场时，中心牵头成立由中心、火箭和卫星研制方质量管理代表组成的质量安全组，确定了质量安全组工作办法，会签了首次对火箭研制方的质量安全工作进行逐项控制的发射场区质量风险计划，认可了火箭质量保证大纲，审查了安全性分析报告及其评审情况，确认危险源和风险项目识别全面，风险评估可信，风险控制措施针对性和有效性强，风险监控方法和手段正确完备，后续安全控制计划和准备工作充分，同意通过评审；同时，督促 SQX－1 Y1 火箭研制单位按计划落实风险控制措施，监控任务过程和火箭产品的危险状态，进一步完善航落区应急预案。

为保证 SQX－1 Y1 飞行方案的正确性和产品可靠性，中心首次邀请国内固体火箭领域知名专家来发射场参加 SQX－1 Y1 火箭技术状态及质量评审会，会上审查了包括火箭技术状态及出厂质量情况、电气系统技术方案、姿控系统设计方案、安全性分析报告、测试设计及测试覆盖性分析、研制生产质量问题归零等 14 个报告，评审会认为火箭技术方案设计正确，产品技术状态清楚，安全风险可控，符合发射任务要求；同时，对后续工作改进提出了××条建议。

7月中旬，中心派专家参加SQX－1 Y1火箭姿轨控动力系统加注方案预案（通过）评审，在对评审有效性和可信性进行确认后，认可了加注准备工作及方案预案，给出了组织机构健全、工作流程明确、资源保障配套、安全风险可控、方案预案合理可行等可据此开展后续相关工作的结论；同时提出了××条改进意见。

SQX－1 Y1在完成技术区工作后，质量安全组召开让步接收产品和测试未覆盖项目专题评审会（此活动是中心首次实施），会议复核的内容有：1）火箭在发射场发生的两个质量问题归零工作；2）××项让步接收产品的情况；3）××项测试未覆盖项目的验证确认情况；4）技术状态及质量评审会提出的××项建议落实情况；5）可靠性分析报告；6）航落区应急预案。评审会确认上述情况的处置结果满足质量安全控制准则要求。

自SQX－1 Y1火箭进场至火箭点火起飞前，质量安全组派出系统质量师跟踪任务全过程，所有成员深入一线督导落实质量安全控制措施，通过巡视、质询、复查、复核和提出指导意见等方式，督查了包括卸车、单元分系统测试、总检查、推进剂加注、气瓶充气、天地对接等数百项工作，涵盖了任务全流程中的所有重要工作项目，确认：1）SQX－1 Y1运载火箭依据发射场测试发射流程完成了总装测试、与其他系统对接、动力系统加注充气、发射台安装、全箭起吊翻转等工作；对最低发射条件、发射预案等进行了确认，对全箭不放心点进行了复查；工作项目完整、测试数据合格、质量问题归零、地面设备和箭上各系统功能性能正常。2）航天科工二院气球卫星系统和北理工BP－1B卫星经检查测试，工作正常。3）发射场和测控通信系统对技术状态和操作过程实施表格化确认，对关键过程实施可追溯性控制，对各类方案预案进行评审验证，设施设备状态良好、功能性能指标满足要求。4）本次任务发生的××项质量问题已经归零，××技术状态更改手续齐全、措施到位。5）火箭点火发射前，各系统已经按任务组织实施方案、相关技术文件和质量保证要求，完成了发射前的各项工作。测试检查项目齐全、有效，系统功能正常，性能满足技术指标要求。各系统经复核复查，技术状态正确、接口匹配、过程质量受控。点火发射工作准备到位，火箭、卫星和地面设施设备工作正常，气象条件及其他发射条件满足要求，方案预案充分、风险可控。具备点火发射条件。

SQX－1 Y1运载火箭的成功源于设计和工艺正确等技术保证，同时，还得益于极为特殊的质量管理。这种特殊的质量管理是在特殊背景下为达成特定目的而实施的特殊手段，这种航天发射中心严格干预和控制民商火箭公司的质量控制工作的特殊手段，不具有普适性，一方面是因为民商火箭公司需要在遵守法律法规的条件下按市场规律来运作；另一方面是因为此种特殊手段过度耗费了航天发射中心的精力和资源。民商航天发射要真正步入成熟成功，还需要政府和发射中心的大力支持帮助，更需要民商火箭公司自身的成长进步。

10.4 启示与建议

外媒报道“如果2022年SpaceX公司能实现大型猎鹰火箭（Big Falcon Rocket，运载能力150吨）的完全回收，中国就要到2030—2035年才能赶上SpaceX公司”。两次民商航天发射接连失利，暴露了中国民商运载火箭行业存在的诸多弊端和问题。发展商业航天，实现中国航天发射技术的颠覆性创新，需要国家和市场双轮用力，需要国家除了在政策和宣传上的支持外，还应在构建资源共享数据库、开放国家航天基础设施、建立质量安全巡查和放行评审制度等方面给予实实在在的指导帮助。

（1）构建资源共享数据库

由于国营航天企业几乎占据了航天运载技术的所有制高点，作为民营商业运载火箭公司的竞争对手，其不仅不可能对民营商业运载火箭公司给予充分的技术支持，而且可能会实施技术封锁。如民营商业运载火箭公司的运载火箭飞行方案评审、产品阶段放行等活动，请不到国有专业公司的专家把关；明明国家已经有相关航天产品飞行和试验的数据，但由于它们掌握在国营航天企业手中，民营商业运载火箭公司却拿不到。

翻看SpaceX公司的成功史，SpaceX公司初期的主要技术专利来自于NASA及其下属组织，为了一些项目的需要，NASA也常常为SpaceX公司提供研发设备和试验场地，用自己的技术和设备优势帮助SpaceX公司更好地研发并节约成本。猎鹰9号火箭上使用的梅林发动机原型是NASA当年用于载人登月的登月舱反推发动机（Lunar Module Descent Engine），NASA把发动机的全套技术转让给SpaceX公司，SpaceX公司在原有基础上进行改造和升级。为了扶持SpaceX公司，NASA把自己的技术核心骨干派驻公司，加上SpaceX公司从行业内挖来的技术精英，保证了其技术研发的成功率和对外融资的实力。猎鹰火箭和龙飞船的技术是美国几十年航天技术的集成和结晶，而不仅仅是SpaceX公司在短短几年内自己研制出来的。同美国相比，欧洲虽然最早出现了私营火箭制造项目，但因缺少像美国那样的政策和技术支持，最终成为政治和政策的牺牲品。

从美国商业航天的成功看，民营商业运载火箭公司把降低成本作为重中之重，因为成本优势可以有效争夺航天市场份额，同时，技术可靠性也是非常重要的因素之一，很难想象，在发射失败后运载火箭公司不会向搭载方赔偿一分钱的行业规则下，没有高成功率保证的民营商业运载火箭公司能够争得市场份额。

两次民商火箭飞行方案存在问题的原因非常复杂，但与没有合适的有权威的专家指导、评审和把关不无关系。国家期望中国民商运载火箭腾飞，除了政策上的鼓励、支持，还有必要在技术上给予支持。依托大学、中科院或成立国家航天研究中心，构建航天数据、专家等资源共享数据库，为全社会的航天技术创新服务，也许是一种不错的选择。当前，尤其是急需由政府出面建立航天专家资源库，为全社会提供航天发射飞行方案评审、航天产品质量安全放行等技术支持，解决民营商业运载火箭公司请不到专家进行技术指导、把关和评审的问题。

（2）开放国家航天基础设施

运载火箭研制、生产所需的基础设施建设和运营费用高昂，如发动机试车台、风洞、大型振动台、固体火箭发动机装药、运载火箭总装测试间、各类半实物和虚拟仿真实验室等，任何民营商业运载火箭公司短期内都不可能全部拥有。而有关航天运载火箭生产、试验、发射、测控和回收所需的基础设施国家几乎都有，而这些基础设施一旦租用费用高昂或不对外开放，就可能迫使民营商业运载火箭公司省去相关的地面试验和测试检查项目，进而给其运载火箭飞行带来隐患。

调研中发现，某民营商业运载火箭公司通过租借相关设施设备进行一次全箭模态试验需要花费数十万元，为了节省这笔开支，该公司决定省去这一在业内专家看来必须实施的试验项目。发射飞行失利的朱雀一号和 OS－M Y1 运载火箭首飞前试验项目远少于国有公司同类运载火箭首飞前的试验项目，一方面与研制周期相关，另一方面就是期望通过减少试验测试项目达到降低成本的目的。

开放国家航天基础设施，一方面是在国家战略的框架下，允许民营商业运载火箭公司使用包括发射场在内的国家航天基础设施设备，另一方面由于国家航天基础设施设备被垄断在某一部门、组织或国有企业手中，为避免因垄断而产生的价格扭曲，国家还应给出一定的指导价格，限制因服务费用过高导致民营商业运载火箭公司负担不起或不利民营商业运载火箭公司的健康发展。

（3）建立质量安全巡查和放行评审制度

为适应国内商业航天发展趋势，持续满足民商航天发射要求，确保民营商业运载火箭公司产品质量安全，有必要在国家或行业层面建立针对民营商业运载火箭公司的质量安全巡查和放行评审制度。

质量安全巡查制度是在国家或行业层面对民营商业运载火箭公司实施的质量安全监督，目的是确保民商运载火箭的安全性、可靠性满足规定要求，限制民营商业火箭为追逐商业利益而进行的恶性竞争和赌博冒险行为。质量安全巡查可在每年年初，根据年度航天发射任务计划，由国家航天局或依托第三方机构组建巡视组到民营商业运载火箭公司进行现场审查，审查重点是：1）民营商业运载火箭公司的运营、人力资源、技术实力、基础建设、文化制度的情况；2）运载火箭设计和飞行方案的放行评审情况；3）确认火箭地面试验、测试覆盖性、验收充分性的落实情况；4）检查质量技术管理机制运行状况。对巡查发现的问题限期进行整改。

放行评审制度是依托国家运载火箭专家库，在适当时机，对民商运载火箭的飞行和设计方案、满足进场发射条件情况分别进行评审。飞行和设计方案评审确保方案的安全性、可靠性和可行性；满足进场发射条件情况的评审是确认民商运载火箭的质量安全满足发射的条件。飞行和设计方案评审的规范标准或准则应包括：方案论证要求、技术先进性与成熟度说明、地面试验安排及其充分性分析、产品检查测试验收覆盖性策划与覆盖性分析等。进场发射条件评审的规范标准或准则应包括：方案设计执行情况，地面试验、产品检查测试验收情况，飞行安全性、可靠性复审情况，发射场工作流程和准备情况等。

（4）完善发射场质量安全管控措施

发射场工作是民商火箭点火发射前的最后关口，很多航天发射灾难在点火发射前都有预兆，因此，必须高度关注民商航天发射在发射场工作的质量安全控制。同国家主导的航天发射相比，由于市场机制的引入，发射中心很少干预民商运载火箭在发射场的质量控制工作，发生的质量问题一般也不会按照“双五条”归零标准要求民商航天企业进行处理，但是，为保证民商运载火箭发射场工作的质量，把好火箭点火前的最后关口，最大限度地降低质量安全隐患所带来风险，应由国家航天局主导建立民商航天点火发射的最低放行准则，由参与民商航天发射的各相关方共同执行。

最低发射放行准则应包括但不限于：

1）航天器、运载器经确认均已获得发射许可；

2）航天器经确认工作正常或经用户批准确认可以让步接收；

3）运载器经确认工作正常；

4）发射场测发控系统经确认工作正常；

5）获取关键数据的跟踪测量系统经确认工作正常；

6）安全控制系统经确认工作正常；

7）保证重要通信的系统经确认工作正常；

8）保证任务指挥的关键系统经确认工作正常；

9）气象条件满足发射要求；

10）各系统状态设置经确认正确；

11）保证应急处置的消防、救护等设施设备工作正常，相关物资器材已经就位；

12）飞行方案、安全预案（包括安控方案）经复核复查满足要求；

13）所发生的质量问题经确认有不影响任务主要目的达成的结论；

14）点火前，所有异常现象和灾难性预兆经确认不会影响任务主要目的达成；

15）其他需要满足的条件。

令人振奋的是，2019 年 6 月 10 日，国家国防科技工业局网站发布《国家国防科技工业局关于促进商业运载火箭规范有序发展的通知》（科工一司〔2019〕647 号），通知要求：鼓励和支持商业火箭企业在科研生产活动中，通过与相关国有企事业单位等签订委托合同和保密协议等形式，充分依托和利用军工重大科研、生产试验设备及厂房，以及国家发射场、试验场等设施开展科研生产和发射试验活动。相关国有企事业单位要认真贯彻落实《国务院关于国家重大科研基础设施和大型科研仪器向社会开放的意见》《国防科工局财政部关于推动军工重大试验设施和大型科研仪器向社会开放的通知》等规定，向商业火箭企业做好相关设施资源的开放使用和技术服务。国家航天发射场作为基础资源，应积极为商业运载火箭发射提供服务保障。